Nova Classica

Band 3

Nova Classica

Marburger Fundus für Studium und Forschung in der Altertumswissenschaft

herausgegeben von
Magnus Frisch
Rainer Nickel
Felix M. Prokoph
Kai Ruffing

mitbegründet von Boris Dunsch (†)

Anliegen der Reihe *Nova Classica – Marburger Fundus für Studium und Forschung in der Altertumswissenschaft* ist es, zentrale, aber heute nur noch schwer zugängliche Bücher aus dem altertumswissenschaftlichen Spektrum durch Nachdrucke und – wo immer möglich – überarbeitete Neuauflagen wieder zu erschließen. Dabei werden einerseits Titel aufgenommen, die für das Studium in altertumswissenschaftlichen Disziplinen zu maßgeblichen Grundlagen- und Referenzwerken geworden sind. Andererseits werden Arbeiten berücksichtigt, die einen gewichtigen Forschungsbeitrag geleistet und dadurch den weiteren Gang der Forschung nachhaltig geprägt haben und diese, wie zu hoffen ist, auch weiterhin anregen werden.

Jörg Rüpke

Römische Geschichtsschreibung
Einführung in das historische Erzählen

3., vollständig überarbeitete Auflage

Tectum Verlag

Jörg Rüpke
Römische Geschichtsschreibung
Einführung in das historische Erzählen

3., vollständig überarbeitete Auflage 2024

(2. Auflage Tectum 2015)

Nova Classica. Marburger Fundus für Studium und Forschung
in der Altertumswissenschaft; Bd. 3

© Tectum – ein Verlag in der Nomos Verlagsgesellschaft, Baden-Baden 2024
ISBN 978-3-8288-4986-0
ePDF 978-3-8288-5128-3
ISSN 2195-5093

Umschlag: Tectum Verlag, unter Verwendung dieser Abbildung:
»Auguste Rodin's ›Le Penseur‹ at the Musée Rodin in the Quartier des Invalides,
7th arrondissement of Paris, Ile-de-France, France« | Foto von Gertjan R., 2007 |
https://commons.wikimedia.org/wiki/File:%27Le_Penseur%27_(Auguste_Rodin)_3.jpg |
Das Motiv wurde für den Umschlag freigestellt, gespiegelt und eingefärbt.

Gesamtverantwortung für Druck und Herstellung:
Nomos Verlagsgesellschaft mbH & Co. KG
Printed in Germany

Alle Rechte vorbehalten

Besuchen Sie uns im Internet
www.tectum-verlag.de

Bibliografische Informationen der Deutschen Nationalbibliothek

Die Deutsche Nationalbibliothek verzeichnet diese Publikation
in der Deutschen Nationalbibliografie; detaillierte bibliografische
Angaben sind im Internet über http://dnb.d-nb.de abrufbar.

Inhalt

1	**Einführung: Historisches Erzählen**	**1**
1.1	Geschichte und Geschichtsschreibung	1
1.2	Erinnerung, Geschichte und Gedächtnis	7
1.3	Geschichtserzählung	9
1.4	Charakteristika der Erzählung	13
1.5	Geschichtsschreibung und ihre Alternativen	18
1.6	Faktum und Fiktion	28
1.7	Der Gegenstand des Buches	36
2	**Form- und Gattungsgeschichte**	**39**
2.1	Narrative Probleme der Geschichtsschreibung	39
2.2	Typologie	47
2.3	Formgeschichtlicher Zugang	50
	2.3.1 André Jolles	51
	2.3.2 Bibelexegese	52
	2.3.3 Filmanalyse	52
2.4	Wichtige Formen in der Geschichtsschreibung	53
2.5	Zusammenfassung	56
3	**Quellen und Vorformen**	**57**
3.1	Die Geschichte der Schrift in Rom	57
3.2	Öffentliche Archive – Schriftlichkeit von Verwaltung	60
3.3	Publizierte Texte	63
3.4	Familientradition	66
3.5	Priesterarchive	72

4 Epochen antiker Geschichtsschreibung 73

4.1 Auf dem Weg zur römischen Geschichtsschreibung 73
4.2 Ausbildung literarischer Formen 80
4.3 Chronologie 83
4.4 Rom in der griechischen Geschichtsschreibung 85
4.5 Epochenüberblick 86
4.6 Die einzelnen Epochen 87
    4.6.1 Frühphase und ältere Annalistik 87
    4.6.2 Bürgerkriegszeit 91
    4.6.3 Frühe Kaiserzeit 93
    4.6.4 Die spätere Prinzipatszeit 98
    4.6.5 Dominat 99
    4.6.6 Spät- und subantike Welt- und Provinzgeschichte 101

5 Caesars Commentarii 103

5.1 Der Politiker 103
5.2 Caesars Religion 108
5.3 Biographischer Überblick 114
5.4 *C. Iulii Caesaris commentarii rerum gestarum belli Gallici* 115
5.5 *Bellum Pompeianum*: Der sogenannte »Bürgerkrieg« 118
5.6 Das *Corpus Caesarianum* 120
5.7 Parteiliteratur 127
5.8 Die weitere Rezeptionsgeschichte des *Corpus Caesarianum* 132

6 Die Annalistik bis auf Livius 135

6.1 Einführung 135
6.2 Leben 136
6.3 Werk 139
6.4 Quellen und Wirkung 143
6.5 Leistung 144
6.6 Livius: Versuch einer Charakterisierung 146
    6.6.1 Annalist 146
    6.6.2 Mythograph 150
    6.6.3 Historiker 151
    6.6.4 Psychologe 155
    6.6.5 Augusteer 157

7 Historische Monographien: Sallust — 165

- 7.1 Das Werk — 166
  - 7.1.1 *Bellum Catilinae* — 166
  - 7.1.2 *Bellum Iugurthinum* — 166
  - 7.1.3 *Historiae* — 168
  - 7.1.4 Der historiographische Ort Sallusts — 169
- 7.2 Biographie — 171
- 7.3 Stoffwahl — 177
- 7.4 Stil — 182
- 7.5 Wirkung — 183

8 Exemplaliteratur: Valerius Maximus — 185

- 8.1 Exempla und Geschichte — 185
- 8.2 Religiöse und historiographische Autorität jenseits von Mythen — 190

9 Senatorische Geschichtsschreibung der Kaiserzeit: Tacitus und Ammianus Marcellinus — 195

- 9.1 Senatorische Geschichtsschreibung — 195
- 9.2 Tacitus' Biographie — 195
- 9.3 Motive — 198
- 9.4 Experimente — 199
  - 9.4.1 *Agricola* — 199
  - 9.4.2 *Germania* — 200
  - 9.4.3 *Dialogus* — 201
  - 9.4.4 *Historiae* — 201
  - 9.4.5 *Annales* — 202
- 9.5 Taciteische Geschichtsschreibung — 203
- 9.6 Wirkung — 205
- 9.7 Ammianus Marcellinus — 206
  - 9.7.1 Biographie — 206
  - 9.7.2 Werk — 208
  - 9.7.3 Ausrichtung — 209

10 Römische Geschichte in griechischen Augen — 213

- 10.1 Dionysios von Halikarnassos — 214
- 10.2 Appian — 218
- 10.3 Cassius Dio — 220

10.4	Herodian	221
10.5	Die historiographische Quellenlage zur römischen Geschichte	222

11 Biographie 225

11.1	Zurück zur Narratologie	225
11.2	Biographie-Konzepte	228
11.3	Formgeschichtliche Aspekte	231
11.4	Römische Biographen	235
11.5	Biographie als Fachliteratur	238
11.6	Biographien als paränetische Literatur	244
11.7	Suetons Biographie	247
11.8	Suetons Œuvre	249
11.9	Sueton als Historiker	250
11.10	Die *Historia Augusta*	252

12 Historiographische Kurzformen 255

12.1	Spektrum	255
12.2	Geschichtsschreibung in Listenform	256
	12.2.1 Die beiden frühesten Exemplare	257
	12.2.2 *Fasti Ostienses*	259
	12.2.3 Fasti im Gefüge historiographischer Gattungen	261
	12.2.4 Von augusteischen Inschriften zum spätantiken Buchmarkt: Der Chronograph von 354	266

13 Universal- und Kirchengeschichte 273

13.1	Der Sinn der Geschichte	273
13.2	Universalgeschichte: Pompeius Trogus	276
13.3	Christliche Universalgeschichte	278
13.4	Kirchengeschichte	288

14 Bibel und mittelalterliche Geschichtsschreibung 297

Auswahlbibliographie 303

Fragmentsammlungen		303
1	Einführung: Historisches Erzählen	303
2	Form- und Gattungsgeschichte	307
3	Quellen und Vorformen	307
4	Epochen antiker Geschichtsschreibung	308

Inhalt

5	Caesars *commentarii*	309
6	Die Annalistik bis auf Livius	310
7	Historische Monographien: Sallust	312
8	Exempla: Valerius Maximus	313
9	Senatorische Geschichtsschreibung der Kaiserzeit: Tacitus und Ammianus Marcellinus	314
10	Römische Geschichte in griechischen Augen	316
11	Biographien: Sueton und die Historia Augusta	318
12	Historiographische Kurzformen	319
13	Universal- und Kirchengeschichte	321
14	Bibel und mittelalterliche Geschichtsschreibung	322

Danksagung   **325**

1 Einführung: Historisches Erzählen

1.1 Geschichte und Geschichtsschreibung

Menschliches Handeln ist Tun in der Gegenwart und ist auf die Zukunft gerichtet. Nur gelegentlich erinnern wir uns – mal mehr, mal weniger – an die Vergangenheit, werden von einer Ähnlichkeit von Personen, Orten, Situationen mit einem vergangenen Ereignis berührt, denken über Unterschiede von Gegenwart und Vergangenheit nach; z. B. kann uns, wenn wir in einem Zug sitzen, umgeben von Mobiltelefonen, die Erinnerung an die früheren Tage von Telefonzellen und Anrufen befallen, die auf einem Telefon entgegengenommen werden, das Nachbarn besitzen. Bestimmte Ereignisse provozieren regelmäßig solch einen Blick in die Vergangenheit. Trauerfeiern führen sicher dazu, manchmal Graduierungsfeiern. In Ägypten entstanden Biographie und Autobiographie auf Grabsteinen. Typischerweise resultieren Gespräche mit der älteren Generation (der wir – hoffentlich – zuletzt selbst angehören werden) wahrscheinlicher in ›Geschichte‹ als Gespräche mit Kindern. Wir historisieren zufällig oder mit Absicht. Kollektiv ist ein solches Bewusstsein der Veränderlichkeit ständig vorhanden, selbst wenn dies nicht die Form organisierter Geschichtsschreibung nehmen muss. »Es gibt«, so schreibt der Bielefelder Historiker Jörn Rüsen »keine menschliche Kultur ohne das konstitutive Element des gemeinsamen Gedächtnisses. Durch Erinnern, Verstehen und Darstellen der Vergangenheit versteht man das heutige Leben und entwickelt eine Zukunftsperspektive für sich und die Welt. ›Geschichte‹ in diesem fundamentalen und anthropologisch universalen Sinn ist

Einführung: Historisches Erzählen

die interpretierende Erinnerung einer Kultur daran, dass die Vergangenheit als Mittel dient, um die Gruppe in der Gegenwart zu orientieren.«

Das Zitat bedarf der Ergänzung. Zuerst bedarf die Rede von »einer Kultur« der Differenzierung. Ich begann mit individuellen Erinnerungen. Die Geschichte des Großvaters, die Geschichte, die er erzählt, ist so interessant, weil sie anders als die in der Schule gelernte Geschichte ist. Ob wir einverstanden sind oder nicht, ist dabei zweitrangig. Familiäre oder ethnische Gruppen, soziale Bewegungen oder religiöse Organisationen erzählen verschiedene Geschichten, für welchen Zweck auch immer. Andere können einen Platz in diesen Geschichten haben oder nicht; das Gesamt der Geschichten mag überlappen oder nicht. Es könnte sein, dass der Orientierungswert für die Zukunft explizit oder implizit ist. Solche Geschichtsnarrative werden von Fachleuten in ihren historiographischen Unternehmungen auf unterschiedliche Weise gefördert und durch große Monumente verkörpert, durch Schulunterricht und sogar durch körperliche Übungen eingeprägt und schließlich in öffentlichen Reden und Ritualen wiederholt und angeeignet. Und manchmal werden Geschichten wieder erzählt, die längst ›veraltet‹ sind. Buchdruck und Bibliotheken fehlt die korrigierende Wirkung von menschlichem Gedächtnis und Vergessenheit. Sie können Geschichten verbreiten, die längst vergangenen Zwecken dienen, die niemand hören möchte. Die Dokumente, mit denen wir umgehen müssen, verändern ihre Bedeutung und können plötzlich in Darstellungen der Vergangenheit erscheinen, die wir nie beabsichtigt haben.

Akademische Geschichte fängt nicht ganz von vorne an. Es ist das Geschäft von Menschen, die in den erwähnten kollektiven und individuellen Erinnerungen groß geworden sind. Selbst wenn akademische Geschichte kritisch ist und um Klärung, mehr Genauigkeit oder totale Revision ringt, ist sie immer nur einem Bestimmten, einem Etwas gegenüber, nicht allem gegenüber kritisch. In ihrem jeweiligen Interesse, das unbedingt ein gegenwärtiges, und oft ein gesellschaftlich relevantes Interesse ist, muss sie ihre Befunde verorten. Sie muss sie in ein größeres Bild platzieren, das Ergänzungen und Sinn braucht. Dieser Sinn wird normalerweise angeboten von Topoi, von Gemeinplätzen, von Aspekten, die man in einer Geschichte verwenden muss, und von Tropen. Der Ausdruck Topoi, »Orte«, stammt aus der antiken Rhetorik und bezeichnet die üblichen Stellen, auf die man bei der Erzählung eines Gerichtsfalles oder im Plädoyer oder in der politischen Rede zu sprechen kommen muss. Jede Geschichte muss einen Anfang haben, obwohl sich immer alles ändert. Jede Geschichte hat ihre Helden, auch wenn eine solche Wahl des Hauptakteurs ein Urteil von heute (oder gestern), nicht eine Tatsache darstellt. Geschichtsschreibung ist auch rhetorisch und verwendet alle figurativen Arten, zu sprechen und zu denken, schließt Metaphern wie auch Metonymie ein. Etwas durch etwas anderes, das ähnlich ist (Metapher) oder normalerweise damit verbunden, assoziiert ist (Metonymie), zu ersetzen heißt, Fiktionalität einzuführen. Und doch – und das ist am wichtigsten (und in den Diskussionen um die Thesen von Hayden White oft verloren gegangen) – geht es nicht um Fiktion um der Fiktion willen, sondern um Fiktion der Kohärenz wegen, des Verstehens wegen, der Erklärung wegen. Es geht um Fiktionalität um der Orientierung für Gegenwart und Zukunft willen.

Innerhalb solcher Grenzen kann Geschichte eine Wissenschaft, kann »Geschichtswissenschaft« werden. Um sie wissenschaftlicher zu machen, konnte man versuchen, die fiktiven Elemente zu reduzieren. Dies war grundsätzlich die Strategie des Historizismus. Die Geschichtlichkeit von jedem möglichen Standpunkt zu akzeptieren, machte eine nicht-kontingente Perspektive unmöglich. Jeder Standpunkt musste sich ändern – und wurde so im nächsten Moment ungültig. Diese Haltung führte zu äußerster Spezialisierung, Professionalisierung von Methoden und Institutionen und einer äußersten Arbeitsteilung. Die Alternative bestand darin, einen sicheren Standpunkt in einer philosophischen Erdung der Geschichte zu finden, eine von Joachim Wach befürwortete Option, eine der Gründungsfiguren der Religionswissenschaft in Deutschland und (nach Auswanderung während des Naziregimes) in den Vereinigten Staaten. Aber es gibt einen dritten Weg, den deutsche Historiker wie Hans-Jürgen Goertz oder der niederländische Geschichtstheoretiker Frank Ankersmit benannt haben. Man muss einräumen, dass Geschichte keine empirische Disziplin ist. Sie bezieht sich auf eine Realität, versucht, ihre Aussagen auf Evidenz und möglichst viele »Quellen« zu gründen. Aber diese Beweise sprechen ohne vorherige Auswahl nicht für sich selbst. Geschichte ist eine Disziplin, die von Beziehungen zwischen einem gegenwärtigen Subjekt und einem vergangenen Objekt handelt, die sich beide ändern, sich permanent verschieben. Die Geschichten der Geschichte sind Darstellungen, die durch die Kriterien von Interesse und die historische Sozialisation des Historikers bestimmt werden und jene Aspekte des historischen Objekts verarbeiten, die in methodisch kontrollierter Weise ans Licht kommen. Ihr Vorgehen wird bestimmt durch hermeneutische Verfahren wie Verallgemeinern oder nomologische Ansätze, die versuchen, Regelmäßigkeiten zu finden, Gesetze zu formulieren. Dergestalt kann der Prozess der Darstellung und die Arbeit an der Vergangenheit nicht getrennt werden. Tägliche Geschichte und akademische Geschichte werden nicht radikal getrennt, wenn sie sich auch im Grad der Reflexivität und dem Grad, in dem Interessen explizit werden, unterscheiden. Das Letztere wird durch ein Ethos garantiert, den Standards von Wissenschaft zu entsprechen – jedenfalls soweit das möglich ist, ohne die Funktion als Orientierung für die Zukunft zu verlieren. Auf dieser Basis ist eine Geschichte nicht wahr oder falsch, aber es gibt gute und bessere Repräsentationen der Vergangenheit, die in wechselseitiger Kritik miteinander konkurrieren.

Die Rede von Quellen ist eng mit der historisch-kritischen Methode verbunden. Ausgehend von der Analyse früherer historiographischer Arbeiten besteht ihr Grundbekenntnis darin, die Vorzüge dieser früheren Texte – die älter und damit näher an der erforschten Vergangenheit sind – nicht nach ihrer scheinbaren Plausibilität oder Kohärenz zu beurteilen. Die entscheidenden Fragen lauten: Woher stammt das im Text vermittelte Wissen? Und: Welche Quellen wurden von den Verfasserinnen oder Verfassern verwendet? Wenn diese Quellen noch verfügbar sind, ist die offensichtliche Konsequenz, die Verwendung späterer, sekundärer Berichte durch die ursprünglichen überlieferten Dokumente zu ersetzen. Sind diese nicht vorhanden, muss man zumindest über die Möglichkeit der Existenz von Quellen nachdenken. Fragen, die zu der Beurteilung dieser Möglichkeit führen, lauten etwa: Könnte es Beobachter oder Beobachterinnen gegeben haben? Hätten sie ihre Beobachtungen weitergeben können? Hätten schriftliche Dokumente, die Zeit und Raum leichter überspannen, erstellt, aufbewahrt und zugänglich gemacht werden können? Sind die monumentalen Zeugnisse noch sichtbar oder wurden sie schon vor langer Zeit umgenutzt?

Diese Überlegungen behaupten nicht, dass zeitgenössische Dokumente unbedingt zuverlässiger sind. Die Vermutung einer guten Historiographin kann viel zuverlässiger sein als das Missverständnis eines uneingeweihten zeitgenössischen Beobachters oder die Erfindungen einer engagierten Teilnehmerin. Der Kern der neuzeitlichen historisch-kritischen Methode besteht darin, den Wert einer Quelle nicht nur nach ihrer bloßen Plausibilität zu beurteilen, sondern die Frage »Erscheint der Bericht plausibel?« durch die Frage zu ersetzen: »Könnte, wer auch immer den Bericht erzeugte, überhaupt davon gewusst haben?«

Dieser Umgang mit geschichtlichen Überlieferungen ist nicht einfach nur Handwerkszeug historischer Forschung seit dem 19. Jahrhundert. Er ist auch Teil eines Selbstbildes von »Moderne«, die nach Unterschieden zu früheren Gesellschaften und, in diesem Fall, älterer Historiographie sucht. Ohne Zweifel sind viele heutige Darstellungen der frühen Stadtgeschichte Roms den damaligen Ereignissen, den Wahrnehmungen und Sinngebungen der damaligen Akteure angemessener und nicht nur einfach anders als die Repräsentationen dieser Zeit bei Livius oder Dionys von Halikarnassos. Aber die Darstellungen des 19. bis 21. Jahrhunderts unterscheiden sich auch durch ihre Fragen, ihre Erkenntnisinteressen an anderen oder einfach mehr historischen Subjekten, an lang- oder kurzfristigen Entwicklungen, an Vorbildern oder Gegenbildern. Lokalpatriotismus und Nationalismus, Kosmopolitentum und Kritik an Imperialismus, Aufmerksamkeit für Ungleichheiten oder Transfer von Menschen und Wissen: all das führt zu sehr unterschiedlichen Darstellungen und unterschiedlicher Nähe oder Ferne zu älteren Geschichten.

Trotz aller Versuche, die antike Historiographie zu überbieten, ist auch moderne Historiographie in vielen Fälle nicht die erste, die eine Quelle verwendet. Viele Texte und Denkmäler haben eine lange Tradition der Vervielfältigung, Wiederverwendung und Neuinterpretation; sie sind bereits in eine lange Tradition etwa europäischer Geschichtsschreibung eingegangen und werden von einem kanonisierten Verständnis geschichtlicher Verläufe gerahmt. Mehr noch, die meisten der begehrten Zeugnisse könnten für immer verloren sein. Für viele Perioden sind wir auf viel frühere Geschichtsschreibung angewiesen. In vielen Gesellschaften oder einzelnen Gruppen haben Kanonisierungsprozesse nicht nur bestimmte

Einführung: Historisches Erzählen

Erzählungen, sondern auch deren Interpretationen zu Fakten werden lassen. Das bestimmt auch die Auswahl, etwa wenn die kanonischen Evangelien und kanonisierten neutestamentlichen Briefe zur Rekonstruktion der Frühphase vieler Christentümer gegenüber einer weit größeren Masse zeitgenössischer Quellen vorgezogen werden. Im Vergleich zu der enormen Menge an Forschungen zur Geschichtsschreibung des Tanach und der Septuaginta haben die rabbinischen Texte erst in jüngster Zeit begonnen, als historiographische Literatur Beachtung zu finden. Solche ›heiligen Texte‹ gibt es aber nicht nur im religiösen Bereich, aber gerade für diesen Bereich mit seiner enormen, bis in die Anfänge und die unsterblichen Götter reichenden zeitlichen Tiefe. Die griechische Geschichtsschreibung gründet sich gerade auf einer Ablehnung solcher Geschichten – und an ihrem Leitbild geschult hat die moderne europäische Geschichtsschreibung die Bedeutung des Religiösen für die Geschichtsschreibung Roms und die frühe Historisierung des Religiösen selbst weitgehend übersehen. Das hatte auch Konsequenzen für den Umgang mit anderen, nicht-europäischen oder poetischen (vor allem epischen) Formen von Geschichtsschreibung.

Tatsächlich ist eine intensive komparative Betrachtung von Geschichtsschreibung überfällig und eine Beschäftigung mit bestimmten aufeinander Bezug nehmenden Textreihen und räumlich definierten Gegenständen wie »römische Geschichtsschreibung« muss in einer solchen Perspektive und nicht nur als Vorläuferin, Teil der Genealogie ›unserer‹ Geschichtsschreibung und Geschichtswissenschaft gesehen werden. Eine intensive Selbstreflexion der Historiographie ist schon in der mediterranen (es gab auch andere!) Antike in Vorworten oder kleinen Traktaten (etwa bei Lukian) greifbar. In den letzten Jahren ist sie besonders durch die Kontroversen um den New Historicism, die von Hayden White angestoßene Frage nach dem fiktionalen Charakter historiographischer Texte und die Histoire croisée oder Verflechtungsgeschichte verstärkt worden. Gleichwohl sind nur vereinzelte Vorstöße hin zu einer vergleichenden Geschichtsschreibung unternommen worden. In Deutschland gehört Fritz-Heiner Mutschler mit seiner Einladung, antik-mediterrane und die zeitgleiche chinesische Geschichtsschreibung in einen Bezug zueinander zu bringen, zu den Pionieren.

Dringend wird eine komparative Historiographie aber vor allem dann, wenn man Geschichtsschreibung nicht auf eine an bestimmte Institutionen gebundene akademische Disziplin versteht. Wie anfangs ausgeführt, geht es stattdessen um eine kulturelle Praxis des Erzählens von Geschichte, der Geschichts-Narrative mit ihren weitreichenden Funktionen für Identitätsbildung und Orientierung. Mit Recht suchte Rüsen nach einer strengen methodischen Fundierung des Vergleichs und fand ihn in einer Bestimmung von Geschichte als anthropologische Universalie mit spezifischen mentalen Prozessen und Formen der Sinn-Generierung. Alle Gesellschaften teilten diesen Umgang mit einer Erinnerung, die über das individuelle Gedächtnis an die eigene Lebenszeit hinausgeht. Sie teilten ihn auch einander mit: Es gab einen intensiven Austausch, eine gegenseitige Wahrnehmung von schriftlichen Texten wie mündlichen narrativen Praktiken im zirkummediterranen Raum seit den frühen Hochkulturen. Dasselbe gilt für den asiatisch-europäischen Austausch seit dem Hellenismus. Diese Verflechtungen kommen zu den großen phänomenologischen Ähnlichkeiten zahlreicher Praktiken von Geschichtsschreibung noch hinzu. Das kann in dieser Darstellung nur gelegentlich angedeutet werden.

1.2 Erinnerung, Geschichte und Gedächtnis

In den letzten Jahren hat sich Erinnerung zu einem wichtigen Werkzeug der Vergangenheitsforschung entwickelt. Das begann mit der metaphorischen Übertragung physiologischer und psychischer Mnemotechniken (Gedächtnis) auf soziale Prozesse (Erinnerung), die Maurice Halbwachs vor einem Jahrhundert initiierte. Ist im Begriff des historischen »Exempels« eine rhetorische Aufforderung enthalten, so verweist »Erinnerung« auf komplexe Prozesse der Assoziation, der zeitlichen Markierung, der individuellen Aneignung und des selektiven sozialen Abrufs. Wie verhält sich das zur Geschichte?

»Geschichte« und »Erinnerung« sind als Begriff eng benachbart. Sie stehen in ständiger Spannung zueinander und interagieren eher miteinander, als dass sie sich in klar abgegrenzten Territorien bewegen. Wir können sie als analytische Werkzeuge betrachten, die einen unterschiedlichen Blick auf dasselbe Feld kultureller Prozesse und Produkte ermöglichen. Das Gedächtnis und seine Erinnerungen umfassen »Beziehungen zur Vergangenheit, die im menschlichen Bewusstsein verankert sind« (G. Cubitt). Umgekehrt bezeichnet Erinnerung jene Teile des Wissens, die ein selbstreflexives Wissen über die vergangenen zeitlichen Umstände der Sedimentation dieses Wissens beinhalten. Eine solche Fokussierung auf die individuelle Erzeugung von Wissen ist jedoch keineswegs exklusiv. Die Herausforderung für ein breiter angelegtes Denken über Erinnerung liegt in der Erforschung der komplexen Beziehungen zwischen der Art und Weise, wie sich Individuen an jene Vergangenheit erinnern, die zu ihrer persönlichen Erfahrung gehört, der Art und Weise, wie sie ihre soziale Einbindung definieren oder erleben, und der Art und Weise, wie Repräsentationen und Verständnisse einer sozialen oder kollektiven Vergangenheit innerhalb der größeren Gesellschaft entstehen. Da die Intersubjektivität für jede Form der Erinnerung von entscheidender Bedeutung ist, spricht man von »Erinnerungskultur«.

In dieser Perspektive ist Geschichte nur eine Form des sozialen Gedächtnisses – wenn wir es mit Paul Ricoeur im engeren Sinne als eine diskursive, meist narrative Rekonstruktion der Vergangenheit verstehen. Aber dieses soziale Gedächtnis darf nicht als ein fester Gegenstand gesehen werden. Verschriftlichte Geschichten bieten individuelle Sichtweisen auf die Vergangenheit, die lediglich alternative Versionen darstellen, nicht aber die »Wahrheit« über die Vergangenheit. Jede derartige Geschichte muss sich mit dem individuellen und kollektiven Gedächtnis auseinandersetzen. Sie gewinnt durch solche Erinnerungen an Plausibilität und Akzeptanz. Und doch muss sich sie damit kritisch auseinandersetzen. Ob implizit oder explizit, erzählende Geschichte ist ein kritisches Unternehmen, konkurrierend und vielleicht sogar offen argumentativ. Es ist zweifellos diese dialektische Beziehung zu Erinnerungen, die einen Unterschied zum mythischen Erzählen markiert, das ansonsten in Form und Funktion – und oft sogar in seinem Material – dem sozialen Gedächtnis nahesteht. In der europäischen Tradition hat sich die Geschichte selbst erfunden, indem sie versucht hat, die mythische Erzählung in Frage zu stellen. Das geschah von Anfang an nicht immer auf sehr plausible Weise: Das beste Beispiel ist Thukydides' Exkurs über Minos und den Trojanischen Krieg in seiner Einleitung (1.3–12). All das hat Konsequenzen: Das individuelle Gedächtnis wird immer in einer pluralistischen Welt von Erinnerungen und Geschichten geformt.

Mehr noch als die Geschichte reflektiert der Begriff des »Wissens« die mediale Form des Gewussten und seine Systematisierung, indem es Informationen in Wissensbereiche oder sogar Wissenssysteme verwandelt. Wie bei der Geschichte gehe ich davon aus, dass das »Wissen« nicht so sehr durch seine Beziehung zur Wahrheit gerechtfertigt ist, sondern durch seinen subjektiven und sozialen Status als vertretbare Überzeugung. Unter den Bedingungen einer skriptographischen Gesellschaft, in der selbst geschriebenes Wissen ausschließlich von Hand kopiert wird, ist solches Wissen, das ständig reproduziert werden muss, prekär: Es ist immer vom Aussterben bedroht und anfällig für soziale Zwänge. Gleichzeitig ist die Beherrschung des Wissens ein mächtiges Instrument zur Strukturierung sozialer Beziehungen und zur Erhaltung der Macht. Die Verfügung über Vergangenheitswissen, der Anspruch, dieses zu besitzen, ist für die antike Geschichtsschreibung wichtig. Römische Geschichtsschreibung begann im Kreis der politischen Elite, der Magistrate und Senatoren und ging nur langsam darüber hinaus – oft nur an Spezialisten in der hofartigen Klientel römischer Herrscherfiguren der Republik oder Kaiserzeit. Eher zur Lektüre denn zur öffentlichen Rezitation (die es auch gab) bestimmt, sprach sie ein breites Publikum an. Damit war sie auch politische Literatur, gerade weil sie so oft das Handeln von Feldherrn und Kaisern in den Mittelpunkt stellte. Das öffnete auch der Kritik den Raum. Vermutlich wurden in Rom nur Orakelsprüche, die ein göttliches Urteil über Vergangenheit und Zukunft zu propagieren behaupteten, häufiger verbrannt als historiographische Werke.

1.3 Geschichtserzählung

Geschichtliche Daten können in Listen wie den römischen Konsularfasten oder in Statistiken der Sozialgeschichte dargestellt werden. Aber erst die Narration, die Erzählung macht aus Zeit Sinn. Erst erzählte Geschichte ist Geschichte. In diesem Sinne sind historische Epen mehr Geschichte als viele Chroniken. Aber auch dürre Listen oder isolierte, aber Handlungen darstellende Reliefs können erzählt werden oder sind gar daraufhin angelegt. Narratologische Analysen haben in den letzten drei Jahrzehnten unser Verständnis (nicht nur) antiker Geschichtsschreibung verändert, sowohl im Blick auf die Texte und ihre Produktion als auch ihre Zuhörer – und vor allem ihre Leserschaft. Nicht die Grundlagen der Narratologie, wohl aber die sich daraus ergebenden Zugänge zur Geschichtsschreibung bedürfen daher einer breiteren Darlegung.

Begonnen werden soll mit der sich aus dem anthropologischen Zugang ergebenden Frage nach den Funktionen von Geschichte für die Gegenwart. Vier Orientierungsbedürfnisse sind es nach Rüsen, auf die Geschichte eine Antwort gibt. Das leistet sie in vier Typen, die sich in einer konkreten Erzählung nicht ausschließen müssen.

Erstens das traditionale Erzählen, ein Erzählen, das die Gegenwart als eine ungebrochene Fortsetzung der Vergangenheit verstehen lässt. Die Vergangenheit ist nicht problematisch, sondern wir leben einfach in der Verlängerung der Vergangenheit und haben wenig Probleme mit uns selbst. Wir vergewissern uns nur, dass genau so, wie es ist, die Dinge richtig sind.

Den zweiten Typ kann man als exemplarisches Erzählen bezeichnen. Auch hier ist Vergangenheit als solche nicht problematisch, problematisch ist aber zumindest in einzelnen Punkten unsere Gegenwart geworden. Es sind konkrete Probleme, für die Antworten aus der Geschichte gesucht werden. Dabei geht man so vor, dass man bestimmten Ereignissen in der Geschichte Vorbildcharakter zuschreibt, aber diese im Unterschied zum traditionalen Erzählen so weit reflektiert und der Unterschied zwischen Vergangenheit und Gegenwart als so groß empfunden wird, dass nicht einfach die Geschichte als Vorbild dient, sondern aus ihr abgeleitete und verallgemeinerte Regeln.

In der dritten Ebene, dem kritischen Erzählen, wird auch die Vergangenheit problematisch. Hierbei wird der Vorbildcharakter von bestimmten Ereignissen in der Vergangenheit in Zweifel gezogen, indem er den Ereignissen bewusst entzogen wird. Das Vorbild wird so durch Kritik verändert, in seiner Vorbildhaftigkeit herabgestuft, depotenziert.

Die letzte Form des Erzählens von Geschichte(n), viertens, könnte man als genetisches Erzählen bezeichnen. Man erzählt, wie in der Vergangenheit etwas Neues geschehen ist, woraus sich die Legitimation ziehen lässt, eben auch in der Gegenwart neue, abweichende Entwicklungen zuzulassen. Die Legitimität der Entwicklung liegt im Wandel selbst, da es in der Natur der Dinge liegt, dass sich Dinge ändern.

Im Hinblick auf die hellenistische Periode (im weitesten Sinne) hat Doron Mendels eine detaillierte Typologie der historiographischen Strategien und der Einstellung der Gesellschaften zur Geschichtsschreibung vorgeschlagen – sicherlich nicht die einzige Form des erhaltenen Narrativs, aber als Erzählungen der (und insbesondere der eigenen) Vergangenheit ein sehr erfolgreicher und daher wichtiger Teil des Feldes. Er schlägt vor, zu unterscheiden zwischen »Gesellschaften, die sozusagen in ihrer Vergangenheit ›feststecken‹« (Sparta, Rom), »Gruppen von Menschen, die ständig und bewusst mit der Vergangenheit spielen und ihre Erinnerungen *manipulieren*« (griechische Intellektuelle, Könige von Kommagene, Buch der Jubiläen), und schließlich »jenen Menschen, Gruppen und Bewegungen, die primär nach vorne und nicht nach hinten schauen« (z. B. 1 Makkabäer; 133–4).

Für die hellenistische Literatur identifiziert Mendels zwei grundsätzliche »Modi für den Umgang mit der Vergangenheit in der Antike«: die pauschale Übernahme von Vergangenheitsmaterial einerseits und die Manipulation von Vergangenheitsmaterial und bewusste Veränderung andererseits. Für letztere unterscheidet er elf Typen: 1) die Neufüllung akzeptierter kultureller oder chronologischer Rahmen aus der Vergangenheit; 2) die manipulative Verwendung historischer Figuren oder 3) der Zeit, indem Vergangenheit und Gegenwart miteinander vermischt werden; 4) die Projektion eines gegenwärtigen Merkmals in die Vergangenheit oder 5) die Projektion einer Vergangenheit auf eine andere; 6) radikaler die »reine Erfindung von Vergangenheitsdaten« oder weniger radikal 7) die Übersetzung. Weitere Typen sind 8) die Kontamination einer akzeptierten Vergangenheitstradition durch eine ältere oder jüngere zweite Vergangenheit, 9) die Darstellung der gesamten »Vergangenheit als lineare Abfolge sorgfältig ausgewählter Schlüsselereignisse«, 10) »eine synoptische Annäherung an die Vergangenheit«, um verschiedene Vergangenheiten geteilter Gesellschaften zu kombinieren und schließlich 11) die »Fragmentierung der Vergangenheit in der Öffentlichkeit« in Form von Exempla und vielen anderen Formen sehr verdichteter Teilberichte.

Mendels' Darstellung soll in erster Linie die Grenzen und die statistisch gesehen sehr begrenzte Rolle der Geschichtsschreibung in antiken Gesellschaften aufzeigen, von denen die rabbinische Bewegung nur ein Beispiel war. Dieses Ergebnis wird jedoch in seiner Relevanz dadurch eingeschränkt, dass dem Konzept der historischen Wahrheit bei ihm implizit der Rang einer metahistorischen Messlatte zugeschrieben wird, die den Großteil der antiken Geschichtsschreibung und des historischen Gedächtnisses denunziert. Historische Wahrheit ist aber nicht einfach gegeben und gilt im Vergleich zu einer bestimmten Darstellung. Sie ist selbst das regulierende Prinzip eines Wettbewerbs aufeinanderfolgender Darstellungen mit dem Ziel einer (durch wechselnde Maßstäbe) besseren Darstellung.

Hinsichtlich der Formen und Funktionen, manchmal sogar der Inhalte, überschneiden sich Mythos und Geschichtsschreibung in der hebräisch-griechisch-römischen Antike häufig. Genau das macht das Konzept der Erzählung so wichtig für das Verständnis von Geschichtsschreibung, die nicht einfach nur darstellt, »wie es gewesen ist« (Droysen). Obwohl in Rom eine der wichtigsten Quellen für historisches Gedächtnis und Wissen das Drama war und nicht die epische oder prosaische Erzählung. Mendels' Überlegungen helfen, unseren Zugriff auch in anderer Hinsicht zu schärfen. Letztlich geht er davon aus, dass Geschichtsschreibung in der Regel von einer Gruppe und ihren Machtpositionen ausgeht. Michel de Certeaus Analyse der Geschichtsschreibung hat unterschiedliche, ja gegensätzliche Prozesse beleuchtet und den Geschichtsschreiber und seine Aneignung und Gestaltung von Geschichte in den drei Perspektiven des (sozialen und topographischen) Ortes des Schreibers, der Praktiken des Schreibens und der Darstellungsweisen von Geschichte in den Vordergrund gerückt. Der soziale Raum, in dem Geschichtsschreibung der Kommunikation diente, darf nicht aus den Augen verloren werden.

1.4 Charakteristika der Erzählung

Das hier vorgestellte analytische Instrumentarium für das Erzählen ist dem Versuch des Literaturkritikers und Kulturhistorikers Albrecht Koschorke entnommen, eine allgemeine Theorie des Erzählens zu formulieren. Auch wenn seine Theorie weder kohärent noch vollständig ist, spricht sein Interesse an der Funktionsweise des Erzählens in einem kulturellen Kontext, der durch seine Komplexität, Hybridität und Fluidität gekennzeichnet ist, viele Merkmale an, die in der klassischen narratologischen Theorie nicht prominent oder weit verbreitet sind. Seine Liste umfasst acht verschiedene »elementare Operationen« des Erzählens, also Strategien zur Herstellung dessen, was als Erzählung akzeptiert wird; ich wähle aber nur diejenigen aus, die im vorliegenden Zusammenhang von Interesse sind.

- Die erzählerische Reduktion erzeugt Schemata. Durch das Weglassen von Details, die Vereinfachung komplexer Ereignisse und schließlich die Vergabe von Namen und die Anwendung stereotyper Eigenschaften der letzteren auf das eigentliche Objekt werden Erzählschemata entwickelt, die auf einer allgemeineren Ebene als die einzelnen Geschichten identifiziert werden können. Solche Schemata helfen dabei, Geschichten zu folgen und sich diese zu merken. Sie erhöhen den Grad der Konnektivität der konkreten Geschichte und die Möglichkeit, sie mit anderen Geschichten in Beziehung zu setzen. Die Übertragung der Erzählschemata der *Ilias* und der *Odyssee* in Vergils *Aeneis* ermöglichte die Integration der lokalen italienischen Traditionen. Die Passion Jesu konnte als Vorbild für das Martyrium bei Ignatius von Antiochia oder Polykarp von Smyrna dienen.
- Redundanz und Variation erzeugen Konsens bzw. Aufmerksamkeit. Es ist die Reduktion in Schemata, die Prozesse der Verallgemeinerung und die Erweiterung des Publikums, für das die Geschichte relevant sein könnte, in Gang setzt. Entdifferenzierung schafft Konsens über die Grenzen von Gruppen und Interessen hinweg. Zugleich hängen die Möglichkeiten, sich im kommunikativen Raum einer Gesellschaft zu artikulieren, vom eigenen

Willen und der Fähigkeit ab, sich von solchen narrativen Verallgemeinerungen zu distanzieren. Expertinnen und Experten stellen allgemeine Narrative in Frage, auch wenn ihr Potenzial, das kollektive Wissen zu verändern, eher gering ist. In der antiken Literatur sicherten und schufen plakative Zusammenfassungen, sei es innerhalb größerer Erzählungen oder als eigene Gattung *(Epitome, Periochae)*, Konsens, bis hin zu dem Punkt, an dem (in einer dialektischen Bewegung) gruppenbezogene Stellungnahmen exakte Formulierungen verlangten, um einzuschließen oder auszuschließen. Im Corpus Caesarianum sind einzelne Autoren sehr darauf bedacht, die Position Caesars in einem solchen ideologischen Sinne zu rechtfertigen.

- Diversifizierung bedeutet in der Regel nicht, dass einfach nach Belieben Varianten produziert werden. Aufgrund ihrer Geschichte und ihrer Beteiligung an verschiedenen Schemata zeichnen sich Erzählungen durch ein Repertoire an Details aus, die in einer konkreten Geschichte zum Tragen kommen können, bis hin zum Merkwürdigen, Trivialen, Abseitigen. Dies gilt insbesondere für jene Erzählungen, die in der Antike kanonischen Status erlangt hatten, seien es die biblische Geschichte des *Tenakh* oder Livius' *Römische Geschichte*. Die spätantiken Kommentare zu Vergil, Servius sowie Macrobius, zeigen die Interpretationsmöglichkeiten eines zeitlich entfernten und komplexen Textes. Die Schrift, wenn nicht schon ein Produktionsmittel, kommt dem Bedürfnis nach Details entgegen und ermöglicht deren Übermittlung.

- Eine Erzählsequenz mit einem Anfang und einem Ende zu versehen, ist eines der wirkungsvollsten Instrumente, um Konflikte zu konstruieren, um auf erreichte oder aufgeschobene Gerechtigkeit hinzuweisen. Solche Sequenzen implizieren Gesetze und enthalten Aufforderungen zur Nachahmung der Protagonisten. Das Zusammenspiel zwischen der Ordnung des dramaturgischen Rahmens und der Verkomplizierung und Lösung von Konflikten, die durch die Erzählsequenz, die Szenen und die Peripetien gegeben sind, erzeugt den Unterhaltungseffekt von Erzählungen, der zu deren Verlängerung und Wiederholung auffordert. Für die imaginäre Möglichkeit, den Mustern von Erzählsequenzen zu folgen, habe ich bereits auf die Evangelien, das Martyrologium und weitere hagiographische Materialien hingewiesen. Geschichten von Tyrannenmorden, etwa die Vergewaltigung, der Selbstmord und die Rache für Lucretia, die zur Vertreibung des letzten römischen Königs, Tarquinius Superbus, führen, bieten dieselbe Qualität. Eine sorgfältige Rahmung isoliert den zugrundeliegenden Konflikt oder das moralische Defizit und die Perspektive, die die Tat bietet.

- Die schwache Motivation oder die kausale Überdeterminierung, die durch das Erzählen erzeugt wird, verwickelt den Hörer in eine aktive Beteiligung und fördert die Aneignung durch ganz unterschiedliche Individuen. Wie kognitive Studien gezeigt haben, ist es insbesondere die Irritation, die durch minimal kontraintuitive Zusammenhänge erzeugt wird, die die Geschichte einprägsamer macht. Typisch für die Erzählung ist die Motivation durch die Zuschreibung von Handlungsmacht, entweder an menschliche oder übermenschliche Akteure, wodurch eine »Überkohärenz« erzeugt wird. Die erfolgreichen (und subversiven) Erklärungen variieren dabei stark von Kultur zu Kultur. Für die Antike muss die ganze Bandbreite der aitiologischen Erzählung in Erinnerung gerufen werden. Die Plausibilität einer seltsamen Kombination von Elementen im heutigen Ritual oder der Topographie wird durch Emplotment »erklärt«. In der hellenistischen und römischen Epoche, bei Dichtern wie Kallimachus oder Ovid, kann die Aitiologie jedoch einen ludischen Charakter annehmen. Manchmal betonen mehrere Aitiologien die Distanz des Autors zu seinen Erzählungen (oder manchmal auch nur zu seinen Argumenten). Prodigien oder *Omina* im Allgemeinen bieten ein mächtiges Instrument zur Überdeterminierung von Erzählungen, ohne in jedem Fall die Historizität zu betonen. In der römischen Geschichtsschreibung enthalten sogar Tacitus' analytische oder Caesars sachliche historische Erzählungen solche Elemente.

- Obwohl nicht notwendigerweise in der erzählten Geschichte präsent (was homo- oder intra-diegetisch wäre) oder nicht einmal explizit in der Erzählung präsent (was zumindest hetero- oder extradiegetisch wäre), ist der Erzähler oder, genauer gesagt, die Position des Erzählers von großer Bedeutung für die Rezeption des erzählten Textes. Ein Ich-Erzähler scheint ein Garant für Authentizität zu sein, kann aber als (bloß) partikularer Standpunkt angegriffen werden. Dagegen scheint der allwissende, unpersönliche Erzähler eine ungefilterte Wahrheit zu produzieren, ohne Alter und Herkunft, insbesondere wenn er Szenen erzählt, die kein menschlicher Erzähler miterlebt haben kann. Ihr oder sein Blickwinkel und ihre oder seine Erzählweise würden die Rezipienten ein- oder ausschließen, würden das »Wir« und das »Gut« bestimmen. Asymmetrische Oppositionen wie Hellenen und Barbaren erlauben es nicht, sich für den Anderen zu entscheiden, der als homogen und klar abgegrenzt beschrieben wird, wodurch das Spiegelbild einer internen Homogenität innerhalb der Wir-Gruppe entsteht und interne Unterschiede unterdrückt werden. Offensichtlich sind dies sehr unterschiedliche Konsequenzen der Positionierung des Erzählers. Die Reichweite der Präsenz des Erzählers ist enorm. Die Art und Weise, wie sich Sallust seinen Leserinnen und Lesern aufdrängt, unterscheidet sich deutlich von dem selbstbewussten Beobachter Hirtius in seiner Fortschreibung der *commentarii* Caesars oder dem völlig impliziten Erzähler des Markusevangeliums, der sich auf Zusammenfassungen und gelegentliche Erläuterungen beschränkt.

- Schließlich ist das Erzählen eine Strategie zur Stimulierung von Affekten und zur Auseinandersetzung mit der sozialen Dynamik einer Gruppe, zur Auseinandersetzung mit der Vielfalt einer polyzentrischen Kultur als Spiel ebenso wie als eine Form der Kommunikation, die die Grenzen einer gegebenen Situation überschreitet. Wie Koschorke anmerkt, ist es gerade die Möglichkeit, sich nur teilweise an einer Erzählung zu beteiligen, die die Bildung großer Gruppen ermöglicht. Für die Bildung größerer Blöcke von »Hellenisten« und »Christen« im vierten Jahrhundert war diese Flexibilität, die die (jetzt und eine ganze Zeit lang) unterschiedlichen *Kanones* boten, von großer Bedeutung.

Nicht die Welt, sondern wenige Menschen in räumlich verstreuten Netzwerken eher als ortsgebundene Gruppen bildeten die Leserschaften antiker Geschichtserzählungen. Nur selten besitzen wir explizite Zeugnisse solcher Leserinnen oder Leser. Es sind eher die Texte selbst, die wir auf ihre impliziten und intendierten, oder die Texte und Kontexte, die wir auf ihre »eingebundenen Lesenden« abklopfen müssen.

Die isolierte Betrachtung eines überlieferten Textes ist oft irreführend. Er ist an sich bereits eine Nacherzählung einer Geschichte und darüber hinaus eine Aufforderung zu einer zukünftigen Nacherzählung. Ebenso ist ein Brief nicht nur die Erzählung einer Geschichte an einen entfernten Adressaten, sondern kann in vielen Fällen auch eine Einladung zur Nacherzählung sein. So ist er an der Konstruktion und Dekonstruktion von Schemata ebenso beteiligt wie an der Pflege von altem oder der Schaffung von neuem Wissen.

Die Bildung eines Netzwerks hängt sowohl vom Konsens ab, auf dem die Verwendung von Schemata und gemeinsamen Traditionen aufbauen kann, als auch von den Abgrenzungen der relevanten Kontexte für das Wir und die Vergangenheit des Textes. Ein solches Wir ist nicht einfach gegeben, sondern wird durch ständige Kommunikation aufrechterhalten und geschaffen. Der Grad der Explizitheit und Exklusivität kann sehr unterschiedlich sein, je nach der Wahl des Themas, der Selbstdefinition des impliziten oder expliziten Erzählers, der Wahl der literarischen Konvention (das Genre ist selbst eine Art zu sprechen, die mit einem bestimmten sozialen Kontext verbunden ist) oder der gegebenen Bewertungen. Der implizite Leser von Fabeln ist weniger eng definiert als der implizite Leser einer historischen Erzählung. Die lange Geschichte und weite Verbreitung von Fabeln ist ein Beleg dafür.

Wie könnte die Glaubwürdigkeit eines Textes in einem solchen Horizont erhöht werden? Unbeholfene, d. h. minimal kontraintuitive Elemente erhöhen, wie oben dargelegt, die Einprägsamkeit, wenn auch nicht die Glaubwürdigkeit einer Erzählung. Für Autoren sind die Möglichkeiten, ihre Geschichten zu authentifizieren, begrenzt. Die Bestimmung der Kohärenz eines Textes ist gleichzeitig Teil des Aushandlungsprozesses über die Kohärenz der Kultur. Der in meiner Argumentation vorausgesetzte Begriff der »Kultur« umfasst kein festes System von Normen und Wissen, an dem eine Erzählung gemessen werden könnte. Stattdessen setzt sich die Erzählung mit einem vorangegangenen Diskurs über Normen und Wissen auseinander und reproduziert, modifiziert oder erschüttert frühere konsensuale, hegemoniale oder widersprüchliche Positionen. Strategien der Authentifizierung können also beobachtet, aber kaum auf ihre Wirksamkeit hin beurteilt werden. Außertextliche Verweise stärken die Überprüfbarkeit und Wahrscheinlichkeit einer Erzählung, aber die Plausibilität einer Erzählung, die den Anspruch erhebt, historisch zu sein, wird durch die innere Kohärenz der erzählten Geschichte ebenso erreicht wie durch die äußere Kohärenz mit dem allgemeinen Wissen und den großen Erzählungen. Daher ist die Angabe des korrekten Namens eines Autors, des Orthonyms, weder eine notwendige noch eine unbedingt erfolgreiche Strategie. Die Zuschreibung des Textes an einen anderen oder sogar fiktiven Autor, Pseudepigraphie und Pseudonym, sind wichtige mimetische Strategien, die eher die Autorität der Form und des Inhalts der Erzählung als die persönliche Autorität des Autors beanspruchen. Bilder von Autorschaft und Normen, die Autorschaft regeln, hängen auch mit sich verändernden Netzwerken und Zeiten zusammen.

1.5 Geschichtsschreibung und ihre Alternativen

Wie und wo wurde Geschichte in der römischen Antike erzählt, fanden ihre Rezipienten zusammen? Nicht überall, wo Geschichte erzählt wird, liegt in einem engeren Sinn schon Geschichtsschreibung als Historiographie vor. In der Antike etwa ist der Hauptkonkurrent im Erzählen von Geschichte(n) und damit der Hauptkonkurrent der Historiographie das Drama, insbesondere in der Form der Tragödie. Beispiele für eindeutig historische Stoffe unter den erhaltenen Stücken aus dem griechischen Bereich sind etwa die *Perser* des Aischylos, die den Sieg bei Salamis der Griechen über die Perser behandeln. Im römischen Bereich gibt es eine ganze Textgruppe, die als *fabulae praetextae* bezeichnet wird, die historische Stoffe der eigenen Vergangenheit behandelt. Der Begriff *praetexta* leitet sich von der *toga praetexta* ab. Diese »vorgewebte Toga« ist eine Toga mit einem Purpurstreifen; römische Beamte haben sie getragen. Es sind Dramen, die a) von Römern erzählen und b) die auf einer politischen Ebene angesiedelt sind und sich nicht wie Komödien in einem niederen gesellschaftlichen Milieu abspielen. Zwar sind keine ganzen Texte aus der Republik erhalten, jedoch einzelne Titel: Die *Ambracia* des Dichters Ennius, ein Drama über die Einnahme einer griechischen Stadt Anfang des zweiten Jahrhunderts v. Chr.; *Decius*, ein Drama des Accius, erzählt die Geschichte eines römischen Feldherrn, der sich Anfang des dritten Jahrhunderts v. Chr. in der Schlacht selbst geopfert hat, die *devotio* der Decier; dann die einzig erhaltene *praetexta* aus neronischer oder kurz nachneronischer Zeit, die *praetexta Octavia*, die den Konflikt zwischen Nero und seiner Gattin und zugleich Stiefschwester Octavia erzählt.

In der Mehrzahl der Dramen geht es um mythische Stoffe. Wie aber wurde das Verhältnis von Mythos und Geschichtsschreibung bestimmt? Ein Mythos ist eine Geschichte, eine Erzählung, bloß eine »Äußerung«. Die griechische Begriffsgeschichte prägt zuerst die lateinische und dann die neuzeitliche Aufnahme des Wortes. Woran dachten diese Schriftsteller und Denker des fünften und vierten Jahrhunderts? Aristoteles dachte in seiner Poetik einfach an den Inhalt, die Handlung solcher Erzählungen. Herodot und Thukydides, die Väter der europäischen Geschichtsschreibung, engten den Begriff ein, um ihr eigenes Schreiben vom Verfassen von Mythen abzusetzen. »Mythos« und »Geschichte« wurden Gegenbegriffe. Damit war Mythos noch keine Lügengeschichte, aber doch eine Erzählung, deren historischer Wahrheitsgehalt nicht zu überprüfen war. Wo andere Informationen fehlten, konnte man auf solche Geschichten verweisen, aber hütete sich zu behaupten, dass es tatsächlich so gewesen sei.

Platon verfolgte eine andere Linie. Er setzte dem »Mythos« den »Logos« entgegen. Auch dieser Gegensatz mag heute schärfer klingen, als er damals war. Ein »Logos« oder mehrere »Logoi« waren auch zunächst Äußerungen, Darstellungen, in manchen Fällen sogar Geschichten. Das konnte sich auch auf Götter oder religiöse Dinge, etwa den Sinn von Ritualen beziehen. Aber auch hier gab es wie bei den Historikern eine Interessensgruppe, die ihr eigenes Tun mit Hilfe dieses Begriffes neu zu bestimmen suchte. Schon für die vorsokratische Philosophie war der Logos zu einem Schlagwort für das Argumentieren, für das rationale Argument geworden. Wollte man dagegen mit Mythen argumentieren, musste man sie deuten, auslegen. Ansonsten waren es einfach Geschichten ohne rational überprüfbaren Wahrheitsgehalt. Manche Verfasser von Rednerhandbüchern der späteren Zeit gingen sogar noch weiter und verbanden mit dem Unüberprüfbaren sogar das Unwahrscheinliche. Mythen waren damit unglaubwürdige Geschichten.

Gleichwohl wurden sie verbreitet. Auf dieser Verbreitung durch Erzählung muss unser Verständnis von Mythos aufbauen. Mythen sind traditionelle Erzählungen. Immer wieder erzählt wurden sie, weil sie für Erzählende wie Zuhörende Bedeutung besaßen. Die Merkmale »bedeutungsvoll« und »Erzählen« erlauben, Erzählungen in vielen Kulturen – gerade auch in Kulturen, die das Wort »Mythos« nicht kennen – als »Mythen« zu verstehen und so miteinander vergleichbar zu machen. Beide Elemente verweisen aufeinander: Die Bedeutsamkeit führt zur Wiederholung, zur Tradierung der Erzählung. Die tradierte, also geläufige Erzählung kann dazu benutzt werden, immer wieder neue Sachverhalte zu illustrieren oder Probleme zu beleuchten. Sie wird mit Bedeutung aufgeladen. In Gesellschaften ohne oder mit eingeschränkter Schriftlichkeit ist das eine Überlebensvoraussetzung für Erzählungen. Wenn Schrift aber nicht nur für Abrechnungen und Königslisten zur Verfügung steht, sondern auch für Mythen, können sich selbst solche Erzählungen halten, die ihre aktuelle Bedeutung verloren haben oder nur für wenige ursprüngliche Adressaten bedeutsam gewesen waren. Dann stellte sich späteren Leserschaften die Aufgabe, alte Bedeutungen zu entschlüsseln oder neue zu erfinden.

Das lenkt den Blick auf den Inhalt. Fast alles konnte zum Gegenstand von mythischen Erzählungen gemacht werden. Überblickt man die griechischen Mythen, so weisen sie einige Schwerpunkte auf. Die Entstehung der Welt (Kosmogonie) und der Götter (Theogonie) war einer von ihnen. Die Texte, die wir darüber haben, sind sehr unterschiedlichen Charakters. Hesiod versuchte, etwa am Ende des achten Jahrhunderts oder zu Beginn des siebten Jahrhunderts v. Chr., eine Systematik zu erstellen. Diese war ebenso komplex wie vage. Das ließ Raum für weitere Gestaltungen, die unterschiedlichen Zwecken dienen konnten, bis hin zur Frage, wie auch Menschen zu Göttern werden können. Im Vergleich mit altorientalischen Schöpfungsmythen blieb die Phantasie griechischer Mythen hier lange in einem eher engen Rahmen. Eher füllten dann philosophische Texte diese

Lücke, dachten über die Entstehung der Welt aus Feuer allein oder vier Elementen, aus Atomen oder dem göttlichen Verstand nach. Götterbiographien spielen ebenfalls keine überragende Rolle. Wichtig waren Verwandtschaftsverhältnisse und Geburtsorte. Hier spielte Lokalpatriotismus eine wichtige Rolle. Über die Vielzahl der Geburtsorte des Zeus machten sich antike Philosophen lustig; dass die Kreter nicht nur die Geburtshöhle, sondern auch das Grab zeigen konnten, irritierte, wer den Begriff des »Unsterblichen« konsequent weiterdachte.

Die Masse griechischer Mythen konzentrierte sich auf die Zeit des Trojanischen Krieges und die – in unklarer Chronologie – unmittelbar vorangehenden Generationen. Es war das Eingreifen der Götter in die Menschenwelt und der Aufstieg von Menschen in die Götterwelt, die das größte Interesse fanden. Kriegerische Großereignisse wie der Zug der Sieben gegen Theben oder der zehnjährige Feldzug der Achaier gegen die Trojaner gaben einer Vielzahl von Handelnden und Geschichten Platz. Als Mobilisierung von ganz Griechenland erlaubten diese Mythen, ebenso unterschiedliche Orte und Stämme wie zahlreiche Göttinnen und Götter in die Geschichten einzubinden und so zu koordinieren.

Gründungsmythen von Städten, etwa der Telephusmythos für Pergamon (mit seiner monumentalen Darstellung im Pergamon-Altar) bildeten eine weitere Schicht. Sie verbanden sich über die handelnden Götter und Heroen mit den weiteren Erzählkreisen, aber zielten vor allem auf den einzelnen Ort und verhalfen seinen Bewohnern zu einem würdigen Platz in der griechischen Welt. So wie sich die Mythen der aus zahllosen Städten (»Poleis«) bestehenden, aber eine Sprache, viele Erzähltraditionen und große Feste – wie die Olympischen Spiele – teilenden hellenischen Welt von den Mythen der altorientalischen Reiche (und Stadtstaaten) absetzten, unterschieden sich die Gegenstände römischer Mythen von den griechischen. Sie konzentrieren sich viel mehr als diese auf die Geschichte und unmittelbare Vorgeschichte der Stadt Rom und Latiums.

Aber die politischen Verbände Roms und Griechenlands hatten kein Monopol auf die Mythenproduktion. Zunehmend traten religiöse Gruppen auf, die neue Mythen mitbrachten und hervorbrachten: Juden, mit einer schon lange schriftlich fixierten Erzählwelt; Anhänger der Göttin Isis, die Texte aus dem Ägypten der Pharaonen wie der hellenistischen Ptolemäer importierten und weitererzählten; Mithras-Anhänger mit Erzählungen, die persische Motive mit philosophischer Spekulation kombinierten; Christen schließlich, die Geschichten eines jüngst hingerichteten Juden aus Syrien-Palästina und mit Blick auf dieses Muster immer neue Geschichten von Verfolgten fast der eigenen Gegenwart erzählten.

Wenn Mythen so dicht an der Gegenwart angesiedelt werden können, wird eine einfache, aber verbreitete Unterscheidung hinfällig. Mythos ist nicht einfach die unerreichbare Vor- oder Urgeschichte. Aber wie soll man die Grenze ziehen und das Verhältnis von Mythos und Geschichte bestimmen? Das Ende der mythischen Zeit ist für die Griechen kein inneres Merkmal der Mythen. Die Grenze wird von außen bestimmt: Wie weit gelingt es der neuen Form menschlichen Nachdenkens über die Vergangenheit, nämlich der Geschichtsschreibung, zurückzukommen? Die Scheide bildet schließlich der Trojanische Krieg, dessen Historizität für die Antike außer Zweifel stand. Herodot setzte ihn acht Jahrhunderte vor seine Zeit, also in die Mitte des 13. Jahrhunderts v. Chr., Eratosthenes, ein Forscher des dritten Jahrhunderts v. Chr., datierte ihn auf 1184/3 – derselbe Eratosthenes, der auch die Chronologie der Olympiaden sicherte.

Offensichtlich ist die Wahl dieses Zeitpunktes willkürlich, nicht zuletzt bestimmt vom Willen, die griechische Anwesenheit und Herrschaft an der kleinasiatischen Küste als geschichtliches Faktum zu behandeln. Faktisch boten die vorhandenen Überlieferungen kaum Möglichkeiten, die »dunklen Jahrhunderte« bis zur Formierung und schnellen Expansion der griechischen Städte seit dem achten Jahrhundert zu überbrücken; hier weiß erst die heutige Archäologie und Sprachwissenschaft mehr über die Ausmaße tatsächlicher Kontinuität. Für den gewählten Zeitpunkt sprach auch die von Hesiod formulierte Theorie, dass das gewaltige Schlachten des Trojanischen Krieges das Ende des Zeitalters der Heroen gebildet hätte. Für griechische Mythen spielen vor allem die Ereignisse der Zeit bis zum Trojanischen Krieg eine zentrale Rolle, hier handeln Menschen, Heroen und Götter in engstem Kontakt miteinander.

Schon für römische Mythen lässt sich das chronologische Schema nicht übertragen. Wo wir römische Chronologien seit dem zweiten Jahrhundert v. Chr. sehen können, setzen diese schon immer die griechischen Chronologien voraus. Die Datierung der Gründung Roms erfolgt unter

Bezugnahme auf den Fall Trojas, ist also ein Datum griechischer Geschichte. Für eine Trennung von Mythologie und Geschichte spielt das keine Rolle; während am Ende des ersten Jahrhunderts v. Chr. der augusteische Geschichtsschreiber Livius Skepsis gegenüber den Gründungsgeschichten äußert, führt sein griechischer, aber ebenfalls in Rom schreibender Zeitgenosse Dionysios von Halikarnassos diese Periode in vielen Details aus. Christlich-jüdischen Geschichtsschreibern gelingt es wenige Jahrhunderte später, eine historische Chronologie der Welt bis zu Abraham oder gar zur Schöpfung zurückzuführen. Eines aber teilen alle diese Chronologien: Sie rechnen mit einer sehr kurzen Zeit bis zur Weltentstehung, wenige Jahrtausende vor der eigenen Zeit. Das unterscheidet sie etwa von den gewaltigen Fristen asiatischer Geschichtsvorstellungen deutlich.

Der Graben zwischen Mythos und Geschichte ist in der antiken Optik kein prinzipieller, sondern ein gradueller. Für manche Geschichtsschreiber lag die mythische Zeit vor der geschichtlichen, und Sicheres lässt sich über erstere nicht sagen. In der Einleitung zu seiner Geschichte Roms unterschied Livius zwar die Epoche, als an Rom noch gar nicht zu denken war, und die unmittelbare Vorgeschichte Roms von der eigentlichen Stadtgeschichte. Aber es ist ein bloßes Überlieferungsproblem, dass für diese Zeiten eher Fiktionen als Dokumente vorliegen. Auch für die frühe historische Zeit der Stadt muss akzeptiert werden, dass sie durch die Einbeziehung von Göttern an Erhabenheit gewinnt.

Das Problem reicht aber weiter. Auch wenn die römische Geschichtsschreibung die tradierten Erzählungen über die Zeit nach der Gründung als historisch annahm (und wir ihr darin bis zum Beginn des 19. Jahrhunderts gefolgt sind): Kritische Geschichtsschreibung käme kaum über das späte vierte Jahrhundert v. Chr. hinaus. Vieles von dem, was für die Zeit zwischen dem später errechneten Gründungsdatum 753 v. Chr. und dem Beginn schriftlicher Aufzeichnungen und Protokolle am Ende des vierten Jahrhunderts erzählt wird, ist Fiktion. Es sind gerade Episoden aus dieser Epoche, die von römischen Rednern, auf dem Platz der Volksversammlung wie vor Gericht, angeführt werden. Es sind gerade Episoden aus dieser Epoche, die das Selbstverständnis dessen ausmachen, was Römer zu sein heißt. Und es sind gerade Episoden aus dieser Epoche, die das grundlegende Funktionieren der aufeinander folgenden römischen

Einführung: Historisches Erzählen

Republiken – man kann kaum von einer Republik sprechen angesichts der mehrfachen massiven Verfassungsumbrüche – illustrieren.

Mythen und klassische Geschichtsschreibung teilen vor allem das Merkmal, dass sie Erzählung sind. Erzählungen bringen Personen und Ereignisse in Verbindung, lassen Ereignisse aus dem Handeln von Personen hervorgehen. Erzählen erzeugt Zeit, erzeugt eine Abfolge von Handlungen und Ereignissen, die Vorher und Nachher unterscheiden lassen. Mythen wie Geschichtsschreibung erzählen in der Regel nicht aus der Ich-Perspektive. Der allwissende Erzähler weiß, was die unterschiedlichen Handelnden zusammenführt, steht über den Dingen. Das erzeugt Abstand und Autorität. Auch der historische Erzähler will eine glatte Geschichte erzählen, eine glaubhafte und schöne. Er erfindet Reden, wie sie gehalten worden sein könnten. Nur selten diskutiert er Alternativen – aber das tun kritische Mythenerzähler wie Kallimachos und Ovid auch. Erst die Geschichtsschreibung des Bischofs Eusebios zitiert und diskutiert umfangreich Dokumente und die Identität von Briefschreibern. So bleibt vor allem ein Unterschied: Die Geschichtsschreibung kennt Vorzeichen, aber handeln müssen die Menschen selbst. Das nimmt ihnen kein Gott ab. Im Mythos handeln zumal die Götter.

Die Zusammenfassung des Trojanischen Krieges durch den Historiker Thukydides im ersten Buch seines *Peloponnesischen Krieges* zeigt, wie brüchig die Trennlinien sind. Bezweifelt wird nicht die Historizität des Krieges und seiner Akteure. Kritisches Nachdenken über wahrscheinliche Ursachen ist das Markenzeichen des Historikers. Über den Führer schreibt er gegen die Darstellung des Dichters Homer, dass sich die Rolle des Agamemnon als Heerführer aus seiner Machtposition erkläre. Nicht ausschlaggebend sei die Verpflichtung der übrigen Bewerber um Helena durch einen Eid gewesen. Aus Furcht vor dieser Macht hätten sich die anderen angeschlossen. Dass sich Troja zehn Jahre verteidigen konnte, ist aus den Problemen der Kriegsfinanzierung zu verstehen. Die ausgesandten Heere hätten klein sein müssen, um sich auf dem Kriegsschauplatz ernähren zu können; ein beträchtlicher Teil war dann dort durch landwirtschaftliche Tätigkeit und Plünderzüge gebunden. Mit dem unter Waffen stehenden Rest wurden die Trojaner lange Zeit fertig!

Wie aber konnte man solche Ereignisse in eine übergreifende Chronologie einbauen? Selbstverständlich haben die Kirchenväter, wenn auch mit unterschiedlichen Datierungen zwischen dem vierten und sechsten Jahrtausend v. Chr., die Schöpfung datieren können. Die Methode, um zu solchen Datierungen zu kommen, waren zumeist Generationenrechnungen: Man schaute sich in den Erzählungen verschiedene Familienbeziehungen (Großeltern-Eltern-Kinder) an und setzte dann eine Generation mit 20, 25, 33, 40 Jahren an; im Einzelfall gab es in der Bibel Hinweise auf sehr viel höhere Alter, die Bedeutung und moralischen Wert einzelner Personen anzeigten. Genealogien sind für die Erschließung frühester Zeiträume eine der ersten Beschäftigungen der Geschichtsschreibung in Griechenland wie auch im alten Orient gewesen, mit denen dann ein nahtloser Übergang von der mythischen in die historische Zeit erzeugt werden konnte. Diese systematisch arbeitenden Theologen – es sind ja oft auch göttliche Gestalten, die in dem Miteinander verknüpft werden müssen, zumindest Halbgötter oder vergöttlichte Personen, Heroen – waren wichtig für die Geschichtsschreibung und lassen sich zumindest zu Beginn gar nicht von den Historikern trennen.

Festzuhalten ist, dass die antike Geschichtsschreibung auch die mythische Zeit behandelt. Vielleicht ist es der beste Zugang, sich nicht in Definitionsschwierigkeiten zu stürzen, sondern den pragmatischen Zugang zu wählen, indem man sich vor Augen hält, dass sich das Problem des Anfangs in jeder Geschichtsschreibung (vielleicht mit Ausnahme der Zeitgeschichte) stellt. Dieses Problem stellt sich vor allem dann, wenn man die gesamte Geschichte einer Kultur oder sogar Universalgeschichte schreiben will. Gerade die frühe römische Geschichtsschreibung war auf diesen Anschluss an das chronologische Netz der griechisch-hellenistischen Chronologie mediterraner Geschichte und ihren Zusammenhängen in der Bewegung einzelner und ganzer Gruppen geradezu versessen. Geschichtsschreibung begann hier mit einer mythischen Zeit, aber sie führte sie bis in die Gegenwart. Es gab Dramen über Romulus, aber keine historische Monographie der Königszeit. Es gab allerdings antike Biographien über Romulus. Hier ist es weniger der Gegenstand, der Mythos und die Geschichtsschreibung voneinander trennt, als der kritische Gestus: Die einen neigen in den Augen der anderen zur Lüge.

Einführung: Historisches Erzählen

Zudem konnte sich die Geschichtsschreibung von den literarischen Konventionen des Dramas befreien. Sie musste den Text nicht mehr metrischen Gesetzen folgend darstellen, war nicht mehr im Umfang festgelegt und auch die Zahl der Protagonisten, die Einheit von Zeit und Ort, all diese Dinge, die für eine Theateraufführung wichtig wären, waren nicht von derselben Bedeutung.

Die Nachteile, die damit verknüpft sind, sind allerdings auch evident. Das Drama wurde in festlichem Rahmen auf die Bühne gebracht, der Zuschauerraum war vermutlich komplett gefüllt. Der Geschichtsschreiber musste sein Publikum erst einmal suchen. Die breiten gesellschaftlichen Bedürfnisse nach Orientierung, das breite Geschichtsbild wurde durch die ganze Antike hindurch durch das Drama und durch Bildmedien, Statuen und Reliefs, bestimmt.

Gelegentlich konnte der Geschichtsschreiber, der nicht Dramatiker sein wollte, dem Stoff die Form eines historischen Epos geben; also ein hexametrisches Gedicht schreiben und Geschichte doch in poetischer Form darbieten. Das gab dem Ganzen eine feierliche Form und Dignität. Es erlaubte im Unterschied zum Drama bessere, freiere Stofforganisation, und es ermöglichte viel besser, auch bei Bankettrezitationen ein Gedicht vorzutragen, statt einen Prosavortrag zu halten. Bis in die Spätantike – und das setzt sich dann auch im Mittelalter in höfischen Traditionen oft fort –, wurde Geschichte in Form von Epen dargeboten, auch wenn es sich um ganz konkrete Zeitgeschichte wie etwas Feldzüge handelte. Dem gerade regierenden Konsul oder Kaiser konnte mit einem solchem Gedicht über seinen letzten Feldzug noch mehr geschmeichelt werden.

Das erste erhaltene Fragment römischer Geschichtsdarstellung ist ein historisches Epos. Das ist der *Punische Krieg* des Naevius aus dem dritten Jahrhundert v. Chr. Fabius Pictors Prosawerk mochte sich angereiht haben, aber es war in griechischer Sprache geschrieben. In Latein folgten die vielen Bücher der hexametrischen *Annales*. Der Vorteil der Prosa lag in der sprachlichen Freiheit und dem geringeren Aufwand, sich nicht an ein Metrum zu binden. Anders als die Epik mit ihren langen, bis auf Homer sichtbaren Textreihe war Historiographie gerade keine festgefügte literarische Gattung; es gab keine festgefügten Gattungskonventionen. Entsprechend gab es auch in der antiken Philologie, der antiken Beschäftigung mit Literatur, keine explizite Theoriebildung über die literarische Form von Geschichte. Geschichte war und ist eine offene Gattung. Es handelt sich um einen umfangreichen Prosatext, der aufgrund dieser Merkmale (oder fehlenden Merkmale) eine Nähe auch zu anderer Fachliteratur, ob das nun Medizin, ob das Architektur und dergleichen ist, aufweist, insbesondere jedoch eine Nähe, und das hängt auch mit der Entstehung zusammen, zur Ethnographie, zur Reiseliteratur.

Herodot, der gemeinhin, zumindest für den griechischen Bereich, als Vater der Geschichtsschreibung gilt, war sicherlich ebenso gut ein Ethnograph wie Historiker, der sowohl fremde Völker beschrieb als auch Geschichte darstellte. Und diese Ethnographie blieb durch die ganze Antike hindurch auch ein wichtiges Element der Geschichtsschreibung. Geschichtsschreibung und Ethnographie sind sich in der Tat durchaus ähnlich. Beide vermitteln Alteritätserfahrungen, Erfahrungen von Fremdheit, vertreten aber unterschiedliche Faszinationstypen. Es ist einmal die Faszination der Beschäftigung mit etwas Fremden im räumlichen Sinne, etwas Exotischem, zum anderen die Beschäftigung mit etwas Fremden im zeitlichen Sinne. Letztere wird allerdings dadurch abgeschwächt, dass normalerweise eben nicht die fremde Geschichte fremder Völker, sondern die aus vielerlei Medien bekannte Geschichte der eigenen Gesellschaft und Kultur dargeboten wurde.

Beide haben durch diese Beschäftigung mit dem Fremden, dem Exotischen, auch Unterhaltungswert. Sie können aus den bedrängenden, unangenehmen Erfahrungen der Gegenwart ausbrechen und sie kompensieren, indem sie räumliche oder zeitliche Exotika, Reisen oder Zeitreisen miterleben lassen. Auch das ist ein Dauerproblem der antiken Geschichtsschreibung: Welche Rolle spielt diese unterhaltende Funktion? Wie stark war bei den Leserinnen und Lesern solcher Werke das Bedürfnis, aus der als negativ empfundenen Gegenwart herauszukommen, vorhanden? Die römische Geschichtsschreibung und ihre antiken Reflexionen waren hier eindeutig: *delectare*, »Erfreuen«, ist einer der Hauptzwecke.

Mit dem Stichwort der Unterhaltung wird auf einen vierten Konkurrenten verwiesen und das ist schon in der Antike der Roman. Der antike Roman folgte historiographischen Mustern. Die Titel solcher antiken Romane sind oft Titel, wie sie genauso gut ethnographische Schriften tragen können: *Aigyptiaka, Babylonika* – exotische Welten werden dort schon im Titel vermittelt und dann üblicherweise in einer einen langen Zeitbogen schlagenden historischen Erzählung vorgeführt. Der wesentliche Unterschied ist allerdings der, dass der antike Roman sehr festgefügten Mustern folgt, fast immer das Schicksal zweier Liebender verfolgt, die zusammenfinden, dann getrennt werden und immer wieder versuchen zusammenzukommen – das klappt irgendwie im letzten Moment immer doch nicht, bis es dann ganz am Ende nach vielen Büchern Roman glückt. Dies ist ein festes stereotypes Handlungsmuster. Von daher kann man sehr leicht zwischen Historie, Ethnographie und Roman unterscheiden, auch wenn man, beispielsweise bei Antonius und Cleopatra, an einzelnen Stellen Schwierigkeiten haben dürfte, das klar auseinanderzuhalten; denn was die Position des Darstellers beziehungsweise des Autors angeht, so versucht auch der Romanschriftsteller in der Antike, sich als Geschichtsschreiber zu geben. Dazu verweist er auf Quellen, führt Zeugen an und versucht der Geschichte durch (dann fiktive) Dokumente Glaubwürdigkeit zu verleihen.

Es gibt auch Grenzfälle, wo die Linie wirklich nicht mehr sicher zu ziehen ist. Die Beispiele dafür sind zum einen antike Troja-Romane, zum anderen fiktive Biographien. Das sind zwei Bereiche, in denen die Autoren oft pseudonym sind, das heißt, zur Beglaubigung verbinden sich die eigentlichen Verfasser mit alten Autoritäten. Diese Texte werden dann »Zeitgenossen« der weit zurückliegenden Ereignisse in den Mund gelegt oder in die Feder diktiert und sollen Texte sein, die erst Jahrhunderte später, als sogenannte Apokryphen, »Aufgedeckte«, gefunden worden sind.

1.6 Faktum und Fiktion

Die Frage, die man sich demnach stellen muss, ist die nach der Rolle der Fiktion in der Geschichtsschreibung, und zwar im doppelten Sinne. Auf der einen Seite die Frage: Welche Rolle hat Fiktion innerhalb von Geschichtsschreibung beziehungsweise haben fiktive Elemente in einem geschichtlichen Text? Und die andere Frage nach fiktionalen Alternativen zur Geschichtsschreibung, die dieselbe sinnstiftende Funktion wie Geschichtsschreibung wahrnehmen können, wie bereits beim Roman angesprochen.

Faktum und Fiktion

Der erste Punkt soll anhand von zwei Beispielen erläutert werden. Man könnte sich etwa folgende Aussage vorstellen: Caesar wurde im Jahr 44 v. Chr. ermordet durch Marcus Iunius Brutus, den Praetor urbanus, Gaius Cassius Longinus, den Praetor peregrinus, und weitere Senatoren; seine Mörder wollten nicht begreifen, dass die traditionelle Regierungsform einem Weltreich nicht mehr angemessen war. Schon darin sind viele Fiktionen enthalten. Zum einen die Fiktion, dass das Ereignis in seinen zeitlichen Grenzen vollständig beschrieben wurde. Stadtstaat – Weltreich sind die in diesem Zeithorizont entscheidenden Dinge, die das Ereignis deuten. Oder die Fiktion, dass sämtliche handelnden Gruppen, also die Mörder um Caesar, die Stadtbevölkerung von Rom, Soldaten und Legionäre, vollständig genannt wurden. Man sieht, dass schon in einem so einfachen Sachverhalt in gewisser Weise Fiktionen stecken.

Man kann dieses Beispiel aber noch in Hinblick auf eine wirkliche Fiktion ausbauen. Wenn man sich die Ermordung Caesars bildlich vorstellt, dann spielt dafür die Überlieferung des Satzes »Auch Du, mein Sohn Brutus« eine wichtige Rolle. Caesar wehrt sich gegen die Mörder. Dann sieht er Brutus, mit dem er eine besonders enge Verbindung hat, und auch dieser erhebt das Messer. Daraufhin unterlässt Caesar jegliche Gegenwehr, bedeckt nur noch sein Haupt und lässt sich erstechen. Ob der Satz »Auch Du, mein Sohn Brutus« historisch ist, ist mehr als zweifelhaft. Trotzdem kann gerade ein solches Element diesem Ereignis eine zusätzliche Dimension geben – die persönlichen Beziehungen in der Oberschicht und die Resignation Caesars etwa. Das Tragische dieser ganzen Ermordung, die in der Folge nur einen Diktator durch einen anderen ersetzen lässt, kann dann in einer Szene im Senat, die man sich auch bildlich sehr gut vorstellen kann, gebündelt werden. Anschaulichkeit, die aus einer solchen Fokussierung erwächst, ist für antike Historiographen wie etwa Tacitus zentral.

Die gesamte Szene ist, wie schon durch die Wortwahl erkennbar, mehr Drama als Prosatext. Trotzdem hat so eine Szene auch in einem Prosatext eine enorm wichtige Funktion: die Sinndimension von Geschichte deutlich werden zu lassen. Daher stellt sich die Frage, ob eine Geschichtsschreibung, die auf solche Fiktionen verzichtet, überhaupt wirksam sein kann.

Für die antiken Geschichtsschreiber hat sich diese Frage vor allen Dingen in Zusammenhang mit Reden gestellt, und sie ist dort positiv beantwortet worden. Es ist legitim, zur Charakterisierung einer Person oder einer Situation jemanden eine Rede halten zu lassen, wie er oder sie sie gehalten haben könnte, nicht, wie sie tatsächlich gehalten worden ist. So nähert man sich wieder den Techniken fiktionaler Texte an, durch die eine Charakterisierung von Personen nicht durch Beschreibung, sondern durch Dialoge und durch Reden, gezeichnet wird. Es entsteht eine indirekte Charakterisierung durch das, was die Leute zu sagen haben. Auf diese Weise kann eben auch Geschichte – wie in der Rüsenschen Definition gezeigt – Erfahrungscharakter annehmen. Diese fiktionalen Elemente ermöglichen es, Vergangenheit nicht nur einfach als Datum hinzunehmen und damit umzugehen, sondern als vergangene Erfahrung nachvollziehbar zu machen. Dadurch wird wiederum auch die Sinnstiftung auf eine deutlich höhere Ebene gehoben, was bei einer einfachen Liste mit Ereignissen – wie im Caesar-Beispiel zu Beginn – nur bedingt möglich ist.

Eine kurze Bemerkung zur zweiten Ebene der Fiktionalität: Es ist selbstverständlich, dass die Geschichtsschreibung nicht der einzige Lieferant von Sinnstiftung ist. Schon der Roman war eine Alternative dazu. Der größte Konkurrent, ein deutlich überlegener, mächtiger Konkurrent ist sicherlich die Religion, die mit zumindest empirisch nicht überprüfbaren Daten, Göttern und mit heiligen Texten arbeitet, diese sehr viel leichter systematisieren und auf Probleme aus der Gegenwart beziehen kann, als das eine Historiographie, die mühsam die gegebenen Daten neu kombinieren muss, kann. Insofern ist Geschichtsschreibung auch durchaus entlastet: Nicht alle Sinnprobleme, die sich einer Gesellschaft stellen, müssen durch die Geschichtsschreibung gelöst werden.

Das Tatsächliche, das Authentische oder das, was wir dafür halten, hat auch eine ganz spezifische Appellfunktion und eine ganz spezifische Überzeugungskraft: »So können Menschen wirklich sein« im Gegensatz zu »So könnten sie vielleicht sein.« Das nimmt Bezug auf eine Gattungserfahrung. Das sind Menschen wie wir auch, das könnten Soldaten von hier sein und das könnten Kinder von hier sein. So lässt sich viel einfacher ein Bezug zu unserer eigenen Erfahrung herstellen, als wenn das Ganze nur im Bereich des Fiktiven bliebe, wobei die Fiktionalisierung so gut sein kann, so weit gehen kann, dass der Unterschied für den Rezipienten im ersten Anlauf gar nicht zu erkennen ist. Was Geschichtsschreibung von anderen Formen, auch sinnstiftenden Formen, von Erzählungen ihrem Anspruch nach unterscheidet, ist, dass sie in dreierlei Hinsicht überprüfbar sein sollte:

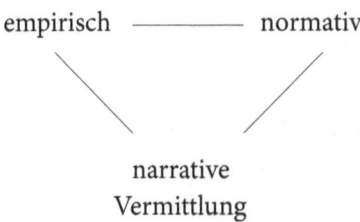

Überprüfbarkeitsanforderungen

empirisch ——— normativ

narrative
Vermittlung

Der erste Pol der Überprüfbarkeit oder die erste Ecke in dem Dreieck wird ohne weiteres verständlich sein: die empirische Überprüfbarkeit, so problematisch sie sich im Einzelfall auch gestalten kann. Das, was irgendjemand als Geschichte verkauft, sollte empirisch überprüfbar sein. Das ist aber, auch wenn man es leicht auf diesen Punkt verkürzen könnte, durchaus nicht alles.

Der zweite Pol ist der des Normativen. Das hängt nun wiederum wesentlich mit der sinnstiftenden Funktion von Geschichtserzählung zusammen: Die Normen, auf die hin Geschichtsschreibung bestätigend, kritisierend, modifizierend wirkt – über solche Normen muss Einigkeit bestehen zwischen dem Produzenten und den Rezipienten einer solchen Geschichtserzählung. Wenn das nicht gegeben ist, sondern eine Geschichtsdarstellung vorliegt, die aus der Geschichte heraus ständig irgendwelche Werte bestätigt, die nicht von den Rezipienten teilbar sind, wird man das nicht als eine legitime Form von Geschichtsschreibung werten, auch wenn dem Werk unter Umständen empirische Überprüfbarkeit attestiert wird.

Und der dritte Pol, der den beiden untergeordnet ist, das ist die narrative Vermittlung zwischen beiden Punkten. Diese stellt die Verbindung zwischen den beiden Bereichen, der normativen Orientierung der Geschichtsschreibung eines bestimmten Werkes und ihrer empirischen Orientierung, ihrer empirischen Überprüfbarkeit, her. Wenn das nicht gegeben ist, wenn die Moral am Ende der Geschichte überhaupt nicht zu der Fabel passt, die vorher erzählt worden ist, dann ist an diesem Punkt etwas schiefgegangen und dann ist auch von dieser Seite her diese Geschichtsschreibung defizitär, wenn nicht sogar aus der Sicht der Rezipienten illegitim.

Im Vergleich dieser Punkte stellt man fest, dass sie auf der Ebene von Geschichte als Sinnstiftung nahezu gleichberechtigt, einzeln aber durchaus auf ganz unterschiedlichen Ebenen angesiedelt sind. Wenn man fragen würde, was das Charakteristische von Geschichtsschreibung im Unterschied zu anderen Formen der Erzählung ist, würde in der Antwort der empirische Pol hervorgehoben werden. Diese starke Betonung des empirischen Pols ist aber eine Entwicklung, die in diesem Umfang erst dem neunzehnten Jahrhundert mit seiner Ausdifferenzierung und der Etablierung eines eigenen Wissenschaftsbetriebes mit zugehörigen Wahrheitskriterien zu verdanken ist. Gerade bei der Geschichtsschreibung ist der Akzent auf die empirische Überprüfbarkeit gelegt worden. Max Weber hat dagegen betont, dass auch die Geisteswissenschaften von einer Werteorientierung leben. Diese Werteorientierung kann nicht unterdrückt werden. Das ist keine individuelle Zutat des Produzenten, die sie oder er reflektieren und dann ausblenden kann, sondern sie ist grundsätzlich in der Geschichtsschreibung gegeben; eben in der Auswahl dessen – auf einer allerersten Stufe –, worüber wir überhaupt Geschichte schreiben, was wir überhaupt darstellen und wie wir dann die einzelnen Daten auswählen und einander zuordnen, in Verbindung bringen, welche Modelle wir zugrunde legen. Diese Werteorientierung lässt sich nicht unterdrücken, und am Ende des zwanzigsten Jahrhunderts ist in Rückgriff und Reflexion auf frühere Stufen der Geschichtsschreibung auch wieder die Frage der narrativen Vermittlung aufgeworfen worden.

Auch in dieser Perspektive kann man die Geschichte der Geschichtsschreibung verfolgen: Im europäischen Mittelalter etwa hat die normative Orientierung eine sehr große Rolle gespielt. Hier waren die Möglichkeiten zur empirischen Überprüfung, sei es durch Autopsie, sei es durch Quellenstudium und dergleichen, eingeschränkt. Eines der schlagendsten Beispiele sind die Reiseberichte des Marco Polo, die empirisch für uns heute überprüfbar sind und sich vielfach als richtig herausstellen, die aber im Mittelalter oder dann in der frühen Neuzeit für Fabelei gehalten worden sind.

Faktum und Fiktion

Aus der starken normativen Orientierung heraus ergibt sich dann auch für die mittelalterliche Geschichtsschreibung, dass es für ihre Leserinnen und Leser gar nicht so sehr darauf ankommt, möglichst viele Details, eine möglichst genaue Rekonstruktion der Geschichte zu bekommen. Für diese Leute ist klar, wie die Geschichte im Großen und Ganzen verläuft – das ist das Modell der christlichen Heilsgeschichte. Es ist viel wichtiger, Exempel zu sammeln, die diesen Verlauf beispielhaft bestätigen können. Diese müssen untereinander gar nicht so stark verknüpft sein, müssen sich aber ohne weiteres in das Gesamtmodell einer christlichen Heilsgeschichte einordnen lassen.

In der Antike finden wir auf der einen Seite schon eine erstaunlich intensive Reflexion auf das Problem der empirischen Überprüfbarkeit. Die Verzerrungen, die durch verschiedene Quellen entstehen, durch die Interessen, die sich in solchen Quellen widerspiegeln, werden sehr genau reflektiert. Das beste Beispiel dafür ist das Methodenkapitel des Thukydides, das schon bei kurzer Betrachtung zeigt, auf welch hohem Reflexionsniveau antike Geschichtsschreibung schon im späten fünften Jahrhundert v. Chr. betrieben worden ist. Das hat Thukydides gerade dem neunzehnten und zwanzigsten Jahrhundert sehr sympathisch gemacht, weil wir, wenn wir ein solches Kapitel lesen, darin unsere Interessen und unser verstärktes Interesse an empirischer Überprüfbarkeit widergespiegelt sehen. Aber man muss bedenken, dass dieser Thukydides ein Sonderfall ist. Nicht in dem Sinne, dass er als einziger dieses Problembewusstsein gehabt habt, sondern vielmehr darin, dass er eine ganz besondere Form der Geschichtsschreibung, Zeitgeschichte, ein besonderes Ereignis und nur politische Geschichte behandelt hat – die Geschichte des Peloponnesischen Krieges zwischen Athen und Sparta und ihren Verbündeten –, und dass dieser Typ von Geschichtsschreibung in der Wahl des Gegenstandes keineswegs repräsentativ für die gesamte antike Geschichtsschreibung ist. Zudem hat Thukydides in dieser Konzentration eine Geschichtsschreibung vorgelegt, die damals nicht unbedingt große Sympathie gefunden hat und die auch heute wieder zu einer Geschichtsschreibung gehörte, die uns als eine sehr eingeschränkte erscheint: eine Geschichtsschreibung, die sich nur mit Krieg und nur mit politischer Geschichte beschäftigt.

Einführung: Historisches Erzählen

Für die Antike ist über die Ansätze hinaus, die man bei Thukydides findet und die auch weiterhin präsent geblieben sind, der normative Pol ebenfalls wichtig. Die Frage des Nutzens von Geschichtsschreibung hatte eine enorme Bedeutung: Wofür lese ich Geschichte und wofür schreibe ich Geschichte, wenn ich mich dadurch nicht besser in dieser oder jener Hinsicht orientieren kann, sie mir hilft, mich als Politiker besser zurechtfinden zu können, ein anständiger Mensch zu werden oder mich in der Gesellschaft besser zu verhalten? Diese normative Orientierung spielt eine ganz große Rolle. Eine andere Seite derselben Medaille ist die, dass Geschichte in der Antike nicht im Rang einer Wissenschaft gestanden hat, zu der Tradition der Wissenschaften der *artes liberales,* der »Freien Künste«, später kanonischen Siebenzahl von Grammatik, Rhetorik, Dialektik, Arithmetik, Geometrie, Astronomie und Musik gezählt hat. Zu dieser Siebenzahl hat Geschichte nie gehört, auch nicht, wenn die Zahl erweitert wurde (es gibt auch Reihen mit neun Wissenschaften). Dann kommen noch die Militärwissenschaft, die Kriegskunst und die Medizin hinzu, aber nicht die Geschichte.

Das Problem mit der (historischen) Wahrheit steht zwischen empirischer Überprüfbarkeit, normativer Überprüfbarkeit und einer überzeugenden Vermittlung zwischen beiden Punkten. Wenn man dies vor Augen hat, dann stellt sich die Frage einer Trennung von Historik, also einer Methodenlehre für die Geschichtswissenschaft, und einer Poetik. Diese Frage, Geschichtsschreibung zwischen Historik und Poetik, bildet für die Antike keine ernsthafte Alternative, und auch für die Neuzeit, wenn man das Modell für neuzeitliche Geschichtsschreibung akzeptiert, bilden Poetik und Historik keine Alternativen. Man kann die Methodik der Geschichtswissenschaft nicht von der Frage ihrer Darstellung trennen, entgegen der Droysensche Position, dass erst Geschichtsforschung mit ihrer Methodik Historik sei. Deswegen schreibt Droysen Mitte des vorletzten Jahrhunderts eine Historik, eine geschichtliche Methodenlehre. Der Rest ist möglichst ungebrochene Darstellung. Dies ist ein abstraktes Modell, das nicht funktionieren kann.

Diese Aspekte im Kopf zu behalten, diese in der Akzentuierung auch unterschiedliche Gestaltung antiker Geschichtsschreibung oder jeder Geschichtsschreibung überhaupt, wird dann in besonderer Weise wichtig, wenn es darum geht, vergangene, ältere Geschichtsschreibung beziehungsweise antike Geschichtsschreibung als Quelle für neuzeitliche Geschichtsschreibung, für unsere Rekonstruktion der Vergangenheit und vergangener Gesellschaften zu benutzen. Genau das ist die Frage, die sich mit dem geschärften Problembewusstsein und mit der geschärften Differenzierung zwischen Historik und Poetik das neunzehnte Jahrhundert gestellt und beantwortet hat. Mit der Entwicklung der historisch-kritischen Methode begann man zu fragen, woher diejenigen, die uns irgendwelche Informationen geben, von den Sachverhalten überhaupt wissen konnten. Das ist die Absolutsetzung des empirischen Pols, aber es ist auch eine Schlüsseltechnik dafür, vergangene Geschichtsschreibung für die Zwecke gegenwärtiger Geschichtsforschung und Geschichtsschreibung nutzbar zu machen, die Frage der empirischen Überprüfbarkeit auch an vergangene Geschichtsschreibung heranzutragen. Die Frage »Fakt oder Fiktion« wird wichtig, wenn wir nicht mehr die Frage stellen, wozu die Geschichtsschreibung im zweiten Jahrhundert n. Chr. diente, sondern wenn wir uns die Frage stellen, was wir aus der Geschichtsschreibung des zweiten Jahrhunderts für unsere Rekonstruktion des ersten Jahrhunderts gewinnen können. An diesem Punkt wird die Unterscheidung zwischen Fakt und Fiktion wichtig, da wir uns ja das Recht herausnehmen wollen, Fakten und Fiktionen in der Darstellung erneut zu mischen. Da will man sich darauf verlassen können, was empirisch überprüfbares Faktum und was ein fiktionaler Anteil an vergangenen Darstellungen ist.

Die Frage der Quellenkritik schöpft aber antike Geschichtsschreibung, wenn sie immanente Qualitätskriterien sucht, nicht aus. Aber auch im Hinblick auf die Aussagefähigkeit eines bestimmten antiken historiographischen Werkes über seine eigene Entstehungsepoche ist die Quellenkritik zu überschreiten, wie ich hoffe immer wieder deutlich machen zu können.

1.7 Der Gegenstand des Buches

Dieses Buch behandelt die geschichtliche Erinnerung und das historische Erzählen in der Antike und seine Entwicklung besonders in römischer Zeit. Das Material, mit dem für die Untersuchung dieses Gegenstandes gearbeitet werden soll, ist eine Textmenge, die nicht als eine einheitliche Gattung verstanden werden kann, die aber doch durch ein Netz vielfältiger Bezugnahmen miteinander verbunden ist. Der Schwerpunkt soll auf erhaltene Texte gelegt werden. Das Interesse, das mit diesem Gegenstand und diesem Material verbunden ist, ist damit primär ein kulturwissenschaftliches Interesse, kein rein literaturwissenschaftliches und kein primär historisches Interesse, das die Quellenkritik in den Vordergrund stellte, auch wenn die Ergebnisse einer solchen Betrachtung unmittelbar in die Ergebnisse der Quellenkritik einfließen werden.

Es soll zunächst die Frage der allgemeinen Probleme und Formen der Geschichtsschreibung wieder aufgegriffen und in einem etwas anderen Rahmen noch einmal thematisiert werden (Kap. 2). Daran anschließend geht es um das Material der historischen Rekonstruktion in der Antike: Was gab es an Überlieferungsmechanismen, an Urkunden, an Texten, auf die antike Geschichtsschreibung zurückgreifen konnte? Welche frühesten Formen von Geschichtsschreibung hat es gegeben (Kap. 3)? Es folgt ein Überblick in Form von Epochen über die antike Historiographie (Kap. 4). Dabei wird auch knapp die griechische Geschichtsschreibung mit einbezogen.

Nach diesen einführenden Kapiteln werden verschiedene Autoren, Texte beziehungsweise Textgruppen vorgestellt. Zum einen Caesars *Commentarii* als eine besondere Form der Geschichtsschreibung (Kap. 5), anschließend das Geschichtswerk des Livius, aber auch mit einem kleinen Rückblick auf die Vorstufen, die praktisch alle nicht erhalten sind, die aber einen großen Teil republikanischer Geschichtsschreibung ausgemacht haben (Kap. 6). Aus dem Bereich der historischen Monographie, einer Form der Geschichtsschreibung, die sich mit zeitlich sehr begrenzten Ereignissen befasst, soll im Folgende Sallust vorgestellt werden (Kap. 7); danach für den Bereich der Exempla-Literatur Valerius Maximus (Kap. 8). Es folgt der Bereich senatorischer Geschichtsschreibung (Kap. 9). Hier kommt ein anderes Kriterium zum Tragen; nicht die Form der Darstellung, sondern die normative Orientierung, die dann auch mit der sozialen Herkunft der entsprechenden Autoren zusammenhängt. Senatorische Geschichtsschreibung der Kaiserzeit, insbesondere Tacitus und Ammianus Marcellinus, schlägt die Brücke zwischen dem Ende des ersten Jahrhunderts n. Chr. und dem vierten Jahrhundert n. Chr.

Im Anschluss soll auf eine andere Linie hingewiesen werden, nämlich auf die römische Geschichtsschreibung in griechischer Sprache, die zum Teil neben der lateinischen einfach herläuft, die aber zum Teil in die Diskussion, in die Tradition lateinischer Geschichtsschreibung voll mit eingeklinkt ist, die auch epochenweise lateinische Geschichtsschreibung – zumindest für uns heute, wenn wir die erhaltenen Texte betrachten – vollständig ersetzt (Kap. 10). Die Autorennamen, die hier zu nennen sind, sind Dionys von Halikarnassos in augusteischer Zeit und dann Plutarch, Appian und schließlich Cassius Dio und Herodian im dritten Jahrhundert – unsere wichtigsten Quellen für diese Epoche überhaupt.

Dann werden – unter dem Stichwort Biographien (Kap. 11) – folgende kurz vorgestellt: Sueton, die erhaltenen Kaiserbiographien, und die sogenannte *Historia Augusta*, eine Sammlung von Biographien pseudonymer Natur, also verschiedensten Autoren zugeschrieben, aber tatsächlich wohl aus einer oder ganz wenigen Händen in der Spätantike entstanden: Kaiserbiographien der meisten Kaiser bis in die Spätantike, aber von historisch sehr problematischer Qualität. Der normative Pol ist oft sehr klar ausgeprägt. Wo man es empirisch überprüfen kann, kommt man hier zu oft enttäuschenden Ergebnissen. Von dort aus geht es in die Spätantike und in Nebenformen der Geschichtsschreibung hinein (Kap. 12), zunächst in Kurzformen, Breviarien (etwa die römische Geschichte von Romulus bis Romulus Augustulus auf dreißig Seiten und dergleichen), Epitomai, Exzerpten und schließlich Chroniken, die dann für jedes Jahr vielleicht noch einen Begriff oder eine Zeile Text bieten.

Es folgt die Frage der Weltchronistik (Kap. 13), also eine Geschichtsschreibung, die nicht mit der Gründung Roms oder der Gründung bestimmter Epochen, sondern die mit der Erschaffung der Welt beginnt und die gesamte Geschichte, die Weltgeschichte, bis auf die Gegenwart führt. Das ist nicht ausschließlich eine christliche Form der Geschichtsschreibung, wird aber dann für die Christen sehr wichtig. An letzter Stelle steht eine Kapitelüberschrift, die vielleicht überraschend ist: die Bibel (Kap. 14). Aber die Bibel ist Historiographie nicht nur durch einzelne biblische Bücher. Insgesamt ist sie im Selbstverständnis ihrer Produzenten sicher nicht ein historisches Werk gewesen, aber sie wurde in der Spätantike, im Mittelalter als Geschichtsschreibung beziehungsweise als historisches Werk rezipiert. Man berechnet gerade aus ihr die Erschaffung der Welt und ähnliches. Es handelt sich also hier mehr um die Rezipienten- als die Produzentensicht, aber da sie für diese Rezipienten eine so große Rolle gespielt hat, müssen auch wir sie als Historiographie ernst nehmen. Zum Schluss des Kapitels soll dann noch einmal in einer Zusammenfassung versucht werden, die Veränderungen in dem, was man als historisches Bewusstsein bezeichnen kann, nachzuzeichnen und diesen Bogen mit einem kleinen Ausblick auf Formen und Gegenstände mittelalterlicher Geschichtsschreibung in lateinischer Sprache abzuschließen.

2 Form- und Gattungsgeschichte

2.1 Narrative Probleme der Geschichtsschreibung

Bereits in der Frage nach den Formen des geschichtlichen Erzählens wurde betont, dass es Alternativen zu einer Geschichtsschreibung, wie wir sie kennen, gibt: Drama und Epos waren die wichtigsten Stichworte. Der Roman erfüllt ähnliche Funktionen, aber eben nicht in spezifisch historischer Weise. Was wir als Geschichtsschreibung verstehen, ist – in einem ersten Vorgriff – einfach zunächst nichts anderes als ein umfangreicherer Prosatext. Damit ist keine Gattung in einem engeren Sinne definiert; es ist keine präzise Funktionsbeschreibung oder Zuweisung einer Kommunikationssituation impliziert.

Daher soll ein Begriff des Mediävisten Herbert Kuhn eingeführt werden, der des Inszenierungstyps. Darunter versteht Kuhn eine literarische Hohlform, die mit ganz unterschiedlichen Stoffen aufgefüllt werden kann. In unserem Fall wäre der Stoff, mit dem diese Hohlform »großer Prosatext« aufgefüllt würde, das historische Erzählen. Weitere Alternativen dazu wären Fachliteratur, wie zum Beispiel die Behandlung medizinischer Probleme, oder Reiseliteratur. Sie alle bieten langanhaltenden informativen Lesestoff. Der Begriff Inszenierungstyp soll einfach als ein ganz weit gespannter Begriff verstanden werden, um den Begriff der Gattung für Geschichtsschreibung zu vermeiden, da wir, wenn wir alle geschichtshistoriographischen Werke zusammennehmen, keine klare Funktions- und Situationszuweisung vornehmen können, wie man das etwa beim Drama, beim Epos, aber auch bei Lyrik, kann. Geschichtsschreibung ist in diesem Sinne keine Gattung.

Form- und Gattungsgeschichte

Welche Probleme stellen sich, wenn man an Geschichtsschreibung herangeht? Welche Probleme müssen in der Bewertung dieses Typs von Prosatexten im Kopf behalten werden, um eine dem Autor, dem Produzenten, angemessene Bewertung zu finden? Die folgende Graphik beschreibt aus erzähltheoretischer Perspektive wichtige Fragen, die eine Autorin oder ein Autor beantworten muss und bietet jeweils einige Gesichtspunkte dafür an. Diese sollen dann im Folgenden besprochen werden:

Darstellerische Probleme der Prosagroßgattung »Historiographie«

1) Wahl des Gegenstandes:
   - Umfang
   - räumliche Nähe/Distanz
   - zeitliche Nähe/Distanz
2) Erzählperspektive:
   - Fokalisierung (Wer nimmt wahr?)
   - Stimme (Wer spricht?)
   - narrative Ebene (Wer lässt wen sprechen?)
   - Modusproblem: Erzählung von Worten
   - Mimesis vs.
   - Diegesis
3) zeitliche Ordnung:
   - Anachronismen
   - Analepsen
   - Prolepsen/Antizipationen
4) Bewältigung verschiedener Handlungsstränge:
   - Haupt- und Nebenstränge
   - Mehrsträngigkeit
5) Geschwindigkeit: grundsätzliche Anisochronie
   - Summary
   - Pause
   - Ellipse
   - Szene

Bei der Beantwortung der Frage, welche Probleme sich beim historischen Erzählen stellen, folge ich in modifizierter Form der Analyse des Erzählens, die Gérard Genette, ein französischer Literaturwissenschaftler, vorgenommen hat. Dieser beschäftigte sich mit Romanen und überhaupt nicht mit Geschichtsschreibung. Aber die Probleme, die er für den Roman als einer erzählenden Gattung aufgezeichnet hat, können auch auf historisches Erzählen, damit auf Geschichtsschreibung, übertragen werden. Sie ergänzen die in Kapitel 1.4 vorgestellten Erzählcharakteristika durch einen Blick, der den Textproduzenten und ihren im Text erklingenden Erzählstimmen gilt.

Das erste Problem ist die Wahl des Gegenstandes und ihres Umfangs. Die Möglichkeiten sind dabei vielfältig – größere Ereignisse, die Geschichte einer ganzen Gesellschaft, einer politischen Struktur, einer Stadt dar oder gar Universalgeschichte. Damit ist auch die Frage nach der Wahl des Gegenstandes verknüpft. Dieser kann räumlich und zeitlich oder räumlich oder zeitlich naheliegen oder den Autor sogar persönlich, als Zeitgeschichte, betreffen. Der Begriff Zeitgeschichte ist irreführend: Sie heißt zwar Zeitgeschichte – und klingt damit nach einer rein temporalen Definition –, in Wirklichkeit heißt Zeitgeschichte aber fast immer Zeitgeschichte der jeweiligen politischen Einheit. Eine andere Frage ist die, ob man von sich selbst schreibt oder aber mit Distanz über eine entfernte Vergangenheit. Bei der Betrachtung von Alter Geschichte oder Persischer Philologie fällt die Wahl auf einen Gegenstand, der zeitlich sehr weit weg ist. Zudem ist die räumliche Distanz auch gegeben, aber nicht so ausgeprägt, wie zum Beispiel bei der Betrachtung vorchristlicher chinesischer Geschichte. Auch danach ergeben sich weitere Fragen, wie zum Beispiel die Frage, inwieweit man selbst involviert ist, ob man selbst unter Konsequenzen dieser Geschichte leidet (vor allem ob man zeitlich oder räumlich sehr nahe Geschichte beschreibt) oder auch, ob man parteiisch ist, weil man selbst, Vorfahren oder Freunde in besonderer Weise in diese Geschichte verwickelt waren. All das sind Dinge, die in dieser Wahl impliziert sind und die dann im Lauf der Darstellung zu Problemen führen können. Man sieht, dass die Wahl des Gegenstandes das zentrale Problem ist.

Die nächste Frage, die sich im Roman für die Literaturwissenschaft eher aufdrängt, die aber bei näherem Hinsehen auch für Geschichtsschreibung sofort aktuell wird, ist die Frage der Erzählperspektive. Diese kann man in verschiedene Aspekte aufsplitten und noch einmal um einige Details bereichern. Zunächst die Frage, wer wahrnimmt, das Stichwort Fokalisierung. Hier kann man drei grundsätzliche Alternativen feststellen. Das erste wäre, in der literaturwissenschaftlichen Terminologie, die Null-Fokalisierung, das heißt, es gibt keinen definierten Standort, von dem die Ereignisse beschrieben werden. Man beschreibt etwas, um in einem Bild zu bleiben, aus der Vogelperspektive heraus, aber eine Vogelperspektive, die nicht über einem bestimmten Punkt der Ereignisse steht, sondern eine Vogelperspektive, in der der Vogel ständig über seinem Gegenstand kreist, mal hier, mal dort ist – kurzum: ohne jede erkennbare Fokalisierung, ohne jeden erkennbaren Erzählstandort etwas zu berichten, der ganz herausgenommene Erzähler. Es gibt aber auch die Möglichkeit zu einer internen oder externen Fokalisierung. Eine interne Fokalisierung, beispielsweise bei der Schilderung der Geschichte Deutschlands im späten neunzehnten Jahrhundert aus der Perspektive Bismarcks, eines Regierungsmitgliedes oder des Hofes. Das wäre der Typ einer internen Fokalisierung. Man wählt einen Standpunkt innerhalb der Ereignisse, die man selbst darstellt. Das kann auch in einer Alltagsgeschichte etwa ein Standpunkt eines anonym Handelnden sein, wie zum Beispiel die Geschichte der römischen Bürgerkriege aus der Perspektive eines römischen Plebejers heraus. Oder man wählt die Form der externen Fokalisierung, das heißt den Standpunkt eines nicht Beteiligten, eines, der außerhalb des Geschehens steht, also fast den eines Betrachters einer fremden Kultur, wenn zum Beispiel von einem Griechen die römische Geschichte beschrieben wird, einem Römer punische Geschichte oder die Geschichte Karthagos in einer Form dargestellt wird, wie sie sich einem römischen Kauffahrer im dritten Jahrhundert v. Chr. dargestellt haben könnte. Das sind die drei Typen der Fokalisierung: Null-Fokalisierung, interne Fokalisierung, externe Fokalisierung.

Fokalisierung stellt die Frage nach demjenigen, der wahrnimmt, durch dessen Augen das Geschehen wahrgenommen wird. Das ist nicht identisch, obwohl er identisch sein kann, mit der Frage nach dem Sprecher. Man könnte jetzt eine Geschichte der römischen Republik verfassen, in der man sich selbst als Verfasser vorstellt. Man könnte diese Geschichte aber auch durch die Augen des Marcus Iunius Brutus, eines Caesarmörders, schreiben oder aus den Augen eines Angehörigen einer städtischen, aber nicht römischen Oberschicht und dergleichen. Die Rolle des Sprechers und die des »Wahrnehmers« können also durchaus auseinanderfallen.

Man kann verschiedene Sprachebenen miteinander kombinieren. Zu Beginn kann man sich selbst als Erzähler vorstellen, dann aber abschnittsweise in einer historischen Erzählung bestimmte Personen sprechen lassen oder die Dinge aus der Sicht bestimmter Personen darstellen und dann diese wechseln. Man kann jemanden als Erzähler in seiner eigenen Erzählung auftreten lassen, man muss nicht unbedingt selbst erzählen, auch wenn man der Haupterzähler ist, der die gesamte Geschichtsschreibung zusammenhält.

Das ist wiederum einsichtig, wenn man an Romane denkt. Es ist aber in besonderer Weise für Geschichtsschreibung wichtig, weil man nämlich in der Geschichtsschreibung immer wieder vor dem Problem steht, wie man mit Quellen umgeht. Wenn man sich also vorstellt, dass man eine Geschichte der augusteischen Zeit schreibt und einen Brief des Augustus hat, stellt sich die Frage, in welcher Form man diesen in die Geschichtsschreibung einbringt. Angenommen man selbst fungiert als Erzähler mit einer Null-Fokalisierung, das heißt also keinem besonders definierten Standort, und hat so eine Quelle zur Verfügung, kann man zum einen die Quelle selbst sprechen lassen, indem man beispielsweise schreibt: Für Augustus stellen sich, wie aus dem folgenden Brief deutlich wird, die Probleme in folgender Weise dar: »...« Oder man paraphrasiert diesen Brief einfach nur dem Inhalt nach.

Bereits mit dem einleitenden Satz, der dem Doppelpunkt vorangestellt wurde, wird klar, dass bei Geschichtsschreibung, in der Quellen selbst zu Wort kommen, eine Einordnung in den Gesamtzusammenhang dringend erforderlich ist. Man weicht also aus dem Fluss der Erzählung ab, um nicht einfach von der Erzählung ins Zitat überzugehen, sondern um diese Quelle in irgendeiner Weise vorzustellen und einzuordnen und dann wiederum von der Quelle zur Darstellung der historischen Zusammenhänge überzugehen. Das ist nur ein Beispiel für solche Erzählprobleme. Modus wäre ein Überbegriff für Probleme, die sich damit beschäftigten, in welcher Weise die Darstellung erfolgt.

Ein besonderes Spezialproblem ist die Erzählung von Worten anderer. Die Alternative wurde in der Graphik mit den literaturwissenschaftlichen Fachbegriffen Mimesis und Diegesis vorgestellt. Mimesis, Nachahmung, heißt, dass die direkte Rede benutzt wird. Man lässt also beispielsweise den Vortragenden einer Rede mit seiner Rede selbst zu Wort kommen. Die Alternative dazu wäre Diegesis, die Erzählung, sei es in Form einer indirekten Rede, einer Paraphrase oder Inhaltsangabe. Das Problem der indirekten Rede ist – und da liegt der grundsätzliche Bruch zwischen direkter Rede und indirekter Rede –, dass man bei der indirekten Rede als Leser nie genau weiß, was davon wahr ist und was man durch einfache Umwandlung von Konjunktiv in Indikativ in direkte Rede verwandeln kann. Man kann nicht zwischen korrekt wiedergegebenem Wortlaut, Paraphrase, Interpretation oder gar inhaltlicher Zusammenfassung unterscheiden. Das Problem der Legitimität von direkter Rede und der Frage der Komposition von direkten, aber auch indirekten Reden, dort wo gar keine Quellen dafür vorliegen, ist eines der wichtigen methodischen Probleme antiker Geschichtsschreibung, die sie selbst reflektiert hat.

Die dritte Ebene ist die Ebene der zeitlichen Ordnung. Wiederum drei Fälle, hier im Sinne dreier Ausnahmefälle von dem, was von linearem Erzählen vorausgesetzt werden kann: Zum einen das Problem grundsätzlicher Anachronismen. Man erzählt Dinge zu einem Zeitpunkt, zu dem sie nicht stattgefunden haben, einfach um die logische Ordnung der Dinge dadurch deutlich zu machen, dass man zusammengehörige Ereignisse zusammen erzählt und nicht einfach nur die zeitliche Sequenz von Ereignissen wiederholt. Die Normalform ist der Rückgriff auf Ereignisse, die schon lange vergangen sind, die aber noch nicht erzählt wurden, aber in diesem Moment für das Verständnis notwendig sind. Solche Rückgriffe müssen gemacht werden, um einen sinnvollen Zusammenhang der Erzählung zu erzeugen. Dazu werden sie an dem Punkt der Erzählung eingeschoben, an dem sie erforderlich sind und nicht direkt zu Beginn, obwohl sie vielleicht weit zurückliegen. Genauso kann es Vorgriffe geben, die bereits Ereignisse einfügen, die zum Zeitpunkt in der Erzählung noch in der Zukunft lagen, um so die Bedeutsamkeit eines Geschehens herauszuheben.

Die vierte Ebene ist ein spezifisches Problem der Geschichtsschreibung, das letztlich auch nur über Anachronismen bewältigt werden kann: die Bewältigung unterschiedlicher Handlungsstränge. Natürlich kann eine Geschichte einsträngig erzählt werden. Man konzentriert sich auf eine bestimmte Ereignislinie und bleibt immer in dieser. Das wird jedoch nicht gelingen, sobald die Sachverhalte komplexer werden oder wo solches ein-strängige Erzählen nicht mehr sinnvoll ist. Zu irgendeinem Zeitpunkt müssen weitere Akteure eingefügt werden, muss auf die Vorgeschichte solcher Akteure eingegangen werden, müssen verschiedene parallele Entwicklungen behandelt werden, die dann in einem Punkt zusammenführen. Nun gibt es zwei Möglichkeiten: Die eine Möglichkeit ist, die unterschiedlichen Handlungsstränge in Tabellenform zu bringen. Graphisch kann man das leicht aufbereiten. Verschiedene Handlungsstränge werden aufgeführt und diese laufen dann unter Umständen mal zusammen und gehen dann wieder auseinander.

In einer narrativen Vorgehensweise kann zu einer Zeit nur ein Ereignis behandelt werden. Also muss man zwischen diesen Linien hin und her springen. Hier ist die einfachste Möglichkeit, eine Hauptlinie zu definieren und durchzuziehen, der dann immer wieder Personen und Ereignisse an bestimmten Punkten zugefügt werden. Ansonsten müssen Sprünge innerhalb der Erzählung erfolgen, die das Ganze verkomplizieren. Und dies ist keineswegs allein die sachliche Organisation der Ereignisse, denn die Verfolgung verschiedener Handlungsstränge ist auch in der sprachlichen Darstellung keineswegs trivial. In der frühen altorientalischen Geschichtsschreibung gibt es grundsätzlich nur einsträngiges Erzählen. Es werden, etwa aus der Perspektive eines Königs heraus, Ereignisse dargestellt, und nur das, was der König wahrnimmt und was ihn betrifft, wird erzählt. Aber schon in der hethitischen Geschichtsschreibung, spätes zweites, frühes erstes Jahrtausend, werden Techniken mehrsträngigen Erzählens entwickelt, die wir dann auch im griechischen Bereich finden und die im römischen verwendet wurden, wobei es dann immer wieder Anachronismen gibt.

Schließlich das letzte Problem, das mit dem Stichwort Geschwindigkeit beschrieben ist: Es gibt grundsätzlich eine Anisochronie, eine Ungleichzeitigkeit oder ungleiche Geschwindigkeit von erzählter Zeit und erzählender Zeit. Wenn es eine Abbildung 1:1 wäre, bräuchte man zur Erzählung genauso lange, wie die Ereignisse selbst gedauert haben. Im Normalfall wird jedoch verkürzt. Wenn es in schriftlicher Form vor sich geht, kann man diese Zeit ohnehin nicht mehr völlig beeinflussen, da die eine schneller und der andere langsamer liest. Aber es gibt auch Techniken, langsamer zu erzählen, als die Dinge stattgefunden haben.

Die vier wichtigsten Typen von Geschwindigkeit, der Terminologie Genettes folgend, sind:

1. Summary, die Zusammenfassung. In ganz kurzer Zeit werden viele Ereignisse erzählt. Ein Beispiel: »Seit der Gracchenzeit wurden die sozialen Konflikte in der römischen Oberschicht immer schärfer und kulminierten schließlich im Bürgerkrieg zwischen Caesar und Pompeius.« Es wurden also gut achtzig Jahre in 10 bis 12 Sekunden zusammengefasst und man könnte sich erst dann eine Stunde Zeit nehmen, über diesen Bürgerkrieg zu sprechen.

2. Pause: Die Ereignisebene bewegt sich überhaupt nicht voran, bleibt stehen und man nutzt diese Zeit, in der keine weiteren Ereignisse erzählt werden, dazu, zum Beispiel Analepsen oder Prolepsen vorzunehmen, also vor- oder zurück zu springen, eine Beschreibung einzufügen oder einen Exkurs über die räumlichen Verhältnisse hinzuzufügen. Um das Beispiel des Bürgerkrieges wieder aufzugreifen und an dieses Beispiel anzupassen: »Die Heere von Pompeius und Caesar marschierten aufeinander zu und nahmen beide in halbmondförmigen Aufstellungen ihre Position ein.« An dieser Stelle wird die Erzählung der Ereignisse abgebrochen, obwohl das Geschehen weitergeht; die Feldherren halten zum Beispiel Ansprachen usw. Gesagt wird aber, dass das Ganze sich in einem weiten Tal abspielte, welches ausgiebig beschrieben wird. Das wäre in der Darstellung der Ereignisse eine Pause.

3. Ellipse: Ereignisse werden einfach übersprungen. Eine Summary enthält immer die Ellipse, aber die Ellipse erfolgt in einem linearen Erzählen, das auf einmal stark beschleunigt wird und daher Ereignisse ganz auslässt: »Zehn Jahre später passierte das und das«. Die Ellipse ist in diesem Fall die Auslassung, in der zwar eine Aussage über den Zeitraum gemacht wird, aber keinerlei Aussage über den Inhalt dieses Zeitraumes.

4. Szene: Das Erzähltempo ist stark verlangsamt und Ereignisse werden mit vielen Details in ganz langsamer Geschwindigkeit und eventuell unterschiedlicher Fokussierung geschildert. Eine »Szene«, da sind wir wiederum beim Vokabular, wie man es auch aus dem Drama kennt. Das Drama enthält nach Möglichkeit keine Summaries, Pausen und Ellipsen beziehungsweise muss solche Dinge mit besonderen Techniken in Szenen unterbringen, wie zum Beispiel dem Botenbericht. Da wird eine Szene dargestellt, jemand spricht, und erst in dieser indirekten Form ist es dann wiederum möglich, Summaries, die Zusammenfassungen langer Ereignisketten, zu geben.

Diese genannten Punkte beziehen sich alle auf die sprachliche Darstellung, auch in einem detaillierten Sinne. Aber, und da geht es wieder um den Zusammenhang von Poetik und Historik, sie prägen auch das Bild der Vergangenheit, das in dieser Geschichtserzählung entsteht. Es geht also nicht nur um die sprachliche Verpackung, sondern um die Sinnproduktion; die historische Sinnproduktion selbst ist durch diese darstellerischen Techniken unmittelbar betroffen.

2.2 Typologie

Die lang etablierten europäischen Typologien der Historiographie haben sich eher am Gegenstand und seinen räumlichen und zeitlichen Umfängen orientiert:

Typologie der Rahmengattung »Geschichtsschreibung«

- Historische Monographie
- Biographie
- fortlaufende Geschichtsschreibung
    - Lokalgeschichte
    - Universalgeschichte
    - Zeitgeschichte

Form- und Gattungsgeschichte

- abgeschlossen/offen
- offen

- ausführlich/zusammenhängend
- Chronik
- Breviarium
- Liste/Tabelle

Aus bestimmten Konstellationen aus diesem Dreier- beziehungsweise Fünferkatalog heraus ergeben sich nun bestimmte Typen der Geschichtsschreibung, die kurz erläutert werden sollen. Da ist zum ersten die historische Monographie. Definierendes Element ist hier im wesentlichen die Wahl eines zeitlich begrenzten Gegenstandes. Alternativen dazu sind Biographien, also auch die Wahl eines begrenzten Gegenstandes. Die Begrenzung ist jetzt nicht mehr primär zeitlich, sondern die Begrenzung ist durch die Konzentration auf das Leben einer Person gegeben. Und auf dieser Ebene befindet sich die nächste Alternative; die fortlaufende Geschichtsschreibung. Hier ist nur die Frage des Anfangspunktes interessant, ansonsten spielen die zeitlichen Grenzen keine Rolle. Im Extremfall ist die Geschichtserzählung bis in die Gegenwart fortgeführt. Beispiele wurden bereits in der kurzen Einführung genannt: Sallust, die *Coniuratio Catilinae*; Biographie: die Viten Suetons, um bei vollständig erhaltenen Texten zu bleiben, die vielen Viten Plutarchs; und als fortlaufende Geschichtsschreibung: eine ganze Reihe von Werken, denn die fortlaufende Geschichtsschreibung lässt sich noch einmal in drei verschiedene Unterformen gliedern, die sich auf jeweils anderer Ebene bewegen.

Zunächst jedoch noch einmal zur Frage der Wahl des Gegenstandes und ob es sich um Lokalgeschichte, Universalgeschichte oder (in fortlaufender Form) um Zeitgeschichte handelt. Die erste Gliederungsgruppe ist die, in der man einen sehr, sehr späten Einsatzpunkt wählt und diese Geschichtsschreibung ohne Unterbrechung fortführt. Und je länger man lebt, um so länger wird das Werk. Der zweite Ansatz wäre eine Unterscheidung zwischen abgeschlossener fortlaufender Geschichtsschreibung und offener. Diese Geschichtsschreibung kann bis zu einem bestimmten, bedeutsam erscheinenden Punkt geführt werden, also etwa bis zur Trennung von Ost-

Typologie

und Westreich, um in der römischen Geschichte zu bleiben, oder bis zum Ende der Republik, oder aber man führt diese fortlaufende Geschichtsschreibung bis in die eigene Gegenwart fort und lässt das Ende offen, was heißt, dass unter Umständen, nach dem eigenen Tod eine(r) andere(r) die Geschichtsschreibung weiterführt. Das ist etwas, was für die antike und auch mittelalterliche Geschichtsschreibung sehr charakteristisch ist. Wenn jemand eine vernünftige Grundlage gefunden hat, dann schreibt man das nicht noch einmal ab, genauer: schreibt es einfach nur ab, aber schreibt es nicht neu und führt es dann einfach fort. Ammianus Marcellinus, beispielsweise, der für die senatorische Geschichtsschreibung von Bedeutung ist, beginnt sein Geschichtswerk genau dort, wo Tacitus aufgehört hat. Viele Chroniken fangen dort an, wo die kanonische Chronik von Eusebios und Hieronymus aufgehört hat, setzen das dann fort für die Zeit vor ihnen, für ihre eigene Lebenszeit, fünfzig Jahre, dann kommt der nächste, schreibt wieder dreißig Jahre dazu, und so wächst allmählich diese Chronik heran.

Damit wurde schon ein Stichwort aus der letzten Gruppe genommen. Die Geschichtsschreibung kann eine ausführliche zusammenhängende Geschichtsschreibung sein. Diese ist vor allem aus der römischen Geschichtsschreibung bekannt, aus der Annalistik, also einer Geschichtsschreibung, die Jahre als Darstellungseinheit, aber als umfangreiche Darstellungseinheit wählt und jeder Beginn eines Jahres vermerkt wird. Geschichtsschreibung kann aber einfach nur eine Chronik sein:

    44 v. Chr. – Ermordung Caesars
    43 v. Chr. – Ermordung Ciceros
    42 v. Chr. – Tötung weiterer Caesarmörder usw.

Auch Geschichtsschreibung in Listenform wäre eine Form von Geschichtsschreibung: Die Chronik. Dazu kommt das Breviarium, eine Zusammenfassung auf ganz knappem Raum, der einen großen historischen Bereich umfasst. Und schließlich die noch einmal abgespeckte Form der Chronik: bloße Listen oder Tabellen, Listen von Thronfolgern etwa, das ist ein sehr häufiger Typ, Listen von Beamten, von bestimmten Typen von Ereignissen, manchmal datiert, manchmal auch nicht datiert. Bei dieser letzten

Form bewegt man sich dann definitiv außerhalb des Bereichs eigentlicher Geschichtserzählung, von Narration. Hier ist das Stichwort der Protogeschichte (, also geschichtlicher Informationen, die noch nicht narrativ und damit sinnstiftend aufbereitet sind, von Bedeutung.

2.3 Formgeschichtlicher Zugang

Diese Typologie von Geschichtsschreibung bleibt grob. Viele Werke passen in die einzelnen Kategorien hinein. Das vorgestellte typologische Instrumentarium ist ein sehr schlechtes Instrumentarium, wenn man versuchen möchte, einzelne Werke näher zu beschreiben. Dafür brauchen wir differenziertere Instrumente, wie sie in den Kapiteln 1.4 und 2.1 vorgestellt worden sind. Sie sollen nun durch ein drittes ergänzt werden, das unter »formgeschichtlicher Zugang« bekannt geworden ist. Das Entscheidende dieses formgeschichtlichen Zugangs ist, dass jeder Text zwar einer bestimmten Textgruppe angehört, aber eine individuelle Form und eine individuelle sprachliche Oberfläche aufweist. Erst in der Summe dieser individuellen Merkmale lässt sich ein Text einer Gattung zuordnen. Erst die Summe der Merkmale macht die Gattungszugehörigkeit eines Textes aus. Es ist klar, dass durch Textsignale am Anfang, die ersten Sätze eines Textes, oder auch sogenannte Paratexte – die Überschrift, beim Buch ein Klappentext, in der Antike der Syllabos oder der Titulus, also das kleine Schildchen, das man an eine Buchrolle anhängt, das man von außen lesen kann, ohne dass man das Buch aufschlagen muss –, also Textinformationen außerhalb des Textes, selbst schon entscheidende Hinweise für die Gattungszugehörigkeit gegeben werden. Auf einem Titelblatt findet man meistens schon einen solchen Hinweis, etwa »historischer Roman«, damit man gleich gewarnt ist und nicht erst nach einhundert Seiten anfängt zu überlegen, woher der Autor die ganzen Informationen über die Dialoge, die dort geführt werden, habe, oder man grundsätzlich damit rechnen muss, dass weite Teile fiktiv sind.

Der entscheidende Ansatz der Formgeschichte sagt, ein Text folge nicht nur auf der Satzebene bestimmten Regeln, nämlich der Syntax etwa der lateinischen Sprache, sondern ein Text folge auch in Einheiten oberhalb der Satzebene bestimmten Regeln, bestimmten Mustern, die in der Sprache gegeben sind, die in anderer Literatur genauso ausprobiert, verwendet werden, die bestimmten kommunikativen Situationen zugeordnet werden können. Diese Einheiten oberhalb der Satzebene bezeichnet man als Formen. Eine solche Form ist zum Beispiel eine Rede. Auch ein Vorwort ist eine Textform und keine eigene Gattung. Vorworte findet man üblicherweise nicht für sich alleine, aber es ist ein erkennbares Element innerhalb eines größeren Textes, das man in verschiedenen, aber nur in bestimmten Arten von Texten erwarten kann. Drei dieser formgeschichtlichen Ansätze sollen jetzt etwas näher vorgestellt werden.

2.3.1 André Jolles

Begonnen werden soll mit dem Werk André Jolles'. 1930 erschien sein Buch *Einfache Formen: Legende, Sage, Mythe, Rätsel, Spruch, Kasus, Memorabile, Märchen, Witz*. Jolles' Werk wird oft zitiert, ist aber in seiner Anlage problematisch, da Jolles' Grundlage die Gestalttheorie ist, eine Tradition, die sich bis in die Goethezeit zurückführen lässt. Es geht um in sich ruhende, abgeschlossene Einheiten. Der Gestaltbegriff, der hier zum Tragen kommt, ist letztlich psychologisch-erkenntnistheoretisch, es geht um geistige Einheiten. Im Vordergrund steht nicht die sprachliche Gestaltung. Die Leitfrage, mit der Jolles seine Analyse betreibt, lautet immer: Was ist das geistige Interesse eines bestimmten Textes? – zum Beispiel bei der Genealogie oder einer Regelanwendung. In diesen Fällen – etwa Legitimation von Familienansprüchen oder normative Begründung geltender Regeln – spielen sprachliche Kriterien kaum eine Rolle. Das Problem, das sich aus diesem Ansatz beim geistigen Interesse ergibt, ist, dass die sprachliche Analyse in Mentalitätsgeschichte übergeht. Jolles versucht epochenspezifische, kulturspezifische Formen zu identifizieren. In seiner eigenen Zeit etwa sieht Jolles fast überall nur Memorabilia entstehen, merkenswerte Einzelereignisse, deren Interessen über Regeln und Normen hinausgehen, indem sie unnötige Details festhalten. Für eine differenzierte synchrone Analyse, sei es gegenwärtiger Texte, sei es einer historischen Literatur, lässt sich mit diesem Ansatz nur wenig gewinnen.

2.3.2 Bibelexegese

Ausgangspunkt der bemerkenswerten Entwicklung, die die formgeschichtliche Methode in der Bibelexegese genommen hat, war die Beobachtung, dass biblische Texte zum Teil literarisch nicht völlig durchgestaltet sind und sich so Spuren von früheren Stufen noch recht deutlich bewahrt haben; Quellen, würde der Historiker sagen. Der Ansatzpunkt der formgeschichtlichen Methode in der Bibelexegese war damit eine historische Fragestellung, ein besonderer Typ von Quellenforschung, der Versuch, auf früheste Textformen zurückgehen zu können. Die These, die nun die exegetische Arbeit getragen hat, war die, dass die biblischen Texte mündliche Formen übernommen haben, die ihrerseits bestimmten institutionalisierten Kommunikationsformen entstammen. Daraus ergab sich ein doppelter Gewinn: Auf der einen Seite die Möglichkeit, die spezifische sprachliche Form der verschriftlichten Texte erklären zu können, und auf der anderen Seite die literatursoziologische Einbettung dieser Texte beziehungsweise ihrer sprachlichen Vorstufen.

Die Problematik dieses Ansatzes bestand und besteht darin, dass die Beweise für die literatursoziologische Einbettung schwierig zu erbringen sind, da fast ausschließlich mit internen Kriterien gearbeitet werden muss. Die literatursoziologische Einbettung des Textes ist nur aus textimmanenten Kriterien zu beweisen. Als ursprüngliche Situation der verschiedenen Texte ergab sich, zumindest für das Neue Testament, fast überall die frühchristliche Predigt. Sicherlich ein Ergebnis, das auch eine Folge der Zugehörigkeit zu protestantischen Kirchen der wegweisenden Forschenden gewesen ist. Dennoch, die Methode erbringt einen bleibenden Gewinn: Zum einen schlicht heuristisch, indem sie Fragen formuliert, die über biblische Texte hinaus fruchtbar zu stellen sind, zum anderen durch ihre sprachlich äußerst sensible Formanalyse.

2.3.3 Filmanalyse

Der letzte Ansatz der formgeschichtlichen Methode ist früh theologisch, zuletzt aber auch klassisch-philologisch rezipiert worden. Es handelt sich um die Übertragung des Instrumentariums der Filmanalyse auf Texte. Aus der Szene etwa wird die Einstellung zur kleinsten Analyseeinheit. Die Fragen, die nun an den Text gerichtet werden können, operieren mit

Begriffen der Filmanalyse: Detailaufnahme, Nahaufnahme, Porträt oder auch Halbtotale, Fokussierung und Inszenierung, um nur einige Beispiele zu nennen. Wichtig ist dann, wie diese Einstellungen aufeinander folgen, wie sich die Kameraführung des Autors darstellt.

Fruchtbar ist dieser Ansatz insbesondere deswegen, weil er die erzwungene Perspektive und damit die Lesersteuerung so stark in den Vordergrund stellt. Zugleich ergibt sich über die rein metaphorische Anwendung der Begrifflichkeit hinaus eine Intermedialität, die Frage nämlich, wie Texte optische Eindrücke verwenden beziehungsweise erzeugen.

2.4 Wichtige Formen in der Geschichtsschreibung

Da bei der folgenden Besprechung einzelner Werke detaillierte formgeschichtliche Analysen eingebaut werden können, sollen lediglich einige jener Formen benannt werden, die gerade für Geschichtsschreibung, für die Konstruktion von Geschichtsschreibung wichtig sind. Die Reihenfolge ist dabei willkürlich.

Den Beginn bildet der Exkurs, der geographisch, topographisch oder ethnologisch sein kann und der sich als Monographie, denke man an Tacitus' *Germania*, verselbständigen kann. Für den architektonischen Bereich, Architekturbeschreibung, ließe sich der Begriff der Ekphrasis, der Beschreibung, an den Exkurs heranrücken.

Ein äußerst wichtiges Element sind Reden oder gar Rededuelle, wie beispielsweise bei Sallust. Solche Reden können sehr umfangreich werden und große Teile eines Geschichtswerks einnehmen, wie zum Beispiel bei Dionys von Halikarnassos. Reden werden auch exzerpiert für die Zwecke der Rhetorenschulung verwendet. Auch hier also eine Verselbständigung eines Formelementes zu einer eigenständigen Gattung. Die Reden aus Sallusts *Historien*, die ansonsten verloren sind, sind so erhalten worden.

Das nächste: Schlachtenschilderungen, die Einzelszenen, Zweikämpfe enthalten können, aber nicht enthalten müssen. Solche Schlachtenschilderungen mit einem festen Aufbau – Ansprache des Feldherrn, Angriff, Zusammenstoß, schließlich Flucht und Verfolgung – gehören zu den Standardelementen antiker Geschichtsschreibung. Wichtiger war den antiken Autoren die Anschaulichkeit der Schilderung als ihre Nachvollziehbarkeit im Sandkastenspiel oder in Zinndioramen. Ein modernes Werk, Georges Dubys *Sonntag von Bovines*, veranschaulicht wiederum das Herauswachsen eines einzelnen Elementes zu einer Monographie, Geschichtsschreibung nun in Form einer Schlachtenschilderung. Die Einzelszenen, namentlich Zweikämpfe, stellen unter den militärischen Bedingungen der römischen Zeit einen Anachronismus dar, der keinerlei Bedeutung für die Entscheidung einer Schlacht mehr hatte, dennoch häufig in Schlachtenschilderungen römischer Zeit auftaucht.

Chronologische Elemente, der nächste Bereich, können in unterschiedlichster Form auftreten. Synchronismen sind häufig die Bestimmung eines Zeitpunktes durch die Angabe gleichzeitiger Ereignisse in anderen Handlungssträngen, unter Umständen nicht ein bloßes Datierungsmittel, sondern Technik der Verknüpfung verschiedener Handlungsstränge. Größere Zeiträume können durch Beamtenlisten überbrückt werden. Im kleinteiligsten Fall nähert sich die Geschichtsschreibung dem Tagebuch, das mit Verknüpfungen des Typs »am folgenden Tag, am folgenden Tag, am folgenden Tag« auskommt.

Proömien und Praefationes sind ebenfalls Standardelemente antiker Historiographie wie auch anderer Texte. Methodische Reflexionen sind hier üblich und unterstreichen den Autoritätsanspruch des Werkes. Antike Historiographie verstand sich immer als Wettbewerb um eine bessere Darstellung in den Augen ihrer maßgeblichen Lesenden, und sei es des Kaisers als eines Akteurs oder selbst Geschichtenerzählers.

Eine weitere Form ist der Nachruf beziehungsweise der Exitusbericht, in der Form der *exitus virorum illustrorum* eine eigene Literaturgattung. In diesem Fall bietet der Tod eines Menschen als Gelegenheit zu einer kurzen Charakterskizze, einer Kurzbiographie, wie sie sonst bei einer Wahl, einer Thronbesteigung und ähnlichen Gelegenheiten eingeschoben werden kann.

Träume, Prodigien und Vorzeichen sind ein weiteres Element, dass oft zur Dramatisierung und Vorbereitung wichtiger Ereignisse eingesetzt wird.

Zitate und Einlage von Dokumenten sind ein typisches Element wissenschaftlicher antiquarischer, entsprechend auch biographischer Literatur, kommen aber auch in historiographischen Werken im engeren Sinne vor.

Ein weiteres Element sind Marschbewegungen, meistens im Typ der Summary. Wird die Bewegung sehr ausführlich geschildert, kann sich der Text zu einer Reisebeschreibung, einem *periplous* im Falle der Seereise entwickeln. Nun wird die Reise als solche zum Rahmen, in die hinein andere Elemente eingelegt werden.

Mit dem Begriff Sentenzen wird der Bereich der Gnomik angesprochen, also epische Zitate, Verseinlagen oder Versteile, die zur Überhöhung des literarischen Niveaus dienen; unterhalb der Satzebene schließlich Beglaubigungsformeln (»wie aus gewöhnlich gut unterrichteter Quelle verlautete« ist eine typische Formel aus dem journalistischen Bereich).

Umfangreich sind Reflexionsszenen, die die Handlung nicht unbedingt voranbringen und insofern retardierende Elemente sind, die die Anisochronie (das Missverständnis von Erzählzeit und erzählter Zeit) reduzieren, eine Pause oder Ellipse darstellen, ähnlich übrigens wie Marschbewegungen. Es handelt sich also um Szenen, die selbst ohne große Bedeutung für den gesamten Handlungsablauf sind, dennoch Charakteristika der Situation, der Entwicklung deutlich machen, Schicksale anderer Bevölkerungsschichten, etwa des kleinen Mannes oder einfacher Soldaten.

Listen und Kataloge bilden ein wichtiges Element, wenn es sich zum Beispiel um Truppenkataloge, Listen von Besiegten oder Listen besiegter Völker handelt. In Reihungen, wiederum im Charakter der Summary, werden unverbundene Handlungen nebeneinandergestellt und treiben so die Entwicklungen rasch voran.

Und schließlich Katastrophen: eine Hungersnot, Teuerungen, Seuchen, Überschwemmungen und Vulkanausbrüche sind für die zumeist im Zentrum stehende politische Ereignisgeschichte nicht unbedingt wichtig, aber leisten dennoch einen erheblichen Beitrag zur Schattierung der Erzählung.

Und ganz am Ende stehen die Exempla: Beispiele vorbildhaften Tuns, die wiederum direkt Einfluss auf die moralische Qualität und Wirkung von Geschichtsschreibung haben. Sie werden in Form von Exempla-Sammlungen herausgezogen und können damit zu einer eigenen Literaturgattung aus einer Form der Geschichtsschreibung werden. Valerius Maximus im frühen Prinzipat ist das bekannteste, im Mittelalter stark wirkende Beispiel. Gerade auf der Ebene der Auswahl und Präsentation von Exempla laufen wichtige Rezeptionsphänomene ab. Werke, in denen diese Form dominant ist, werden Gegenstand eines eigenen Kapitels (8) bilden.

2.5 Zusammenfassung

Wenn wir die Ergebnisse der verschiedenen form- und gattungsgeschichtlichen Analysen zusammenziehen, so ist zu betonen, dass jegliche Analyse von historiographischen Texten von den Zielen dieser Texte ausgehen muss, die nicht eine Rekonstruktion der Vergangenheit um ihrer selbst willen betreiben, sondern Handlungsorientierung bieten wollen und damit Vergangenheit didaktisch aufbereiten. Damit bleiben einige Probleme ungeklärt, zum Teil auch prinzipiell unklärbar zurück, wie das Problem der historischen Wahrheit, die sich unter unterschiedlichen Interessen unterschiedlich darstellen kann; das Problem des Unterhaltungscharakters solcher Literatur – über das Freizeitverhalten antiker Leser wissen wir so gut wie nichts – und schließlich das Problem des Bedarfs der Situationen, für die Geschichte geschrieben werden muss. Diese Situationen lassen sich aufzeigen, auch die Differenzen zwischen Griechenland und Rom. Verbindung zu konkreten Texten lassen sich allenfalls plausibel machen und nicht wirklich beweisen. Die Frage des Bedarfs ist auch wichtig für den Umfang von Geschichtsschreibungswerken, aber auch hier müssen wir berücksichtigen, dass ein Autor, ein literarisches Werk ein Eigenleben entfalten kann und dass Werke an jedem Bedarf vorbei verfasst werden können. Und schließlich das Element der Neugierde, das für Geschichtsschreibung, auch exotische und gerade exotische Geschichte so große Bedeutung besitzen kann. Wir sollten das Problem im Auge behalten, vielleicht zumindest dadurch markieren, dass wir besser von Faszinationstypen sprechen, zu denen auch Geschichte gehört, die aber nicht nur aus Geschichte bestehen.

3 Quellen und Vorformen

Mit den fünf Unterpunkten dieses Kapitels soll der Bogen gespannt werden von der Frage der Verschriftlichung von Geschichtserzählung über die Quellen, die dann für Historiographie benutzt werden, bis hin zu ersten Formen, auch, aber nicht nur schriftlichen Formen der Erinnerung in bestimmten Gruppen, die dann möglicherweise kollektive Erinnerung einer ganzen Gesellschaft werden können – oder auch nicht.

3.1 Die Geschichte der Schrift in Rom

Die Römer haben ein westgriechisches Alphabet übernommen; und zwar lässt sich die Übernahme des westgriechischen Alphabets in Italien schon zu einem sehr frühen Zeitpunkt nachweisen. Tatsächlich schon im achten Jahrhundert v. Chr. gibt es in der Inschrift des sogenannten Nestor-Bechers auch einen ersten Hinweis auf die homerischen Epen. Wenn man so will, stammt also das erste Zeugnis griechischer Literatur aus Italien. Die Griechen selbst haben früher, nur wenig vor diesem achten Jahrhundert, das Alphabet aus Phönizien übernommen. Das kann man in einzelnen Formen einzelner Buchstaben sehen, man sieht es insbesondere in der Abfolge der Buchstaben. Der erste Buchstabe des phönizischen wie der anderen semitischen Alphabete, etwa des Hebräischen, ist das Alef. Im Griechischen ist der erste Buchstabe das Alpha und diese Parallelität setzt sich fort. Das Entscheidende ist, dass die Griechen diese phönizischen Konsonantenschrift – was jede weitere Schrift im Vorderen Orient auszeichnet, wie das Hebräische oder das Arabische – zu einer Vollschrift, die auch Vokale verzeichnet, ausbauten. Durch Einführung neuer Zeichen oder durch die Umwidmung von Zeichen haben wir jetzt eine Schrift, die in der Lage ist, Lautgebilde abzubilden. Das ist das Entscheidende; es ist nicht mehr nur ein mnemotechnisches Mittel, also ein Hilfsmittel für die Erinnerung durch Piktogramme, Schriftzeichen, die Begriffe abzubilden, sondern es ist eine Schrift, die Lautfolgen abbilden kann. Das ist keineswegs, wenn man sich andere Schriftsysteme ansieht, selbstverständlich.

Dieses griechische Alphabet differenziert sich schnell und wird in einer Form, die im westgriechischen Bereich verbreitet ist, in Italien rezipiert. Zu den Latinern kommt es vermutlich durch etruskische Vermittlung. Das ist nicht ganz gesichert, aber angesichts der Zeugnisse, die man hat, die plausibelste Hypothese. Die ältesten erhaltenen Texte überhaupt sind Inschriften auf Steinen oder Beischriften, graffitiartige Beischriften, auf Geräten. Was man dann als Lateinisch bezeichnen könnte, stammt aus dem sechsten Jahrhundert. Die älteste bedeutendste Inschrift ist der sogenannte Lapis Niger, eine Inschrift, die auf dem Forum gefunden wurde, dort auch noch in situ, an Ort und Stelle zu sehen ist und die vermutlich vom Ende des sechsten oder Anfang des fünften Jahrhunderts stammt. Die Interpretation und Lesung dieser Inschrift ist mit großen Problemen behaftet. Einzelne Begriffe lassen sich identifizieren. Man versteht, dass es sich um ein Sakralgesetz handelt, das einen Rex, einen König nennt und diesem irgendetwas vorschreibt oder verbietet. Ob es sich bei diesem König um das Priesteramt des *rex sacrorum*, des Königs der Rituale handelt, eine erst republikanische Institution, oder noch um die *reges*, um die Könige der Königszeit als Herrscher, ist unklar. Daran hängt auch die Datierung. An diesem Beispiel sieht man weiterhin, welchen Umfang man solchen Texten zutrauen kann, welche Anzahl und Form der Buchstaben. Ein griechischer Text zum Vergleich sind die so umfangreicheren Hymnen Solons vom Anfang des sechsten Jahrhunderts. Hesiod, der auch in jedem Fall schon mit dem Mittel der Verschriftlichung arbeitet, schreibt seine Epen bereits Anfang des siebten Jahrhunderts, irgendwann nach 700 v. Chr. Trotz der Übernahme der Schrift sieht man doch eine Ungleichzeitigkeit in der Verwendung von Schrift.

Anfang des fünften Jahrhunderts gibt es Verträge mit Karthago. Das waren längere, wenn auch sehr einfach strukturierte Texte mit sehr kurzen Sätzen. Solche kurzen Sätze sind charakteristisch für das Zwölftafelgesetz aus der Mitte des fünften Jahrhunderts, das nicht als Inschrift oder dergleichen erhalten ist, sondern nur in Form einzelner Zitate, die sich auf sehr kurze Sätze, oft nur auf drei, vier, fünf, sechs Wörter beschränken und als einfache Reihen und untereinander thematisch geordnet aufgeführt worden waren. Auch da sieht man, wie Verschriftlichung noch an der Satzgrenze haltmacht und noch keine fortlaufenden Texte ausbildet. Der erste sichere, längere, schriftlich fixierte, und zwar bewusst zeitgenössisch fixierte, literarische Prosatext in lateinischer Sprache ist eine Rede des berühmten Appius Claudius Caecus gegen den Frieden mit Pyrrhus. Das geschieht also am Ende der Samnitenkriege 280 v. Chr., also erst Anfang des dritten Jahrhunderts. Diesen Text hat Cicero noch lesen und beurteilen können (Cic. *Cato 16*). Appius Claudius Caecus, einer der wichtigsten Politiker an der Wende vom vierten zum dritten Jahrhundert, hat im ganz hohen Alter diese Rede gegen den Frieden mit Pyrrhus gehalten, der nach seinem berühmten Pyrrhussieg wieder aus Italien abziehen musste.

Von Appius wird berichtet, dass er in seinen Texten ein zwischen Vokalen stehendes ›r‹ im Inneren von Wörtern, also ein intervokalisches ›r‹ statt eines bis dahin geschriebenen ›s‹ gesetzt hat und damit offensichtlich das Schriftbild an eine lautliche Entwicklung angepasst hat, die wir als Rhotazismus bezeichnen; und er soll auch in der Reihenfolge der Buchstaben das griechische ›z‹, das in der lateinischen Sprache funktionslos ist, durch ein ›g‹ verdrängt haben. Bis dahin wurden ›c‹ und ›g‹, also ein weicher oder ein härterer K-Laut, nicht graphisch differenziert. Diese beiden Kleinigkeiten, die doch ein tiefer Eingriff in ein schriftliches System sind, zeigen in sprachgeschichtlicher Perspektive, wie sehr diese Schriftlichkeit noch im Fluss ist und dass ein einzelner mit seinen Texten vielleicht nicht sofort, aber doch auf längere Sicht, solche Änderungen durchsetzen kann. Es bestätigt von dieser Seite her, dass Appius Claudius Caecus am Anfang von Verschriftlichung in Rom steht.

Quellen und Vorformen

3.2 Öffentliche Archive – Schriftlichkeit von Verwaltung

Wie schlägt sich das Vorhandensein von Schriftlichkeit in der Verwaltung nieder. Zunächst eine Vorbemerkung: In der Kaiserzeit kommt es in Rom zur Ausbildung einer sehr differenzierten Administration. Das hängt damit zusammen, dass der Kaiser eine Parallelverwaltung zu den senatorischen Ämterschienen aufbaut und in dieser Verwaltung nicht mehr die Spitze dieser Verwaltung oder der einzelnen Verwaltungszweige jährlich auswechselt, sondern einzelne Personen jetzt dauerhaft oder für längere Zeit mit bestimmten Verwaltungsaufgaben betraut werden, die entsprechend auch Hilfskräfte, Unterbüros aufbauen können. Das verstärkt sich massiv am Ende des dritten Jahrhunderts mit dem Versuch, reichsweit eine flächendeckende Verwaltung, die sehr direkt auf die unteren geographischen Ebenen durchgreifen kann, zu errichten.

In der Republik sieht die Situation ganz anders aus. Die wichtigsten Magistrate wechseln jährlich: ein Konsul, ein Prätor, ein Ädil, ein Quästor, all diese Leute werden nur auf ein Jahr gewählt. Was es an Administration gibt, sieht meistens so aus, dass ein solcher gewählter Konsul aus seinem privaten Stab von Sklaven etwa Leute mitbringt, die ihn dann in diesem Amt unterstützen. Also wird auch der Bereich öffentliche Verwaltung und private Hilfskräfte einer solchen Amtsperson gar nicht sauber getrennt. Daraus ergibt sich insgesamt für die Verwaltung in republikanischer Zeit eine zwar vorhandene, aber in Vergleich zu heute und auch der späteren Kaiserzeit sicherlich minimale Schriftlichkeit.

Entscheidungen, das ist ein Grundzug des politischen Systems in Rom, werden in Gremien gefällt, unter Anwesenheit von wichtigen Personen der Oberschicht. Es ist undenkbar, dass über eine Sache nach Aktenlage entschieden wird. Es gibt Aufzeichnungen, Briefe, Unterlagen, Listen und dergleichen, aber was entscheidend ist, das ist, wie solche Informationen in eine Sitzung, in eine Senatssitzung etwa, hineingebracht werden: Da werden Reden gehalten und daraufhin wird entschieden. Genauso bei Gericht: Hier gibt es Dossiers und Unterlagensammlungen einzelner Personen, aber das sind Anwälte, die in der Gerichtsverhandlung selbst ihre Reden halten und mit diesen Reden, die sie vorbereitet haben anhand solcher Unterlagen, in der Situation die Entscheidung herbeiführen müssen, die Richter überzeugen können oder auch nicht. Auch da gibt es Schriftlichkeit, aber diese Schriftlichkeit ist nur ein Hilfsmittel für die Möglichkeit erweiterter Mündlichkeit. Insgesamt handelt es sich schlichtweg um eine Gesellschaft, die durch Mündlichkeit geprägt ist, nicht durch Schriftlichkeit. Schriftlichkeit wird als Hilfsmittel der Mündlichkeit verwendet. Sie haben die Schrift, sie zeichnen Reden schriftlich auf, damit sie sie besser auswendig lernen und vortragen können.

Noch einmal zurück zur Entscheidungssituation in Gremien. Die wichtigsten schriftlichen Unterlagen, die aus einem solchen Typ von Entscheidungsstrukturierung hervorgehen, sind Sitzungsprotokolle, Protokolle des Zusammenseins von Gremien, die die Anwesenden nennen und die dann auch Beschlüsse nennen. Aber auf einer ersten Ebene der Verschriftlichung sind diese Beschlüsse nicht Texte für sich, sondern Teile von Protokollen. Das trifft auch dann zu, wenn etwa die Ausfertigung eines Gesetzes nicht in einer Senatssitzung selbst erfolgt, in der irgendein *senatus consultum*, ein Senatsbeschluss, verabschiedet worden ist, sondern der endgültige Wortlaut einem kleinen Komitee zur Redaktion überlassen wird, fünf, sechs Senatoren, die sich zusammensetzen und den endgültigen Wortlaut festlegen. Was sie dann publizieren, ist der Form nach ein Protokoll dieser Sitzung, in dem wieder die Anwesenden genannt werden, dann der Gesetzestext und am Ende noch eine Zeile stehen mag, wo derjenige, der den Text niedergeschrieben hat, Anweisungen für die Vervielfältigung und dergleichen gibt.

Insgesamt haben wir, zumal aus republikanischer Zeit – das ändert sich aber nicht grundsätzlich in der Kaiserzeit – von solchen Verwaltungsaufzeichnungen so gut wie keine Überreste. Das heißt, unserer Spekulation darüber, wie viel oder wie wenig vorhanden war, ist immer noch Tür und Tor geöffnet.

Man kann zur Kontrolle fragen, was vorhanden hätte sein können, und diese Kontrollfrage dadurch zuspitzen, dass man fragt, was vorhanden hätte sein müssen. An welcher Stelle lagen Bedürfnisse vor, die nur schriftlich befriedigt werden konnten? Woher kommen zum Beispiel diese in der Form immer wieder reproduzierten Konsulnlisten, die Jahr für Jahr die Namen der beiden Konsule aufführen, von der Gründung der Republik 510/9 angefangen bis in die jeweilige Gegenwart oder bis zu einem defi-

Quellen und Vorformen

nierten Endpunkt? Da könnte man sich sehr leicht vorstellen, dass dies von der Verwaltung geführte Listen seien. Daraus ergibt sich aber die Frage, wer an der Spitze der jeweiligen Verwaltung gestanden hat.

Tatsächlich können wir das definitive Auftauchen solcher Konsulnlisten erst zu einem Zeitpunkt feststellen, an dem wir auch ein Interesse für eine solche Aufzeichnung namhaft machen können, nämlich am Anfang des zweiten Jahrhunderts v. Chr. mit der Verabschiedung eines Gesetzes über die Ämterabfolge, einer *lex Villia annalis*. Dieses Gesetz definiert die grundsätzlichen Kriterien für den Amtsantritt und für die Fähigkeit, sich um bestimmte höhere politische Ämter bewerben zu können. Das wird dann zwar immer wieder modifiziert, bildet aber im Wesentlichen die Struktur, die bis zum Ende der Republik erhalten bleibt. Die Frage, welches Amt vor welchem bekleidet werden muss; die Reihenfolge: Ädilität, Prätur, Konsulat; die Frage der Minimalalter – als Konsul muss jemand mindestens im 43. Lebensjahr stehen – all das wird durch dieses Gesetz Anfang des zweiten Jahrhunderts v. Chr. geregelt. Dieses Gesetz definiert auch, dass zwischen der Wiederholung des Konsulats mindestens zehn Jahre liegen müssen. Und damit ist ein definitives Interesse vorhanden, festzustellen, wer wann in den zurückliegenden Jahren Konsul gewesen war. Da es vorher keine nachträglichen Mechanismen der Rechenschaftslegung gegeben hat, war es uninteressant, wer vor drei Jahren Konsul gewesen war. Die Gesetze waren da, die Kriege waren geführt, gewonnen oder verloren, daran war nichts zu ändern. Aber jetzt gibt es auf einmal ein öffentliches Interesse zu wissen, ob derjenige, der sich um dieses Amt bewirbt, erst vor neun Jahren oder schon vor elf Jahren Konsul war. Jetzt gibt es auch das Interesse zu wissen, ob man seinen politischen Gegner über die Zehnjahresfrist schon vorher aus dem Rennen werfen kann oder ob man die Kandidatur akzeptieren muss und dann eben mit verstärktem Geldaufwand den eigenen Sieg sicherstellen muss. Dieser Zusammenhang ist nicht durch Quellen zu belegen. Es ist eine Hypothese, die deutlich macht, dass die Frage nach einem öffentlichen Interesse an einer schriftlichen Aufzeichnung zu interessanten Ergebnissen für die Rekonstruktion von Verwaltungsunterlagen führen kann, die als solche nicht erhalten sind.

3.3 Publizierte Texte

Mit der Frage nach dem öffentlichen Interesse kann zum dritten Punkt übergeleitet werden, nämlich der Frage, welche Texte auch tatsächlich öffentlich gemacht, publiziert werden. Es gibt durchaus in jeder Verwaltung genug schriftliche Unterlagen, die angefertigt werden, aber der Öffentlichkeit nicht zur Verfügung stehen. Hinzu kommt die Frage, welche Texte welcher Öffentlichkeit zugänglich gemacht werden sollen. Publikation ist zunächst einmal ein kommunikatives Geschehen. Irgendjemand informiert eine andere Person oder einen größeren Kreis über irgendein Geschehen. Nun ist es erstaunlich zu sehen, wie viele Dinge publiziert werden, die für die potenziellen Rezipienten, diejenigen, die es lesen könnten, ganz uninteressant und ganz unnütz sind – das Problem der Publikation unnützer Information. Daran aufgehängt kann man sich die Frage stellen, welche Ziele denn mit einer Publikation verfolgt werden, wenn ein wirkliches Interesse an einer Sachinformation der Lesenden nicht gegeben ist.

Als wichtigster und erster Grund für antike Publikationen von Verwaltungstexten im weitesten Sinne soll die Sicherung gegen Fälschung durch Öffentlichkeit genannt werden. Wenn Gesetze, wenn Verträge publiziert werden, dann heißt das nicht, dass sie irgendwie hektographiert oder von Sklaven tausendmal abgeschrieben und dann in den Stadtteilen Roms verteilt werden, sondern Publikation heißt in erster Linie, dass eine Textfassung erstellt wird, die in einem mehr oder weniger fälschungssicheren Medium an einem zugänglichen Platz aufgestellt wird. Dieses Medium ist üblicherweise Stein, eine Inschrift oder Bronze, also eingravierte Texte, und die werden dann an bestimmten Orten, bestimmten Tempeln, zum Beispiel in Rom dem Saturnustempel, aufgestellt. Das trifft für Gesetze und Verträge zu; es trifft aber auch für etwas zu, was man als privatrechtliche Verträge bezeichnen könnte, für die Entlassungsurkunden von Soldaten in der Kaiserzeit, die ja oft mit der Verleihung des römischen Bürgerrechts verbunden sind. Von solchen Entlassungsurkunden werden Bronzekopien hergestellt, egal wo auf der Welt dieser Soldat entlassen worden ist, unter Verleihung des römischen Bürgerrechts oder irgendwelcher anderen Privilegien, die in Rom an einem Tempel öffentlich aufgehängt werden und im Prinzip damit kontrollierbar sind. Natürlich hat der Stadthalter von Moesien, bei dem sich so ein Soldat mit einer solchen Entlassungsurkunde meldet, nicht die Möglichkeit, mal in Rom vorbeizuschauen, ob das wirklich keine Fälschung darstellt und dort das Duplikat ordnungsgemäß hängt, aber im Prinzip ist damit diese Überprüfung gewährleistet.

Das ist von größerem Interesse und hat auch praktischen Nutzen, solange es um stadtrömische Zustände selbst geht; um bestimmte Gesetze, die etwa in Interessenkonflikten, im sogenannten Ständekampf zwischen Patriziern und Plebejern, der noch patrizisch geprägten Verwaltung abgetrotzt werden, dann ist es wichtig für die Leute, für die Plebejer, dass so ein Text aushängt und nicht der nächste patrizische Konsul auf einmal eine Version des Gesetzes aus der Tasche zieht, wo der Wortlaut an einer entscheidenden Stelle auf einmal ganz anders aussieht. Sicherung der Authentizität, des Erhalts von Texten durch Publikation.

Eine andere Zielrichtung einer Publikation eines Textes kann etwas sein, was man mit dem Begriff Propaganda am besten kennzeichnet, die durch Auswahl und Veränderung Information deformiert. Das wären beispielsweise Bauinschriften, in denen die Stiftung des Siegers aus Mitteln der Kriegsbeute dargelegt ist. Aber auch Ehreninschriften auf Statuen, auf denen der Lebensweg bestimmter Personen beschrieben ist, und dann Grabinschriften, die zu einer gewissen Ausführlichkeit neigen, auch wenn die entsprechenden Formulare erst im Laufe der Zeit, besonders seit Augustus, entwickelt und ausgebaut werden. Aber solche Grabinschriften implizieren dann meistens auch größere Grabmonumente. Größere Grabmonumente werden nicht irgendwo aufgebaut, sondern entlang den Ausfallstraßen Roms aufgestellt, etwa der Via Appia. Fremde oder auch Römerinnen und Römer, die nach Rom kommen, können auf großen Tafeln sehen, wer was erreicht hat.

Eine letzte Zielsetzung der Publikation von Texten soll am Beispiel der schon genannten Konsulnlisten deutlich gemacht werden. Das Prinzip lässt sich aber auch durchaus in anderen Gesellschaften, auch in unserer eigenen, veranschaulichen. Diese Konsulnlisten beginnen meistens mit dem Anfang der Republik, mit dem späten sechsten Jahrhundert, einer Zeit, in der die Quellenlage insgesamt recht dürftig ist und die Wahrscheinlichkeit, dass man wirklich wusste, wer wann in den ersten Jahren der Republik, im späten sechsten, im fünften Jahrhundert, Konsul war, doch recht gering ist. Entscheidender als der Informationsgehalt ist, dass eine Aussage über die eigene Identität gemacht wird. Damit sind wir wieder bei der Funktion von Geschichtsschreibung. Wichtiger als die Namen am Anfang ist die Tatsache, dass festgestellt wird, dass die Republik mit einem festen Datum beginnt. Die Republik stellt das Ende der Königsherrschaft dar, es gibt jährlich wechselnde Namen, keine Könige mehr, die mehrere Jahrzehnte lang am Stück regiert haben; und im selben System jährlich wechselnder Konsuln stehen wir, so die Suggestion der Texte, heute noch. Das ist eine Information, die jenseits der Einzeldaten einer solchen Liste liegt, aber mit dem graphischen Eindruck assoziiert wird. Natürlich ist es für zeitgenössische Leser interessant zu schauen, wer im fünften Jahrhundert v. Chr. Konsul war, und zu sehen: Das sind die Familien, die auch heute noch in Rom das Sagen haben, oder es sind eben solche, die schon ausgestorben sind, deren entfernte Verwandte aber noch leben und die und ein ähnliches Amt bekleiden. Von solchen Informationen ausgehend lassen sich auch Details und mit ihnen Geschichtsbilder vermitteln.

Entscheidend ist für solche Listen schon, wo sie einsetzen. Das trifft nicht nur für die römischen Konsulnlisten zu. Es trifft genauso zu für die Archontenlisten in Athen, für assyrische Königslisten, für Genealogien im vorderasiatischen Raum und darüber hinaus. Das sind fast immer, oder man kann wirklich sagen, es sind immer Rekonstruktionen, die zu einem sehr viel späteren Zeitpunkt als der Einsatzpunkt dieser Listen angelegt werden, die aber bewusst einen Anfang setzen wollen und dann vorgeben – und damit sind wir bei den spezifisch historischen Listen –, dass es sich bei diesen Listen um authentische Listen handele. Über kurz oder lang gibt es dann noch eine Theorie, im ersten Jahr der Republik habe man angefangen, die Konsuln jährlich aufzuschreiben, und dann heißt es schnell, diese Liste hier sei eine Abschrift jener ursprünglichen Liste.

Was man sich genau unter *acta diurna*, den »Tagesprotokollen« vorzustellen hat, können wir nicht sagen, da es keine Fragmente dieser Texte gibt – sieht man von Fälschungen der Neuzeit ab. Diese *acta diurna* sind Texte (Wandzeitungen), die von Caesar eingeführt wurden, und damit stellen sie sich als ein politisches Kampfmittel dar, als ein Mittel, einer breiten Öffentlichkeit Vorgänge in den senatorischen Entscheidungsgremien, zu denen Caesar auf Konfrontation stand, deutlich zu machen.

In einer Zusammenfassung der bisherigen Punkte zeigt sich, dass der Typ von Quellen, der die besten Überlieferungschancen hat, weil er auf dem dauerhaftesten Material angebracht wird, Stein, Bronze, dass gerade dieser Typ von Aufzeichnungen, weil die Publikation nie nur Information ist, in besonderer Weise auch unter der Gefahr steht, selbst schon verzerrt zu sein, unzuverlässig zu sein. Auch dort, wo antike Historiographen auf solche Inschriften zurückgreifen, ist damit nicht gesichert, dass es sich wirklich um authentische Information handelt.

3.4 Familientradition

Von der Ebene der öffentlichen Verwaltung begeben wir uns nun eine Ebene tiefer auf die der Familien oder *gentes*. Diese beiden Ebenen so zu unterscheiden, ist irreführend. Die politische Rolle der *gentes* in dem, was mit einem Begriff des neunzehnten Jahrhunderts als Staat bezeichnet wurde, ist durchaus nicht so, dass man Staat und Familienverbände gegenüberstellen könnte. Zwar gibt es einen Prozess der Entwicklung übergreifender Institutionen, die die *res publica*, die »gemeinsame Sache«, und damit auch das »Gemeinwohl«, verkörpern sollen, aber es sind erneut die Spitzen der Nobilität, die dieses Gemeinwesen repräsentieren. Aus den Kreisen der Nobilität besetzen wenige die Ämter und strukturieren damit die Entscheidungsprozesse. Diese Leute bringen ihr eigenes Personal und ihren eigenen Verwaltungsstab mit.

Allerdings gehen diese gemeinsame Regierung, dieses politisches Entscheidungsgremium, diese politischen Entscheidungsprozesse nicht völlig in den Partikularinteressen der einzelnen Familien auf. Vielmehr gibt es zumindest seit dem vierten Jahrhundert v. Chr., nach dem Ende der Ständekämpfe und nach der Herausbildung einer gemeinsamen Führungsschicht aus Patriziern und Plebejern, eben der Nobilität, diese gemeinsame Orientierung auf das Gemeinwohl insofern, als in dem Prestigewettkampf der einzelnen Familien und Individuen nur Leistung zählt, die für die Allgemeinheit, für die *res publica* erbracht wird, und nicht das Privatvermögen, die *res privata*. In der Übersetzung wird der deutliche Gegensatz nicht herausgebracht. *Res publica* bezeichnen wir mit Staat, *res privata* ist das Privatvermögen. Für die Römer ist beides *res*, einmal *privata* und einmal *publica*. Und für den Wettkampf um Prestige, um Anerkennung, um Einflussmöglichkeiten innerhalb dieses Gemeinwesens zählen nur Leistungen, die für die *res publica*, für das sogenannte Gemeinwohl, erbracht werden.

Dieser Wettkampf um Einfluss ist nun nicht ein Wettkampf, der allein auf der Ebene der Individuen geführt wird, in dem Sinne, dass jemand aufgrund seiner Einzelleistung bestimmte Gegenleistungen und Privilegien fordert. Zu diesem Einfluss der einzelnen Personen gehört das Ansehen der Familie, der jemand entstammt. Und das heißt, was auf der »staatlichen« Ebene gar nicht so vorhanden ist, nämlich ein Interesse an der Geschichte der Institution, ist auf der Ebene der Familien sehr viel stärker ausgeprägt. Man muss das Wissen um seine Vorfahren haben und gleichzeitig dafür sorgen, dass auch die anderen davon wissen. Nur so kommt man als Einzelperson zu dem Einfluss, den man benötigt, um es irgendwann zum Konsul zu bringen. So wird die Ansammlung vergangener Leistungen und damit zugeschriebenes Ansehen und Einfluss als Familienkapital gesehen. Wenn Alter und Ämterlaufbahn gleich sind, entscheiden durchaus die Anzahl der Konsulate in meiner Familie und die Anzahl der Triumphe in meiner Familie, ob, wenn man gemeinsam in den Senat eintreten will, der eine oder der andere zuerst durch diese Tür gehen darf.

Es gibt Situationen, in der in einer Gesellschaft, die sehr stark Rangdifferenzen abbildet, eine Entscheidung fallen muss, wer zuerst sprechen darf oder wer vorangeht. Das aber heißt, dass das Prestige keine Sache des bloßen Empfindens bleiben darf. »Die Claudier sind etwas einflussreicher als die Fulvii, aber vielleicht sind auch die Julii Caesares (das waren sie nicht!) etwas einflussreicher, und sollte der vielleicht doch vor jenem sprechen.« Solche Erwägungen über Rang und Verhalten dürfen innerhalb der Nobilität nicht zu Problemsituationen führen, wenn es zu schnellen Konsensentscheidungen kommen soll. Es muss also objektivierbare Kriterien für Ansehen, Prestige, Einfluss in der Öffentlichkeit geben. Die römische Lösung dafür heißt *honores*, die Ehren, und dies ist zugleich der Begriff für Ehrenämter. Ehren sind mit erreichten magistratischen Ämtern identisch. Zu diesen magistratischen Ämtern kann einzig noch militärischer Erfolg hinzukommen, der aber über das Mittel des Triumphes objektiviert wird. Der Sieg muss eine bestimmte Größe erreicht haben (diese Kriterien schwanken, zum Beispiel muss nach Valerius Maximus der Feind mindestens fünftausend Krieger verloren haben, oder ein Sieg in einer offenen Feldschlacht ist erforderlich). Auf diese Ebene des Rangsystems wird das in einzelne, abzählbare Einheiten zusammengefasst, ein Triumph, zwei Triumphe, fünf Triumphe in der Familie. Ob diese dann vier oder sechs Stunden gedauert hat, die Vorführung der Beute, all das spielt in dieser Form der Prestige-, der Rangabwägung keine Rolle.

Es gibt nun drei Formen, in denen Familienverdienst öffentlich gemacht wird. Diese drei Formen sind nicht alle schriftlich. Die wichtigste davon ist keine schriftliche Präsentation, sondern eine rituelle Präsentation. Das ist der Leichenzug, der Zug der Bilder, *pompa imaginum*. *Imagines* sind die Ahnenbilder. Bei der Bestattungszeremonie mit dieser *pompa imaginum* wird eine Rede gehalten, eine *laudatio funebris*. Diese Rede kann unter Umständen verschriftlich werden und in Archiven gesammelt werden. Eine letzte Form der Kondensierung dieser Leichenrede ist die Grabinschrift selbst, der *titulus* auf einem Grab, der in ganz knapper Form noch einmal die wichtigsten Daten zur Person hervorheben kann.

Eine solche *laudatio* findet sich im sechsten Buch von Polybius' Weltgeschichte beschrieben:

> »Wenn bei den Römern ein angesehener Mann stirbt, wird er im Leichenzug mit allen Ehren zu den sogenannten *rostra* auf dem Forum gebracht, manchmal aufrecht sitzend, so dass alle ihn gut sehen können, selten auf einer Bahre ausgestreckt liegend. Wenn nun ringsum das ganze Volk steht, steigt entweder, wenn ein Sohn passenden Alters vorhanden oder anwesend ist, dieser, andernfalls ein anderer Verwandter aus derselben *gens* auf die Rednerbühne, und hält eine Rede über die Vorzüge des Verstorbenen und die Taten, die er im Leben vollbracht hat. Das hat zur Folge, dass die Menge, die an die Ereignisse erinnert wird und sie gleichsam vor Augen gestellt bekommt, nicht nur diejenigen, die an den Taten teilgenommen haben, sondern auch die Unbeteiligten, so sehr in den Zustand des Mitgefühls versetzt wird, dass der Verlust nicht nur eine

Familientradition

Sache der trauernden Angehörigen zu sein, sondern das ganze Volk zu betreffen scheint. Nachher, wenn sie den Toten bestattet und die üblichen Riten vollzogen haben, stellen sie sein Bild am auffälligsten Platz des Hauses auf von einem hölzernen Schrein umgeben. Dieses Bild ist eine Maske, die mit besonderer Treue Form und Zeichen des Antlitzes wiedergibt. Bei öffentlichen Festen öffnen sie die Schreine und schmücken die Bilder mit Sorgfalt und wenn ein angesehener Verwandter stirbt, nehmen sie sie im Trauerzug mit, indem sie sie Leuten aufsetzen, die dem Toten an Größe und Erscheinung möglichst ähnlich sehen. Diese ziehen die entsprechenden Gewänder an, wenn der Verstorbene Konsul oder Prätor war, eine Toga mit Purpursaum, wenn er Zensor war, eine Toga ganz aus Purpur, wenn er aber sogar einen Triumph gefeiert hatte oder dergleichen vollbracht hatte, eine goldbestickte Toga [die *toga picta*]. Sie fahren alle auf Wagen, voran getragen aber werden ihnen Rutenbündel, Beile und die übrigen Amtsinsignien je nach dem Brauch, wenn jemand zu Lebzeiten auf Staatsämter Anspruch hatte. Wenn sie aber bei den *rostra* angelangt sind, nehmen sie alle in einer Reihe auf kurulischen Stühlen Platz. Es gibt schwerlich ein schöneres Beispiel für einen jungen Mann, der sich für den Ruhm und das Gute begeistert. Denn die Bilder, der wegen ihrer Trefflichkeit hochgerühmten Männer dort alle versammelt zu sehen, wie wenn sie noch lebten und beseelt wären, wen sollte das nicht beeindrucken? Welcher Anblick könnte schöner sein als dieser? Übrigens, wenn der Redner mit dem Lob des Mannes, der begraben werden soll, fertig ist, spricht er von den übrigen Toten, die anwesend sind, indem er bei dem ältesten anfängt, und nennt ihre Erfolge und Taten. Da so der Ruf der Trefflichkeit tüchtiger Männer stets erneuert wird, ist der Ruhm derer, die eine edle Tat vollbracht haben, unsterblich. Zugleich aber wird der Ruhm derer, die dem Vaterland gute Dienste geleistet haben, der Menge bekannt und den Nachkommen weitergegeben. Was aber das Wichtigste ist, die jungen Männer werden dazu angespornt, für das Allgemeinwohl alles zu ertragen, um nämlich ebenfalls des Ruhmes, der verdienten Männer folgt, teilhaftig zu werden« (Polybios, *Historiae* 6,53–54,3; Übersetzung Wilhelm Kierdorf).

Quellen und Vorformen

Polybius, so muss man hinzufügen, schreibt das aus einer Perspektive heraus, in der er sich nach den Ursachen der Größe des plötzlichen Aufstieg Roms und des römischen Sieges über die doch kulturell viel weiter entwickelten Griechen fragt.

Woran wird erinnert in dieser Form der rituellen Erinnerung innerhalb einer *gens*, aber für ein breites Publikum? An die Erfolge, an den Ruhm? Was genau? Seine Vorzüge gegenüber anderen, seine Auszeichnungen, die Taten der Vorfahren erschienen vor allem in der Trauerrede. Wenn man sich nur auf die rituellen Elemente konzentriert und sich zudem fragt, wie der Redner an diese Information kommt, müsste man voraussetzen, dass der Trauerredner auf das Archiv aller vorangegangenen oder zumindest jeweils der letzten Rede zurückgreifen kann. Das ist aber keineswegs gesichert. Im Anschluss an den Triumphzug, der den Feldherren als (lebende) Statue in die Stadt fährt und auf das Kapitol bringt, habe ich in einen Aufsatz gezeigt, dass die *pompa imaginum*, »der Zug der Bilder«, wohl all diejenigen Vorfahren paradiert, die durch ihr Amt das *ius imaginis* erworben hatten: das Recht von sich öffentlich eine Ehrenstatue aufstellen zu lassen. Dies bot später die Kenntnis, wie der Verstorbene ausgesehen hatte, vor allem aber, wie er in der Erinnerung blieb. Nötigenfalls ließen sich die Wachsmasken kopieren.

Vom Individuum übrig bleibt das Aussehen und die Ämter, zudem die Erfolge oder Leistungen derjenigen Familienangehörigen, die bei früheren Bestattungen auftraten. Nicht erinnert wird an Misserfolge und ebensowenig an die frühen Ämter. Erinnert wird nur an das höchste Amt. Alles was vorher war, fehlt. Wenn jemand die *toga picta* trägt, wissen wir im Prinzip nicht mehr, welche Ämter er vorher eingenommen hat. Die Reihenfolge, die Polybius hier uns vorführt, ist die zu seiner Zeit gültige. Diese Vermutung ist auch das Ergebnis der *lex Villia annalis*. In der frühen Republik gibt es durchaus andere Reihenfolgen. Das Amt des Zensors ist nicht wie in der späten Republik unbedingt das höchste Amt. Ein spätrepublikanischer Zensor war vorher Konsul. Von einem Zensor des vierten Jahrhunderts können wir das nicht mehr mit Bestimmtheit sagen. Das heißt, wenn man sich auf die Informationen, die hier rituell tradiert werden, verlässt, kommt durch die Entwicklung der Verfassung ein falscher Verstehenshorizont hinein. Bestimmte Vorannahmen stimmen nicht mit der historischen Realität überein. Jetzt kann der Streit schon losgehen: War der Zensor Konsular oder war er nicht Konsular? Wenn er nicht Konsul gewesen war, man aber aufgrund der späteren Verfassung vermutet, er müsse als Zensor Konsul gewesen sein, muss man für ihn einen Platz in der Konsulnliste frei machen. Irgendwie muss man den Namen unterbringen, dann fängt man an einzuschieben und schon ist man im Konflikt, wenn man bereits eine fertige Konsulnliste vorliegen hatte.

Was weiter nicht erinnert wird, sind Daten. Man muss sich klar machen, das dies nur eine reduzierte Ahnenreihe ist. Wenn der Vater und Großvater keine dieser genannten Ämter erreicht hatten, dann ist derjenige, der dem Toten als nächster kommt, der Urgroßvater. Das heißt, man kann an der Abfolge der Prozession die Generationenfolge nicht ablesen, selbst das primitivste Mittel der Datierung, eine absolute Datierung durch Generationenrechnung, geht dadurch verloren. Man weiß nicht, ob der letzte Konsul der Familie vor einer oder vor drei Generationen Konsul war. Von absoluten Daten, die überhaupt nicht mehr tradiert werden, ganz zu schweigen.

Das Problem des Fehlens von absoluten Daten entspricht einer Liste, wie man sie durch die Grabinschriften der Scipionen hat. Diese Grabinschriften stammen aus dem dritten Jahrhundert v. Chr. Zumindest gibt es in ihnen Informationen über die gesamte Ämterfolge, wenn auch keine absoluten Datierungen. Diese Informationen können zumindest theoretisch über die Beischriften, über die *tituli* unter den Ahnenmasken, tradiert werden. Diese Ahnenmasken, die im Familienatrium stehen, haben jeweils kleine Beischriften, und man könnte sich vorstellen, dass in Form solch einer Inschrift solche Informationen auch dort tradiert wurden.

Zurück zu der Rede, zur *laudatio*: Interessant ist der Anfang und der Aufbau der Rede. Sie beginnt bei dem frisch Verstorbenen, der allen in guter Erinnerung ist, geht dann zu dem ältesten der Reihe und setzt sich dann nach vorne fort. Auf der einen Seite wird der älteste Vorfahr hier sehr stark betont, auf der anderen Seite ist es so, dass am Anfang sichere Informationen stehen, der soeben Verstorbene, und am Ende wieder sichere Informationen, der vorher zuletzt Verstorbene. Dies sind Informationen, die auch kontrollierbar sind. Die unsicheren Dinge stehen in der Mitte. Das wird in der antiken rhetorischen Theorie auch als eine homerische Disposition bezeichnet: das schwächste Argument in der Mitte, die starken davor und dahinter. Es hat durchaus auch eine argumentative Logik, dasjenige, was man nicht überprüfen kann, durch dasjenige, was am Anfang und Ende überprüfbar ist, plausibel zu machen.

Man sieht, dass hier auch in ritueller Form ein Erinnerungsmechanismus entwickelt worden ist, der wichtige Daten der Familiengeschichte zu tradieren vermag, ihnen auch eine große Öffentlichkeit zu verschaffen vermag, dass aber auf der anderen Seite dieses Instrument genealogischer Erinnerung für eine Geschichtsschreibung, die jetzt die Geschichte verschiedener *gentes* miteinander zu einer Gesellschaftsgeschichte kombinieren sollte, mit ganz großen Problemen behaftet ist. Von dieser Seite stellt sich das Quellenproblem sehr massiv dar.

3.5 Priesterarchive

Aufgrund fehlender staatlicher Institutionen – ein römischer »Staat« bildete sich ja nur sehr langsam – gab es neben den Familien auch noch andere Traditionsträger wie zum Beispiel Gruppen und Vereine, die ihre eigene Geschichte unter Umständen rekonstruieren mussten, um ihren Mitgliedern »Wissen« und Identifikationsmöglichkeiten an die Hand zu geben. Für die mediterrane Religionsgeschichte haben die hebräischen Geschichtswerke und die griechischen Jesus-Biographien dramatische Folgen gehabt, ebenso die Buddha- und Mönchsbiographien in Südasien und Ostasien. Die wichtigsten Institutionen im republikanischen Rom waren zunächst die Priesterarchive, aber auch dort gab es vor der Mitte des dritten Jahrhunderts v. Chr. keine gesicherte Überlieferung. Quellenkritisch wird man auch über diese Schiene nicht weiter in die Vergangenheit zurückkommen, als es über die Anfänge der Historiographie hinaus möglich war. Bei den Priesterschaften, Pontifices, Auguren und anderen, entwickelten sich von der Formensprache her dieselben Formen, die wir im öffentlichen Bereich kennen, vor allem Protokolle. Diese Protokolle wurden dann nach bestimmten Bedürfnissen wiederum in Sukzessionslisten, in Nachfolgelisten geordnet, umgeschrieben, Listen, die nicht jährlich waren – denn Priesterämter sind lebenslänglich in Rom –, die aber doch die Reihenfolge von Amtsinhabern aufführten.

4 Epochen antiker Geschichtsschreibung

4.1 Auf dem Weg zur römischen Geschichtsschreibung

Texte werden nicht im luftleeren Raum verfasst und rezipiert. Historiographie lässt sich als Kommunikation zum Zweck der Problemlösung verstehen. Was als Problem wahrgenommen wurde und welche Kommunikationsform als angemessen verstanden wurde, änderte sich im Verlauf der Zeit in einer Weise, die durch den Kollektivsingular »Geschichtsschreibung« leicht übertüncht wird. Traditionalität und Veränderungen sprachlicher Formen laufen gleichwohl nicht parallel mit der Traditionalität und Veränderungen sozialer und politischer Positionen und den davon geprägten Problemanalysen. In diesem Kapitel werden verschiedene Anläufe unternommen, um diese Prozesse näher zu fassen. Es beginnt mit einem kurzen Überblick über die Praktiken und Träger des kulturellen Gedächtnisses. Indem ich den Begriff des »kulturellen« und nicht des »kollektiven« Gedächtnisses verwende, konzentriere ich mich auf die Medien und die individuellen und institutionellen Träger der vermittelten Erinnerungen und die verschiedenen Formen, die diese annehmen können – einschließlich der Geschichtsschreibung, die hier im Mittelpunkt steht. Dennoch ist es das individuelle Gedächtnis, das sich soziale Erinnerungen aneignet oder zurückweist oder modifiziert, das als Grundlage für den menschlichen Umgang mit und die Konstruktionen von Vergangenheit nicht vergessen werden darf. Selbst die »kollektiven« Träger, die in Rom mit Erinnerungsarbeit befasst waren, bestanden in ganz unterschiedlichen Personenkreisen.

Von besonderem Interesse ist dann, warum überhaupt Formen griechischer Geschichtsschreibung übernommen wurden. Das war alles andere als selbstverständlich und erfolgte in kaum einer anderen nicht Griechisch sprechenden Stadt im Mittelmeerraum. Erst dann wird ein Vorschlag für eine Epochenbildung unterbreitet und diese in ihren jeweils geteilten politischen, kulturellen und sprachlichen Formen kurz charakterisiert. Dabei wird sich auch zeigen, dass bei aller Konzentration auf das Lateinische auch in Rom verfasste Werke in griechischer Sprache berücksichtigt werden müssen. Mit der Ausweitung des Imperium Romanum, des Herrschaftsbereichs der römischen Imperatoren und Augusti auf den gesamten Mittelmeerraum muss auch Geschichtsschreibung eingeschlossen werden, die nicht allein auf die Stadt Rom fokussiert ist oder nicht in Rom geschrieben wurde.

Wenn hier griechische und lateinische Geschichtsschreibung in Bezug zueinander gesetzt werden, geht es nicht um zeitgleiche Entwicklungen. Erst ein Jahrhundert nach Thukydides, zu Beginn des dritten Jahrhunderts v. Chr., verbesserte – um noch einmal daran zu erinnern – Appius Claudius Caecus die lateinische Schrift so, dass sie den Klang der lateinischen Sprache besser wiedergab, indem er den Buchstaben G verwendete, um das harte, gutturale C vom weichen zu unterscheiden, und die Schrift an die veränderte Aussprache des intervokalischen S als R anpasste (Rhotazismus). Aber es dauerte noch fast ein weiteres Jahrhundert, bis Quintus Fabius Pictor als wahrscheinlich erster Römer ein umfangreiches Geschichtswerk verfasste. Und das tat er in Rom in griechischer Sprache, da er im Griechischen das Modell für eine fortlaufende Geschichte einer Stadt gefunden hatte. Er widmete der Darstellung der religiösen Aktivitäten der politischen Elite viel Raum, wahrscheinlich weil er diese Rituale als ein wichtiges Element dessen ansah, was für ihn der Gegenstand der Erzählung sein musste: die »gemeinsame Sache« *(res publica)* der Stadt Rom. Spätere römische Historiker, einschließlich derjenigen, die ab der Mitte des zweiten Jahrhunderts in Latein schrieben, blieben diesem Interesse treu.

Das bedeutet nicht, dass die Erinnerungen der Sippen an ihre jeweiligen Leistungen keine Rolle spielten. Die Familien und ihre männlichen Nachkommen hatten ihre (männlichen) Vorfahren in ihren eigenen gesungenen

Traditionen zweifellos längst zu Helden gemacht. Familien begannen, solche Heldentaten in stark verkürzter Form in Grabinschriften zu überliefern, wie etwa in der Tomba François im etruskischen Vulci am Ende des vierten Jahrhunderts v. Chr. und auf Sarkophagen im Grab der Mitglieder der Familie der Cornelii Scipiones in Rom im folgenden Jahrhundert. Diese Erinnerungen blieben nicht auf den Kreis der Familie beschränkt. Spätestens ab der zweiten Hälfte des vierten Jahrhunderts v. Chr. übernahmen die Aristokraten die etwas ältere griechische Praxis, die Ansprüche sowohl berühmter Vorfahren als auch lebender Personen in Form von Statuen außerhalb ihrer Häuser und sogar gelegentlich in monumentalen Kontexten darzustellen.

Ursprünglich waren es siegreiche Feldherren, die als ›lebende Statuen‹ in die Stadt gefahren waren. In voller Montur posierten sie wie eine Statue, um später mit einer echten Statue auf dem Kapitol geehrt zu werden. Die Bewilligung eines solchen Triumphzuges hing von einem Beschluss der im Senat versammelten Clans ab. Mit der Verschärfung der sozialen Unterschiede und des Konkurrenzkampfes während und nach dem Zweiten Punischen Krieg (218–201 v. Chr.) wurde der Druck immer stärker, die Erlaubnis zur Aufstellung einer Statue im öffentlichen Raum an bestimmte militärische Leistungen oder die Ausübung hoher magistraler Funktionen zu knüpfen. Im Jahr 158 v. Chr. entfernten die Zensoren alle Statuen vom Forum, die nicht durch einen Senatsbeschluss genehmigt worden waren. Im selben Jahr wurde der Versuch unternommen, Frauen den Gebrauch von übermäßig prunkvollem Schmuck zu verbieten. Diese Maßnahme deutet auf die Breite des Differenzierungsprozesses hin.

Fast zeitgleich beobachtete der Grieche Polybius, wie aristokratische Familien in Rom Ahnen, die tatsächlich oder vermeintlich für Siege oder Ämter gefeiert wurden, in Form von ›lebenden Statuen‹ wieder aufstellten und bezahlte Schauspieler einsetzten, die die toten Persönlichkeiten spielten. Sie wurden auf dem zentralen, öffentlichen Versammlungsplatz, dem *comitium* auf dem Forum, präsentiert, der zugleich der Wohnbereich der Elite war. Die ›lebenden Statuen‹ wurden also quasi vor der eigenen Haustür, aber bewusst im öffentlichen Raum ausgestellt; hier wurden Reden zu Ehren der dargestellten Ahnen gehalten und anschließend wurden die ›lebenden Statuen‹ in einer Prozession durch die Stadt zum

Ort der Einäscherung geführt. Es waren diese ›lebenden Statuen‹ und die damit verbundenen Rituale und Wachsmasken, die im Leichenzug verwendet und mit den dazugehörigen Reden oder Inschriften im halböffentlichen Raum des Atriums ausgestellt wurden, die die Erinnerungen von Familienmitgliedern und Einzelpersonen innerhalb und außerhalb des unmittelbaren Familienkreises wach hielten oder erst weckten. Die sichtbare Präsenz solcher vorbildlichen Persönlichkeiten konnte als Anreiz für spätere Generationen dienen, in ihre Fußstapfen zu treten, und sollte in den Augen der Klienten, die sie wählen müssen, als Beweis für die Eignung der Familie für solche Ämter dienen.

Aber die Erinnerung blieb nicht nur die Erinnerung an und innerhalb von Familien. Die ersten Versuche, eine gemeinsame römische Geschichte zu schreiben, fielen mit einer Zeit intensiver Konflikte und Konfrontationen mit anderen, weiter entfernten Gesellschaften und kulturellen Praktiken zusammen. Römische Feldherren und ihre Truppen drangen im dritten Jahrhundert v. Chr. über Sizilien und Sardinien hinaus bis nach Spanien und Nordafrika vor; nach dem Zweiten Punischen Krieg drangen sie in nahe und ferne griechische Gebiete ein und etablierten sich bereits im zweiten Jahrhundert v. Chr. in Südgallien (Frankreich), Kleinasien und an der spanischen Mittelmeerküste. Direkte oder indirekte Kontakte reichten bis nach Palästina und Ägypten. Sklaven, Kaufleute, Botschafter und gelegentlich sogar kämpfende Soldaten kamen aus diesen Gebieten nach Italien. Kulturelle Vielfalt lernte man nicht nur durch die Lektüre von Herodot oder Hellanikos von Mytilene kennen. Sie wurde Teil der triumphalen Selbstdarstellung eines Siegers, sei es in eigens dafür errichteten Tempeln oder in seiner eigenen Villa, vielleicht im Peristyl, dem Säulengang um den Garten. Griechen gingen nach Rom und blieben dort als Ärzte oder Lese- und Schreiblehrer für junge Männer, die nicht wussten, ob sie ihren Vätern in solchen Positionen nacheifern oder sie übertreffen würden, die es ihnen ermöglichen würden, ein größeres Vermögen nach Hause zu bringen als andere Sippen. Die kulturellen Kontakte beschränkten sich also nicht auf die fernen Kriegsschauplätze, sondern waren in Rom präsent, wenn nicht gar allgegenwärtig.

Unter diesen Umständen waren griechische Erzählungen, die den gegenwärtigen Zustand einer Stadt mit den gemeinsamen Anfängen verknüpften, wie die eines Philochorus für Athen, attraktiv. Schriftsteller, die in Rom tätig waren und zeigen wollten, dass den Kooperationen und Rivalitäten zwischen den in Rom ansässigen Clans eine gemeinsame Geschichte vorausgegangen war, folgten dem Vorbild der griechischen Gründungsgeschichten und verlegten so viele wichtige Institutionen wie möglich in die frühen Jahre der Stadt.

In seinem Werk *Annalen* führte der Dichter Ennius zu Beginn des zweiten Jahrhunderts v. Chr. in seiner epischen Darstellung der römischen Geschichte ein zweites Prinzip ein, das in der Folgezeit in der lateinischsprachigen Geschichtsschreibung eine wichtige Rolle spielte. Es handelte sich dabei um den Jahresrhythmus, der den jährlichen Wechsel der leitenden Ämter in der Verwaltung vorsah. Eine solche Gliederung einer Geschichtsschreibung muss sich nicht auf die Darstellung einiger origineller Neuerer und Erfinder beschränken, wie dies im Mythos der Fall war. Stattdessen konnten die Autoren fortlaufender Geschichten eine große Zahl von Protagonisten aufführen, die mit dem Beginn eines neuen Jahres auf den Plan traten und sowohl die Verantwortung als auch die Datierung übernahmen. Diese literarische Innovation erstreckte sich auch auf den religiösen Bereich und umfasste Informationen über neue Tempel, neue Rituale und neue Priesterschaften.

Nicht weniger interessiert an der Vergangenheit waren diejenigen, die ab der Mitte des zweiten Jahrhunderts v. Chr. auf der Grundlage von Aufzeichnungen von Richtern oder Priestern und ihrer eigenen Intuition Texte verfassten, die bestimmte Institutionen oder Verfahren detailliert beschrieben. Quintus Fabius Maximus Servilianus schrieb über das »pontifikale Recht« und Marcus Iunius Congus über die »Vorrechte des Amtes«. Sergius Fabius Pictor schrieb über »das Recht der Pontifices« und zählte »die folgenden Gottheiten auf, die ein Flamen anruft, wenn er das Ceres-Opfer an Tellus und Ceres vollzieht: den Feldkehrer, den, der wieder pflügt, den Furchenmacher, den Sämann, den Überpflüger, den Egger, den Hauer, den Unkrautstecher, den Schnitter, den Sammler, den Einlagerer, den, der das eingelagerte Getreide hervorbringt.« In seiner Eigenschaft als *flamen Quirinalis*, als Priester des Quirinus, war Pictor Mitglied der Pontifices, und das Vorhandensein von Aufzeichnungen, die von dieser Priesterschaft geführt wurden, hatte ihn höchstwahrscheinlich dazu angeregt, eine solche Systematisierung zu erstellen. In der Folgezeit folgten andere diesem Beispiel an Selbstreflexivität und Systematisierung. Auguren, Priester, die für Divination und vor allem für Verfahren zur Sicherung von Wohlstand und Wohlergehen zuständig waren, schrieben über Auspizien und das Augurenrecht. In beiden Fällen ging die Systematisierung administrativer (und damit einhergehend) religiöser Praktiken Hand in Hand mit der Erforschung der Vergangenheit, sei es in den Archiven der eigenen Priesterschaft oder in der allgemeinen Geschichtsschreibung.

In »Geschichte« umgewandelte Erinnerung lässt sich in schriftlicher Form ab dem dritten Jahrhundert v. Chr. nachweisen. Wir haben Belege für ehrende Grabinschriften, die seit dem Ende des vierten Jahrhunderts v. Chr. mit Sarkophagen und Elogien für die Scipionen an Umfang zunehmen. Die früheste bekannte Trauerrede *(laudatio funebris)*, die nur fragmentarisch erhalten ist und somit vermutlich eine schriftlich festgehaltene Rede darstellt, stammt aus dem Jahr 221 v. Chr.; sie betrifft den zweifachen Konsul und – diese Information fehlt allerdings im Textfragment – Pontifex maximus L. Caecilius Metellus. Um die Mitte des dritten Jahrhunderts begann der Pontifex maximus Ti. Coruncanius damit, *commentarii* zu verfassen: Protokolle über Veränderungen in der Mitgliedschaft, beobachtete Wunderzeichen und getroffene Entscheidungen. Die Zuschreibung von Akteurscharakter an die Institutionen selbst, an bestimmte Priesterschaften innerhalb des Netzes von immer stärker formalisierten und differenzierten Autoritäten, scheint die dominierende Funktion gewesen zu sein. So wissen wir, dass im Jahr 275 oder 274 v. Chr. L. Postumius Albinus der als *rex sacrorum* bezeichnete Priester war, der die Einführung einer neuen divinatorischen Praxis erlebte. Die Haruspices, etruskische Priester, die sich auf die Untersuchung von Eingeweiden spezialisiert hatten, begannen, bei der Untersuchung der Eingeweide auch auf das Herz eines Opfers zu achten. Rituelle Handlungen der politischen Elite waren ein zentraler Bestandteil der so dokumentierten Erinnerung.

Diese Entwicklungen müssen in einem größeren Rahmen betrachtet werden. Am Ende der Republik lassen sich beginnende Prozesse dessen beobachten, was ich andernorts als Rationalisierung bezeichnet habe. Dabei dienten die Instrumente der griechischen Linguistik, Philologie und Philosophie zur Systematisierung des Denkens zweiter Ordnung selbst über Religion. Die Konzentration von solchen Texten innerhalb eines Jahrzehnts in den 50er und 40er Jahren des ersten Jahrhunderts v. Chr. ist ebenso bezeichnend für die Stärke der Entwicklung wie für ihren ausgesprochen lokalen Charakter. Es ist sicher kein Zufall, dass nicht nur das erste vollständig erhaltenen lateinische Geschichtswerk, Caesars *commentarii*, wie auch jene Ausgaben der hundert und mehr Jahre älteren Autoren von Komödien, aus denen unser Corpus besteht, aus diesen Jahren stammen. Auch wenn Caesar seine *commentarii* in fernen Winterlagern verfasste: Das war lokal, es geht um eine Entwicklung in und einen Diskurs über Rom, das sich nun als Zentrum der Welt verstand, auch wenn es nur eines der vielen intellektuellen Zentren des antiken Mittelmeerraums war. An Orten wie Athen, Pergamon und Alexandria – um die Beteiligung von drei Kontinenten zu verdeutlichen – gab es vergleichbare Entwicklungen schon früher. Wir sprechen noch von einer kleinen intellektuellen Elite, die sich nun auch in schriftlicher Kommunikation am Nachdenken über die Ordnung der Dinge beteiligte. Die Geschichte war nun auch in Rom ein mächtiges Instrument zur Ordnung der Vergangenheit und Zukunft. Die Historisierung von Religion war dabei ein wichtiges Element zur Schaffung neuer Identitäten und nicht das Gegenbild zu rationaler Welterfassung.

Erzählungen über die Vergangenheit gab und gibt es in vielen verschiedenen Formen, von denen Mythos und Geschichtsschreibung die wichtigsten waren. Geschichte unterschied sich dabei von Mythos als eine Praxis, die nicht nur eine Vergangenheit erzählte, sondern ihr einen zeitlichen oder sogar chronologischen Rahmen gab. Durch die Verwendung eines chronologischen Rahmens ermöglicht es die Geschichte, isolierte Geschichten miteinander in Beziehung zu setzen, indem sie ihnen ein Datum zuweist. Für die Antike ist dies keine leichte Aufgabe, da es eine Vielzahl von Epochen gibt, die in der Regel auf lokalen Herrschern basieren. Eine Epoche, die auf der Zählung der Amtszeiten führender Magistrate oder Könige beruht, deutet offensichtlich eher auf Übereinstimmungen als auf zeitliche Abstände hin. Der Begriff der historischen Zeit kann also variieren. Die Exemplarität, also die Exzellenz und der paradigmatische Wert einer Handlung oder einer Person, war beispielsweise eine Eigenschaft der Vergangenheit, die die Vergangenheit auf intensive Weise mit der Gegenwart verband. Dies war bis weit in die frühe Neuzeit hinein beliebt. Durch die Einführung von Kontingenz erlaubt es die Geschichte jedoch, die Vergangenheit zu betonen und eher ihre Distanz als ihre normative Präsenz hervorzuheben. Wie aber konnte sie dann als Quelle der Legitimation und Identität genutzt werden?

Die vielen bekannten oder noch existierenden Geschichtsdarstellungen lassen darauf schließen, dass Konflikte und strittige Ansprüche kleinerer oder größerer Gruppen oder Menschen am häufigsten der Auslöser für die Produktion historischer Erzählungen waren und zu Erzählungen mit neuen Versionen oder anderen Akzenten vergangener Ereignisse geführt haben. Geschichte ist also tendenziell umstritten oder gefährdet und sollte niemals in einer singulären Form vorliegen. Im Gegensatz zur bloßen Erinnerung führt die Geschichte von Anfang an Kontingenz ein, um die etablierte Wahrheit der anderen in Frage zu stellen. Die Einführung von Wettbewerb in den legitimierenden Fundus der Vergangenheit ist ein mächtiges, aber riskantes Instrument. Daher sind einige Epochen und einige Bereiche anfälliger für Geschichtsschreibung als andere.

4.2 Ausbildung literarischer Formen

Wir erinnern uns an die sogenannten Methodenkapitel des Thukydides; im Verlauf des Werkes kommt noch einmal ein weiteres Kapitel dazu, in dem es um Chronologie ging. Also wird schon in der frühen griechischen Historiographie ein recht hohes Niveau von Methodenreflexion erreicht. Dieses Niveau bleibt auch in der Folgezeit erhalten, die Methodendiskussion wird dabei aus der Sicht der klassischen Philologie durch die drei Schlagworte rhetorische Geschichtsschreibung, tragische Geschichtsschreibung und pragmatische Geschichtsschreibung repräsentiert. Dabei stellt man sich vor, dass die rhetorische Geschichtsschreibung eine Geschichtsschreibung sei, die besonderen Wert auf die sprachliche Ausschmückung legt; die tragische Geschichtsschreibung insbesondere die Leser zum Miterleben anregen will, indem, Episoden in Tragödienform, in tragischen Zusammenhängen dargestellt werden beziehungsweise gerade solche Ereignisse, die man als tragisch bezeichnen kann, herausgehoben werden. Und schließlich sei die pragmatische Geschichtsschreibung eine Geschichtsschreibung, die sich sehr stark auf politische Zusammenhänge konzentrierte und auf die rhetorische Ausschmückung, auf die tragische Gestaltung eher verzichte. In den Vordergrund stellt dieser Typ von Geschichtsschreibung die Frage nach den Zusammenhängen politischer Prozesse, nach den Motiven der politisch Handelnden.

Aufgrund dieser scharfen Abgrenzung von drei Richtungen der Geschichtsschreibung sind dann auch bestimmte rhetorische Traditionen mit bestimmten Geschichtsschreibern verbunden worden. Die pragmatische Geschichtsschreibung insbesondere mit Thukydides und mit Polybios, der in Rom im zweiten Jahrhundert v. Chr. in griechischer Sprache schreibt. Diese pragmatische Geschichtsschreibung ist das Vorbild für neuzeitliche Geschichtsschreibung geworden, genauer: dasjenige, was sich neuzeitliche Historiographie insbesondere im neunzehnten Jahrhundert aus dem großen Spektrum ihrer antiken Vorgänger herausgesucht hat: Nachdem Livius mit seinen Märchen der römischen Frühzeit auszuscheiden war, bot nun Thukydides Zeitgeschichte, kritisches Befragen von Zeugen und den Versuch, verschiedene Quellen miteinander zu vergleichen.

Diese Charakterisierung skizziert zwar gewisse Positionen idealtypisch, aber im Grunde genommen ist die Verwendung einer solchen Klassifikation für eine historische Betrachtung der griechischen, klassischen und hellenistischen Geschichtsschreibung und dann der folgenden römischen Geschichtsschreibung verfehlt. Der erste Grund ist, dass es sich bei Thukydides und im gewissen Sinne auch bei Polybios, also den Prototypen der pragmatischen Geschichtsschreibung, um Sonderfälle handelte. Thukydides beschränkt sich auf selbst erlebte Zeitgeschichte und ganz bewusst auf politische, auf kriegerische Ereignisse. Er hat also einen sehr viel engeren Horizont als das, was man sonst in antiker Geschichtsschreibung findet. Und ähnlich ist es bei Polybios. Polybios ist ein Grieche, der als Kriegsgefangener nach Rom gekommen ist, ein schon in seiner Heimat politisch führender Mann, der sich in dieser Situation fragt: Was ist passiert, warum sind diese alten Staatengebilde der Griechen diesen kulturellen Neuankömmlingen, den Römern, unterlegen? Das versucht er zu analysieren und in Handlungsanweisungen für sich selbst, für seine, für die politische Klasse Griechenlands umzusetzen. Auch hier ist die pragmatische Orientierung keine grundsätzliche Option der Geschichtsschreibung, sondern ein ganz auf spezifische, zeithistorisch bedingte Ereignisse hin realisierte Form von Geschichtsschreibung. Aus beiden Gründen haben sowohl Thukydides als auch Polybios eine eher schwache Rezeption in der Antike selbst gefunden. In der Antike waren sie nicht die großen Vorbilder, zu denen sie im neunzehnten Jahrhundert stilisiert worden sind. Vielleicht kann man am Beginn des einundzwanzigsten Jahrhunderts auch tatsächlich sagen: Mit Recht sind sie nicht als die alleinigen Vorbilder hingestellt worden.

Der zweite Grund, aus dem die Klassifikation rhetorische, tragische, pragmatische Geschichtsschreibung unglücklich ist, ist der, dass die Trennung der beiden Pole von Nützlichkeit von Geschichtsschreibung, *prodesse*, und dem Erfreulichen, dem unterhaltendem Aspekt der Geschichtsschreibung, lateinisch *delectare*, schlichtweg falsch ist. Es gibt keinen antiken Geschichtsschreiber, von dem wir irgendwelche Zeugnisse über seine eigenen Gedanken zur Geschichtsschreibung haben, der leugnen würde, dass beide Pole wichtig sind. Wenn man ein Buch nicht gerne liest, wird man es überhaupt nicht oder nicht bis zu Ende lesen und keinen Nutzen daraus schöpfen. Und die reine Unterhaltung ist in antiker Sicht auch unmoralisch, ein Nützlichkeitsaspekt sollte immer dabei sein. *Delectare* und *prodesse* lassen sich nicht als zwei verschiedene Optionen auffassen, sondern sie gehören grundsätzlich zusammen.

Damit verbleibt allein die Frage, in welches Verhältnis man sie setzt. Mit welchen Mitteln realisiert man *prodesse* und *delectare*? Hier ist die Option von Autoren, die man der tragischen Geschichtsschreibung zuordnen würde, die sich aber selbst nie so bezeichnet haben, zu sagen: Es ist nicht nur die kognitive Dimension wichtig, die Informationen, die man in seinem Geschichtsschreibungswerk liefert, sondern man muss den Leser befähigen, bestimmte Situationen nacherleben zu können, also die affektive Seite, das Erleben, auch das emotionale, gefühlsmäßige Angesprochensein mit hineinzubringen. Genau deswegen werden Ereignisse so geschildert, dass der Leser nach Möglichkeit am Ende der Episode Tränen vergießt. Wenn er das tut, dann vermutlich nicht bloß deswegen, weil es ihn so gerührt hat, sondern einfach, weil er auch auf der emotionalen Ebene die Lektion begriffen hat und verstanden hat, in welcher Situation sich eine bestimmte Person oder eine bestimmte Menschengruppe, deren tragisches Ende geschildert wird, befunden hat.

Sagen wir besser, es hat im Laufe dieser Methodendiskussion und der Entwicklung der griechischen Geschichtsschreibung sehr schnell ein breites Spektrum von unterschiedlichen Formen lokaler Geschichtsschreibung, fortlaufender Geschichtsschreibung, Geschichtsschreibung in Listenform und dergleichen gegeben, das zu dem Zeitpunkt, an dem Literatur in Rom einsetzt, auf diesem doch hohen Niveau der Methodendiskussion bereits zur Verfügung stand.

4.3 Chronologie

Der zweite Punkt, für den die griechische Vorgeschichte wichtig ist, ist die Chronologie. Das Problem von Datierungen hat sich von Anfang an gestellt. Wenn man eine einzelne Genealogie verfolgt, kann sie noch ein wenig außer Acht gelassen werden, aber in dem Moment, in dem man mit zwei Genealogien arbeitet, zwei Personengruppen, zwei Herrschergeschlechter, zwei Staaten verfolgt, muss man in irgendeiner Weise die Ereignisse fixieren, datieren und damit zusammenbringen: War der Sohn von A früher oder später als der Enkel von B? Konnten sich die beiden kennen? Haben sie gegeneinander gekämpft? – und dergleichen. Das früheste Mittel der Datierung sind daher Synchronismen, das heißt, Geschichte ein Stück weit zu schildern und dann zu sagen: Als dieses wichtige Ereignis geschah, war jener König und in Ägypten herrschte der 32. Pharao. Das wären die Synchronismen, eine wichtige literarische Kleinform von Geschichtsschreibung.

Es ist dann wohl in Athen, vermutlich von den Atthidographen, Autoren, die über Attika schreiben, also Lokalhistorikern, als erstes eine annalistische Darstellung eingeführt worden. Sie beschränken sich auf einen Ort und konzentrieren jetzt ihre Datierungen auf die Herrscher beziehungsweise die eponymen Beamten dieser politischen Einheit. Das ist kein Problem, weil sie sich auf eine einzige politische Einheit konzentrieren.

Es hat dann offensichtlich Unterlagen oder Traditionen gegeben, die im späten fünften Jahrhundert oder für das späte fünfte Jahrhundert solche Namenslisten rekonstruieren ließen, und dann hat man nach oben in die Frühzeit gehend, in das frühe fünfte, in das sechste Jahrhundert, solche Listen schlichtweg erfunden, mit denen dann gearbeitet werden konnte. Das ermöglicht das annalistische Verfahren, in dem es keine absolute Datierung gibt, sondern eine relative Datierung, die aber zu einem dichten, jahrweisen Netz von Datierungsanhaltspunkten in Form von eponymen Beamten führt.

Dieses Verfahren ist schon von Thukydides kritisiert worden. Er weist darauf hin, dass die Amtszeiten solcher Beamten unter Umständen kein Kalenderjahr betragen, dass mal einer verstirbt, dann ein Nachfolger kommt und man vielleicht zehn Jahre später nicht mehr weiß, ob diese beiden Namen, die man jetzt hat, zwei Jahre oder nur ein Jahr repräsentieren. Er führt deshalb für sein eigenes Werk eine Datierung nach fortlaufenden Wintern und Sommern ein, ein noch stärker relatives Datierungsverfahren. Das kann man als Organisation einer Geschichte benutzten, die nur wenige Jahre umfasst, wie bei Thukydides, oder zwei Jahrzehnte. Aber mit einer solchen Datierung kann man für längere Zeitabschnitte oder wenn man auch andere Ereignisse mit einblenden will, nichts anfangen. Die Kritik des Thukydides zeigt sein Methodenbewusstsein, doch die Lösung, die er erreicht, ist nur für seine ganz spezifischen Zwecke verwendbar und in keiner Weise weiterführend. Es entwickelt sich schließlich eine Variante der eponymen Datierung, die Einführungen von Ären, Herrscherären: Man nimmt einen Herrscher, der siebenundzwanzig Jahre regiert hat, und sagt, dass bestimmte Dinge im dreizehnten Jahr dieses Herrschers geschahen. Dies setzt man dann mit den Söhnen und Enkeln fort. Das wäre eine Ärendatierung. Die Ära eines bestimmten Herrschers, das ist ein Verfahren, das es schon im Alten Orient, in Mesopotamien, Assyrien gegeben hat, auch dort mit der Tendenz, nach oben hin fiktive Ären und fiktive Amtszeiten zu haben. Da stellt sich allerdings auch immer wieder beim Herrscherwechsel das Problem, dass für ein Kalenderjahr zwei Namen vorhanden sind und der Amtsantritt meistens nicht am Anfang des kalendarischen Jahres stattfindet. Auch hier kommen Unklarheiten hinein. Es ist dann von einem berühmten, hellenistischen, griechischen Historiker, Chronologen und Naturwissenschaftler, nämlich Eratosthenes, dem System der Olympiadenrechnung allgemeine Geltung verschafft worden. Die erste Olympiade 776 v. Chr. (so hat er nicht datiert) ist Olympiade 1. Alle vier Jahre finden die Olympiaden statt. Jetzt kann man jedes Ereignis in der Folgezeit mit 13. Olympiade 2. Jahr oder auch 27. Olympiade 4. Jahr angeben und hat damit ein chronologisches Raster, in das man die ganze Geschichte hineinpacken kann. Das ist die fortschrittlichste Rechnung, die bei Beginn der römischen Geschichtsschreibung zur Verfügung steht.

4.4 Rom in der griechischen Geschichtsschreibung

Und schließlich der dritte und letzte Punkt zur vorbereitenden Rolle der griechischen Geschichtsschreibung, die Erwähnung von Rom in griechischer Geschichtsschreibung. Rom ist seit der zweiten Kolonisationswelle der Griechen im Dunstkreis Großgriechenlands, am Rande der Magna Graecia. Die Griechen siedeln in Italien und damit wird es auch in griechischen Geschichtswerken erwähnt, die sich mit der Kolonisation, mit der Ausdehnung Großgriechenlands beschäftigen. Ein massives Interesse an Rom gibt es allerdings erst in dem Moment, wo es wirklich zu massiven Berührungen kommt, kriegerischen Berührungen, und das ist der Pyrrhuskrieg zu Beginn des dritten Jahrhunderts v. Chr. König Pyrrhus ist in Italien gelandet, führt Krieg gegen die Römer – und genau zu diesem Zeitpunkt finden wir die erste umfangreiche Behandlung von Rom, und zwar im Werk des Timaios von Tauromenion (Timaeus in lateinischer Schreibweise). Timaios ist der erste, der am Anfang des dritten Jahrhunderts v. Chr. Rom ausführlich behandelt. Es gibt, insbesondere im Zeitalter der Karthager, der Punischen Kriege, zahlreiche griechische und karthagische Historiographen, die sich mit Rom beschäftigen und alle dem Beginn der eigentlichen römischen Geschichtsschreibung vorausliegen. Es ist schließlich Polybios Mitte des zweiten Jahrhunderts v. Chr., der das erste ausführliche und erhaltene Werk über römische Geschichte schreibt und vor allen Dingen in seinem sechsten Buch die römische Verfassung und die Ursachen für den plötzlichen Aufstieg und Durchsetzung Roms im Mittelmeerraum analysiert. Dieses sechste Buch des Polybios ist auch für uns eine der zentralen Quellen für die Kenntnis des inneren Zustandes, der inneren Verfassung des römischen Staates im Übergang von der mittleren in die späte Republik: Es wird in komprimierter Form eine Schilderung der Verfassung, der Institutionen der Römer vom Politischem bis ins Militärische geboten.

4.5 Epochenüberblick

Die römische Geschichtsschreibung soll hier in zwei große Epochen unterteilt werden: republikanische Geschichtsschreibung auf der einen und kaiserzeitliche Geschichtsschreibung auf der anderen Seite. Beide sind weiter zu untergliedern. Der bisher besprochenen griechischen Vorgeschichte kann auch eine römische Vorgeschichte an die Seite gestellt werden. Allerdings sollen diese Frühformen genealogischer Überlieferung, nicht als erste Epoche bezeichnet werden – eben weil es die ausgebildete griechische Geschichtsschreibung gibt. Die römische Geschichtsschreibung baut nicht nur auf eigenen Wurzeln, sondern auch auf dieser ausgebildeten griechischen Geschichtsschreibung auf.

Die erste richtige Epoche der römischen Geschichtsschreibung ist damit die Frühphase und die ältere Annalistik, das späte dritte Jahrhundert bis zur Mitte des zweiten Jahrhunderts v. Chr. Die zweite Epoche ist die Bürgerkriegszeit, 130 bis 30 v. Chr. Hier soll die gesamte augusteische Zeit noch mit hineingenommen werden, also gracchische, sullanische, spätrepublikanische und augusteische Zeit als zweite Phase. Die augusteische Zeit scheint in vielerlei Hinsicht den Abschluss der spätrepublikanischen Geschichtsschreibung darzustellen, sowohl von der inhaltlichen Orientierung als auch von den Gattungen her. Es folgt dann das erste Jahrhundert n. Chr., die julisch-claudischen Kaiser und die Flavier bis 96 n. Chr. Das wäre die dritte Phase, das erste Jahrhundert n. Chr., das frühe Prinzipat. Die vierte Epoche, die spätere Prinzipatszeit, etwa vom Jahr 100 n. Chr. bis 230 n. Chr.: Das wären die Adoptivkaiser und die Severische Epoche – in Dynastien ausgedrückt. Das ist vor allen Dingen in der späteren Hälfte das Zeitalter der griechischen Historiographie in Rom; Tacitus steht am Anfang als ein Höhepunkt lateinischer Geschichtsschreibung.

Die hier gewählte fünfte Epoche ist eher kurz, aber doch ein tieferer Einschnitt, die Epoche der Soldatenkaiser etwa 235 (Ende der Severer) bis zu Marc Aurel, in den 270er Jahren. Die sechste Epoche ist das Dominat, Stichwort spätantiker Zwangsstaat, eine mit Diocletian einsetzende, dann von Konstantin fortgeführte Neukonstituierung des römischen Staates mit einer neuen Rückbesinnung, einem neuen Bedarf an römischer Geschichte, eine Epoche, die sich dann im Wesentlichen deckt mit dem vierten Jahrhundert, also Ende des dritten bis Ende des vierten Jahrhunderts. Die siebte Epoche wird hier als die spät- und subantike Welt- und Provinzgeschichte benannt. Das Charakteristische ist jetzt, dass Rom nicht mehr im Zentrum des Interesses steht – 410 der Fall von Rom – sondern Geschichtsschreibung in lateinischer Sprache entweder Universalgeschichtsschreibung ist oder Regionalgeschichtsschreibung, die dann aber selten in Italien, sondern viel häufiger in den neuen Städten, in Germanenreichen ihren Gegenstand findet: Langobardengeschichte, Gotengeschichte, Frankengeschichte.

Der Übergang ist zur frühen mittelalterlichen Literatur mit der karolingischen Renaissance ist sicherlich fließend. Um 800 stehen wir bereits in der frühmittelalterlichen Literatur.

4.6   Die einzelnen Epochen

4.6.1   Frühphase und ältere Annalistik

Den Beginn literarischer Geschichtsschreibung republikanischer Zeit bildet eine Frühphase. Die untere Epochengrenze liegt ungefähr bei den Gracchen, dem Beginn der Bürgerkriegsperiode. Ganz oben, Anfang des dritten Jahrhunderts, Ap. Claudius Caecus' Reden, der erste – in spätrepublikanischer Zeit noch, heute nicht mehr erhaltene – Prosatext, gehörten noch nicht zur Geschichtsschreibung, jedoch zu den Vorstufen; erst ab dieser Zeit können wir berechtigterweise mit umfangreicheren literarisch tradierten Prosatexten rechnen. Für die Mitte des dritten Jahrhunderts wird mit dem Beginn der zeitgenössischen pontifikalen Aufzeichnung gerechnet, den sogenannten *Annales maximi*, die unter diesem Titel dann am Ende der Epoche, etwa im Jahr 130, von Publius Mucius Scaevola publiziert worden sein soll. Das bildet den Abschluss, einen schönen Rahmen um diese frühe Phase: Beginn der Aufzeichnung der *Anna-*

Epochen antiker Geschichtsschreibung

Republikanische Geschichtsschreibung

Zeit	fortlaufende Geschichte	Monografien	Memoiren	[Anderes]
Anf. 3. Jhd.		Ap. Claudius Caecus: *Reden*		
Mitte 3. Jhd.	*Annales maximi* (Beginn)			
Ende 3. Jhd.		Cn. Naevius: *De bello Punico* (Epos)		
	Ältere Annalistik			
	Q. Fabius Pictor (griech.)			
Anf. 2. Jhd.	L. Cincius Alimentus (griech.)			[Plautus, Terenz]
	Q. Ennius: *Annales* (Epos)			
		M. Porcius Cato: *Origines*		
Mitte 2. Jhd.	A. Postumius Albinus (griech.)			[Cato: *De agri cultura*]
	C. Acilius (griech.)			[Polybios]
	L. Cassius Hemina (lat.)			
	Gnaeus Gellius (lat.)			
Gracchen/ Ende 2. Jhd.	C. Sempronius Tuditanus			
		Sempronius Asellio: *Historiae*?		
	C. Fannius			
		L. Cornelius Antipater: *2. Punischer Krieg*		
			C. Sempronius Gracchus	
Sulla/	Jüngere Annalistik		M. Aemilius Scaurus	
Anf. 1. Jhd.	Q. Claudius Quadrigarius		P. Rutilius Rufus	
	Valerius Antias		Q. Lutatius Catulus	
	C. Licinius Macer		L. Cornelius Sulla	
	Aelius Tubero	Cornelius Sisenna: *Historiae*		
52/51		**C. Iulius Caesar: *De bello Gallico***		
ca. 47		**C. Iulius Caesar: *De bello civili***		
ca. 43		*Corpus Caesarianum*		
ca. 42		**C. Sallustius Crispus: *Bellum Catilinae*,**		
30er Jahre		***Bellum Iugurthinum, Historiae***		
> 20er Jahre	**T. Livius: *Ab urbe condita***			
			Augustus	
Zeit	fortlaufende Geschichte	Monografien	Memoiren	[Anderes]

les maximi Mitte des dritten Jahrhunderts, ihr Abschluss um 130 v. Chr. Dazwischen findet man am Anfang ein gedichtetes Werk, ein Epos des Cn. Naevius über den Punischen Krieg, welches das früheste eigentliche historiographische Werk ist, aber eben nicht in Prosaform, sondern als Epos (noch nicht in Hexametern, sondern in Saturniern; der Hexameter wurde erst am Anfang des zweiten Jahrhunderts in Rom eingeführt).

Erst dann beginnt in Rom Geschichtsschreibung in Prosaform, und zwar zunächst in griechischer Sprache: Am Ende des dritten Jahrhunderts zum Beispiel durch Q. Fabius Pictor, der mit den chronographischen Schemata von dreiunddreißig Jahren währenden Generationen gearbeitet hat; zu Beginn des zweiten Jahrhunderts Cincius Alimentus, der ebenfalls noch in Griechisch schreibt. Diese beiden werden kaum in dem Sinne annalistisch geschrieben haben, dass sie Jahr für Jahr die Geschichte darstellen, sondern gerade diese großen chronographischen Schemata zeigen, dass sie in großen Einheiten und mit zunächst relativen Datierungen arbeiten – zehn, zwanzig oder dreißig Jahre. Später greifen sie zum Teil auf die Olympiadenrechnung zurück. Insofern sind sie noch keine Annalisten im eigentlichen Wortsinn.

Deutliche Spuren annalistischer Praktiken findet man dann bei Q. Ennius. Dies ist wieder ein epischer Text, kein Prosawerk. Er schrieb die *Annales*, eine Geschichte Roms von den Anfängen bis in die Gegenwart. Da er lange gelebt hat, musste er immer wieder ein paar Bücher anhängen, um das Werk aktuell zu halten, ist schließlich auch darüber gestorben und hat so bis kurz vor seinem Tode die Zeitgeschichte aufführen können. Hier finden sich deutliche Spuren von Konsulardatierung als typisch annalistischem Verfahren.

Das erste lateinische historiographische Prosawerk dürften dann die *Origines*, die Ursprungsgeschichten des Cato gewesen sein; von ihm ist ein anderes Werk über den Ackerbau, erhalten.*De agri cultura*. Typisch für die nur in wenigen Fragmenten erhaltenen *Origines*, und damit atypisch für die zeitgenössische Geschichtsschreibung, die Cato *ex negativo* charakterisiert und kritisiert, ist, dass er auf die Nennung von Namen verzichtet. Große Taten werden nicht mit dem Namen der Akteure verbunden, sondern so beschrieben: »Dann besiegte der römische Konsul die Karthager.« Cato will Geschichte nicht zur Verherrlichung einzelner Familien schreiben, sondern man soll aus den von Namen losgelösten Taten der Vorfahren lernen lassen. Damit wird deutlich a) positiv die didaktische Ausrichtung und b) negativ die Kritik an einer gentilizischen Instrumentalisierung von Geschichtsschreibung.

Die folgenden annalistischen Werke sind dann wiederum in griechischer Sprache geschrieben. Zur Mitte des zweiten Jahrhunderts hin schreiben Postumius Albinus und C. Acilius, zwei Annalisten, in griechischer Sprache. Die Verwendung der griechischen Sprache hat nichts mit der Frage des Publikums zu tun. Das ist keine römische Geschichte, die für Griechen geschrieben wird, sondern das ist eine römische Geschichte für Römer, die aber in der Sprache geschrieben wird, in der man Literatur und historiographische Literatur nur schreiben kann, weil das eine Sprache ist, in der man schon Werke vorfindet. Diese Muster zeigen, wie man Übergänge schafft oder auch wie man Einzelszenen gestaltet. Das ist schlicht die Literatursprache und keine Entscheidung für ein Publikum. Erst nach der Mitte des zweiten Jahrhunderts v. Chr. setzt sich mit Cassius Hemina und Cn. Gellius die lateinische Sprache für die Geschichtsschreibung durch.

In dieser Phase wäre noch die Publikation der *Annales maximi* zu ergänzen. Publikation heißt in dieser Epoche sicherlich nicht nur Veröffentlichung von dem, was schon gesammelt ist, sondern auch eine ganz massive Erfindung der Frühgeschichte. Von Gellius wird aus einem 97. Buch zitiert. Das ist unsicher, sicher ist aber, dass er die Gallierkatastrophe 389 v. Chr. (oder 387 in alten Datierungen) in seinem 15. Buch beschrieb, also vor dem Beginn des vierten Jahrhunderts v. Chr. mindestens vierzehn Bücher schon »verbraucht« hatte für eine Zeit, aus der wir mit hoher Wahrscheinlichkeit annehmen können, dass ihm keine einzige schriftliche Quelle vorlag. Das macht den Umfang der annalistischen Erfindung deutlich. Aus dieser Zeit werden Episoden mit Dialogen, die sich über mehrere Seiten erstrecken, berichtet! Es mögen im Einzelfall historische Kerne sein, die verarbeitet werden, aber es geht unter historiographischer Perspektive sicherlich um eine massive Erfindung – zur selben Zeit, als mit einem ganz anderen methodischen Zugriff Polybios seine römische Geschichte schreibt.

4.6.2 Bürgerkriegszeit

Wir kommen mit den Gracchen in die folgende Periode. Zunächst einmal ist für diese Periode eine Differenzierung der Gattungen charakteristisch. Auf der einen Seite finden wir eine Fortsetzung der Annalistik. Vor allen Dingen in sullanischer Zeit wird in der jüngeren Annalistik die römische Frühgeschichte noch einmal intensiv als Gestaltungsmöglichkeit für die Legitimierung bestimmter politischer Optionen oder gentilizischer (familiärer) Positionen benutzt. Valerische Autoren, Valerius Antias etwa, entdecken überall in der Vorgeschichte an den Brennpunkten Valerier. Die Anhänger der Popularen, gracchischer, tribunizischer Politik entdecken Sempronier an entsprechenden Punkten oder aber projizieren die politischen Konfliktlinien dieser Zeit in die Frühgeschichte. Ein Beispiel ist die breite Darstellung der Auseinandersetzung zwischen Patriziern und Plebejern im fünften Jahrhundert. Da stecken historische Elemente drin, aber viele Details projizieren einfach konkrete Konflikte der Wende vom zweiten zum ersten Jahrhundert in diese Zeit hinauf. Nicht nur Namen, sondern auch Institutionen und Konflikte werden nach oben projiziert.

Es verändert sich in dieser Epoche auch der soziale Ort der Geschichtsschreibung. Geschichtsschreibung ist in der älteren Epoche fast ausschließlich das Werk von Angehörigen der senatorischen Schicht, also der Führungselite selbst gewesen. Das ändert sich jetzt. Die jüngeren Annalisten sind alle Personen, die sozial deutlich niedriger angesiedelt sind: Klienten der großen Familien, die nicht selbst zur politischen Führungsschicht gehören. Am Ende dieser annalistischen Linie steht dann Titus Livius, das einzige in größeren Teilen erhaltene Werk der Annalistik, das Werk, das die römische Frühgeschichte, die römische republikanische Geschichte verbindlich für die Folgezeit bis ins neunzehnte Jahrhundert hinein darstellt und interpretiert. Und Titus Livius ist ein Nicht-Römer, er kommt aus Patavium (Norditalien), und zeigt so auch, dass sich der geographische Ort von römischer Geschichtsschreibung verschiebt beziehungsweise erweitert. Rom, das ist jetzt am Ende dieser Epoche nicht mehr nur die Stadt, sondern – vor allem nach dem Bundesgenossenkrieg am Anfang des ersten Jahrhunderts v. Chr. – ganz Italien.

Livius bündelt die annalistischen Traditionen, und die Werke des Livius und Dionys von Halikarnassos sind die einzigen, aus denen diese ganze Tradition heraus rekonstruiert werden kann – abgesehen von ein paar Zitaten bei Antiquaren oder in Lexika. Das Werk des Livius umfasste 142 Bände. Livius starb 17 n. Chr. und das Werk wurde fast bis zu diesem Datum fortgeführt. Von diesen 142 Bänden ist allerdings die Mehrzahl verloren; erhalten sind nur die Bänder 1–10 und 21–45. Dieselbe Linie zeigt auch ein Werk, das hier nicht aufgeführt ist: die *Fasti Capitolini*, die inschriftliche Fixierung der Konsulnlisten der Republik. Auch dieses Werk stellt, ähnlich wie Livius, einen Abschluss der republikanischen Formung, ja auch Erfindung der eigenen Vergangenheit dar. Inmitten der zahlreichen Machtwechsel der Bürgerkriegszeit wird hier eine Vergangenheit geordneter Machtverhältnisse bis in jüngste Vergangenheit hinein monumental dargestellt (und dann vielfach in andere Inschriften kopiert). Hier liegt der Punkt, an dem diese unterschiedlichen Traditionen, die es noch in der späten Republik, Mitte des ersten Jahrhunderts v. Chr. gibt, gebündelt werden und in bestimmten Traditionen für die Folgezeit ausgeschrieben werden, so dass wir sie nur mühsam und nicht mehr vollständig rekonstruieren können. Das ist in der Graphik die Hauptlinie fortlaufender Geschichtsschreibung.

Wie man sieht, wird jetzt in die Epochendarstellung die Gattungsvielfalt mit hineingebracht. Während die Annalistik sozial absteigt, bleiben Angehörige der Führungsschicht als Historiographen tätig. Sie schreiben jetzt aber keine fortlaufende Geschichte mehr, sondern Monographien, dazu Autobiographien und Memoiren. Das beginnt mit den Gracchen und damit einigen wichtigen Politikern der Gracchen- und Nachgracchenzeit: Aemilius Scaurus, Rutilius Rufus, Lutatius Catulus und Cornelius Sulla. All diese (Auto)biographien sind nicht erhalten. Das erste Werk, das in dieser Reihe erhalten ist, ist Iulius Caesars *Bellum Gallicum* und dann das *Bellum Pompeianum* bzw. »Civile«, die dann ergänzt und zum *Corpus Caesarianum* zusammengefasst werden. Und noch eine weitere Linie: Zwischen den Memoiren, den Autobiographien, oft in der Form der Commentarii, und der fortlaufenden Geschichtsschreibung, zumeist als Annalistik, liegen historische Monographein; also Werke wie das des Thukydides, die sich mit einem kleinen Zeitraum, möglicherweise auch begrenzten Schauplätzen, beschäftigen. Die wichtigsten sind noch in der frühen Gracchenzeit die *Historien* des Sempronius Asellio, die Darstellung des Coelius Antipater über den Zweiten Punischen Krieg und wiederum am Ende der Reihe die Werke des Sallust, die *Coniuratio Catilinae* und der *Krieg gegen Jugurtha*. Sallust verfasst allerdings auch, zwar auf die Zeitgeschichte konzentriert, eine fortlaufende Geschichte, doch sind diese *Historien* nicht überliefert.

Damit soll die Betrachtung der republikanischen Geschichtsschreibung abgeschlossen werden. Aus der augusteischen Zeit wären noch eine Reihe von Autobiographien der wichtigsten handelnden Personen, auch verschiedene Monographien, zu ergänzen. Der Beginn der augusteischen Zeit soll bewusst nicht markiert werden, weil die augusteische Epoche als Abschluss der republikanischen Geschichtsschreibung verstanden werden soll: in der Fortsetzung dieser Memoirenlinie, im Abschluss der annalistischen Linie und mit den hier nicht erwähnten, gleich auf der nächsten Graphik an der Spitze stehenden *Fasti Capitolini*. Augustus hat fast fünfzig Jahre lang die Geschicke Roms gelenkt. Das ist eine Epoche, in der sich sehr viel ereignet, ein Einschnitt, aber auch eine Übergangsepoche. Wenn vom Abschluss der Republik gesprochen wird, dann bietet Livius dafür literaturgeschichtlich zwar einen Anhaltspunkt, aber Livius stirbt kurz nach Augustus. Auch er lebt sehr lange, schreibt fast fünfzig Jahre lang Geschichte und schreibt einhundertzweiundvierzig Bücher in dieser Zeit. Unter anderer Perspektive beginnt in spätaugusteischer Zeit, im ersten Jahrhundert n. Chr. aber schon die typisch kaiserzeitliche Geschichtsschreibung, wie wir sie dann etwa bei Tacitus fassen können: als eine kritische, senatorische Stellungnahme gegenüber der kaiserlichen Politik. Will man das betonen, kann man die augusteische Geschichte mit dem Jahr 27 v. Chr. etwa, der Verleihung des Augustustitels, oder 31, der Schlacht bei Actium, beginnen, lassen.

4.6.3 Frühe Kaiserzeit

In der Überblicksgraphik gibt es in ähnlicher Weise wie zuvor verschiedene Spalten, die sich wiederum auf die Gattungen beziehen. An der Spitze stehen – nach einem Rückblick auf die spätrepublikanischen Autoren Sallust und Nepos, die für ihre jeweiligen Gattungen der monographischen Geschichtsschreibung und der Biographie wichtig bleiben, die zeitgleich in Rom schreibenden Annalisten, der Grieche Dionys von Halikarnassos und

Epochen antiker Geschichtsschreibung

Kaiserzeitliche Geschichtsschreibung

Zeit	fortlaufende Geschichte	Biografie	Epos, Anderes
	Sallust	Nepos	
			Vergil
	Dionysios v. Halikarnassos	Hygin Verrius Flaccus	
1	Livius	Fasti Capitolini	Pompeius Trogus
		Valerius Maximus	Cornelius Severus
	Cremutius Cordus		
	Velleius Paerculus		
	Aufidius Bassus		[Curtius Rufus]
	Plinius d. Ältere		Lucan
	Tacitus		
100		Plutarch	
		Sueton	
	Appian	**Markion**, Evangelien	
	Fronto **Florus**	Acta apostolorum	
	Arrian	[Granius Licinianus]	
		[Marius Maximus]	
200		Sextus Iulius	
	Cassius Dio	Africanus	
	Herodian		
	Asinius Quadratus	Pontius	Publius Herennius Dexippus
300		[Iustinus]	
	Periochae	L. Ampelius	
			Eusebios
	Excerptum [Iulius Obsequens]		
	Valesianum I *Chronograph 354*		
		Iulius Paris	
		EKG Ianuarius Nepotianus	
	S. Aurelius Victor	*De viris illustribus*	
	Eutrop	*Origo gentis Romanae*	
	Rufius Festus		
	Ammianus Marcellinus		
	Virius Nicomachus Flavianus		
400		Historia Augusta	
		Hieronymus	
		Rufinus	Claudian
	Orosius	Sulpicius Severus	
		Eunapios v. Sardes	
		Possidius	
	Hydatius		
	Marcellinus Comes		
500			
	Cassiodor	Eugippius	
	Prokop		
	Jordanes		
	Gregor v. Tours		
...			
	Beda Venerabilis		
	Paulus Diaconus		
		Einhard	
Zeit	fortlaufende Geschichte	Biografie	Epos, Anderes

Die einzelnen Epochen

der Italiker Titus Livius. Das wäre die Tradition fortlaufender Geschichtsschreibung nach annalistischem Muster. Dann geht es zum linken Rand hin, links von der Achse der annalistischen Geschichtsschreibung, in den Bereich historischer Monographien über, insbesondere mit Darstellungen auswärtiger Kriege oder auswärtiger Völker. Nach rechts hin zeigen sich jetzt zunehmend Kurzformen von Geschichtsschreibung, zunächst ganz knappe Werke, sogenannte Breviarien. Hier stehen etwa Velleius Paterculus oder ein Florus, schon früher die *Fasti Capitolini*. Mit ihnen erreichen wir dann schon einen Typ von Geschichte, in dem Geschichtserzählung auf Geschichtsdaten, auf Listen reduziert ist.

Das Schema wird jetzt noch etwas ausgefeilter, gerade die augusteische Epoche ist eine Epoche, die erneut eine starke Differenzierung der Gattungen zeitigt. Mit Hygin und Sueton ist die Reihe biographischer Werke markiert. Weiter rechts stehen die Sonderfälle der Geschichtsschreibung. Ganz außen die historische Epik. Hier steht Vergil an der Spitze. Das ist nicht natürlich: Der Autor wäre eher in Klammern zu setzen, denn Vergil hat kein historisches Epos schreiben wollen und beschäftigt sich ja nur mit der Frühgeschichte. Er ist aber in der Folgezeit als historischer Epiker interpretiert worden. Dann etwas ausgerückt die Linie, die Pompeius Trogus beginnt, die Universalgeschichtsschreibung, das heißt eine Form der Geschichtsschreibung, die sich bewusst nicht auf die Geschichte des römischen Reiches oder gar nur der Stadt Rom beschränkt, sondern auch die nichtrömische Vorgeschichte und andere außerhalb liegende Reiche, den Vorderen Orient insbesondere oder die Griechen vor den Römern, berücksichtigt.

In der Mitte zwischen biographischer Spalte und der Universalgeschichtsschreibung steht Verrius Flaccus, gar kein Historiograph, sondern ein Antiquar, einer, der Geschichte eher unter systematischem Gesichtspunkt, als Institutionengeschichte aufgearbeitet hat. Dann, was sehr wichtig wird, Valerius Maximus' Exempla-Sammlung, wiederum eine Kurzfassung von Geschichte, aber jetzt nicht mit dem Ziel, einen linearen Geschichtsverlauf, eine fortlaufende Geschichtsschreibung, zu bieten, sondern, und deswegen habe ich diese Spalte definiert, den Versuch bietet, unter systematischen Gesichtspunkten Geschichte zusammenzufassen und für den weiteren praktischen Gebrauch verfügbar zu machen: Leitlinien für Priester, Tricks für Generäle, Kriegslisten sozusagen, Beispiele für die Großzügigkeit von Herrschern, eine ›Ethik für Gentlemen‹. Exemplarisches religiöses Verhalten steht am Anfang und bildet das erste Buch. Alle Werke, die hier aufgeführt werden, sind erhalten, soweit sie nicht unterpunktet sind. Fett gedruckt sind Werke, unabhängig davon, ob sie erhalten sind oder nicht, die als exemplarisch oder innovativ dieser Vielzahl von Namen eine Struktur geben. Es handelt sich um Werke, die rezeptionsgeschichtlich die größte Bedeutung haben, also Werke, die für die folgenden Jahrhunderte, zum großen Teil durchs ganze Mittelalter hindurch und oft bis in die Neuzeit hinein die Überlieferung römischer Geschichte und die europäische Geschichtsschreibung bestimmt haben. Die Kursive bezeichnet christliche Autoren. Man kann also aus dieser Graphik auch die Anfänge christlicher Geschichtsschreibung entnehmen, sehen, dass sich diese zunächst nicht in den Hauptspalten der historiographischen Formen bewegt (man denke an die Evangelien – Markion schreibt in Rom –, Apostel- und Märtyrerakten), aber allmählich in diese eindringt und schließlich am Ende der Epochen das Ganze beherrscht. Die Namen, die in Klammern gesetzt sind, sind nur sehr grob zuzuordnen. Zum Teil schwanken die Ansätze um ein ganzes Jahrhundert.

Zunächst einmal sollen für die augusteische Epoche einige Namen genannt werden, die für die Folgezeit bedeutsam geworden sind: Livius für die Annalistik und Dionys von Halikarnassos mit einem dazu parallelen Werk. Erhalten ist von letzterem aber nur die Zeit bis zur Mitte des fünften Jahrhunderts v. Chr. Das sind auch über zehn Bücher, die er für diesen Zeitraum braucht. Zudem die *Fasti Capitolini*, eine etwas erweiterte Konsulnliste. Dann ein Name, der wichtig ist, von dem aber so gut wie nichts erhalten ist, der augusteische, freigelassene Bibliothekar Hyginus, nicht identisch mit dem Verfasser der Fabeln. Dieser Hygin hat viel geschrieben, unter anderem einige biographische Werke, die nach dem heutigen Forschungsstand eine zentrale Quelle für alle spätere Biographien, soweit sie die Republik betrifft, gewesen zu sein scheinen, aber selbst nicht erhalten sind. Dazu kommt Pompeius Trogus, der ebenfalls eine Universalgeschichte schrieb, die nicht erhalten ist; er besaß das römische Bürgerrecht, was aber gallischer Herkunft. Dieses Werk ist bekannt durch die Auszüge des Iustinus, die um das Jahr 300 herum entstanden ist.

Wir haben nach der ersten Querzeile bis herunter zu Plinius dem Älteren die erste Epoche der kaiserzeitlichen Geschichtsschreibung, das erste Jahrhundert n. Chr., die julisch-claudisch-flavische Zeit. Tacitus steht an der Wende zwischen den Epochen. An großer fortlaufender Geschichtsschreibung ist aus diesem Zeitraum nichts bekannt. Tacitus schließt mit seinem Beginn im Jahre 14 n. Chr. praktisch an das Werk des Livius an. Seine *Annales ab excessu divi Augusti* beginnen mit dem Tod des Augustus. Historische Monographien, verfasst von Leuten aus der politischen Führungsschicht, der senatorischen Schicht, sind vollständig nicht erhalten. Germanenkriege sind das große Thema des ersten Jahrhunderts n. Chr. Zum Teil sind ihre Verfasser, Cremutius Cordus etwa, aufgrund ihrer scharfen Frontstellung gegen die Kaiser in Konflikt mit diesen geraten; Cremutius Cordus ist von Tiberius zum Selbstmord gezwungen worden. Seine Bücher sind verbrannt worden, hier bricht die Überlieferung zum Teil schon sehr früh ab.

Velleius Paterculus' Werk ist ein typisches Produkt dieses ersten Jahrhunderts, der tiberianischen Zeit, die die Ergebnisse der augusteischen Revolution als dauerhaft interpretieren muss, es ist ein prokaiserliches Werk, dem Tiberius gewidmet. Es handelt sich um eine Kurzfassung der römischen Geschichte in zwei Büchern und ist weitestgehend erhalten. Valerius Maximus war bereits kurz erwähnt worden und wird später ausführlich behandelt werden. In der Reihe der historischen Epik rechts steht für diese Periode Lucan beziehungsweise sein Epos über den Bürgerkrieg zwischen Pompeius und Caesar. In dieser Frontstellung steht Lucan auf der Seite der Republikaner, auf der Seite des Pompeius. Lucan stirbt sehr jung, im Konflikt mit Nero. Curtius Rufus, der in der Graphik eingeklammert ist, bildet noch einmal eine Sonderform der Historiographie: Er schreibt eine zehnbändige historische Erzählung, schon eher einen Roman, über Alexander; dieser Text ist weitestgehend erhalten. Vor allem ab dem zwölften Jahrhundert gewann er hohe Beliebtheit.

4.6.4 Die spätere Prinzipatszeit

Die vierte Epoche wird am Anfang von den Namen Tacitus und Sueton beherrscht. Tacitus, aus senatorischer Perspektive dem Kaisertum gegenüber kritisch eingestellt schreibend; Sueton, ein Aufsteiger aus dem Ritterstand, der aus der Perspektive der guten Kaiser, der Adoptivkaiser des zweiten Jahrhunderts, durchaus kritisch über die Kaiser in seinen Kaiserbiographien schreiben kann, aber eben Biographien und nicht Historie verfasst. Mit diesen Biographien, darüber hinaus Biographien von Dichtern und Gelehrten, die aber nur ausschnittweise erhalten sind, jedoch später stark gewirkt haben, deckt er sozusagen den ganzen Bereich der Kulturgeschichte ab. Ansonsten ist, von diesen beiden Autoren, die am Anfang des zweiten Jahrhunderts n. Chr. schreiben, abgesehen das zweite Jahrhundert arm an lateinischsprachigen Werken. Plutarch, der auch um die Jahrhundertwende herum schreibt, ist Grieche, schreibt Griechisch. Appian schreibt eine große Geschichte in Form von vielen Einzelgeschichten, geographisch abgegrenzten Einzelgeschichten: punische Geschichte, spanische Geschichte, gallische Geschichte, Keltica, Punica, Iberica, aber er schreibt sie ebenfalls in griechischer Sprache. Fronto, ein kleines Werk, auch über externe Kriege in lateinischer Sprache, ist außer in seinen Briefen nicht erhalten. Und Arrian erscheint wieder mit einer griechischen Darstellung.

Florus schreibt in der Mitte dieses Jahrhunderts eine Kurz-Geschichte, nicht ausschließlich aus Livius stammend, aber im Wesentlichen doch eine Kurzfassung des livianischen Werkes. Dieser Kurzfassung und zunehmend kürzeren Fassungen – bei Florus sind es immerhin noch vier Bücher – begegnen wir in der Folgezeit ständig. Niemand wollte einhundertundzweiundvierzig Bücher Livius lesen. Dann gibt es noch die Namen zweier nicht erhaltener und schwer datierbarer Werke: Granius Licinianus, der wohl um die Mitte des zweiten Jahrhunderts in mindestens sechsunddreißig Büchern eine römische Geschichte schrieb, die sich insbesondere auf Livius stütze. Aus ihr sind einige umfangreichere Fragmente späterer Bücher erhalten. Marius Maximus war vielleicht ein wichtiger Biograph, ist aber kaum fassbar.

Am Ende dieser Epoche des zweiten und beginnenden dritten Jahrhunderts gibt es nochmals große griechische Werke: Cassius Dio, eine römische Geschichte in etwa achtzig Büchern, die nur teilweise erhalten ist, aber für die Zeit von Caesar bis ans Ende des zweiten Jahrhunderts n. Chr. für die römische Kaiserzeit die zentrale Geschichtsquelle darstellt. Cassius Dio selbst stammt aus der senatorischen Schicht, ist aber Grieche, der Griechisch schreibt. Im zweiten und zu Beginn des dritten Jahrhunderts n. Chr. stellen Griechen nicht die Mehrzahl im stadtrömischen Senat, sind aber auch keine Seltenheit mehr. Herodian schließt sich mit der Zeit der Severer an. Damit sind wir schon direkt herangekommen an eine Periode im weiteren Verlauf des dritten Jahrhunderts, aus der keine großen Werke erhalten, für das Lateinische nicht einmal bekannt sind. Die vor allem politische, im fortgeschrittenen dritten Jahrhundert auch mehrfach militärische Krise scheint den Bedarf an neuer Literatur oder ihre anfängliche Verbreitung in oberschichtlichen Netzwerken, die ihr Überleben garantieren (der Buchhandel dürfte dafür in dieser Phase der Werkentstehung kaum eine Rolle gespielt haben) nicht befördert zu haben. Die meisten Werke aus dieser Epoche sind entsprechend ihrer fehlenden Erhaltung unterpunktet. Es handelt sich um Autoren, obwohl die Namen zum Teil lateinisch klingen (und ein Asinius Quadratus auch Lateiner ist), die wieder auf Griechisch schreiben: P. Herennius Dexippos, eine Universalgeschichte, die erhalten ist; Eunapios von Sardes, der die Universalgeschichte des Dexippos fortgeschrieben hat. Aus dieser Zeit ist nur die schon kursiv geschriebene Biographie des Bischofs Cyprian erhalten, die von Pontius verfasst wurde. Damit beginnt die biographische Tradition der Christen in lateinischer Sprache. Sex. Iulius Africanus allerdings verfasst die erste christliche Universalgeschichte um das Jahr 200 auf Griechisch.

4.6.5 Dominat

Mit der Neuorganisation des römischen Staates entstand offensichtlich ein starker Bedarf an Kenntnis römischer Geschichte, denn die Menschen, die jetzt an der Regierung waren, die Familien, aus denen die Kaiser kamen und aus denen sich vor allem die militärische Führungsschicht rekrutierte, waren keine alten römischen oder italischen Adelsfamilien, sondern Leute vom Rande des römischen Reiches, afrikanischer Herkunft, germanischer Herkunft, die sozusagen die römische Geschichte nicht in die Wiege mitbekommen haben, sondern die darauf angewiesen waren, diese zu lernen. Zum einen, um sich selbst Legitimität zu verschaffen, zum anderen aber auch aus ganz praktischen Gründen: Was sind die Probleme dieses Riesenreiches, wie ist es zusammengewachsen, was hat es früher an Krisen gegeben? Teilweise sind die Werke, die in dieser Zeit entstehen, wirkliche Auftragswerke. Kaiser Valerianus gibt eine römische Geschichte in einem Umfang von heute etwa fünfzig Druckseiten in Auftrag. Für mehr hatten diese an Geschichte interessierten Kaiser keine Zeit.

So finden sich Kurzdarstellungen der römischen Geschichte. Dagegen bleibt diese livianische Spalte (siehe Graphik), die Annalistik, fast leer. Das einzig nennenswerte Werk ist das des Ammianus Marcellinus am Ende des vierten Jahrhunderts. Er greift auf Tacitus zurück und schreibt eine römische Geschichte von dem Punkt an, wo Tacitus aufgehört hat. Auch davon sind nur Teile erhalten. Ein vielleicht ähnlich gelagertes Werk des Nicomachus Flavianus ist nicht erhalten. Alle diese Verfasser sind nicht kursiv geschrieben, es handelt sich zum Teil dezidiert um Anhänger der traditionellen Religion, »Pagane«, wie sie jetzt in der polemischen Terminologie der Christen heißen. Sehr viele davon haben auffälligerweise biographische Berührungspunkte mit Kaiser Julian, der als einziger Kaiser im vierten Jahrhundert die Option für das Christentum wieder aufgibt und sich dezidiert den traditionellen Kulten zuwendet, aber schon nach ganz kurzer Regierungszeit auf einem Perserfeldzug 363 n. Chr. stirbt.

Die Inhaltsangaben, die aus Livius herausgezogen werden, die sogenannten *Periochae*, sollen das Werk des Livius ersetzen. Es sind überlegt gemachte Inhaltsangaben, etwa fünfzehn Zeilen pro Buch. Das ergibt insgesamt selbst bei einhundertzweiundvierzig Büchern noch ein handliches Werk, und diese Inhaltsangaben sind so gemacht, dass man sie kontinuierlich lesen kann. Sie sind uns praktisch vollständig erhalten sind und geben einen Einblick in das Gesamtwerk des Livius, von dem ja das Meiste nicht erhalten ist. Deswegen sind sie fett gedruckt; eben diese werden in der Folgezeit für weitere Darstellungen der republikanischen Geschichte immer wieder aus- und abgeschrieben.

Dazu kurz die wichtigsten Namen: Eutrop, römische Geschichte auf fünfzig (modernen) Druckseiten, Rufius Festus, römische Geschichte auf fünfundzwanzig Druckseiten – beide gern gelesen und im Mittelalter bis in die frühe Neuzeit zum Teil als Schulbücher benutzt. Was wir jetzt vielfach finden, sind Sammelhandschriften, Zusammensetzungen vieler kleinerer Werke zu einer Gesamtgeschichte. In der Graphik finden sich drei unterstrichenen Titel: *De viris illustribus*, eine Sammlung von Biographien, sehr kurzen Biographien, die *Origo gentis Romanae*, eine Sammlung vor allen von frührepublikanischen und königszeitlichen Biographien, und Sex. Aurelius Victor, eine kurze Darstellung der Kaiserzeit. Man sieht, dass dieser biographische Bereich eine enorme Bedeutung hat. Die EKG ist »*Enmanns Kaisergeschichte*«, ein auf der Basis der *Historia Augusta* postuliertes, nicht ein erhaltenes Werk (von daher unterpunktet), das Kaiserbiographien gesammelt hat und für die Folgezeit die grundlegende Quelle überhaupt gewesen ist. Enmann war ein deutschsprachiger, an der (von 1802 bis 1886 in Russland einzigen deutschsprachigen) Universität Dorpat (heute Tartu in Estland) lehrender Althistoriker. Vermutlich ist das Material der erhaltenen *Historia Augusta mit ihren* vielfach in Teilen fiktiven Biographien der römischen Kaiser aus dieser Enmannschen Kaisergeschichte herausgenommen.

Die Gattungsreihen setzen sich in der Folgezeit fort.

4.6.6 Spät- und subantike Welt- und Provinzgeschichte

Orosius, nun der erste fett markierte Autor in Kursivschrift, schreibt im Auftrag von Aurelius Augustinus, dem großen Kirchenvater. Orosius schreibt eine römische Geschichte, in der er sich insbesondere auf die Katastrophen der römischen Geschichte konzentriert, um zu zeigen: Die Eroberung Roms im Jahr 410 n. Chr. hängt nicht damit zusammen, dass die Christen nicht mehr die traditionellen Götter verehren, sondern sie hängt damit zusammen, dass dieser römische Staat von vornherein in seiner traditionellen Religion ein moralisch und religiös morscher Staat gewesen ist. Er schreibt also eine polemische Geschichte. Die Wirkung dieser polemischen, christlichen, aber eben doch römischen Geschichte war unglaublich. Er gehört zu den zentralen Quellen des Mittelalters für die antike Geschichte. Hunderte von Handschriften haben sich erhalten.

In der Folgezeit setzt sich vor allem die christliche Geschichtsschreibung in ihren verschiedenen Gattungen durch. Die große Ausnahme bildet Prokop um 500 bis 555, dessen Kriegsmonographien hauptsächlich in der weiteren byzantinischen Geschichtsschreibung große Wirkung entfalteten.

Kriege an den Grenzen des Römischen Reiches mit den von außen eindringenden, häufig germanischen Völkern beschreiben; auch bei Jordanes in der Mitte des sechsten und Gregor von Tours in der zweiten Hälfte des sechsten Jahrhunderts, auf die später Beda Venerabilis, der britische Geschichtsschreiber und Chronograph zurückgreifen wird. Mit Beda und Paulus Diaconus dürfte ein gewisser Schlusspunkt einer klassisch antiken Geschichtsschreibung erreicht sein.

Neben dieser Linie klassischer Historiographie, wenn auch nun mit barbarischen Gegenständen, verläuft die biographische Linie über Eugippius bis Einhards *Vita Caroli Magni*, die Biographie Karls des Großen. Während die vorangehenden christlichen Biographen auch in ihren Gegenständen, bei aller Fortsetzung antiker Traditionen, doch mit dem biographischen Ideal der Christen etwas Neues bringen, schreibt Einhard in gewissem Sinne eine klassische Biographie, allerdings mehr als karolingische Renaissance denn als unmittelbare Fortsetzung der antiken Tradition. Nur angedeutet mit den Namen Hydatius und Marcellinus Comes ist eine Linie, die eine große Breitenwirkung, eine hohe Auflage, eine Vielzahl von Versionen erlebt haben dürfte, die aber häufig anonym bleibt und von der Fortsetzung älterer, kanonischer Werke lebt, die zu Chroniken ausgebauten *fasti*. Mit der Chronik ist zugleich ein Typ von Geschichtsschreibung benannt, der für die mittelalterliche Historiographie von entscheidender, prägender Bedeutung ist.

5 Caesars Commentarii

5.1 Der Politiker

Am Anfang der nun folgenden Reihe von Kapiteln über einzelne Werke und Autoren möchte ich mit einem Typ von historiographisch scheinbar randständigen, aber doch unsere Wahrnehmung von Geschichtsschreibung beeinflussenden Texten beginnen, der sich in den Kriegs- und Erfolgsgeschichten von (meist männlichen) Kriegs- und Erfolgsgeschichten von Politikern weltweit fortsetzt, ob sie Napoleon, Churchill oder Mao Zedong heißen. Sueton, Verfasser von Kaiserbiographien am Anfang des zweiten nachchristlichen Jahrhunderts, beschreibt Gaius Julius Caesar so:

>»Er soll von stattlicher Figur gewesen sein, weiße Haut, schlanke Gliedmaßen, ein etwas zu volles Gesicht, schwarze, lebhafte Augen und eine gute Gesundheit gehabt haben, außer dass er gegen Ende seines Lebens öfters plötzlich ohnmächtig wurde und im Schlaf aufschreckte. Auch von epileptischen Anfällen wurde er zweimal mitten in einer Versammlung befallen. Um sein Aussehen war er allzu besorgt; so ließ er sich nicht nur sorgfältig die Haare schneiden und rasieren, sondern auch am Körper entfernen, was ihm von gewissen Leuten vorgehalten wurde. Über seine Glatze war er sehr ärgerlich, da sie seinen Gegnern oft Anlass zu Witzen bot. Deshalb pflegte er seine Haare vom Scheitel nach vorn zu bürsten, und von allen Ehren, die ihm von Senat und Volk zuerkannt waren, nahm er keine lieber an und machte von keiner häufiger Gebrauch als

von dem Vorrecht, immer einen Lorbeerkranz tragen zu dürfen.«
(Suet. *Iul.* 45,1–2; Übers. André Lambert)

Man kann diese Beschreibung vergleichen mit jener, die Mathias Hofter im Katalog zur Berliner Ausstellung »Augustus und die verlorene Republik« für ein zeitgenössisches Caesarporträt gemacht hat – von den zahlreichen Porträtbüsten Caesars geht wohl nur das in Turin aufbewahrte und aus Tusculum stammende Marmorbild auf die Lebenszeit Caesars, vermutlich seine letzten Lebensmonate, zurück.

Das Tusculum-Porträt Caesars[1]

---

1   Quelle: https://commons.wikimedia.org/wiki/File:The_%22Tusculum_portrait%22,_a_rare_bust_of_Julius_Caesar_in_his_lifetime,_45_-_43_BC,_Moi,_Auguste,_Empereur_de_Rome_exhibition,_Grand_Palais,_Paris_-_14628246546.jpg; Aufnahme von »Following Hadrian«, 14.07.2014, CC 2.0-SA.

Der Politiker

»Das Porträt ist durch extreme veristische Züge gekennzeichnet. Verschwiegen werden weder die dem Dictator peinliche Glatze, noch eine Verformung des Schädels; ins Auge fällt auch die extreme Magerkeit des Kopfes, der lange, faltige Hals mit den beiden Venusringen, die tiefen Nasolabialfalten und der schmallippige, zu einem leichten Lächeln verzogene Mund, die einzige Spur mimischer Bewegung. Bemerkenswert ist auch, dass gerade diese Züge auf den Münzen, z. T. bis zur Hässlichkeit vergröbert, wiedergegeben werden.« (Berlin 1988, S. 305)

Eine solche Beschreibung ist präzise und hilfreich, aber nicht motivierend. Warum soll man sich mit diesem Herrn, diesem *senex* nach römischer Definition, beschäftigen? Um die Antwort auf diese Frage durch das Porträt zu bekommen, muss man es mit anderen Augen sehen, zum Beispiel durch die Beschreibung des Archäologen Heinz Kähler:

»Der markante Schädel auf dem hageren Hals, der Kopf ein wenig vorgeneigt, als sei der Mann größer als die anderen und blicke auf sie herab, das gelichtete Haar vom Wirbel nach vorn gestrichen, um die beginnende Glatze zu verdecken. In der mächtigen Hirnschale die eigenartige Einsenkung vor dem Ansatz der Stirn, durch die sie vor allem im Profil etwas so ausgesprochen Intelligentes bekommt, Sitz überragender Gedanken, Zentrum der Herrschaft über sich und andere; die Augen, die schwarz und lebhaft gewesen sein sollen, nicht sehr groß, aber voller Aufmerksamkeit, scharf beobachtend unter dem schräg liegenden Oberlid; die Nase ... schmal und rassig – und dann das Eindrucksvollste im Gesicht dieses Mannes, der Mund, beredt und doch verschwiegen, mehr wissend, als was er sagt, bei aller Zurückhaltung gewinnend, spöttisch und mit einem Zug von Resignation, gewohnt zu befehlen, aber ebenso geprägt durch die Selbstbeherrschung, die er bis zu letzten Atemzug bewahrte.« (nach Christ 1994, S. 69 f.).

Zweifelsohne hat Kähler nicht nur die zuvor zitierte Suetonpassage gelesen, sondern, wie der letzte Satz verrät, auch noch jene über den Tod Caesars:

> »Wie er nun von allen Seiten gezückte Dolche auf sich gerichtet sieht, verhüllt er das Haupt mit der Toga und glättet sie zugleich mit der Linken bis hinab zu den Füßen, um mit Anstand zu fallen und auch den unteren Teil des Körpers zu verhüllen. In dieser Stellung wurde er, ohne einen Laut von sich zu geben, durch dreiundzwanzig Stiche durchbohrt.« (82,2)

Ob man ohne eine solche Lektüre zur Beschreibung Kählers kommen könnte, scheint fraglich. Bild und Text erhellen sich gegenseitig – die Tusculum-Büste vor Augen, wirkt die Beschreibung Suetons anders. Das ist nützlich, aber auch gefährlich: Man neigt zur Harmonisierung. Es werden die Elemente isoliert, die sich zu bestätigen scheinen, und diejenigen übergangen, die sich widersprechen. So deutet das gewinnende Lächeln des Kopfes vielleicht auf die von Caesar selbst propagierte *clementia Caesaris*, die Nachsicht und Versöhnungsbereitschaft den Gegnern gegenüber. Wenn wir bedenken, dass auch ein veristischer Kopf keine bloße Reproduktion des Lebenden in Stein darstellt, sondern eigenen Zielen dient und eigene Intentionen verfolgt, können wir wohl sagen, dass das gewinnende Lächeln sicher jene *clementia Caesaris* darstellt. Aber ausschließen, dass Caesars mitleidiges Lächeln der Nachwelt gilt, die sich zweitausend Jahre später voller Ernst mit seinem bildlichen und literarischen Nachlass beschäftigt, können wir nicht. Mary Beard hat in einer Studie der (oft nur angeblichen) römischen Kaiserporträts eindrucksvoll gezeigt, wie stark solche Bilder den Diskurs über die römische Zeit geprägt haben und prägen. Eine hilfreiche Warnung vor einem ausschließlichen Fokus auf Texte.

Aber für diese Beschäftigung gibt es gute Gründe. Wenn man gar nichts von Caesar zu wissen scheint, so wissen man doch meist zumindest, dass er Gallien erobert und einen Bürgerkrieg ausgelöst hat, an dessen Ende der Mittelmeerraum und die römische Verfassung ihr Gesicht verändert hat: Als Sieger steht Caesars Adoptivsohn Augustus einem militärisch und bürokratisch stärker als je zuvor durchdrungenem *Imperium Romanum* vor, und zwar nicht mehr oder nicht mehr nur als *Konsul*, sondern als Princeps und Kaiser. Der Individualname *Caesar* ist bis heute zur Bezeichnung einer Staats- und Herrschaftsform geworden. Auch deutscher Boden ist Teil dieses Staatsgebildes geworden, die unmittelbaren kulturellen Überreste können wir in zahlreichen Museen und archäologischen Stätten bewundern. Damit seien zahlreiche Nachfragen nicht verschwiegen: Hätte das Römische Reich nicht auch ohne Caesar über kurz oder lang zwangsläufig eine ähnliche Entwicklung durchmachen müssen? War die Überwindung des republikanischen Adelsgezänks durch die Alleinherrschaft, die Ersetzung des Stadtstaates durch ein territorial verstandenes Reich nicht überfällig? Das hätte in der Tat so gewesen sein *können*, aber so wie es *war*, ist Caesar nun einmal nicht mehr wegzudenken. Das gilt nicht nur für die politische Geschichte im engeren Sinn, sondern es gilt etwa auch für die Literaturgeschichte. Catulls Polemiken, Ciceros staatsrechtliches Denken, selbst die augusteische Literatur, die Caesar weitgehend ausblendet, sähe ohne die caesarische Vorgeschichte sicher anders aus.

Weitreichende Konsequenzen kann man auch dem zuerst genannten Faktum zuschreiben: der Eroberung Galliens. Die von Caesar vorangetriebene Klärung des Germanenbegriffs, die Überschreitung des Rheins und die erste erhaltene ethnographische Beschreibung Germaniens in lateinischer Sprache sind Fakten, die für die Geschichtskonstruktionen deutschen Nationaldenkens eine wichtige Rolle gespielt haben. Viel wichtiger ist das alles aber für französische Geschichtsentwürfe, sei es negativ, dass mit der Einigung im Widerstand gegen die Römer Vercingetorix den modernen Nationalstaat präfiguriert, oder sei es positiv, dass die Eingliederung Galliens ins Römische Reich dieses in den römisch-romanischen Kulturraum einbindet. Wie sähe eine europäische Literatur- oder Religionsgeschichte ohne diese Entwicklung aus? Die Frage der Bedeutung Caesars ist, wie gerade das letztgenannte Kontrastpaar zeigt, von der Sympathie oder Antipathie, die man ihm entgegenbringt, ganz unabhängig.

Langfristige Prozesse und strukturelle Veränderungen besitzen für die geschichtliche Entwicklung eine Bedeutung, die den Zeitgenossen oft nicht bewusst wird oder ihnen sogar völlig entgeht. Dennoch bleiben die Handlungen zentraler Entscheidungsträger von hohem Gewicht und prägen das Bild, das sich Zeitgenossen und später Lebende machen. Daher besitzt die Erhellung der Motive und Intentionen solcher Individuen großes Interesse. Fast immer müssen sie aber aus Handlungsverläufen, einzelnen überlieferten Äußerungen und Vermutungen unmittelbarer Zeitgenossen erschlossen werden. Nur selten liegen, zumal für die Antike, umfangreichere Selbstzeugnisse solcher Rollenträger vor. Sullas Memoiren sind verloren, von Pompeius besitzen wir nichts, Augustus' *Res gestae*, sein »Tatenbericht«, sind in kleinasiatischen Inschriftenfragmenten überliefert – und nur als dürrstes Gerüst, das in Zahlen und Stichworten das Ergebnis eines halben Jahrhunderts politischer Tätigkeit dokumentiert und nicht ihren Verlauf. Einige Dutzend kurzer Briefe Trajans im Plinianischen Briefkorpus, die – unter unserer Perspektive – abgehobenen philosophischen Reflexionen Mark Aurels, zusammenhanglose, oft in ihrer Historizität fragwürdige Anekdoten in der *Historia Augusta*, Edikte Vespasians und Diokletians, dann erst wieder die Briefe Julians: das ist – stichwortartig – die Quellenlage bei persönlichen Äußerungen römischer Herrscher. Dem stehen dreihundert Druckseiten caesarischen »O-Tons« gegenüber, auf denen er genau von dem spricht, was er tut – oder was er uns glauben machen will, getan zu haben. Dass Selbstzeugnisse von Politikern mit Vorsicht zu benutzen sind, zumal solche, die zur Veröffentlichung bestimmt sind, muss kaum ausgeführt werden.

5.2 Caesars Religion

Paradigmatisch ist Caesar für die Verbindung von politischem Akteur und historiographischem Autor. Ungewöhnlich ist er für das weitgehende Ausblenden von Religion aus seinen historiographischen Werken. Auch das scheint paradigmatisch für Geschichtsschreibung zu sein: Die Akteure im Narrativ sind Menschen, nicht Gottheiten. Aber diese Grundsatzentscheidung ist in der modernen, (west-)europäisch geprägten Geschichtsschreibung und Historiographieforschung falsch generalisiert worden. Auch ein Epos wie Lucans *Pharsalia* kann ohne handlungsprägende Gottheiten auskommen. Und viele der im Folgenden behandelten Geschichtswerke, von Livius bis zu Tacitus, Cassius Dio und Ammianus Marcellinus, stecken voll von Erzählungen über religiöse Handlungen. Was machte Caesar zur Ausnahme?

Caesars Religion

Es ist kein Problem, für C. Iulius Caesar, dessen Leben vergleichsweise gut dokumentiert ist, jene religiösen Funktionen nachzuzeichnen, die per definitionem »öffentlich« waren (*sacerdotes publici*). Indes, weder Caesar noch einer seiner Zeitgenossen hätte solche Verbindungen als Definition eines religiösen ›Profils‹ oder als ›Hinweis‹ auf eine persönliche religiöse ›Überzeugung‹ gesehen: Suetonius zum Beispiel hat in seiner Biographie keinen Abschnitt über »Caesars Religion«; und die berühmte Diskussion in Kapitel 59 von Suetons Caesar-Biographie erwähnt »Religion« als Schlüsselwort, handelt aber eigentlich von Caesars enormer Energie, die nur durch militärische Klugheit gebändigt wurde (Kapitel 57–60). Religiöse Skrupel haben ihn nie abgeschreckt oder gebremst *(ne religione quidem ulla a quoquam incepto absterritus umquam uel retardatus est)*: Sein Umgang mit schlechten Omina oder Prophezeiungen beweist nur seine Kühnheit, die ihn sowohl klug als auch rücksichtslos macht. Die Römer hätten eine solche Rücksichtslosigkeit nicht mit A-Religiosität oder gar Atheismus gleichgesetzt; im Gegenteil, Caesars Umgang mit Omina ist Teil einer zeitgenössischen Debatte. Im *Gallischen Krieg* signalisiert *religio* (und häufiger der Plural *religiones*) unverantwortliches Verhalten und ist ein Synonym für *superstitio*; dieses Verständnis steht im Widerspruch zu den stoischen und akademischen Ansichten, die Cicero in *Die Natur der Götter* anbietet. Auch Caesar erkennt die religiöse Dimension der öffentlichen Kommunikation an: In der Leichenrede für seine Tante Julia behauptet er, dass die gebührende Verehrung der Götter (*caerimonia deorum*) ein Merkmal seiner Familie sei (Suet. *Iul.* 6.1). Dies ist das früheste Zitat, das Caesar zugeschrieben wird, und andere Episoden, über die Suetonius berichtet, zeugen von demselben Bewusstsein für die öffentliche Rolle der »Religion«: Caesar besucht einen berühmten Tempel in der ihm zugewiesenen Provinz (7.1), schmückt öffentliche und religiöse Gebäude (10.1), achtet darauf, wer für den Wiederaufbau des kapitolinischen Tempels ausgewählt wird (15), erreicht und hält Bittgebete und Triumphe von ungewöhnlicher Länge (24.3; 37.1), organisiert prächtige Spiele als Spektakel für die Götter (39; 10.1) und krönt sein architektonisches Programm mit dem Wiederaufbau eines Tempels (*in primis Martis templum*, 44.1). Diese Taten zeigen, dass nicht nur Sueton, sondern vor allem Caesar die öffentliche Dimension religiösen Handelns zu schätzen wusste. Tradition und Pflicht boten verschiedene Anlässe für religiöse (und öffentliche) Handlungen, ließen dem Einzelnen aber auch die Freiheit, sich nach Belieben zu engagieren: Sueton stellt fest, dass Caesar sich in höherem Maße, oder besser gesagt, häufiger engagierte als viele seiner Zeitgenossen, und dieses Engagement half ihm, sich in einer Reihe von Wettbewerben hervorzutun.

Suetons' Erwartung, sich mit der Religion zu befassen, spiegelt jedoch möglicherweise eher den Standard der Hadrianischen Periode ab den 120er Jahren n. Chr. wider als den des mittleren ersten Jahrhunderts v. Chr. So hatte Caesar beispielsweise fast zwei Jahrzehnte lang das wichtigste römische Priesteramt, das oberste Pontifikat, inne und lebte im öffentlichen Haus des *pontifex maximus*. Seit Augustus war das Amt des *pontifex maximus* für römische Kaiser praktisch eine Selbstverständlichkeit, und so war Caesars Pontifikat für Sueton, der lediglich seinen spektakulären Wahlerfolg im Jahr 63 v. Chr. festhält (*Iul.* 13), kaum der Rede wert; in der Republik jedoch stellte es eine große Leistung dar, auf die man stolz sein konnte, und war nur ausnahmsweise mit höchster politischer Führung verbunden. In der Tat war die Wahl zum *pontifex maximus* ein Meilenstein in Caesars politischer Laufbahn: Er zahlte Bestechungsgelder, die weit über das hinausgingen, was er hätte zurückzahlen können, wenn er sich das Amt nicht gesichert hätte; aber seine Wahl war auch ein wichtiger Schritt in einer langen und komplexen Abfolge von sakralen Ämtern. Diese Abfolge läuft auf eine zusammenhängende und ununterbrochene Amtszeit hinaus, die Jahr für Jahr ausgeübt wird.

Eine späte Quelle belegt die früheste Priesterschaft Caesars. Eine Münze, die 48/47 v. Chr. im Namen Caesars ausgegeben wurde, enthält ein *ancile*, ein Schild mit einer Acht. Dieser Schild symbolisiert Caesars Zugehörigkeit zu einer anderen Priesterschaft, der der *salii*. In dieses Kollegium der tanzenden Priester konnte man nur zu Lebzeiten seiner Eltern eintreten, so dass Caesar vor dem Tod seines Vaters im Jahr 85 v. Chr. eingetreten sein muss. Die Münze beweist nicht, dass Caesar im Jahr 48 immer noch ein Salier war, aber wahrscheinlich war er es, denn in der Republik hatten die Salier ihr Amt auf Lebenszeit inne.

Im Jahr 87 bot der Selbstmord des Flamen dialis L. Cornelius Merula Caesar die exklusive Möglichkeit, in den höchsten Kreis der *flamines* aufzusteigen, Priesterschaften, die dem Kult einzelner Gottheiten gewidmet waren. Die Wahl des Nachfolgers von Merula zog sich ungewöhnlich lange hin und wahrscheinlich wurde Caesar erst Anfang 84 auf Betreiben von Cinna zum *flamen dialis* ernannt, nach seiner Trennung von Cossutia und der anschließenden Heirat mit Cinnas Tochter Cornelia. Um 81 wollte Sulla Caesar durch einen Strafbescheid des obersten Pontifex zum Ausscheiden aus dem Amt zwingen, Caesar griff zu einem Appell der *provocatio ad populum*, doch eine von Sulla dominierte Versammlung lehnte seinen Appell ab, und er verlor sein Amt. Die Rechtsgrundlage für diese Sanktion scheint Caesars plebejische Frau gewesen zu sein, denn angeblich mussten Flamines nach einem Ritual heiraten, das Patriziern vorbehalten war. Es bleibt unklar, ob es sich bei Caesars Flaminat um eine zeitlich begrenzte Angelegenheit handelte, der die endgültige Legitimation fehlte, oder um eine kurze Amtszeit, die später als illegal beurteilt wurde. Caesar selbst hat sich nie darauf bezogen, und das Amt wurde zu seinen Lebzeiten nicht wieder besetzt.

Die unterstützenden Mitglieder des Kollegiums der Pontifices boten Caesar einen Kompromiss an: Sie nahmen ihn wieder in dasselbe Kollegium auf, dem er angehörte, als er *flamen dialis* war. Um 73 wurde er zum Pontifex kooptiert. Wie bereits erwähnt, wurde er 63 zum *pontifex maximus*, zum obersten Pontifex, ernannt, noch bevor er die Prätur innehatte, und setzte sich damit gegen Konkurrenten von viel höherem Rang durch, nämlich Q. Lutatius Catulus und P. Servilius Vatia Isauricus. Schließlich, 47 oder spätestens Anfang 46, wurde er Augur; dieses Amt stellte die Spitze der Priesterschaften dar, die als bedeutend galten, und Caesars Wahl in dieses Amt war ein Ereignis, das nur wenige Präzedenzfälle hatte.

War das Priesteramt in der späten Republik ein Anreiz für religiöse Überzeugungen? Priesterschaften waren kollegial und umfassten, mit Ausnahme der Flamines und der Vestalinnen, nur einige spezifische rituelle oder juristische Aufgaben, die nicht die Anwesenheit aller Mitglieder erforderten. Um die persönlichen Überzeugungen Caesars zu erforschen, müssen wir uns also dem zuwenden, was er sagte und tat.

Wie man sieht, enthalten die für Caesar geprägten Münzen Hinweise auf seine priesterlichen Ämter, aber sie zeigen auch Venus Victrix, Venus Genetrix und Victoria sowie Pietas, Ceres und Minerva; Caesar ließ auch

Münzen mit Victoria, Diana, Iuppiter, Bacchus, Ceres, Libertas, Mars, Pietas, Fides, Hercules, den Penaten, Venus, den Dioskuri, Iuno Moneta, Iuno, Apollo, Minerva, Honos, Sol und Roma prägen. Schon früh plante Caesar einen Tempel für Venus in das Zentrum seiner Forumserweiterung zu stellen. Vielleicht fanden die Gelübde an die Venus Victrix, die für den Bürgerkrieg bekannt sind, ihre Vorläufer in Gallien. Angesichts dieser allgegenwärtigen Präsenz der Götter mag es überraschen, dass die Götter im *Bellum Gallicum* eine viel geringere Rolle spielen als in zeitgenössischen Werken der Geschichtsschreibung. Diese geringere Rolle war nicht durch die spezifische Gattung der *Commentarii* bedingt, da diese Gattung auch Protokolle von Priesterkollegien und autobiographische Erinnerungen von Magistraten enthielt. Caesar entschied sich dafür, das göttliche Wirken einzuschränken, aber diese Wahl drückt eher seine Überzeugungen über Verantwortlichkeiten als über religiöse Überzeugungen aus.

Eine Episode aus dem Jahr 46 ist ein weiteres Beispiel dafür, wie raffiniert Caesar den religiösen Diskurs einsetzte. Nachdem er eine Meuterei gestoppt hatte, ließ er die beiden Rädelsführer hinrichten, wobei das Ritual der Hinrichtung die Form eines Opfers an Mars annahm: Die Pontifices und der Flamen Martialis, ein Priester des Mars, nagelten die Köpfe der Anführer an die Regia. Die rituelle Tötung des siegreichen Pferdes eines Rennens an den Iden des Oktobers, des so genannten »Oktoberpferdes«, gilt als Vorbild für dieses spektakuläre Ritual: Seit dem dritten Jahrhundert v. Chr. opferten die Römer das siegreiche Pferd – etwas unlogisch – als Strafe für das trojanische Pferd, das den Griechen die Einnahme Trojas ermöglichte.

In den *Commentarii* verzichtete Caesar auf Beschreibungen der üblichen rituellen Abläufe; durch diese Abwesenheit werden Passagen, in denen die Götter erwähnt werden, um so stärker betont. Zum Beispiel sind Verweise auf *fortuna*/Fortuna (wie *fatum*) strategisch, aber sehr begrenzt; die *di immortales*, die »unsterblichen Götter«, werden sehr selten erwähnt, spielen aber eine wichtige Rolle im Helvetischen Krieg und in der allerersten Schlacht (*Gall.* 1,12,6; 1,14,5). Appians und Plutarchs Bericht über dieselbe Schlacht mag den Grund dafür nahelegen: Die Niederlage der Tigurini, die erste erfolgreiche Schlacht in Gallien, wurde nicht von Caesar, sondern von seinem Unterbefehlshaber Labienus angeführt. Dieses unpassende Detail, das nicht mit Caesars *commentarii rerum gestarum belli Gallici* übereinstimmt, wird bequem zwischen dem Tod eines Verwandten und einer Anrufung der unsterblichen Götter eingeklammert: Die Götter stellen diese spezielle Episode in eine größere Perspektive, verweigern einem Untergebenen persönlichen Ruhm und konkurrieren nicht mit Caesars Taten (oder heroisieren sie).

Die ausführlichen ethnographischen Exkurse über die Gallier und die Germanen enthalten umfangreiche Informationen über deren religiöse Praktiken und Vorstellungen. Das sind Schilderungen, die dazu beitragen, beide als ethnische Einheiten zu begreifen. Die Religion wird aus einer universalistischen Perspektive dargestellt: Caesars Rede über den gallischen Merkurkult (*Gall.* 6,17,1) ist ein Beispiel für eine *interpretatio Romana*, eine Übersetzung, die den universellen Charakter der römischen Auffassung von Religion und Göttern voraussetzt. Als solche veranschaulicht sie Caesars Mentalität als Erbauer eines Imperiums, der kulturelle und ethnische Unterschiede nicht nur als normal, sondern auch als harmlos anerkennen kann. Aber auch hier gibt es parallele Hinweise darauf, dass Caesar diese göttliche Berufung strategisch einsetzt. Was Caesars Habgier betrifft, so dokumentiert Sueton, dass er gallische Heiligtümer und Tempel plünderte; und wir können davon ausgehen, dass die Zeitgenossen ihn dafür kritisierten.

Im *Bellum Civile* hingegen erwähnt Caesar die Religion häufiger. Zum Beispiel unterscheidet die Behandlung der Tempel die Caesarianer von den Pompejanern, die in unzulässigen Plünderungen schwelgen. Ähnlich schärfen die pompejanischen Führer den römischen Truppen religiöse Skrupel, *religio*, durch neue Eide ein, die durch Caesars Gebrauch des Wortes *iusiurandum*, »Eid«, diskreditiert werden. Das dritte und letzte Buch endet nicht mit der Beendigung des Bürgerkriegs, sondern mit einer grandiosen Reihe von Prodigien (3,105); aber Caesar, der vielleicht erkannte, dass sein Publikum das Ende des Krieges herbeisehnte, verzichtete auf die Veröffentlichung des später so genannten *Bellum civile*.

5.3 Biographischer Überblick

Caesar wurde am 13. Juli des Jahres 100 v. Chr. in einer altadligen, aber erst allmählich politisch wieder aufsteigenden Familie, geborgen. Frühe Priesterämter bis hin zum Oberpontifikat kann man als Indizien einer glänzenden Karriere deuten; den ersten Höhepunkt der politischen Karriere erreichte er mit dem Konsulat, dem höchsten regulären Staatsamt, im Jahr 59 v. Chr. Es folgt eine achtjährige Statthalterschaft in Oberitalien, Illyrien und Gallien: der Gegenstandsbereich der *commentarii* über den Gallischen Krieg. Gegen Ende dieser Zeit bricht die Koalition, die Caesar in Rom den Rücken freigehalten hat – fälschlich als Erstes Triumvirat bezeichnet –, auseinander. Crassus fällt 53 in Carrhae gegen die Parther, Pompeius steht im Jahr 50 als militärischer Führer einer Senatspartei zur Verfügung, die die Rückberufung Caesars betreibt.

Inzwischen hat dieser eine militärische Option vorbereitet und eröffnet im Januar 49 v. Chr. den Bürgerkrieg, der ihn über Italien und Spanien nach Griechenland führt, wo er nach einem langen Stellungskrieg schließlich Pompeius bei Pharsalus schlagen kann. Wir sind im Jahr 48 v. Chr.: Pompeius flieht nach Ägypten, wo er ermordet wird, Caesar folgt ihm und wird in Alexandrien in einen neuen Krieg und Kleopatra verwickelt. Der Anfang der ägyptischen Affäre – und damit ist die militärische gemeint – bildet das Ende des *commentarius* über den Bürgerkrieg, der mit dem Januar 49 eingesetzt hatte. Es folgt ein Blitzkrieg in Syrien und der Nordtürkei, Rückkehr nach Rom, Feldzug nach Afrika, erneute Rückkehr nach Rom und ein Feldzug nach Spanien. Erst im Frühjahr 45 ist der Bürgerkrieg – ein mediterraner Weltkrieg mit parallelen Kämpfen an mehreren Kriegsschauplätzen – beendet. Kein dreiviertel Jahr mehr verbleibt Caesar bis zu seiner Ermordung an den Iden des März 44 v. Chr.

Ein bewegtes Leben, aber relativ normal für eine gesellschaftliche Elite, die ein Weltreich regiert: Englische Kolonialkarrieren werden später ähnlich aussehen. Reisen dienen auch als Ort literarischer Produktion: rednerische Ausbildung auf Rhodos, dann ein paar nicht erhaltene Reden in Rom, um die wir wissen. Die sieben Bücher des *Gallischen Krieges* enstehen im gallischen Feldlager, im Zelt; genauso wie 55 oder 54 schon zwei Bücher rhetorischer Theorie *(De analogia)*. Die drei Bücher des Bürgerkriegs entstehen vermutlich 47 in Alexandrien, Ende 46 auf dem Schiff zum spanischen Kriegsschauplatz das Reisegedicht *Iter*. Wo die zweibändige Invektive gegen Cato, die Tragödie *Oedipus*, das Gedicht *Laudes Herculis* und die Sentenzensammlung entstand, wissen wir nicht. Erhalten sind von all dem nur wenige Fragmente, von den Dichtungen überhaupt nichts. Überliefert wurden nur die *Commentarii*.

5.4 C. Iulii Caesaris commentarii rerum gestarum belli Gallici

Zunächst zu den *commentarii* über den Gallischen Krieg. In sieben Büchern stellen sie den Kriegsausbruch, den Krieg gegen die Helvetier und Ariovists Germanen, dann Feldzüge gegen Belger, Veneter und Aquitaner, das heißt gegen Nord- und Südwestgallien, dar. Mit dem vierten Buch wird es exotischer: Caesar überschreitet zum ersten Mal den Rhein und setzt zwei Mal nach Britannien über. Nach dem Rückschlag durch den Verrat der Eburonen und dem zweiten Rheinübergang führt das Werk im letzten und längsten, dem siebten Buch, auf den Höhepunkt zu: der gesamtgallische Aufstand des Vercingetorix, der mit der Kapitulation Alesias nach mannigfachen Rückschlägen niedergeschlagen wird.

Für wen schreibt Caesar diese Dinge auf? Warum bringt er sie in der Form des *commentarius*? Auch wenn das früheste Rezeptionszeugnis, eine sehr lobende Bemerkung Ciceros, erst aus dem Jahr 46 stammt (Cic. *Brut.* 261 f.), können wir doch sicher sein, dass Caesar seine Darstellung der Jahre 58 bis 52 unmittelbar im Anschluss an die Ereignisse in einem Zug verfasste.

Die Situation, in der Caesar die Abfassung und wohl anschließende Publikation vornimmt, ist deutlich zu fassen: Seine innenpolitischen Gegner haben bereits die Oberhand und betreiben seine vorgezogene Abberufung aus der Provinz. Sie wollen damit die Möglichkeit schaffen, ihn noch vor einem für das Jahr 48 geplanten zweiten Konsulat als Privatmann anklagen, verurteilen und damit vorübergehend oder gar dauerhaft politisch ›kaltstellen‹ zu können. Dass Caesar sich mit einem umfangreichen Text, nicht mit einem Flugblatt zu Gehör bringt, zeigt, dass er gesellschaftliche Eliten im Auge hat; die Beeinflussung anderer und breiterer Gruppen erfolgt über andere Kanäle.

Jede nähere Bestimmung muss beim Text selbst ansetzen. Zunächst die Gattungswahl: Caesar hätte ein historisches Epos schreiben können, wie Marcus Tullius Cicero das für sein Konsulat mit einem Gedicht *De consulatu suo* vorgeführt hatte (von dem längere Passagen nur als Selbstzitat in *De divinatione* erhalten sind); Ciceros jüngerer Bruder Quintus hatte binnen weniger Tage einen solchen Text über die mit Caesar unternommene Britannien-Expedition verfasst. Caesar tat das nicht.

Er hätte Geschichtsschreibung hohen Stils vorlegen können. Das war zwar insofern problematisch, als die Identität von Autor und Protagonist dem wertenden Zugriff des Geschichtsschreibers an Glaubwürdigkeit genommen hätte, aber wiederum ist es Cicero, der so etwas zumindest erwägt. Caesar tat das nicht.

Er hätte *commentarii* schreiben können. Wenigstens seit dem Ende des zweiten vorchristlichen Jahrhunderts schrieben einzelne, vor allem exponierte römische Politiker Autobiographien *De vita sua*. Die wenigen Fragmente dieser Gattung lassen großzügige Selbstdarstellung und Rechtfertigung als inhaltliche Elemente erkennen; in mehreren Fällen werden diese Autobiographien als *commentarii* zitiert. Wiederum ist es Cicero, der einen Einblick in die Konventionen dieser Gattung gibt, und er lässt vermuten, dass die über sich selbst schreibenden Autoren derartiger Texte das Eigenlob dick auftrugen. Caesar tat das nicht.

Präziser gesagt: Caesar tat *das* nicht, aber er schrieb *commentarii*. Der *commentarius* war mehr als eine Gattung autobiographischer Literatur im engeren Sinne. *Commentarius* bezeichnet allgemein Aufzeichnungen eines Amtsträgers, sei es als fortlaufendes Protokoll oder als systematisierende Zusammenfassung der Erfahrungen im Amte für Nachfolger oder Kollegen. Caesar spielt mit dieser Bandbreite des Gattungsnamens in einer raffinierten Abstimmung von Text und Paratext: Der Titel des Werkes, etwa auf dem an der Buchrolle hängenden Etikett, lässt einen Prahl- und Rechtfertigungs-*Commentarius* bekannter Machart erwarten: *Gaii Iulii Caesaris Commentarii rerum gestarum belli Gallici* dürfte der vollständige Titel gelautet haben. Aber dann rollt man den Textbeginn auf und liest einen Satz, der bekannt sein sollte: *Gallia est omnis divisa in partes tres.* Und auch wenn man nur etwas Caesar gelesen hat, dann weiß man, dass zunächst nichts von Caesar zu lesen ist: Der ethnographische und geographische Text setzt sich zunächst fort, geht dann in die Geschichte der Helvetier über und nennt erst zu Beginn des siebten Kapitels den Namen, auf den jeder Leser nach dem Titel warten muss: Caesar. Und dann kommt die Überraschung: Das Prädikat des Satzes heißt *maturat*, »er beeilt sich«, nicht *maturo*, »ich beeile mich«.

Was ist geschehen? Von den ersten Sätzen des Werkes an werden Lesende nicht darüber im Zweifel gelassen, dass sie ein Werk lesen, das von Gallien und – darauf weisen die Bewertungskriterien der zu Beginn genannten Völker unmissverständlich hin – von Krieg handelt. Die Gattung *commentarius* macht ebenfalls klar, dass hier ein Amtsträger als Fachmann spricht. Wie aber – und diese Frage dürfte die Hauptmotivation sein, das Werk in den Jahren 51/50 überhaupt in die Hände zu nehmen –, stellt sich Caesar selbst, das heißt, wie stellt er seine Taten, seine *res gestae* dar? Und die überraschende Antwort ist: *Er* stellt sie gar nicht dar: Caesar ist allein Akteur; der Erzähler ist eine anonyme Erzählinstanz, die nicht mit Caesar, von dem sie in der dritten Person erzählt, identisch ist. Was Leserinnen und Leser über den Erzähler erfahren, ist extrem wenig; er muss Augenzeuge sein und vor allem Römer. Das schon im ersten Satz des Werkes verwandte *nostra*, »in unserer Sprache«, das sich an wenigen Stellen als *nos* und an vielen als *nostri*, »die Unsrigen«, wiederholt, weist den Erzähler als Römer aus. Mit dieser Erzählinstanz, dem Gallierfeind und römischem Militär, kann sich jeder Leser, wenigstens jeder intendierte Leser, identifizieren.

Die innovative Strategie der Gattungsmodifikation, die charakteristische Elemente zweier *commentarii*-Untergattungen – Handbuch des öffentlichen Dienstes und autobiographischer Inhalt – über das gattungsfremde Element eines anonymen Erzählers verbindet, wird durch kein Vorwort expliziert. Sie setzt sich aber in der übrigen sprachlichen Gestaltung fort: Die traditionell übertreibende Darstellung autobiographischer *commentarii* und offizieller Feldzugsberichte *(litterae)* bleibt ausgeblendet; umfangreiche ethnographische Exkurse verstärken das sachliche Element und knüpfen zugleich an die Kleinformen der großen Historiographie an, die auch in Reden und Einzelszenen, wenn auch äußerst sparsam, präsent sind. Insgesamt aber bleibt die Sprache neutral und – sieht man von der Darstellung von Bewegungsabläufen ab – unanschaulich; grausame Details fehlen. Krieg ist eine Sache von *labor, disciplina* und *ratio*, »Arbeit«, »Disziplin« und »militärischer Intelligenz« im zweifachen Sinn des Begriffs. Das ist der nüchterne Stil einer Ehreninschrift, die die von Plutarch genannte eine Million Tote und eine Million Gefangene des Gallischen Krieges auf ein *Galliam cepit*, »er hat Gallien erobert«, reduzieren könnte. Das ist, bei aller Exotik der Exkurse, keine Unterhaltungsliteratur.

Ein solcher Text findet keine große Leserschaft; schon bald wird man die livianische Darstellung des Gallischen Krieges, die Rededuelle, spannenden Schlachten, die Zweikämpfe und menschlichen Tragödien des richtigen Geschichtsschreibers vorziehen. Aber auf diese Leserschaft zielt Caesar auch kaum. Caesar muss kein Held sein: Das ist er längst nach fünfzehn- und zwanzigtägigen Dankfesten für seine Siege in Rom, wie sie nie zuvor beschlossen worden sind. Die Aristokratie mag keine Helden. Viel wichtiger war also, was Caesar nicht sein wollte: ruhmsüchtig, geldgierig, grausam, unberechenbar, ›verfassungsfeindlich‹. Er schrieb, um es prägnant zu formulieren, nur deswegen, weil er zeigen wollte, wie er nicht schrieb. Was entscheidend ist, ist diese grundsätzliche Anlage des Werkes, die auch dem ungeduldigen Leser innerhalb der ersten Minuten deutlich wird. Alles andere, die raffinierte Leserlenkung, die Implikationen der Informationsauswahl, verzerrende Darstellungen von Details – all das tritt dahinter zurück. Bei allem *commentarii*-Charakter: Das ist kein Tagebuch; eine tag-genaue Ereignisgeschichte der Feldzüge dieser Jahre lässt sich daraus nur mit hohem Aufwand erschließen.

5.5 *Bellum Pompeianum*: Der sogenannte »Bürgerkrieg«

Es gibt kein Zeugnis dafür, welchen Eindruck die *commentarii* über den Gallischen Krieg im Rom der ausgehenden fünfziger Jahre hinterließen. Das Ausspielen der »literarischen Option« durch Caesar machte seine militärische Option nicht überflüssig: Aus wohlvorbereiteten gallischen Positionen heraus eröffnete er im Januar 49 v. Chr. den Krieg gegen Pompeius mit einem Angriff auf Italien. Dennoch muss Caesar an den Nutzen seiner gallischen *commentarii* wenigstens selbst geglaubt haben, sonst hätte er ein ähnliches literarisches Unternehmen nicht auch für seinen nächsten, eben den Bürgerkrieg begonnen.

Bellum Pompeianum: Der sogenannte »Bürgerkrieg«

Vielleicht schon unmittelbar nach dem Sieg über Pompeius und nach der Nachricht über dessen Tod machte sich Caesar erneut an die Abfassung von *commentarii* – nun in der Ruhepause des Stellungskrieges in Alexandria. Bis zu diesem Punkt jedenfalls ist das Werk geführt, und gegen die spätere Bezeichnung als *Bellum civile*, als »Bürgerkrieg«, hat es Caesar erkennbar als *Bellum Pompeianum*, als Darstellung der Auseinandersetzung zwischen dem in seiner *dignitas* angegriffenen Gallien Besieger Caesar und dem von selbstsüchtigen und unfähigen Beratern verführten Pompeius angelegt – ein Zweikampf in drei Büchern, der mit der Ermordung des erneut verratenen Pompeius und der Bestrafung seiner Mörder endet. In dieser Konzeption durchaus ein Versöhnungsangebot an die Bürgerkriegsgegner und Grundlage für ein rechtmäßiges zweites Konsulat: Der Anspruch auf Legalität und Legitimität prägt die Darstellung in ihren Details.

Aus dem Zeugnis zweier Zeitgenossen des engsten persönlichen Umfeldes, des Aulus Hirtius und des Asinius Pollio, geht jedoch hervor, dass Caesar dieses zweite Kommentarienwerk nicht publiziert hat; im Text selbst ist ein fehlendes, aber für das Verständnis der ersten Sätze notwendiges Vorwort das stärkste Indiz für Unfertigkeit. Warum versuchte Caesar nicht, den – unterstellten – Erfolg des *Gallischen Krieges* zu wiederholen? Die Ereignisgeschichte legt Vermutungen nahe: Der Krieg fand in Alexandria nicht sein Ende, sondern ging bis ins letzte Lebensjahr Caesars weiter. Diese Fortführung straft Caesars Interpretation der ersten Bürgerkriegsphase als *Bellum Pompeianum*, als Zweikampf, Lügen: Der Kampfeswille der Gegner ist stärker, die Abhängigkeit von Pompeius geringer als von Caesar in den *commentarii* unterstellt.

Ein genauerer Blick auf den Text bestätigt diese Vermutungen: Der Erzähler und seine Erzählhaltung bleiben identisch. Aber die Polemik gegen den Gegner wächst. Formen der Historiographie gewinnen größeres Gewicht: tragische Anlage größerer Episoden, Redepaare, Einzelszenen und Aretien, vereinzelt sogar Götter und Vorzeichen und schließlich, wenigstens an zwei Stellen, die nur noch satirisch zu nennende Beschreibung von gegnerischem Verhalten (*civ.* 3,31; 3,82f.). Diese Gegner aber sind auch Römer: Wenn der homodiegetische Erzähler, der wie im *Gallischen Krieg* seine Identität in Caesars Lager behält, nun von *nostri*, von »den Unsrigen«, spricht, schließt das nicht mehr Freunde und Gegner Caesars unter den Lesern als Römer zusammen, sondern polarisiert sie. Intendierter und impliziter Leser fallen auseinander. Auch Caesar wird deutlich, dass er seinen intendierten Leser, seinen vorgestellten Adressaten, als impliziten Nicht-Leser konstruiert. Er verzichtet auf die Publikation.

5.6 Das *Corpus Caesarianum*

Und genau hier, im Scheitern des Autors, wird der hier verfolgte Ansatz, die Rezeptionsperspektive, fruchtbar. Die impliziten Leser interessieren sich nicht für die Intention des Autors, und sie finden sich mit seiner Nicht-Publikation nicht ab. Aus den *commentarii Caesaris* wird das *Corpus Caesarianum*.

Das *Bellum Gallicum* hat das Mittelalter nicht in der von Caesar publizierten Form, sondern in einer heute als *Corpus Caesarianum* bezeichneten Sammlung erreicht. Diese Sammlung umfasst die sieben Bücher über den Gallischen Krieg und die drei Bücher über den Pompeianischen Krieg aus der Feder Caesars; der *Gallische Krieg* wird durch ein achtes Buch über die Jahre 51 und 50 ergänzt und so bis unmittelbar an das erste Buch des *Bellum civile* herangeführt. Caesars Darstellung des ersten Teils des Bürgerkriegs wird durch das unmittelbar angeschlossene *Bellum Alexandrinum* ergänzt, das den Alexandrinischen, Syrischen und Pontischen Krieg bis zur Rückkehr Caesars nach Rom im Jahr 47 darstellt. Darauf folgt ein *Bellum Africanum* oder *Africum*, das den nordafrikanischen Feldzug Ende 47/ Anfang 46 vom Aufbruch Caesars aus Rom bis zu seiner erneuten Rückkehr schildert. Den Abschluss der Sammlung bildet das *Bellum Hispaniense*, eine Darstellung des Spanischen Krieges des Jahres 45, der den Bürgerkrieg mit der Schlacht bei Munda im April 45 beendet. Der überlieferte Text bricht mit einer Rede Caesars ab, in der er seine Karriere von dem Einstiegsamt der Quaestur angefangen zusammenfasst.

Initio quaesturae suae eam provinciam ex omnibus provinciis peculiarem sibi constituisse et quae potuisset eo tempore beneficia largitum esse. (2) insequente praetura ampliato honore vectigalia quae Metel-

Das *Corpus Caesarianum*

lus inposuisset, a senatu petisse et eius pecuniae provinciam liberasse simulque patrocinio suscepto multis legationibus ab se in senatum inductis simul publicis privatisque causis multorum inimicitiis susceptis defendisse. (3) suo item consulatu absentem quae potuisset commoda provinciae tribuisse. eorum omnium commodorum et immemores et ingratos in se et in populum Romanum hoc bello et praeterito tempore cognosse. (4) »vos iure gentium et civiumque Romanorum institutis cognitis more barbarorum populi Romani magistratibus sacrosanctis manus <semel> et saepius attulistis et luce clara Cassium in medio foro nefarie interficere voluistis. (5) vos ita pacem semper odistis ut nullo tempore legiones desitae populi Romani in hac provincia haberi. apud vos beneficia pro maleficiis et maleficia pro beneficiis habentur. ita neque in otio concordiam neque in bello virtutem ullo tempore retinere potuistis. (6) privatus ex fuga Cn. Pompeius adulescens a vobis receptus fasces imperium<que> sibi arripuit, multis interfectis civibus auxilia contra populum Romanum conparavit, agros provinciamque vestro impulsu depopulavit. (7) in quo vos victores extabatis? an me deleto non animum advertebatis decem habere legiones populum Romanum quae non solum vobis obsistere, sed etiam caelum diruere possent? quarum laudibus est virtute ...

Am Anfang seiner Quaestur habe er (Caesar) diese Provinz aus allen Provinzen zu seiner Hausprovinz bestimmt und sie mit Wohltaten, soweit es damals in seiner Macht gestanden war, beschenkt. (2) In der folgenden Prätur habe er, nun in höherem Amte, die Steuern, die Metellus ihnen auferlegt hatte, vom Senat eingefordert und die Provinz von dieser Geldlast befreit und sie, indem er zugleich das Patrozinium übernommen, viele Gesandtschaften vor den Senat geführt, zugleich in öffentlichen und privaten Rechtsfällen verteidigt, wodurch er sich selbst viele Feinde gemacht hätte. (3) Ebenso habe er in seinem Konsulat, also sogar in Abwesenheit von der Provinz, was immer er konnte, ihr an Vorteilen zugeschanzt. Dass sie all dieser Vorteile weder eingedenk noch dankbar ihm und dem römischen Volk gegenüber seien, habe er durch diesen Krieg und die zurückliegende Zeit erkannt. [Und nun in direkter Rede:] (4) An die durch Völker- und römisches Recht eingesetzten und sogar in Barbarenart anerkannten sakrosankten Magistrate des römischen Volkes habt ihr ein- und mehrmals Hand angelegt und wolltet bei helllichtem Tage Cassius in der Mitte des Forums ruchloserweise töten. (5) Den Frieden habt ihr immer so gehasst, dass die Legionen niemals in dieser Provinz des römischen Volkes unbeschäftigt bleiben. Bei euch gelten Wohltaten für Übeltaten und Übeltaten für Wohltaten. So konntet ihr weder im Frieden Eintracht noch im Krieg Mannhaftigkeit aufrechterhalten. (6) Ohne Amt wurde der flüchtige Jüngling Cn. Pompeius von Euch aufgenommen und riss Fasces und Befehlsgewalt an sich, nach Tötung vieler Bürger sammelte er fremde Truppen gegen das römische Volk, verwüstete Äcker und die ganze Provinz auf euer Antreiben hin. (7) Wo stündet ihr, selbst wenn ihr gesiegt hättet? Bemerkt ihr nicht, dass selbst nach meiner Vernichtung das römische Volk zehn Legionen hat, die nicht nur euch widerstehen, sondern sogar den Himmel einreißen könnten? Zu deren Lob ... [hier bricht der überlieferte Text ab]. (*Bellum Hispaniense* 42, meine Übersetzung).

Der Ort dieser Rede am Ende des Feldzugs sowie ihr Inhalt lassen vermuten, dass es nur noch wenige Sätze gewesen sind, die uns die Überlieferung unterschlagen hat.

Die nach-caesarianischen Bücher stammen von verschiedenen Autoren, deren Identifizierung nicht weiterführt. Auch die abfallende literarische Qualität der Texte soll nur konstatiert, aber nicht näher illustriert werden. Dass sich die *Klassische* Philologie der hier vorliegenden Möglichkeit, »Geschichtsschreibung von unten« sprachlich zu untersuchen, weitgehend begeben hat, sei ebenfalls nur als trauriges Faktum erwähnt. Und eine letzte Praeteritio: Nicht einmal der zunehmende Einsatz von literarischem Schmuck der großen Geschichtsschreibung bis hin zu epischen Vergleichen und dem Zitieren des vorvergilianischen Nationalepos, der *Annales* des Ennius, soll uns näher beschäftigen.

Was allein zählt, ist erstens die Tatsache, dass weder die nicht-caesarianische Autorschaft noch die massiven Unterschiede literarischer Qualität zu einem Ausscheiden dieser Texte in der weiteren Überlieferung geführt haben – im Gegenteil: Vermutlich hat die nichtautorisierte »Gesamtausgabe« die umlaufende Einzelausgabe des *Bellum Gallicum* sehr schnell verdrängt. Und zweitens: Über alle stilistischen Unterschiede, ja selbst über den Tod des Erstautoren hinweg bleibt der Erzähler in allen Büchern des *Corpus Caesarianum* identisch. Mit Ausnahme einer redaktionellen Bemerkung des Autors des achten Buches des Gallischen Krieges (8,48,10f.) gibt es keinen Hinweis, dass der Erzähler des Helvetierkrieges des Jahres 58 ein anderer sei als der der Schlacht von Munda dreizehn Jahre später.

Was ist geschehen? Aufschluss darüber gibt uns – neben redaktionellen Spuren im Übergang verschiedener Bücher – der als Vorwort für das Gesamtwerk gedachte Brief des ursprünglichen Herausgebers an den Initiator und vermutlich endgültigen Herausgeber. Aulus Hirtius, langjähriger Kanzleichef Caesars, schreibt darin Ende 44 v. Chr. an den Caesarvertrauten Lucius Cornelius Balbus.

(1) Coactus adsiduis tuis vocibus, Balbe, cum cotidiana mea recusatio non difficultatis excusationem, sed inertiae videretur deprecationem habere, difficillimam rem suscepi. (2) Caesaris nostri commentarios rerum gestarum Galliae (non conparentibus superioribus atque insequentibus eius scriptis) contexui novissimumque imperfectum ab rebus gestis Alexandriae confeci usque ad exitum non quidem civilis dissensionis, cuius finem nullum videmus, sed vitae Caesaris. (3) quos utinam qui legent scire possint, quam invitus susceperim scribendos, quo facilius caream stultitiae atque arrogantiae crimine, qui me mediis interposuerim Caesaris scriptis. (4) constat enim inter omnes nihil tam operose ab aliis esse perfectum, quod non horum elegantia commentariorum superetur. (5) qui sunt editi ne scientia tantarum rerum scriptoribus deesset, adeoque probantur omnium iudicio, ut praerepta, non praebita facultas scriptoribus videatur. (6) cuius tamen rei maior nostra quam reliquorum est admiratio; ceteri enim quam bene atque emendate, nos etiam quam facile atque celeriter eos perfecerit scimus. (7) erat autem in Caesare cum facultas atque elegantia summa scribendi, tum verissima scientia suorum consiliorum explicandorum. (8) mihi ne illud quidem accidit, ut Alexandrino atque Africano bello interessem; quae bella, quamquam ex parte

nobis Caesaris sermone sunt nota, tamen aliter audimus ea, quae rerum novitate aut admiratione nos capiunt, aliter quae pro testimonio sumus dicturi. (9) sed ego nimirum dum omnes excusationis causas colligo, ne cum Caesare conferar, hoc ipso crimen arrogantiae subeo, quod me iudicio cuiusquam existimem posse cum Caesare comparari. vale.

Durch deine beharrlichen Äußerungen gezwungen, Balbus, weil meine tägliche Weigerung nicht länger die Entschuldigung wegen der Schwierigkeit der Sache, sondern nur noch eine Bitte um Begnadigung meiner Trägheit zu enthalten scheint, habe ich diese äußerst schwierige Aufgabe übernommen. (2) Unseres Caesars Commentarii über die Taten in Gallien – die ihnen vorangehenden und seine folgenden Schriften erscheinen hier nicht – habe ich zu einem Ganzen gemacht und den jüngsten unvollendeten Commentarius habe ich von den Taten in Alexandria an bis zum Ende, nicht des inneren Konflikts, von dem wir keinen Abschluss sehen, sondern des Leben Caesars fertiggestellt. (3) Dass doch ihre Leser wissen können, wie unwillig ich ihre Abfassung unternommen habe, damit ich leichter vom Vorwurf der Dummheit und der Anmaßung freibleibe – ich, der ich mich mitten in Caesars Schriften hineingedrängt habe. (4) Es steht nämlich bei allen fest, dass nichts so mühsam von anderen je vollendet wurde, was nicht durch die sprachliche Eleganz dieser Commentarii übertroffen würde: (5) Herausgegeben, damit den Historikern nicht das Wissen so gewaltiger Dinge fehle, werden sie so sehr durch aller Urteil gutgeheißen, dass den Autoren keine Möglichkeit geboten, sondern eine genommen zu sein scheint. (6) Die Bewunderung dieser Tatsache ist gleichwohl bei uns noch größer als bei allen anderen: Die übrigen nämlich wissen, wie gut und fehlerlos, wir aber auch, wie leicht und schnell er sie vollendet hat. (7) Caesar besaß aber sowohl die Anlage und den höchsten Geschmack zum Formulieren als auch die authentischste Kenntnis seiner Pläne, die ja dargelegt werden mussten. (8) Mir wurde nicht einmal zuteil, dass ich am Alexandrinischen oder Afrikanischen Krieg teilnahm. Obgleich uns diese

Kriege teilweise aus der mündlichen Darstellung Caesars bekannt sind, ist es trotzdem *eine* Sache, das zu hören, was uns durch den Neuigkeitswert oder Bewunderung ergreift, *eine andere* aber selbst das zu schreiben, was wir als Zeugnis für die Leistung eines anderen im Begriff stehen zu sagen. (9) Aber natürlich lade ich mir, während ich alle Entschuldigungsgründe sammle, warum man mich nicht mit Caesar vergleichen möge, gerade dadurch den Vorwurf der Anmaßung auf: ich glaube wohl, nach irgendjemandes Urteil mit Caesar verglich werden zu können. – Leb wohl. (Hirtius, *Bellum Gallicum*. 8, praef. = »Balbusbrief«; meine Übersetzung).

Wiederum soll es um zwei Hauptpunkte gehen. Zuerst erklärt Hirtius ganz unmissverständlich, dass es ihm nicht um eine Gesamtausgabe von Caesars Werken geht: Das Ziel ist vielmehr, die von Caesar stammenden *commentarii* zu einer Reihe zu verbinden, die bis an Caesars Lebensende führt. Dazu fehlen die Kriegsjahre 51 und 50 in Gallien – das wird Hirtius selbst schreiben – und die Feldzüge seit Alexandrien. Hirtius beklagt dann, zweitens, die Schwierigkeit, die sich aus der Tatsache ergibt, dass er selbst etwa am Alexandrinischen und Afrikanischen Krieg gar nicht teilgenommen habe, er sie also nicht aus der Perspektive des Augenzeugen werde beschreiben können.

Was Hirtius in Panegyrik über Caesar, in Stilurteilen und Topoi der Entschuldigung formuliert, lässt sich als ein Diskurs über die Gattung *commentarius* lesen. Die Gattung wird inhaltlich umdefiniert und Krieg wird damit zum bestimmenden Inhalt. Formal wird die Einheit von Autor und Protagonist – historisches Hauptmerkmal der Gattung, auch wenn schon Epicadus Sullas *commentarii* vollenden musste – aufgegeben: Caesars eigener anonymer Erzähler erlaubt die Fortsetzung der Textreihe über den Tod des Autoren hinweg durch die Beibehaltung dieses Erzählers, der als Erzähler durch zahllose Verweise des Typs *ut supra demonstravimus*, »wie wir oben gezeigt haben«, aufdringlich präsent ist, sich an wenigen Stellen auch als Augenzeuge und parteilicher Akteur zu erkennen gibt, aber ansonsten so konsequent von Caesar differenziert wird, dass eine Identifikation ausgeschlossen ist.

In diesem Rahmen schreibt Hirtius seine eigenen Texte, mit diesen Auflagen fordert er von Augenzeugen Texte an und bearbeitet sie: Ein solcher Text ist das *Bellum Africanum*. Ein solcher Text ist auch das *Bellum Hispaniense*, das vermutlich Balbus nach dem Tod des Hirtius im April 43 angefordert und als Schlussstein der unverändert gelassenen Sammlung redigiert hat.

In zwölf Punkten sei diese komplizierte Entstehung zusammengefasst und charakterisiert:

1. Der Balbusbrief stammt von Hirtius und sollte an die Spitze des *Corpus Caesarianum* treten. Dass er am Anfang des hirtianischen Materials blieb, hängt mit der konservativen Edition des Balbus zusammen.
2. Das achte Buch des *Bellum Gallicum* stammt von Hirtius als Autor; der Erzähler tritt selbst nicht explizit ans Licht: In der Ergänzung eines in »erster Auflage« schon publizierten Werkes (*Bellum Gallicum* 1–7) war besondere Zurückhaltung gefordert.
3. Das *Bellum civile* entspricht in der vorliegenden Bucheinteilung mit Ausnahme des letzten Satzes dem Text Caesars. Die Anlage als *Bellum Pompeianum*, als Zweikampf zwischen dem verdienten sowie in seinen Rechten verletzten Caesar und einem schlecht beratenen, schließlich versagenden Pompeius, wurde mit der Ausweitung des Bürgerkriegs für ein Werk problematisch, das sich an die römische Öffentlichkeit richtete. Daher hat Caesar das Werk weder förmlich abgeschlossen noch publiziert.
4. Das *Bellum Alexandrinum* bildet einen als Abschluss des *Bellum civile* konzipierten Sammel-Commentarius. Seine schriftlichen Quellen lassen sich im Text nicht mehr identifizieren. Der enge Anschluss an das noch nicht publizierte *Bellum civile* und das den Gesamtzusammenhang herstellende *litterae*-Motiv legen den Gesamtredaktor selbst, also Hirtius, als Verfasser nahe.
5. Das *Bellum Africanum* steht ohne Anfangs- und Schlussworte, die es in den größeren Rahmen einbetteten, im *Corpus Caesarianum*. Der Erzähler ist dieselbe anonyme, homodiegetisch erzählende Figur wie im ganzen übrigen Corpus. Als Verfasser liegt ein

Augenzeuge nahe, der nicht mit Hirtius identisch sein kann. Vorbilder konnten außer der übrigen *Commentarii*-Literatur nur die Bücher des *Bellum Gallicum* sein. Die fehlende Endredaktion lässt so Spuren der Gattung *Commentarius* erkennen, die im übrigen *Corpus Caesarianum* ausgemerzt sind. Die völlige Beschränkung auf den zeitlichen und sachlichen Rahmen eines Feldzugs spiegelt die Anforderung des Hirtius an den Verfasser wider.

6. Das *Bellum Hispaniense*, das sicher von einem sonst nicht im *Corpus Caesarianum* vertretenen Autoren stammt, ist redaktionell ins *Corpus Caesarianum* eingebettet, ohne auf irgendeinen Teil Bezug zu nehmen. Die Rede, die das Ende des überlieferten Textes bildet, könnte aber als Höhepunkt und Schluss des Corpus Caesarianum komponiert worden sein.

7. Der Erzähler aller Bestandteile des *Corpus Caesarianum* ist derselbe und – über seine caesarianische Identität hinaus – anonym. Als Verfasser werden nur Caesar und – als Ergänzer – Hirtius namhaft gemacht: anders als Caesar aber nicht im Titel (einer tendenziell autobiographischen Gattung!), sondern nur in der als Brief deutlich abgehobenen Praefatio.

5.7 Parteiliteratur

Ich setze die Zusammenfassung zunächst fort:

8. Die von Balbus aus dem Nachlass des Hirtius veranstaltete Gesamtausgabe, die wir als *Corpus Caesarianum* bezeichnen, hat wahrscheinlich binnen kurzem die zuvor separat umlaufende Ausgabe von *Bellum Gallicum* 1–7 verdrängt. Das *Corpus Caesarianum* liegt der mittelalterlichen Überlieferung zugrunde, Einzelausgaben des *Bellum Gallicum* (immer einschließlich Buch 8) stellen (vor allem französische) Teilausgaben dar.

9. Der Plan des *Corpus Caesarianum* stammt aus der im gallischen Krieg aufgebauten Kanzlei Caesars; auf Anstoß von Balbus hat Hirtius den Plan einer Reihe von fortlaufenden *commentarii rerum*

gestarum Caesaris entwickelt. Diesen Plan hat er Ende 44 v. Chr.
– sachlich als Zwischenbilanz, formal als Praefatio für das Gesamtwerk – im Balbusbrief skizziert.

10. Die Beschränkung auf die Kriege Caesars und der Caesarianer ist gewollt und insofern ist das *Corpus Caesarianum* vollendet.
11. Die Analyse von Gegenstand und dem anonym bleibenden Erzähler, der den Kontakt zum Leser in besonderer Weise herstellt, führen zu der Charakterisierung des *Corpus Caesarianum* als »Parteiliteratur«, als historisch-biographischer Text, der Identität stiften und Anhänger gewinnen will: Die Linie reicht von den Großtaten in Gallien bis zur Niederringung der Verstockten. Funktional wie formal lässt sich eine Linie zu den Evangelien, insbesondere dem lukanischen Doppelwerk ziehen.
12. Zeugnisse für eine breitere Rezeption fehlen: Die schnelle Spaltung der caesarianischen Gefolgsleute in Octavianer und Antonianer könnte das *Corpus Caesarianum* über nostalgische Erinnerung hinaus funktionslos gemacht haben. Immerhin zeigt die Tatsache der Tradierung des *Corpus Caesarianum* als eines Ganzen, also auch in seinen literarisch abfallenden Teilen, eine tendenziell mit der Intention der Herausgeber übereinstimmende Rezeption.

Aus der Konstanz der Rahmenbedingungen ergibt sich der implizite Leser: Es ist der implizite Leser des caesarianischen Werkes über den Krieg mit Pompeius, nicht Caesars intendierter Leser. Es sind Caesarianer, Parteianhänger, Leute, deren Identität sich über Jahre, ja vielleicht schon Jahrzehnte hinweg durch Zusammenarbeit mit Caesar und vor allem militärische Unterordnung unter Caesar definiert hat: Veteranen. Das allein sind die Personen, die vom Genfer See an über Britannien, Germanien, Spanien, Griechenland, Ägypten, Syrien, Kleinasien, Afrika bis nach Munda *nostri*, »die Unsrigen«, lesen können. Das sind die Leser, deren Interesse Caesars Nachfolger und in diesem neuen Kontext – gegen seinen Willen – auch Caesar selbst auf den Gesamtzusammenhang der militärischen Bewegungen, auf Höhepunkte an Exotik, Kriegstechnik, auch Entbehrung und schließlich Triumph konzentrieren wollen.

Hirtius und Balbus, die Herausgeber, sind die Prototypen dieses Lesers, vielleicht keine Intellektuellen, aber auch nicht die ›Leute fürs Grobe‹; Leute jedenfalls, die in einer Situation der Orientierungslosigkeit nach dem Tod des Führers, in einer Situation, in der die Frontlinien zwischen Caesarianern, Antonianern, Octavianern und Republikanern nicht mehr klar sind, initiativ werden und sich die Literatur schaffen, die sie brauchen. Das legt in einer literatursoziologischen Perspektive einen Vergleich mit der Entstehung der frühchristlichen Textsammlungen nahe, der hier kurz skizziert werden soll.

Die Bezugnahme auf gemeinsame Freunde, Vorfahren oder biographische Vorbilder durch Erzählungen kann man sich leicht als Strategie zur Stärkung bestehender Gruppen vorstellen. Auch das Erzählen kann Teil des Projekts sein, solche Keimzellen oder Ahnengruppen zu größeren Netzwerken zu erweitern. Die narratologische Theorie bietet mehrere Beobachtungen, die zur Erklärung solcher Prozesse beitragen könnten.

Biographisches Erzählen, wie es das *Corpus Caesarianum* und seit dem zweiten Jahrhundert die Evangelien und Märtyrerakten, später Heiligenlegenden insgesamt bietet, ist nicht nur die Darstellung interessanter Persönlichkeiten. Als Erzählung ist es die Kombination von Redundanz und Variation, die Konsens bzw. Aufmerksamkeit erzeugt. Die Reduktion auf Schemata initiiert Prozesse der Verallgemeinerung und damit die Erweiterung des Publikums, für das die Geschichte relevant sein könnte. Entdifferenzierung schafft Konsens über die Grenzen von Gruppen und Interessen hinweg. Zugleich hängen die Möglichkeiten, sich im kommunikativen Raum einer Gesellschaft zu artikulieren, vom eigenen Willen und der Fähigkeit ab, sich von solchen narrativen Verallgemeinerungen zu distanzieren. Expertinnen und Experten etwa stellen allgemeine Narrative in Frage, auch wenn ihr eigenes Potenzial, das kollektive Wissen zu verändern, eher gering ist. In der antiken Literatur sichern und schaffen plakative Zusammenfassungen, sei es innerhalb größerer Erzählungen oder als eigene Gattung (Epitome, Periochae), Konsens, bis hin zu dem Punkt, an dem (in einer dialektischen Bewegung) konfessionelle ›Glaubensbekenntnisse‹ exakte Formulierungen verlangen, um einzuschließen oder auszuschließen. In seinem Kommentar zum römischen Kalender mischt Ovid nahezu tautologische Erklärungen und die Darstellung von Alltagswissen mit starken persönlichen Behauptungen zu anderen Themen, wobei er seine Autorität zuweilen auf Zitate von Gottheiten stützt (auch wenn der fiktionale Charakter solcher Behauptungen für seine Leser offensichtlich gewesen wäre).

An dieser Stelle kommt narrative Diversifizierung ins Spiel: Neue Kriege, neue Varianten des Lebens derselben Person, Viten anderer Personen. In der Regel bedeutet Diversifizierung nicht einfach die Herstellung beliebiger Varianten. Aufgrund ihrer Geschichte und ihrer Beteiligung an verschiedenen Schemata zeichnen sich Erzählungen durch ein Repertoire an Details aus, die in einer konkreten Geschichte zum Tragen kommen können. Seit der späten Republik war Numa ohne seine Bücher, die im frühen zweiten Jahrhundert v. Chr. erfunden wurden, um die pythagoreische Philosophie in Rom zu legitimieren, nicht mehr denkbar. Die Rolle des Ungewöhnlichen und Neuen gilt insbesondere für jene Erzählungen, die in der Antike kanonischen Status erlangt hatten, seien es der *Tenakh*, die »Bibel«, oder einige Epen. Für erstere könnten die hallachischen Midraschim mit ihrem Interesse an selbst kleinsten Details einer pentateuchischen Geschichte genannt werden. Auch die spätantiken Kommentare zu Vergil, Servius wie Macrobius, zeigen die Interpretationsmöglichkeiten eines zeitlich entfernten und komplexen Textes. Was im ständigen Fluss des Nacherzählens einer Geschichte in Vergessenheit geraten sein könnte, wurde in schriftlichen Texten bewahrt. Die Schrift, wenn nicht schon ein Produktionsmittel, kommt dem Bedürfnis nach Details entgegen und ermöglicht deren Übermittlung.

Historisch gesehen motiviert die Diversifizierung innerhalb des etablierten Rahmens die fortlaufende Beteiligung am Erzählen und Nacherzählen, am Anbieten verschiedener Perspektiven und damit die Betonung der Legitimität verschiedener Perspektiven. Mehrere Beispiele aus jüdisch-christlichen Texten zeigen die große Bandbreite religiöser Ideen, die in solche Erzählungen einfließen: Im »Apostelbrief«, einem Dialog mit dem Auferstandenen, erfahren die Gesprächspartner, einige apostolische Wir, von Jesus: »Ich bin in Gestalt des Erzengels Gabriel der Jungfrau Maria erschienen und habe mit ihr geredet, und ihr Herz hat (mich) aufgenommen; sie hat geglaubt und gelacht; und ich, das Wort, bin in sie eingegangen und Fleisch geworden; und ich selbst habe mir dienen lassen; und in der Gestalt eines Engels werde ich tun wie er, und danach werde ich zu meinem Vater gehen« (14, nach B. Ehrmann). Markus Vinzent hat auf vergleichbare erzählerische Neuerungen in der Himmelfahrt des Jesaja hingewiesen: »Es geschah, als sie allein waren, dass Maria alsbald mit ihren Augen schaute und sah ein kleines Kind, und sie verwunderte sich. Und nachdem sie sich gewundert hatte, wurde ihr Schoß gefunden wie zuvor, bevor sie schwanger geworden war« (11,8–9). Das *Evangelium des Erlösers* aus dem zweiten Jahrhundert schreckt nicht davor zurück, Jesus ankündigen zu lassen, »in den Hades hinabzusteigen« (7, nach B. Ehrmann). Auch hier ist darauf hinzuweisen, dass sich jemand wie Philo in seiner theoretischen Auseinandersetzung mit der Septuaginta auf die Nacherzählung konzentrierte, ohne den textlichen Detailproblemen allzu große Bedeutung beizumessen.

Diese Beispiele verdeutlichen, dass das Erzählen eine Strategie zur Stimulierung von Emotionen und zur Auseinandersetzung mit der sozialen Dynamik einer Gruppe ist. Nicht die Fähigkeit, ein gemeinsames Glaubensbekenntnis zu proben, ist hier wichtig, sondern die Möglichkeit, sich mit der Vielfalt einer Kultur, die ganz unterschiedliche Zentren kennt, auseinanderzusetzen. Es ist gerade die Möglichkeit, nur teilweise an einer Erzählung teilzunehmen, die die Bildung großer Gruppen ermöglicht. Für die Bildung größerer Blöcke von »Hellenisten« und »Christen« im vierten Jahrhundert oder von Marcioniten und Beschnittenen im zweiten Jahrhundert war diese Flexibilität, die durch die unterschiedlichen Erzählungen geboten wurde, von großer Bedeutung.

Die wiederholte Produktion und Wiederverwendung von Passionserzählungen oder anderen biographischen Sequenzen ab dem zweiten Jahrhundert zeigen die Bandbreite und den Grad der Offenheit und Geschlossenheit in Bezug auf die Einbeziehung und den Ausschluss von Rezipienten – für eine Religionsgeschichte, die sich nicht auf eine Ideengeschichte beschränkt. Es ist das Geflecht von Varianten und Nacherzählungen, das die Narrative so relevant für religiöse Transformationen macht. Aus der oben entwickelten Perspektive sollte eher die Kohärenz der so erreichten Kommunikation als die Details in der Diversifizierung betont werden. Verschiedene ›Häresien‹ zu identifizieren, indem man auf kleinste Unterschiede achtet, ist eine Strategie der Konkurrenten; sie sollte nicht die Strategie der Historiker sein.

Das bedeutet nicht, dass die Geschichten das Repertoire an Details strategisch variieren. Rahmungen sind wichtig, auch wenn sie aufgrund des fragmentarischen Status der Texte und des Verlusts von Anfängen und Enden durch Beschädigungen von Buchrollen oder Codices häufig nicht bekannt sind – auch unsere Vorstellung vom Ende des *Corpus Caesarianum* ist in dieser Hinsicht nur Hypothese. Was solche Rahmungen betrifft, so teilen die Anfangssynchronismen des Lukasevangeliums oder der Genealogie des Matthäus ihre Inklusivität mit dem Anfang des Ebioniten-Evangeliums aus der ersten Hälfte des zweiten Jahrhunderts: »Und so kam Johannes in den Tagen des Herodes, des Königs von Judäa, und taufte im Jordan eine Taufe der Buße. Es heißt, er stamme aus dem Stamm des Priesters Aaron und sei das Kind von Zacharias und Elisabeth« (fr. 1). Ein solcher Rahmen ermöglicht es einem viel größeren Kreis von Empfängern, sich mit diesen Erzählungen zu befassen als im Falle des plötzlichen Beginns der Erzählung über Johannes den Täufer im Evangelium des Markus. *Gallia est omnis divisa in partes tres* bietet dieselbe Offenheit.

5.8 Die weitere Rezeptionsgeschichte des *Corpus Caesarianum*

Bei allen Gemeinsamkeiten, die der Vergleich christlicher und caesarianischer ›Sektenliteratur‹ erbracht hat: in einem Punkt besteht ein gravierender Unterschied: Der Entstehungsimpuls des *Corpus Caesarianum* verflog rasch. Die Anhänger des M. Antonius und des C. Octavius, des nun adoptierten C. Iulius C. f. Caesar und späteren Augustus, fanden nicht wirklich zusammen; der Bürgerkrieg trat in eine neue Runde. Caesar wurde diviniziert (40 v. Chr.) und dann in die Ecke geschoben. Neue Loyalitäten wurden verlangt und die Intensität der in den nächsten Bürgerkrieg führenden Parteibindungen sättige alle entsprechenden Bedürfnisse. Zeugnisse konkreter Leser, die Anlass zur Vermutung geben könnten, das Corpus sei weit verbreitet gewesen, existieren nicht. Spätestens die augusteische Epoche dürfte das Ende breiterer Lektüre bedeutet haben.

Das mittelalterliche Interesse am Corpus war gering und vor allem auf Frankreich beschränkt. Lokalhistorische Interessen, die sich in zahllosen Lokallegenden niederschlagen, sorgten für eine aus dem Corpus herausgezogene Sonderausgabe aller – natürlich – acht Bücher des *Bellum Gallicum*. Dass das achte Buch nicht von Caesar stammte, war durch den erwähnten Brief des Hirtius an Balbus, der an die Scharnierstelle gestellt worden war, deutlich – aber das war in dieser Perspektive uninteressant. Eine größere Verbreitung, zunächst in Frankreich, dann auch in Italien, gewann das *Bellum Gallicum* in dieser Zeit nur durch die Übersetzung im Rahmen der *Fet des Romains* von 1213.

Wenn auch unter anderem, nun eher ritterlich-aristokratischem Interesse, wiederholen sich hier interessanterweise die aufgedeckten Rezeptionsstrukturen. *Li fet des Romains* sind der auf Caesar beschränkt gebliebene Versuch einer Darstellung der zwölf ersten römischen Kaiser; Suetons Viten bilden dafür den Rahmen. So rückt der *Gallische Krieg* erneut in einen biographischen Rahmen, in dem die Übersetzung der sallustianischen *Verschwörung des Catilina* vorausgeht und die Übersetzung der Pharsalia, des *Bellum civile* des neronischen Dichters Lucan, folgt.

Ansonsten wird ein Interesse an Caesar, das über das mittelalterliche Bild vom ersten Kaiser, Kalendermacher und Sieger in exotischen Feldzügen hinausgeht, erst im sechzehnten Jahrhundert erkennbar. Man beginnt Caesar in der Schule und als Militär zu lesen. Die literarische Reduktion der Kriegführung auf das Operieren mit großen Truppenkörpern kann als Vorbild neuzeitlicher Heere dienen. Für die Schule bietet sich der Verzicht auf den heidnischen Götterapparat und die analogische Normierung der Sprache in Semantik und Syntax an.

Nationalgeschichtliche Interessen fördern die Kanonisierung. Franzosen erkennen in den besiegten Galliern die Anfänge ihrer Nation, Deutsche in den hier erstmals erwähnten Germanen. Daneben ist es aber vor allem das Militär, das im neunzehnten Jahrhundert der Caesarlektüre in preußischen wie bayerischen Gymnasien und Kadettenanstalten die Massenbasis verschafft. Beides, das nationalgeschichtliche Interesse – siehe Asterix – und das Militärische prägen auch heute noch die Rezeption, wenn auch nun vor allem in einer negativen Aneignung. Auch in der Schule bleibt Caesar umstritten. Aber vielleicht wird Caesar interessanter, wenn man ihn nicht mehr als ›Großen‹, sondern im *Corpus Caesarianum* liest.

6 Die Annalistik bis auf Livius

6.1 Einführung

Begonnen werden soll mit einem kleinen Text aus Livius und zwar aus dem 109. Buch, genauer, seiner Inhaltsangabe *(Periochae)* – das ist das erste Buch über den Bürgerkrieg.

> *Causae civilium armorum et initia referuntur, contionesque de successore C. Caesari mittendo, cum se dimissurum exercitus negaret, nisi a Pompeio dimitterentur. et C. Curionis tribuni plebis primum adversus Caesarem, deinde pro Caesare actiones continet. cum senatus consultum factum esset, ut successor Caesari mitteretur, M. Antonio et Q. Cassio tribunis plebis, quoniam intercessionibus id senatus consultum impediebant, urbe pulsis, mandatumque a senatu consulibus et Cn. Pompeio, ut viderent, ne quid res publica detrimenti caperet: C. Caesar bello inimicos persecuturus cum exercitu in Italiam venit; Corfinium cum L. Domitio et P. Lentulo cepit, eosque dimisit; Cn. Pompeium ceterosque partium eius Italia expulit.*

Berichtet werden die Ursachen des Bürgerkrieges und seine Anfänge, auch die Rededuelle über die Entsendung eines Nachfolgers für Gaius Caesar, da sich dieser weigerte, das Heer zu entlassen, wenn es nicht auch von Pompeius entlassen würde. Auch enthält es die Aktivitäten des Volkstribunen Gaius Curio zunächst gegen, dann für Caesar. Als der Senatsbeschluss gefällt worden war, Caesar einen Nachfolger zu schicken, nachdem die Volkstribunen Marcus

Antonius und Quintus Cassius (die nämlich den Senatsbeschluss durch ihre Interzessionen verhindert hatten) aus der Stadt vertrieben worden waren, wurde auch vom Senat den Konsuln und Gnaeus Pompeius der Auftrag erteilt, dass sie zusehen mögen, dass der Staat keinen Schaden nehme [quasi die Ausrufung des Notstandes]: Gaius Caesar fiel mit dem Heer in Italien ein, um seine Gegner im offenen Krieg zu verfolgen; er nahm Corfinium samt Lucius Domitius und Publius Lentulus ein – und ließ sie wieder frei; den Gnaeus Pompeius und dessen übrige Parteigänger vertrieb er aus Italien. (Meine Übersetzung).

Es handelt sich also um die Ereignisse vom Anfang des Jahres 49 v. Chr., und der hier vorliegende Text ist ein komplettes Buch des Livius, das 109. Buch. Natürlich nicht die Fassung, die Livius selbst geschrieben hat, aber es ist sicherlich die Fassung, die die meisten Leser gefunden hat. Livius selbst hat wohl einhundertzweiundvierzig Bücher geschrieben, weil mit der Kurzfassung des 142. Buches die Inhaltsangaben an ein Ende kommen und dann schon fast bis an den Tod des Livius herangerückt sind. Dieses ungeheure Werk ist nicht oft abgeschrieben worden, wenn auch so oft, dass es zumindest in der Spätantike noch gelesen werden konnte. Was viel brauchbarer war, das war eine Verkürzung dieses Livius auf ein Maß, das die Lektüre noch angenehm sein lässt. Genau das geschieht dadurch, dass Inhaltsangaben, Kurzfassungen aller dieser Bücher, erstellt werden. Und in dieser verkürzten Form und nur in den ersten Büchern auch in der vollen Form, ist Livius derjenige gewesen, der für die gesamte römische Kaiserzeit, aber in der Folge auch für das Mittelalter und für die Neuzeit, auf jeden Fall bis ins frühe 19. Jahrhundert hinein, in gewisser Weise aber bis in die Gegenwart unser Geschichtsbild des republikanischen Roms bestimmt hat.

6.2 Leben

Über das Leben Livius' ist wenig bekannt. Es gibt einige wenige Zeugnisse über ihn, bei späteren kaiserzeitlichen Autoren, ein paar Notizen bei Plinius, kurze Notizen über die Lebensdaten in der Chronik des Hieronymus. Es gibt keine antike Biographie des Livius. Nach Hieronymus wurde er im Jahr 59 v. Chr. geboren. Für dasselbe Jahr gibt er allerdings auch die Geburt eines Valerius Messalla an, von dem wir aber sicher wissen, dass er im Jahr 64 v. Chr. geboren wurde. Irrt Hieronymus nur bei Messalla, das heißt, dass Livius tatsächlich im Jahr 59 v. Chr. geboren ist? Oder weiß Hieronymus, dass die beiden im gleichen Jahr geboren sind? Dann wäre auch Livius im Jahr 64 v. Chr. geboren.

Gestorben ist er nach dieser Hieronymus-Chronik im Jahr 17 n. Chr., hätte also fünfundsiebzig Jahre gelebt. Es stellt sich die Frage, ob Hieronymus tatsächlich nur über die Angabe des Geburtsdatums und der Lebensdauer verfügte. Runde Zahlen haben die Römer – angesichts des Fehlens von Einwohnermeldeämtern wohl zwangsläufig – geliebt. Auf den Grabsteinen sind fast alle mit 60, 65, 70, aber kaum je mit 62 oder 67 Jahren gestorben. Wenn Hieronymus eine solche Angabe vor sich gehabt hätte, könnte es auch sein, dass Livius schon im Jahr 12 n. Chr. gestorben ist, noch vor dem Tode des Augustus. Wir können in jedem Fall sagen, dass er unter der späten Republik geboren ist und frühestens den Bürgerkrieg Caesar–Pompeius bewusst erlebt und daher auch seine Eindrücke von Bürgerkriegswirren hat. Seine prägenden Eindrücke hat er dann im Folgestreit Oktavian–Antonius (also zwischen den beiden Seiten, die das *Corpus Caesarianum* noch zusammenbringen wollte) gesammelt. Wichtiger ist aber die Frage, ob er vor oder nach Augustus gestorben ist. Wir haben die Nachricht aus einem Historiker, Asinius Pollio, dass die letzten Bücher des Livius erst nach dem Tode des Augustus publiziert worden seien. Augustus starb 14 n. Chr., und es wäre spannend zu wissen, ob Livius diese letzten Bücher überhaupt noch selbst publiziert hat, eben nach dem Tode des Augustus. Vielleicht weil er Rücksicht auf ihn nehmen wollte – er hat ja die Zeit des Augustus in diesen letzten Büchern dargestellt. Oder aber, ob er diese letzten Bücher überhaupt nicht mehr publiziert hat, vielleicht auch gar nicht mehr publizieren wollte und die Publikation postum geschehen ist.

Geboren worden ist Livius in Patavium, dem heutigen Padua, das zu dem Zeitpunkt seiner Geburt noch nicht zu Italia gehörte. Vielmehr zählte es noch zur Gallia Transpadana, dem »Diesseitigen Gallien«, diesseits aus italischer Sicht der Alpen. Patavium ist erst im Jahr 41 v. Chr. Munizipium geworden, also in das System des römischen Bürgerrechts voll einbezogen worden. So gesehen ist Livius, der Autor, dessen Bild der römischen Geschichte kanonisch geworden ist, also ein Gallier, ein Nicht-Römer, ein Provinzialer gewesen. Livius hat sicher in der für antike Verhältnisse großen Stadt Patavium eine gute Ausbildung genossen. Es gibt antike, allerdings umstrittene Berichte darüber, dass er philosophische Schriften verfasst haben soll, die vielleicht schon einen starken historischen Einschlag besaßen. Es ist davon nichts erhalten und so muss diese Frage offenbleiben. In anderen Bereichen sehen wir aber, dass Livius Defizite hatte, die in seinem Geschichtswerk spürbar werden. Das Wesentliche ist wohl, dass er nicht der Oberschicht in Rom, im Sinne von politischer Führungsschicht, angehörte und dass er, im Unterschied etwa zu einem Polybios, keinerlei politische Erfahrungen hatte und dass er keinerlei militärische Erfahrung gehabt zu haben scheint.

Es ist nun dieser Livius, der nach dem Abschluss der Bürgerkriege etwa im Jahr 29 oder 28 v. Chr. mit seiner Darstellung der römischen Geschichte beginnt. Da er seinem Werk zeitlebens treu bleibt, muss er etwa drei bis vier Bücher Geschichte pro Jahr geschrieben haben. Er schreibt ein Werk, das kanonisch für die römische Geschichte geworden ist und insofern vergleichbar ist mit der *Aeneis* des Vergil. Auch Vergil war kein Römer, sondern stammte aus Mantua. Auch hier schrieb ein Italiker am Rande des römischen Kerngebietes jene Werke, die das römische Geschichtsbild für die Frühgeschichte beziehungsweise sogar für den Hauptteil der römischen Geschichte kanonisieren. Aber auch das ist festzuhalten: Livius schrieb den größten Teil seiner Geschichte in Rom. Dort hatte er die Quellen, die er benutzte, zur direkten Verfügung. Allerdings starb er in Padua; er muss sich einige Jahre, vielleicht sogar etliche Jahre vor seinem Tod wieder nach Padua zurückgezogen, vom Hof entfernt haben – jenem Hof, an dem er Kontakte mit Augustus gehabt hatte, der ihn als Pompejaner, als Republikfreund bezeichnete, und an dem er auf den späteren Kaiser Claudius eingewirkt hat, in ihm historische Interessen geweckt zu haben scheint. Doch setzte er das Projekt seiner Geschichtsschreibung in Padua weiter fort.

Wie eng die Kontakte mit den Princeps gewesen sind, wissen wir, bis auf wenige Anekdoten und ganz wenige Bemerkungen, die er in seinem Werk selbst macht, nicht. Er hat sicher nicht einem der Literatenkreise wie

Leben

dem Messallakreis oder dem Maecenaskreis angehört. Ideologisch scheint eine gewisse Distanz zu Augustus geblieben zu sein, aber er schreibt ein augusteisches Werk, das voll auf der Höhe des Zeitgeistes ist – er beginnt sein Werk in einem massiven historischen Einschnitt: eben dem Ende der Bürgerkriege, unter deren Eindruck offensichtlich sein Werk schreibt. Das ist die Perspektive. Livius schreibt für eine Gesellschaft, die einen Bürgerkrieg gerade überstanden hat und in eine andere Epoche hinüberzugehen scheint. Aber er schreibt es unmittelbar am Beginn dieser Epoche. Er weiß noch nicht, dass es eine über vierzigjährige innere *Pax Augusta* geben wird. Das steht zu Beginn der Abfassung dieses Werkes noch nicht fest.

6.3 Werk

Zunächst eine kurze Übersicht über den Inhalt der 142 Bücher:

Livius: Werksübersicht (nicht enthaltene Teile in Kursivschrift)

Bücher	Inhalt		Gruppe
B.1	Stadtgründung/Königszeit		
2–5	Republik bis zum Galliersturm (386)	}	Frühgeschichte
6–10	Samnitenkriege (385–293)		
11–15	*Eroberung Italiens (292–265)*		
16–20	*Erster Punischer Krieg (264–219)*	}	1./2. Pun. Krieg
21–30	Zweiter Punischer Krieg (218–201)		
31–45	Expansion im östlichen Mittelmeer bis zum Ende des Perseus-Krieges (201–167)	}	Ostexpansion
46–50	*Abschluss der Ostexpansion (166–145)*	}	Scipio minor
51–60	*Innere Konflikte bis C. Gracchus (144–123)*		
61–70	*C. Gracchus bis M. Livius Drusus (122–91)*		
71–80	*Bürgerkriege bis zum Tod des Marius (90–86)*	}	Marius
81–90	*Sulla (85–78)*	}	Sulla
91–100	*Der Aufstieg des Pompeius (77–66)*	}	Pompeius
101–110	*Pompeius' Vormachtstellung (65–48)*	[105]–	
111–120	*Bürgerkrieg bis zum Tode Ciceros (48–43)*	}	Caesar
121–142	*Augusteische Zeit, mind. bis zum Tod des Drusus (9 v. Chr.)*	[135]	Augustus

Perochiae fehlen nur für die Bücher 136 und 137.

Sicherlich die größte Leistung des Livius ist, dass er diesen ungeheuren Stoff der römischen Geschichte in ein lesbares Geschichtswerk umgesetzt hat, und nur dieser Tatsache verdankt er auch seine ungeheure Rezeptionsgeschichte. Zu dieser Lesbarkeit der römischen Geschichte gehört auch und vor allen Dingen, dass er zu sinnvollen darstellerischen Einheiten gekommen ist. Solche sinnvollen darstellerischen Einheiten sind zunächst einmal einzelne Bücher. Es handelt sich um keine fortlaufende Geschichte, in der die Buchgrenzen rein mechanische Einschnitte sind, sondern Livius hatte schon versucht, mit bestimmten Ereignissen wenigstens den Abschluss eines Jahres zusammenfallen zu lassen, hat dann darüber hinaus auch einzelne Bücher zu größeren Einheiten zusammengefasst.

Sicher zu identifizieren ist etwa die Einheit von Buch 1 bis 5. Das geht von der Gründung Roms – genauer beginnt der erste Satz mit der Zerstörung Trojas, kommt dann aber in wenigen Zeilen nach Italien – bis hin zum Galliersturm, der Katastrophe, die einen tiefen Einschnitt in die römische Frühgeschichte setzt. Das Buch 1 enthält so die Darstellung dieser Vorgeschichte und der Königszeit. Es endet mit der Vertreibung des letzten Königs durch Iunius Brutus. Im Folgenden sind in den erhaltenen Teilen dann sowohl Einheiten von fünf Büchern als auch zehn und fünfzehn Büchern zu identifizieren. Zur Frage des Umfangs der einzelnen Bücher: Nach heutigen Ausgaben betragen sie etwa fünfzig Druckseiten, bei einhundertzweiundvierzig Büchern macht das etwas über siebentausend Druckseiten.

Die Inhaltsangaben zusammen füllen etwa fünfzig Seiten. Das ist die Länge einer antiken Buchrolle, in Kapiteleinteilung sind das um die sechzig bis neunzig Kapitel. Ähnliche Buchlängen findet man vor allem in Prosabüchern. So hat ein Buch *Gallischer Krieg* von Caesar etwa dieselbe Länge.

Es beginnt also Buch 1 mit der Königszeit, einer kurzen, wenige Kapitel umfassenden Vorgeschichte, die Könige bis zu Romulus und Remus, den eigentlichen Stadtgründern. Dann werden der Reihe nach die sieben Könige behandelt, es schließt mit der Vertreibung des letzten. Mit dem Übergang zur Republik setzt dann das 2. Buch ein und führt Jahr für Jahr die Darstellung herunter bis ins Jahr 386 v. Chr., dem Galliersturm. Die Eroberung Roms fällt zusammen mit dem Ende des 5. Buches, und das ist dann der Neuansatz des 6., mit einer Neugründung Roms. Camillus ist die große Figur, die an diesem Punkt der römischen Geschichte steht, als zweiter Stadtgründer. Romulus wie auch Camillus bilden später die Muster, wenn Augustus sich wieder als Stadtgründer darstellt. Dann folgt die Expansion in Latium und die Sicherung dieses latinischen, mittelitalischen Kerngebietes, zunächst in Auseinandersetzung mit Etruskern und Latinern vor allem in der zweiten Hälfte des vierten Jahrhunderts, Anfang des dritten Jahrhunderts die Samnitenkriege.

Mit dem Jahr 293 bricht der überlieferte Text zunächst einmal ab. Die Bücher 11 bis 20 fehlen uns und wir kennen nur die Inhaltsangaben. Das ist bedauerlich, da es eine sehr spannende Zeit ist, die Zeit der Eroberung Italiens, der Ausdehnung über Italien hinweg und der Erste Punische Krieg mit der Zwischenkriegszeit, der Einrichtung der ersten Provinzen. Was dann wieder erhalten ist, sind die Bücher 21 bis 45. 21 bis 30, der Zweite Punische Krieg, und dann 31 bis 45 die Expansion im östlichen Mittelmeer, infolge des Eingreifens auch griechischer Staaten in diesen Zweiten Punischen Krieg, die Eroberung Makedoniens, aber auch noch das weitere Ausgreifen bis zum Ende des Krieges gegen Perseus 167 v. Chr. – und damit bricht die historische Überlieferung des Livius mit Ausnahme der Inhaltsangaben ab. Wir haben für die Folgezeit keine durchgängige historiographische Darstellung mehr. Das beginnt erst wieder in der späten Republik mit den erhaltenen Büchern griechischer Geschichtsschreiber, insbesondere des Cassius Dio. Gerade dieses zweite Jahrhundert ist in der direkten Historiographie sehr schlecht dokumentiert beziehungsweise nur durch sehr knappe Breviarien belegt. Die Bücher 46 bis 50 ließen sich als Abschluss der Expansion im östlichen Mittelmeerraum zusammenfassen; subsumiert ist hier der Dritte Punische Krieg mit der Zerstörung Karthagos und dann der Zerstörung Korinths.

Die Dekade 51 bis 60 umfasst die inneren Konflikte bis zu den Gesetzen des Gaius Gracchus, also des zweiten der Gracchen (Tiberius Gracchus ist schon zehn Jahre früher umgebracht worden). Die nächste Dekade, den Übergang vom zweiten ins erste Jahrhundert, bilden die Bücher 61 bis 70: Gaius Gracchus bis Marcus Livius Drusus. Mit dem Namen Marcus Livius Drusus verbindet sich der Ausbruch des Bundesgenossenkrieges, dieses initalischen, gesamtitalischen Bürgerkrieges, in dem die Italiker gegen Rom Krieg führen, um das römische Bürgerrecht zu erlangen –

eine etwas merkwürdige Konstellation. Das ist auch stark aus der Sicht des Endergebnisses dargestellt. Wenigstens in manchen Regionen hat man sich eine italische Einigung ohne Rom vorgestellt.

Es folgen dann die Bürgerkriege des Marius gegen Sulla, zehn Bücher bis zum Tod des Marius 86 v. Chr. und noch einmal zehn Bücher bis zum Rücktritt und danach dem Tode Sullas im Jahr 78 v. Chr. Man sieht hier, dass ein Buch teilweise weniger als ein Jahr behandelt, während doch zweihundertfünfzig Jahre Königszeit in einem einzelnen Buch behandelt worden sind. Livius wird ausführlicher, und was wir erhalten haben, sind die Passagen, in denen er weniger ausführlicher ist, in denen nicht sein Hauptinteresse gelegen hat, nämlich die römische Frühgeschichte. Es folgt dann der Aufstieg des Pompeius und seine Vormachtstellung; wenn man eine Dekadengliederung vornimmt, Bücher 91 bis 100 und 101 bis 110, eine Vormachtstellung, die dann erst durch den Bürgerkrieg, durch den Sieg Caesars, die Schlacht bei Pharsalus zerstört wird. Auch wenn wir diese Phase der römischen Geschichte vielleicht unter dem Vorzeichen Caesars sehen, der populärere Feldherr, derjenige mit der größten politischen Anhängerschaft ist auch in diesen fünfziger Jahren sicherlich Pompeius. Es folgt der Bürgerkrieg bis zum Tode Ciceros, das Buch 120, und mit dem Tode Ciceros, vielleicht symbolisch als Ende der Republik genommen, sind wir auch an dem Punkt angelangt, bis zu dem Livius seine Bücher noch zu Lebzeiten des Augustus veröffentlicht hat. Er dürfte diese Dinge geschrieben haben vielleicht um das Jahr 1 v. oder 1 n. Chr.

Die folgenden Bücher 121 bis 142 sind erst nach Augustus' Tod, nach 14 n. Chr., veröffentlicht worden. Sie behandeln die gesamte augusteische Zeit wohl bis zum Tode des Drusus 9 v. Chr. Das ist die letzte sichere Bemerkung in den Inhaltsangaben. Es gibt in einer Handschrift noch den Hinweis auf die Niederlage des Varus, die Varusschlacht gegen die Germanen 9 n. Chr. Das wären noch einmal achtzehn Jahre mehr. Dieses Problem muss man einfach offen lassen. Es ist keine gesicherte Überlieferung; wie gesagt: nur eine Handschrift fügt diese Notiz hinzu. Es ist denkbar, dass es mehr Bücher von Livius gegeben hat, als zum Zeitpunkt der Anfertigung dieser Inhaltsangabe noch existent waren. Immerhin hat auch mit dem Jahr 9 v. Chr. Livius die Geschichte doch ganz dicht an seine eigene Zeitgeschichte herangeführt.

Ein Gliederungsvorschlag, der auch diskutiert wird, geht in Buchgruppen von fünfzehn Büchern (Pentekaidekaden) vor. An manchen Punkten – Pompeius oder Caesar etwa – scheint das eine plausiblere Gliederung zu sein. An anderen Stellen ist aber die Dekadengliederung ganz eindeutig. Möglicherweise hatte Livius auch schlichtweg sein Gliederungsprinzip nicht durchgehalten, was bei der dichten Behandlung von Ereignissen und der unterschiedlichen zeitlichen Dauer von Ereignissen, die als Einheit verstanden werden, nicht verwunderlich ist.

6.4 Quellen und Wirkung

Wenn man sich nun diese große Geschichte anschaut und an all diejenigen zurückdenkt, die schon in der Republik Geschichte geschrieben haben, dann kann man sich die Wirkung des Livius in Form einer Eieruhr vorstellen. Man hat oben die große Masse der älteren und jüngeren Annalistik. All diese Historiographen werden von Livius in sehr unterschiedlichem Maße benutzt. Livius geht zumeist so vor, dass er sich einen als Hauptquelle nimmt und ihn abschreibt, ihn bearbeitet und sich dann immer wieder einen zweiten dauerhaften und vielleicht auch einmal einen dritten oder vierten danebenlegt, Dinge vergleicht, an einzelnen Punkten überprüft. Aber es ist nicht so, dass er eine Vielzahl verschiedener historischer Darstellungen auf seinen Schreibtisch legt, jeweils den zeitlichen Abschnitt liest und dann seinen eigenen konzipiert. Er schließt sich vielmehr für einen bestimmten Abschnitt an eine bestimmte Quelle an und fügt dann Informationen ein oder korrigiert Informationen anhand von anderen Historiographen.

Beobachten können wir das nur bei seiner Benutzung des Polybios für die Zeit des Zweiten Punischen Krieges und der Folgezeit, denn Polybios ist der einzige Historiker, der in nennenswertem Umfang von den Vorgängern des Livius erhalten geblieben ist. Alle anderen Dinge, jüngere und ältere Annalistik, sind durch den Flaschenhals, den Livius darstellt, nicht hindurchgekommen. Livius hat diese Autoren benutzt, danach hat man nur noch seine Werke gelesen. Zudem hat man, als man Livius hatte, Aelius Tubero, Valerius Antias, Licinius Marcer und all ihre Kollegen nicht mehr abgeschrieben. Die hat es dann eine Zeit lang gegeben, aber irgendwann zerfielen die Buchrollen und das war das Ende der Überlieferung. Was wir von diesen vorlivianischen Schriftstellern wissen, wissen wir aus Zitaten oder Paraphrasen bei Livius und in wenigen verstreuten Bemerkungen bei Antiquaren, bei Varro, bei Plinius dem Älteren und dergleichen, und bei einigen griechischen Historiographen, Dionys von Halikarnassos ist der wichtigste Name hier.

Die Wirkung des Livius war die eines Flaschenhalses. Man kann auch von Eieruhr sprechen, weil sich dann die Darstellungen wieder ausweiten. Es gibt zum einen eine ganze Reihe von Überlieferungssträngen, die auf Livius zurückgehen und nun seine gesamten Bücher in verkürzter Form bieten; beispielsweise Velleius Paterculus im frühen ersten und Florus im frühen zweiten Jahrhundert n. Chr. Und es gibt wieder neue historiographische Darstellungen über die Kaiserzeit. Aber die ältere republikanische historiographische Literatur schafft es nicht, durch diesen Flaschenhals zu kommen. Weil er das Monopol für die Geschichtsschreibung der Republik übernimmt, ist Livius so wichtig geworden, und hat sich sein Geschichtsbild, was in vielem durchaus zu korrigieren und auch in der Antike bereits strittig gewesen ist, durchgesetzt. In gewisser Weise setzt sich diese Eieruhr dann auch noch einmal fort, weil aus dieser Masse, die in der Spätantike noch vorhanden ist, nur sehr wenig erhalten bleibt und es wieder Livius ist, der dann ins Mittelalter, in die Moderne, die Neuzeit hinein, was republikanische Geschichte angeht, die Überlieferung dominiert. Also wiederum eine Verkürzung, aber das ist im Grunde genommen das Monopol, das er sich in der frühen Kaiserzeit schon erkämpft hatte.

6.5 Leistung

Die zentrale Leistung des Livius ist nicht die, dass er die ihm vorliegenden Quellen komplett auswertet und sie uns zur Verfügung stellt, sondern die zentrale Leistung ist eben die, dass er Geschichte lesbar macht, interessant darstellt, mal schnell erzählt, über größere Zeitstrecken mit wenigen Sätzen hinweggeht, aber doch immer wieder auch einzelne Episoden lebhaft gestaltet und damit in vielfacher Weise das Material an Geschichten – jetzt deutlich im Plural – bereitgestellt hat, das das Bild von Rom geprägt hat, Geschichten, die in der Exemplaliteratur verarbeitet werden konnten: das ist großes Handeln, moralisches Handeln – solche Geschichten stellt Livius bereit und erzählt auch schon für die sehr frühe Zeit in lebhaften Einzelszenen. Das, was wir bei Caesar beobachtet haben, dass die Tragödien, die Dramen oder in der Moderne die Filme, die sich mit Caesar beschäftigen, gerade nicht aus ihm schöpfen, ist bei Livius genau umgekehrt. Gerade sein Geschichtswerk bietet den Stoff, aus dem Dramen, Tragödien gestaltet werden können, und zwar in enger Anlehnung an Livius selbst. Es gibt auch eine Reihe von Fällen, in denen der livianische Stoff weiterverwendet ist, eben weil die Darstellung so attraktiv war und ohne große Mühe für ganz andere Zwecke verarbeitet werden kann, es gibt auch Versifikationen des Livius oder einzelner livianischer Episoden, vor allem als kleine Epen.

Livius geht es bei seiner Darstellung der Geschichte nicht wie einem Polybios um pragmatische Geschichtsschreibung, das heißt, Livius schreibt nicht für Politiker, die sehen sollen, wie römische Republik funktioniert und wie man mit Senat und Volksversammlung erfolgversprechend umgeht. Denn die Römische Republik ist, in dem Moment, wo er anfängt zu schreiben, passé. Er schreibt nach der Republik. Was Livius vielmehr interessiert, ist das, was man vielleicht als »human interest« bezeichnen kann. Ihm geht es um Einzelgeschicke, um moralische Bewährung in der Geschichte, an einzelnen Stellen durchaus auch um Opfer von Geschichte und das, was Menschen erleiden, erleben. Er will Geschichte erlebbar machen, und darauf richtet sich seine Art der Darstellung. Deswegen konzentriert er sich auf Personen, nicht auf Strukturen. Deswegen bildet er zusammenhängende, abgerundete Episoden, bildet Szenen der Interaktion von Personen. Deswegen legt er Reden ein. Deswegen dichtet er Dialoge über alle Phasen der römischen Geschichte hinweg.

Das Stichwort, der Fachbegriff für diese Art der Darstellung, wäre im Griechischen ἐνάργεια, also »Anschaulichkeit in der Darstellung«. Der lateinische Begriff, der es nicht ganz trifft, wäre *evidentia*, »Anschaulichkeit«. Das ist das zentrale darstellerische Ziel des Livius und das ist sicherlich auch sein Erfolgsgeheimnis, denn die Zahl der Konkurrenten ist groß. Gegen all diese Konkurrenten setzt sich Livius mit seinem umfangreichen Werk durch.

Die Annalistik bis auf Livius

6.6 Livius: Versuch einer Charakterisierung

Eine Charakteristik des Livius soll unter fünf Gesichtspunkten vorgeführt werden soll: Livius als Annalist, Livius als Mythograph, aber auch als Historiker, und – das berührt sich dann wieder sehr stark mit dieser zentralen Rezeption – als Psychologe; abschließend die Frage, inwieweit Livius ein Augusteer gewesen ist.

6.6.1 Annalist

Zunächst zu Livius als Annalist. Hier ein klassisches Beispiel (Liv. 3,32,1–5):

Ab externis bellis quietus annus fuit, quietior insequens P. Curiatio et Sex. Quinctilio consulibus, perpetuo silentio tribunorum, quod primo legatorum qui Athenas ierant legumque peregrinarum exspectatio praebuit, (2) dein duo simul mala ingentia exorta, fames pestilentiaque, foeda homini, foeda pecori. vastati agri sunt, urbs adsiduis exhausta funeribus; multae et clarae lugubres domus. (3) flamen Quirinalis Ser. Cornelius mortuus, augur C. Horatius Puluillus, in cuius locum C. Veturium, eo cupidius quia damnatus a plebe erat, augures legere. (4) mortuus consul Quinctilius, quattuor tribuni plebi. multiplici clade foedatus annus; ab hoste otium fuit. (5) inde consules C. Menenius P. Sestius Capitolinus. neque eo anno quicquam belli externi fuit: domi motus orti.

Im Blick auf auswärtige Kriege war das Jahr ruhig, noch ruhiger das Folgejahr unter den Konsuln P. Curiatius und Sex. Quinctilius. Die Volkstribune verhielten sich völlig still, erstens weil es das Warten auf die nach Athen geschickten Gesandten und die (von dort zu holenden) auswärtigen Gesetze gebot, (2) dann, weil zwei ungeheure Schadensfälle auftauchten, Hunger und eine Seuche, gefährlich für den Menschen, gefährlich für das Tier. Die landwirtschaftlichen Flächen verwaisten, die Stadt entvölkerte sich durch ständige Begräbnisse; viele und berühmte Häuser wurden Trauerhäuser. (3) Der Flamen Qurinalis Ser. Cornelius starb, der Augur C. Horatius Pulvillus, auf dessen Platz die Auguren den C.

Veturius wählten, mit um so größerer Energie, weil er vom einfachen Volk verurteilt worden war. (4) Es starben auch der Konsul Quinctilius und vier Volkstribune. Das Jahr wurde also durch vielfache Schläge entstellt; außenpolitisch herrschte aber Entspannung. (5) Anschließend waren Konsuln C. Menenius und Po. Sestius Capitolinus. Auch in diesem Jahr gab es keinen Krieg im Äußeren: zuhause in Rom entstanden Aufstände. (Meine Übersetzung).

Dieses kurze Textstück ist die Darstellung eines Jahres aus dem späten fünften Jahrhundert und der Beginn des Folgejahres. Hier liegt ein kompletter Jahreseintrag vor. Einige Hinweise zur Struktur dieses Jahreseintrages: Es geht los mit Kriegen beziehungsweise ihrem Fehlen, also außenpolitischer Ruhe. Äußere Kriege, das ist ein zentrales, inhaltliches Interesse der livianischen Darstellung. Es schließt sich das an, was man als annalistisches Schema bezeichnet, eine Angabe des Jahres durch die Datierung der Konsuln, *P. Curiatio et Sex. Quinctilio consulibus,* »als P. Curiatius und Sex. Quinctilius Konsuln waren«, dann kommen ganz kurz weitere Angaben, was in diesem Jahr passiert sei. Mit dem Stichwort *tribuni* »Volkstribune«, richtet sich der Blick nach innen, *silentio* weist darauf hin, dass sie offensichtlich nicht viel unternommen haben. Es wird dann erklärt, warum das so gewesen ist. Der Punkt Innenpolitik ist damit abgehakt, und dann geht es zu bemerkenswerten negativen Ereignissen, Katastrophen, »Hunger und Pest«, deren Folgen dann näher ausgeführt werden. Es sind eine Reihe von Leuten gestorben, einige Priester – allein dafür scheinen Nachrichten vorzuliegen – werden hier genannt, *mortuus ... mortuus ... mortuus,* und dann geht es schon weiter mit *inde consules C. Menenius P. Sestius Capitolinus,* da sind wir schon ein Jahr weiter mit der Angabe der nächsten Konsuln. An der Verwendung verschiedenster Kasus sieht man, wie Livius ersucht, stilistisch eine gewisse Variation auf so kleinem Raum hineinzubringen. Die Diskussion, die sich an diesem Typ von Einträgen von Jahresdarstellung entfaltet hat, hat festgestellt, dass das, was hier beschrieben wird, also Angaben für ein Jahr, mit dem übereinstimmt, was in verschiedenen anderen Quellen über frühere Formen und früheste Formen römischer Geschichtsschreibung gesagt worden ist. Dazu wird auf den älteren Cato verwiesen, der bei Gellius (2,28,6) zitiert wird:

Die Annalistik bis auf Livius

Non lubet scribere, quod in tabula apud pontificem maximum est, quotiens annona cara, quotiens lunae aut solis lumine caligo aut quid obstiterit.

Es gefällt uns nicht, die Dinge aufzuschreiben, die sich in der Tafel beim Pontifex maximus finden, nämlich wie oft Getreide teuer war, wie oft es Mond- oder Sonnenfinsternisse gegeben hat oder was sonst in den Weg getreten ist. (Meine Übersetzung.)

Gemeint sind hier Prodigien, Vorzeichen. Der Pontifex maximus schreibt für die Datierung auf einer solchen Tafel die Konsulnamen darüber, dann folgen *pestilentia* oder *fames, annona cara* – Getreide ist dann teuer, wenn es wenig gibt – wenn es wenig gibt, gibt es Hunger –, dann irgendwelche Prodigien. Das wäre in diesem Fall eine Pest. Wir wissen, dass solche Seuchen als schlechte Vorzeichen und als Zeichen von Götterzorn verstanden worden sind, mit den entsprechenden Toten. Und das wäre es im Grunde genommen schon; Sonnenfinsternis, Mondfinsternis hat es nicht gegeben. Man sieht, dass sich diese imaginäre Tafel sehr eng mit dem deckt, was wir hier bei Livius finden. Die Vorstellung, die man sich von der Sache gemacht hat, findet man mit einem großen Zeitsprung bei Cicero, der Mitte des ersten Jahrhunderts v. Chr. schreibt (*de orat.* 2,52):

Ab initio rerum Romanarum usque ad P. Mucium pontificem maximum res omnes singulorum annorum mandabat litteris pontifex maximus efferebatque in album et proponebat tabulam domi, potestas ut esset populo cognoscendi; eique etiam nunc annales maximi nominantur.

Vom Beginn der römischen Geschichte bis zum Oberpontifex Publius Mucius [Scaevola] war es üblich, dass der Oberpontifex alle Angelegenheiten jedes einzelnen Jahres verschriftlichte und auf eine weiße Tafel übertrug und diese Tafel an seinem Wohnsitz ausstellte, damit das Volk die Möglichkeit habe, das zu erfahren. Diese Jahrbücher werden noch jetzt *Annales maximi* genannt. (Meine Übersetzung).

Publius Mucius Scaevola, auch ein Pontifex maximus, hat also aufgehört, die Tafeln zu beschreiben und alles das, was zuvor diesen Tafeln anvertraut worden war, in einem großen Werk zusammengeschrieben. Dieses Werk sind die *Annales maximi*, 130/120 v. Chr. publiziert. Nun sieht man hier die Formulierung *mandabat litteris;* der Pontifex maximus hat das also der Schrift anvertraut und auf einer Tafel, einer geweißten Tafel, hinausgetragen; *efferebatque,* das heißt, er hat das auf andere Aufzeichnungsmaterialien in Form eines fortlaufenden *commentarius* Aufgeschriebene jährlich auf eine solche Tafel übertragen, und diese Tafel stand vor seiner Wohnung. Und die Vorstellung, die sich daraus entwickelt hat, schon in der Antike, vor allen Dingen aber in der Moderne, ist die, dass jedes Jahr so eine Tafel beschrieben worden ist und diese Tafeln dann am Ende des Jahres ins Archiv geschleppt wurden, und man schließlich ein riesiges Archiv von Tafeln hatte, das zur Abfassung der *Annales Maximi* benutzt worden ist. Das habe dann den Grundstein römischer Geschichtsschreibung gebildet, was man genau an solchen Livius-Stellen sehen könne.

Diese Vorstellung ist schlichtweg falsch. Schon bei der Cicero-Stelle geht es um eine einzige Tafel, *album*, eine Tafel, die geweißt, beschriftet und am Jahresende wieder geweißt und erneut beschriftet wird, denn man muss diese Tafel ja gar nicht aufheben. Das Wichtigste steht ja in den *commentarii*, die der Pontifex in anderer Weise anfertigt. Wenn wir jetzt bei Livius genau hinschauen, dann stellen wir aber auch fest, dass dieser Typ von Einträgen in der vollen Form erst ab dem späten dritten Jahrhundert zu beobachten ist und vorher im Wesentlichen, und da bildet dieses Jahr eine Ausnahme, die Konsuln und Kriege angegeben werden oder auch schon mal eine Pest, aber dass all diese anderen Nachrichten, vor allem diese Nachrichten über Amtsantritte und Tode von Priestern, die dieser Pontifex maximus sicher geführt hat, für die Frühzeit alle fehlen und dass der Prozess eher so ist, dass aus der Erzählung einzelner Episoden in einem sekundären Schritt *fasti*, Konsulnlisten herausgezogen und dann ergänzt werden und in dieser ergänzten Form wieder Einfluss auf flächige Darstellungen der römischen Geschichte gewinnen.

Livius ist aber keinesfalls in dem Sinne ein Annalist, dass er jetzt diese Tafeln nimmt oder Werke, die unmittelbar aus diesen Tafeln gearbeitet sind, abschreibt. An dieser Stelle ist erkennbar, was es heißt, dass Livius Annalist ist. Er benutzt dieses Raster, das aber kein Raster ist, das aus einer langen Vorgeschichte römischer Geschichtsschreibung stammt und hier reproduziert wird, sondern es ist eines, das selbst im Laufe dieser römischen Geschichtsschreibung im literarischen Bereich entwickelt worden ist und dann allerdings als Raster für eine fortlaufende Geschichtsschreibung dienen kann. In ihm wird jedes Jahr berücksichtigt und innerhalb dieses festen chronologischen Rasters einzelne Ereignisse kürzer oder länger ausgeführt. Es ist sicherlich der Clou dieser annalistischen Geschichtsschreibung, nicht nur im Sinne einer Herkunftshypothese, sondern im Sinne einer bestimmten Art der Darstellung, dass dieses annalistische Raster ein Gerüst für Geschichtsschreibung bilden kann, das fortlaufende Geschichtsschreibung ermöglicht, ohne damit in Listenform zu verfallen, sondern ein Minimalraster erlaubt, das dann gefüllt werden kann.

6.6.2 Mythograph

Livius sagt am Anfang, dass die Frühgeschichte eine Sache der Dichter und nicht der Historiographen sei; dennoch führt er dieses annalistische Schema bis an den Anfang oder zumindest bis an den Anfang der Republik hinauf und behandelt vorher in ähnlicher Weise die Königszeit. Er nutzt es dazu, die römische Geschichte vom ersten Tag an in gleicher Weise darzustellen. In der Art der Darstellung ist erkennbar, dass der Stoff nicht, wie er im Vorwort sagt, erst den Dichtern gehört habe und erst die Folgezeit den Geschichtsschreibern. Auf dieser Ebene der Darstellung ist die Geschichte eine durchgehende Geschichte, und Mythographie und Geschichte lassen sich praktisch nicht trennen.

Genau das ist es, warum Livius sowohl als kanonischer Autor für die römische Geschichte als auch als kanonischer Autor für römische Mythologie dient, denn die vielen Geschichten, die er in dieser Geschichtsdarstellung einbindet und die aus den unterschiedlichsten Zeiten stammen, aus dem dritten, aus dem zweiten oder zum Teil erst aus dem ersten Jahrhundert v. Chr., bieten zugleich ein Repertorium römischer Mythologie. Diese enge Verknüpfung ist dafür verantwortlich, dass uns im Unterschied zur griechischen Geschichte, wo wir ganz fern die Mythologie haben und nach dem großen Bruch, dem Trojanischen Krieg, sechshundert Jahre später Geschichte einsetzt, in Rom Mythologie und Geschichte von Anfang an als eins erscheinen, beide ganz dicht ineinander gehen.

6.6.3 Historiker

Livius ist Historiker, das zeigt sein Vorwort. Er macht diese deutliche Unterscheidung, dass Frühgeschichte etwas für Dichter sei und nicht für Geschichtsschreiber. An verschiedenen Stellen diskutiert er unterschiedliche Positionen und stellt sich etwa die eindeutig historische Frage, was geschehen wäre, wenn Alexander der Große im Jahr 320 v. Chr. Rom angegriffen hätte. Hätten diese erfolgreichen Römer einem Alexander Stand halten können? Aber im Großen und Ganzen, durch die Art seiner Quellenbenutzung, einer Hauptquelle folgend, diese nur gelegentlich korrigierend, übt er keine durchgängige Quellenkritik. Von daher ist seine Behandlung der römischen Frühgeschichte unter dem Aspekt historischer Methode nicht anders als die der späteren Zeit – nämlich reichlich unkritisch. Als Historiker ist Livius mit Vorsicht zu benutzen, auch wenn er durchaus sehr erhellende Passagen hat, die ein gewisses Interesse und Verständnis für historische Probleme erkennen lassen.

Zum Problem der Quellenkritik ist folgende Passage (Livius 4,20,1–8) erhellend:

Omnibus locis re bene gesta, dictator senatus consulto iussuque populi triumphans in urbem rediit. (2) longe maximum triumphi spectaculum fuit Cossus, spolia opima regis interfecti gerens; in eum milites carmina incondita aequantes eum Romulo canere. (3) spolia in aede Iouis Feretri prope Romuli spolia quae, prima opima appellata, sola ea tempestate erant, cum sollemni dedicatione dono fixit; averteratque in se a curru dictatoris civium ora et celebritatis eius diei fructum prope solus tulerat. (4) dictator coronam auream, libram pondo, ex publica pecunia populi iussu in Capitolio Iovi donum posuit. (5) omnes ante me auctores secutus, A. Cornelium Cossum tribunum militum secunda spolia opima Iovis Feretri templo intulisse exposui; (6) ceterum, praeterquam quod ea rite opima spolia habentur, quae dux duci detraxit nec ducem novimus nisi cuius auspicio bellum geritur, titulus ipse spoliis inscriptus illos meque arguit con-

sulem ea Cossum cepisse. (7) hoc ego cum Augustum Caesarem, templorum omnium conditorem aut restitutorem, ingressum aedem Feretri Iouis quam vetustate dilapsam refecit, se ipsum in thorace linteo scriptum legisse audissem, prope sacrilegium ratus sum Cosso spoliorum suorum Caesarem, ipsius templi auctorem, subtrahere testem. (8) qui si ea in re sit error quod tam ueteres annales quodque magistratuum libri, quos linteos in aede repositos Monetae Macer Licinius citat identidem auctores, septimo post demum anno cum T. Quinctio Poeno A. Cornelium Cossum consulem habeant, existimatio communis omnibus est.

Nachdem die Sache überall zu einem guten Ende gebracht war, kehrte der Diktator auf Senatsbeschluss und auf Geheiß des Volkes im Triumph in die Stadt zurück. (2) Bei weitem am meisten Aufsehen bei dem Triumphzug erregte Cossus, der die erbeutete Feldherrnausrüstung des getöteten Königs mit sich führte. Auf ihn sangen die Soldaten kunstlose Lieder, in denen sie ihn mit Romulus verglichen. (3) Er brachte die erbeutete Rüstung in feierlicher Weihe als Geschenk im Tempel des Jupiter Feretrius in der Nähe der von Romulus erbeuteten Rüstung an, die als erste die Bezeichnung »Feldherrnbeute« erhalten hatte und bis zu diesem Zeitpunkt die einzige geblieben war. Er hatte die Blicke seiner Mitbürger vom Triumphwagen des Diktators weg auf sich gelenkt und den Ruhm dieses Tages fast allein geerntet. (4) Der Diktator legte einen goldenen Kranz von einem Pfund Gewicht aus öffentlichen Mitteln als Geschenk für Jupiter auf dem Kapitol nieder. (5) Im Anschluss an alle Geschichtsschreiber vor mir habe ich angegeben, dass A. Cornelius Cossus als Militärtribun die zweite erbeutete Feldherrnrüstung in das Heiligtum des Jupiter Feretrius gebracht hat. (6) Aber abgesehen davon, dass zu Recht als erbeutete Feldherrnrüstung nur gilt, was ein Feldherr einem Feldherrn genommen hat, und wir als Feldherrn nur den anerkennen, unter dessen Auspizien der Krieg geführt wird, bezeugt die Aufschrift, die auf der Rüstung angebracht ist, gegen jene und gegen mich, dass Cossus sie als Konsul genommen hat. (7) Als ich hörte, Augustus Caesar, der

Gründer und Erneuerer aller Heiligtümer, habe, als er den Tempel des Jupiter Feretrius besuchte, der infolge seines hohen Alters verfallen war und den er wiederherstellen ließ, selbst gelesen, dass es so auf dem Leinenpanzer stand, hielt ich es fast für ein Sakrileg, dem Cossus für die ihm erbeutete Rüstung einen Zeugen wie Caesar, den Schirmherrn dieses Tempels, vorzuenthalten. (8) Wo hier der Irrtum liegt, wenn so alte Geschichtswerke und wenn das auf Leinen geschriebene Beamtenverzeichnis, das im Tempel der Moneta aufbewahrt wird und das Macer Licinius immer wieder als Quelle anführt, A. Cornelius erst neun Jahre danach mit T. Quinctius Poenus als Konsul bringen, darüber mag sich jeder sein eigenes Urteil bilden. (Übersetzung Hans Jürgen von Hillen, Zürich/Düsseldorf 1997)

Das ist ein Kapitel aus der frühen Republik, zeitlich an der Wende vom zweiten zum dritten Drittel des fünften Jahrhunderts angesiedelt. Es geht darin um den großen Aulus Cornelius Cossus, einen der Helden der Römischen Republik des fünften Jahrhunderts, bei dem es für uns schon sehr schwer zu entscheiden ist, was historische Elemente, was legendäre Elemente sind, inwieweit verschiedene Personen, Ereignisse und Taten verschiedener Personen in eine Person ineinandergeblendet sind, um so einen ganz großen Cornelier in diesem fünften Jahrhundert zu stehen zu bekommen.

Von Bedeutung ist für dieses Beispiel die Art und Weise, wie Livius hier mit einem speziellen historischen Problem umgeht. Das Problem ist, dass dieser Cornelius Cossus in der römischen Überlieferung fest verbunden mit der Erwähnung der *spolia opima* wird, der, wörtlich übersetzt, »fetten Beute«, der Erbeutung der Rüstung eines gegnerischen Feldherrn, die dann in einem besonderen Ritual in einem sehr alten Jupitertempel auf dem Capitol, dem Tempel des Jupiter Feretrius, als Votivgeschenk dargebracht wird. Auf einem kleinen Baumstamm montiert wird es in einer Prozession zu diesem Tempel gebracht. Darüber werden dann später bestimmte Regelungen produziert und in die römische Vergangenheit zurückprojiziert: wer so etwas machen darf, wem das Opfer gebührt, was für Tiere noch dazu geschlachtet werden müssen usw. Das zentrale Problem, das sich hier stellt, ist, dass die Datierung der Angaben zu diesen *spolia opima* so liegt, dass Cossus zu diesem Zeitpunkt nach der Überlieferung noch nicht Konsul gewesen ist. Das wird gegen Ende des Textes erläutert, dass nämlich der Hauptzweig der Überlieferung davon ausgeht, Cossus sei erst einige Jahre später, im siebten Jahr danach, Konsul gewesen. Das heißt, er hat dieses spezielle Ritual vollzogen, als er noch nicht Konsul war, wohl als ein Decemvir, also in einer politischen Funktion, die nicht mit der Normallaufbahn der späteren Republik übereinstimmt. Jetzt stellt sich Livius die Frage, wie das sein konnte und ob eines von den beiden Daten oder irgendeine Angabe falsch sein könne. Die Grundlage, die er zur Lösung dieses Problems herstellt, ist, dass er den späteren, antiquarisch überlieferten Regeln vertraut: Das Ritual beinhaltet, dass ein *dux* einem anderen *dux* die Rüstung abzieht, nachdem er ihn im Zweikampf besiegt hat. *Dux* kann nach römischem Verständnis nur jemand sein, der die Auspizien hat, also die rituelle Bevollmächtigung für die Durchführung magistratischer Aktivitäten, und das heißt auf Cossus bezogen: Er muss Konsul gewesen sein. Damit wird das Problem zunächst einmal unlösbar. Die dokumentarischen Quellen sprechen dafür, dass er noch nicht Konsul gewesen ist. Wie geht Livius jetzt an diesen Punkt heran? Er verweist zunächst darauf, dass alle Quellen vor ihm davon ausgehen, dass Cossus diese Weihgabe als *tribunus militum* dargebracht habe. Und er sagt, dass er gehört habe, wie Augustus, der diesen Tempel des Jupiter Feretrius schließlich selbst wiederhergestellt hat, nachdem er aus Altersgründen zusammengefallen war, gesagt habe, dass er auf der Rüstung beziehungsweise auf dem an der gegnerischen Rüstung befestigten Leinenpanzer, einem militärischen Rüstungsstück aus Leinen, gelesen habe, dass Cossus die Weihgabe in der Funktion eines Konsuls gemacht habe. Und damit ist für Livius dieser Fall entschieden. Er betrachtet es als Sakrileg, demjenigen, der diesem Tempel als zweiter Gründer zugeordnet ist, Augustus, in einem solchen Punkt, wo dieser Autopsie behauptet, nicht zu glauben.

Livius stellt sich nicht die Frage, die wir uns heute stellen würden, was überhaupt mit so einer linnernen Rüstung ist. Es ist ein altes annalistisches Motiv, dass sich in besonderen Fällen besondere Einheiten mit einem Leinengewand bekleidet haben. Das ist aber für die Römer selbst nicht sicher belegt. Das sind schon die ersten Unsicherheiten auf die Frage, wie so ein Leinengewand vierhundert Jahre überleben will und überleben soll unter Bedingungen, in denen der Tempel längst zusammengefallen ist. Auch eine solche Frage stellt sich Livius nicht. Er ›glaubt‹, er stellt den Befund zwar dar, hat aber offensichtlich überhaupt keine Kriterien, um mit diesem Problem umzugehen und zu entscheiden, die Überlieferung abzuklopfen, sondern verlässt sich dann allein auf das Autoritätsargument, Augustus habe das so gesehen. Man sieht also hier – an einem besonders herausstehenden Beispiel sicherlich –, dass Livius die vor ihm liegenden Quellen verarbeitet und heranzieht, gelegentlich seine Urteile fällt, dass er aber, wenn es wirklich problematisch wird und er eigene Kriterien anführen müsste, um eine divergierende Überlieferung zu entscheiden, ganz schnell auf Autoritätsargumente ausweicht. Wir müssen damit rechnen, dass er in vielen anderen Fällen einfach auch nach dem Prinzip entschieden hat, einen Schriftsteller, den er hier benutzt, als den glaubwürdigeren anzusehen (aus welchen Gründen auch immer) und deswegen diesen in seiner Darstellung zu folgen.

6.6.4 Psychologe

Livius selbst führt in der Anfangspassage seines Werkes seine Motivation an, Geschichte zu schreiben, und unter anderem fallen dabei an zentraler Stelle, nämlich in Paragraph 9, die Begriffe *quae vita, qui mores*. *Vita* und *mores* sind für Livius ganz zentrale Begriffe, die nicht den Kern seiner Wertorientierung, aber seiner Gegenstandsorientierung, das, was er aus dem historischen Material herausziehen will, kennzeichnen sollen.

Wenn wir versuchen, das zu übersetzen und diese programmatische Aussage am Anfang mit dem zusammen zu sehen, was wir tatsächlich in dem Werk vorfinden, dann spielen in der Tat Personencharakteristiken, sei es durch kurze, biographieartige Exkurse oder durch eine intensive Personencharakterisierung durch Handlung oder durch Reden, eine ganz große Rolle. Die Einzelperson und dann Konfliktsituationen durch das Zusammenwirken mehrerer Personen und Probleme, die beim Aufeinanderstoßen verschiedener Charaktere entstehen – das sind wichtige Momente bei Livius, die er in die flächendeckende annalistische Darstellung einbettet, in den breiten Raum, den externe Kriege bei ihm einnehmen. Aber immer dort, wo Einzelszenen ausgebaut werden und wo sich das Erzähltempo zu einer breiteren Darstellung von Einzelheiten verlangsamt, dann findet sich dieses Interesse, das er hier mit *vita* und *mores* beschreibt, das demnach tatsächlich im Hintergrund steht.

Natürlich – das ist bei der Quellenlage, die Livius vorfindet, gar nicht anders zu erwarten – sind diese historischen Charakteristiken, diese historische Dimension der Psychologie oft anachronistisch. Das sind Konfliktlagen der späten Republik, des ausgehenden zweiten oder gar des ersten Jahrhunderts, die hineinprojiziert werden. Dazu kommt, was das Anachronistische oft noch verschärft, dass Livius auch für die Gegenwart keine politische, keine militärische Erfahrung hat und dass Livius, wie bereits zu Beginn gesagt, kein Mitglied der Führungsschicht ist und ihm so gesehen die Dinge, die ihn interessieren, das Verhalten von Leuten in der Oberschicht, in den Positionen, die die politische Geschichte bestimmen, als unmittelbares Erleben und als Verstehen von Mechanismen gar nicht zugänglich ist. Dennoch hat Livius erstaunliche Einsichten. Einsichten, die wir heute im psychologischen, sozialwissenschaftlichen und wirtschaftswissenschaftlichen Bereich formulieren würden, die aber immer wieder auf psychologische Grundmechanismen – so funktionieren Menschen – zurückzuführen sind.

Ein Beispiel ist das Beobachten und Reflektieren von Preiserhöhungen in Krisensituationen: Wenn sich die außenpolitische Lage verschärft, gehen Preise nach oben, obwohl die Antike und auch Livius keine Markttheorie kennen, die die Preise als Ergebnis von Angebot und Nachfrage verstehen würde; Preise sind vielmehr etwas natürlich Gegebenes. Es gibt den gerechten Preis, und von daher sind solche Abweichungen von Normalpreisen durchaus etwas, wofür es kein Erklärungsmodell gibt.

Dann gibt es eine andere Beobachtung, die immer wieder vorkommt, und zwar die Häufung von Vorzeichen, von Prodigien, von *Omina*-Beobachtungen in Krisenzeiten. Auch das ist eine Beobachtung, die nicht von einem Religionskritiker angestellt wird, sondern von einem Livius, der sein Vorwort mit der Anrufung von Göttern abschließt und der auch sonst immer wieder deutlich zu erkennen gibt, dass er sich durchaus in der traditionellen Religion, in den traditionellen Kulten zuhause fühlt. Dennoch analysiert Livius Religion. Durchaus unter einer psychologischen Perspektive wird immer wieder gezeigt, was an der Religion Manipulationsversuchen ausgesetzt ist und auch erfolgreich für die Manipulation von Soldaten, aber auch von Zivilisten eingesetzt werden kann.

Und schließlich ein Punkt, der ebenfalls unter diese Rubrik des psychologischen Interesses eingeordnet werden soll, ein Punkt, der schon unter dem Stichwort Historiker genannt wurde: das Gedankenexperiment, in dem er sich Gedanken macht, was passiert wäre, wenn Alexander Rom angegriffen hätte und was aus der italischen Expansion Roms geworden wäre. Hier ist das Interessante nicht die historische Fragestellung, der Kräftevergleich – Wie waren die Heere bewaffnet? Welche Zahlen standen zur Verfügung? –, sondern die Fähigkeit und das Interesse des Livius, sich in Personen, in Konfliktlagen hineinzuversetzen. Das weist dann wieder auf den Bereich des Stiles zurück.

Dieses sich Hineinversetzenwollen hat auf der einen Seite so oft erstaunliche Einsichten zur Folge, auf der anderen Seite hat es immer wieder zur Folge, dass Livius zu ganz fürchterlichen Anachronismen neigt und eben sowohl was die Reaktion von Personen als auch was politische Konfliktlagen angeht, Ereignisse und Mechanismen in die Frühzeit zurückversetzt, die einer viel späteren Zeit angehören. Auch dadurch ergibt sich die Überleitung zu Livius' Zeitgeschichte und der Frage, wie Livius in die augusteische Zeit einzuordnen ist.

6.6.5 Augusteer

Wie man schon dem kurzen Abschnitt unter dem Stichwort historiographische Methode entnehmen kann, ist Livius mit dem Princeps, mit Caesar Augustus, persönlich bekannt. Er pflegt Umgang mit ihm, auch wenn wir nicht wissen, in welchem Umfang. Immerhin wird überliefert, dass Augustus ihn scherzhaft oder auch ernsthaft als Pompejaner bezeichnet hat, also in gewisser Weise als einen Republikaner. Wobei das bei einer Verbindung von Caesar zu Caesar Augustus so lange nicht illegitim ist, wie Augustus selbst den Staat, seine Verfassung als *res publica restituta*, als wiedererrichtete Republik, versteht und eben kein Kaisertum aufrichtet, sondern mit dieser Konstruktion des Prinzipats – des Princeps, der außerhalb der Verfassung steht beziehungsweise unter Kumulation verschiedener verfassungsmäßiger Befugnisse ein Regime errichtet, das de facto wenig mit der Republik zu tun hat – die republikanische Fassade aber ganz aufrechterhält. Immerhin zeigt auch diese Bemerkung, wenn sie spöttisch gemeint sein sollte, dass Livius in einer gewissen Distanz zu Augustus steht. Eine Distanzierung, die sicherlich auch sozial durch die Herkunft des Livius aus der Mittelschicht begründet ist, und eine Distanzierung, die sich dann auch geographisch widerspiegelt darin, dass Livius zu einem späteren Zeitpunkt seines Lebens von Rom aus wieder in seine Geburtsstadt, nach Padua/Patavium zurückkehrt.

Diese Rückkehr – wobei wir nicht wissen, wie lange das vor seinem Tode gewesen ist – darf man kaum von einem Begriff trennen, mit dem Livius bei Asinius Pollio, einem fast zeitgenössischen Historiker, belegt wird, der später von Quintilian zitiert wird: der *patavinitas* des Livius. Diese *patavinitas*, dieses »Paduaner-Sein« des Livius, bezieht Quintilian an der Wende vom ersten zum zweiten Jahrhundert n. Chr. auf den livianischen Stil. Was auch immer das dann sein mag – irgendwelche Provinzialismen oder ähnliches – ist unklar, es ist aber sehr viel wahrscheinlicher, dass Asinius Pollio diese *patavinitas* eher als eine politische Aussage gemeint hat, also eine spezifisch italisch-munizipale Ausrichtung des Livius, die nicht mit den großstädtischen, den stadtrömischen Entwicklungen übereinstimmt. Das ist etwas, was man sicherlich mit einem Phänomen zusammenbringen darf, das sich auch sonst vielfach bei Literaten beobachten lässt, nämlich dass diese Leute aus den italischen Munizipien (nicht zuletzt ist Horaz ein sehr gutes Beispiel) in ihrer Werteorientierung sehr viel konservativer sind als Stadtrömer, als die Großstadtmenschen am Puls der politischen Entwicklung. Diese *patavinitas* wäre dann ein Element der Distanzierung, eine der augusteischen Entwicklung in gewisser Weise kritisch gegenüberstehende, konservative Haltung.

Ein weiterer Punkt, der gar nicht überschätzt werden kann, den wir aber in seiner Historizität letztlich nicht ganz abschätzen können, ist die postume Publikation der Bücher, die die augusteische Geschichte behandeln. Wie bereits erwähnt, wissen wir nicht, ob Livius kurz vor oder nach Augustus verstorben ist. Und nur im zweiten Fall, wenn Livius gemäß der Angabe des Hieronymus im Jahr 17 n. Chr. gestorben ist, wäre es wirklich aufschlussreich, dass er mit der Publikation dieser Bücher gewartet hatte, bis Augustus tot war. Wenn Livius schon im Jahr 12 n. Chr. gestorben wäre, kurz vor Augustus, dann könnte man sagen, dass er einfach diesen Zeitabschnitt noch fertigstellen und dann geschlossen publizieren wollte und der Tod ihm die Feder aus der Hand genommen hat. In diesem Fall wäre wenig aus der Angabe der Publikation erst nach dem Tode des Augustus zu gewinnen. Wenn er aber gewartet hat, bis Augustus tot war, dann zeigte es dagegen, dass er selbst damit gerechnet hat, dass jener mit seiner Darstellung der qugusteischen Zeit nicht ganz einverstanden gewesen wäre – ohne dass wir schon die schlimmste Reaktion oder die schlimmste Furcht auf Seiten des Livius unterstellen müssten.

Auch in diesem Zusammenhang kann man auf das Vorwort verweisen, wo er im Paragraph 5 das Problem anspricht, dass Schriftsteller und Historiker, die die eigene Zeit darstellen, in der Gefahr stehen, entweder von der Wahrheit abzubiegen, das heißt die Ereignisse irgendeinem Mächtigen zum Wohlgefallen verfälscht darzustellen, oder zumindest selbst innerlich so engagiert sind, dass sie sehr viel tendenziöser schreiben, als sie die viel entferntere Vorgeschichte darstellen können. Wenn man diese negativen Elemente, die Distanz ausdrücken, zusammenbringen will mit der doch offensichtlich großen Beliebtheit, die Livius schon in augusteischer Zeit besessen hat, und auch mit seiner Wertschätzung durch den Princeps, die sich in dem engen Umgang mit dem Literaten Livius zeigt, der sonst ja keinerlei politische Funktionen hat, muss man wohl auf die ganz komplexe Situation hinweisen, die diese augusteische Zeit darstellt.

Es herrschte zuvor die lange Zeit der Bürgerkriege, wirklich blutiger Bürgerkriege, sowohl im militärischen Sinne als auch im Sinne innenpolitischer Verfolgung, denen zum Beispiel 43 v. Chr. Cicero zum Opfer gefallen ist. Dieser Zeit gegenüber stellt die augusteische Zeit nach dem Sieg bei Actium 31 v. Chr., mit der Rückkehr des Augustus 30/29 v. Chr. nach Rom, wirklich ein goldenes Zeitalter dar. Und diese Zeit ist auch die Perspektive, in der Livius sein Werk beginnt, wenn er das erste Buch etwa im Jahr 28 v. Chr. abgefasst hat. Es ist zum ersten Mal seit langer Zeit wieder eine Perspektive auf eine lange Friedenszeit gegeben. Das ist der positive Aspekt dieser augusteischen Zeit; ein Aspekt, der sich ja im Großen und Ganzen die ganze Zeit durchgehalten hat: kein Bürgerkrieg, die eine oder andere Verfolgung, der eine oder andere politische Prozess oder Mord, wenn man es etwas schärfer formulieren will, einige äußere Kriege, aber doch Dinge, die sich an der Peripherie des Imperiums abspielten und auch, wenn sie negativ ausfielen, keine große Rückwirkung im Inneren gehabt haben. Diese Zeit wird als *aurea aetas*, das »goldene Zeitalter«, in vielen Bereichen – in Literatur, bildender Kunst, Reliefkunst – betont und wird propagandistisch nach vorne gestellt, um damit diesen tatsächlich gegebenen Eindruck auf der einen Seite zu bestätigen, indem viele Leute offensichtlich diese Sicht übernehmen, zum anderen aber auch durchaus als bewusste Propaganda, um die Usurpation von politischen Funktionen durch Augustus zu legitimieren.

Dieser positiven Sicht der Dinge, der wir viele literarische Zeugnisse verdanken, stehen Prozesse zur Seite, die nicht ganz in das Bild des goldenen Zeitalters mit seinen erneuerten Wertvorstellungen, der erneuerten *pietas*, dem Wiederaufbau der Tempel, zusammenzupassen scheinen. Die soziale Differenzierung, die die Geschichte der späten Republik kennzeichnet – es gibt Leute, die immer reicher werden, es gibt das Zerbrechen von alten Wertsystemen –, geht ganz ungebrochen weiter und führt an verschiedenen Stellen zu Widersprüchen mit der Ideologie des goldenen Zeitalters, vor allen Dingen an den Punkten, wo diese Ideologie in Gesetzesform gegossen wird. Einer dieser Konfliktpunkte ist zeitlich früh anzusiedeln, in das Jahr 18 v. Chr.: der Versuch einer Reihe von Ehegesetzen, *leges Iuliae* des Augustus, die die erneuerte Wertvorstellung, Zusammenhalt, Größe der Familie, Heiratsverhalten in gesetzlicher Form regeln sollen. Dieser Versuch scheitert am großen Protest der Schichten, auf die Augustus angewiesen ist, die im Senat und in den Magistraturen kooperieren müssten. Das wird immer wieder in ähnlicher Weise passieren, wenn über solche Ehegesetze Moralvorstellungen verankert werden sollen, die immer wieder unterlaufen werden. Luxusgesetze allgemein sind ein anderer Punkt. Wenn Livius in diesem Umfeld anfängt, sein Werk zu schreiben, dann ist in diesen Anfängen bereits deutlich: Wir haben die Perspektive auf eine lange Friedenszeit, aber es gibt viele andere Dinge, und gerade im fundamentalen Bereich der Werte, die nicht mehr funktionieren. Diesen Gedanken finden wir auch in der Praefatio des Livius formuliert, die durchaus nicht einen positiven Ausblick schildert, sondern die eigene Zeit – das ist das Ende des Paragraphen 9 – als eine versteht *(tempora)*, in der wir weder unsere Laster noch die Heilmittel dagegen ertragen können: *nec vitia nostra nec remedia pati possumus* ist eine Formel, die fast zum geflügelten Wort geworden ist und die in ganz knapper Form eben diesen Zwiespalt aufdeckt. Auf der einen Seite werden die *vitia* als Laster identifiziert. Es ist klar, dass in der moralischen Entwicklung der Gesellschaft Defizite bestehen, die nicht mehr einfach nur als Positives verbrämt werden, wie es zum Teil in der späten Republik geschehen ist; dennoch ist die Gesellschaft nicht bereit, sich von diesen moralischen Übeln kurieren zu lassen.

Das ist gerade für jemanden mit einer sehr konservativen Wertorientierung, wie sie für dieses munizipale, für das italische Römertum charakteristisch ist, besonders schwer in Einklang zu bringen. Wenn man auf der einen Seite die Werte Altroms ganz hoch hält, wie es Livius ja durchgehend tut, und danach eine Verfallsgeschichte zeichnet, also diese Werte auch kontrafaktisch ganz hoch hält, sich selbst in einem Zeitalter sieht, dass ideologisch zwar auf diese Werte Altroms zurückgreift, das aber dennoch ganz unter diesem Niveau bleibt und sich auch nicht so viel Mühe macht, sich moralisch wieder an dieses Niveau anzupassen, dann ist das ein Zwiespalt, der das Bild der augusteischen Zeit für Livius ganz enorm beeinträchtigt – aber auch für andere Autoren. Das trägt zur Komplexität der augusteischen Zeit bei. Dinge, die eher unterschwellig im livianischen Text sichtbar werden sind hier zu nennen: dass etwa die Führungselite weitgehend ausgewechselt worden ist und dass es nicht die alten Namen, nicht die alten Familien sind, die in der Frühzeit gefeiert wurden, welche jetzt an der Macht sind, sondern eben viele Neueinsteiger und Neuaufsteiger.

Und ein letzter Punkt, der auch für die Rezeption des livianischen Werkes ganz enorme Bedeutung hat: Die augusteische Zeit ist nicht irgendeine Zeit, die nach einem Herrscher benannt worden ist, so wie wir dann die claudische oder die tiberianische oder neronische Zeit haben, sondern diese augusteische Zeit ist länger als ein halbes Jahrhundert. Der junge Caesar (und spätere Augustu) meldet sich im Jahr 44 v. Chr. mit Caesars Tod zu Wort, ist Ende des Jahres 43 v. Chr., nachdem er schon Konsul gewesen ist, Triumvir, hat also auch eine juristische Position an der Spitze des Staates, und stirbt erst im Jahr 14 n. Chr.: wenigstens in diesem engeren Zeitraum sechsundfünfzig Jahre, in denen er die Politik weitestgehend bestimmt und in dem enorm viel passiert. Wenn man eine Generation à fünfundzwanzig Jahre rechnet oder vielleicht auch nur zwanzig Jahre

– die durchschnittliche Lebenserwartung eines Römers, dürfte in dieser Größenordnung gelegen haben –, sind es nur wenige, die den Weg des Augustus von Anfang bis Ende verfolgen können. Livius schreibt fast in dieser gesamten Zeit: Er fängt um 30 v. Chr. an zu schreiben und schreibt vierzig, vielleicht fünfundvierzig Jahre lang. Damit ist es, auch wenn wir selbst nur die Frühzeit seines Schaffens lesen können, sehr wahrscheinlich, dass sich im livianischen Werk die Entwicklung im Laufe dieses halben Jahrhunderts, die Verfestigung der augusteischen Verfassung widerspiegelt und somit auch ein durchaus differenziertes Bild der eigenen Zeit in fast einhundertfünfzig Büchern römischer Geschichte vermittelt wird. Ein Werk, dass eben dann auch ein entsprechend differenziertes Identifikationsangebot für Leser bereitstellt. Dieser komplexe Auseinandersetzungsprozess mit der augusteischen Zeit kann nicht wie ein Gedicht des Horaz etwa an einem Punkt entstanden sein und an diesen Punkt festgehalten werden. Wenn man das Werk des Livius als Ganzes nimmt, dann müssen wir postulieren, dass dort auch ein differenzierter Umgang mit dieser in sich selbst komplexen augusteischen Zeit verankert ist.

Wenn wir für diesen Gedanken abschließend nach einer Bestätigung suchen, da wir sie ja im Werk des Livius, das für die späteren Teile nicht erhalten ist, nicht finden können, dann sollte auf ein Werk verwiesen werden, das mit der Schlussphase des livianischen Schaffens fast zeitgleich ist. Das sind die *Libri fastorum* des Ovid, diese sechs Bücher gedichteter Kalenderkommentar, über römische Feste, über die Genese römischer Feste und entsprechende Gründungslegenden, in denen immer wieder auf Altrom, auf Wertvorstellungen Altroms zurückgegriffen wird. Daher sehen wir diesen differenzierten Umgang mit der augusteischen Zeit in einem spielerischen Umgang mit Gründungslegenden, mit der eigenen kanonisierten Vergangenheit, in dem viele Dinge offengelassen werden, indem etwa gesagt wird, dass dieses Fest auf irgendeinem Ereignis der Zeit des Romulus beruhen kann oder es vielleicht etwas gibt, was nach einer Schlacht im dritten Jahrhundert v. Chr. ins Leben gerufen wurde: Mehrfache Begründungen der jeweiligen Feste sind charakteristisch für dieses Gedicht. Alles wird mit göttlichen Personen als Fürsprecher und Zeugen ausgestattet, alles erhält hohe Autorität. Der Konflikt ist auf eine ganz hohe Ebene verlagert, und das Bild, das sich dabei beim Leser ergibt, ist eben ein spielerischer Umgang mit den Grundwerten des augusteischen Zeitalters, einer Bejahung dieser Werte über sehr weite Strecken, einer Bejahung des augusteischen Prinzipats, aber zugleich auch ein gelöster, ein lockerer Umgang, der durchaus Spielraum für kritische Anmerkungen und Alternativen zur offiziellen Lesart gibt.

Dieses Bild lässt sich nicht ohne weiteres – ganz anderer Gegenstand, ganz andere Gattung – auf Livius übertragen. Es zeigt aber, wie sich im Laufe der augusteischen Zeit die Perspektive der Zeitgenossen auf diese Zeit verändern kann, wie das literarisch umgesetzt werden kann. Die große Wirkungsgeschichte des Livius ist sicherlich darauf zurückzuführen, dass hier ein ganz differenziertes Bild der eigenen Zeit in der Darstellung der Vorzeit vermittelt wird und keineswegs die Vorzeit, wie wir es etwa in Vergils *Aeneis* finden, als ein geradewegs auf das augusteische Prinzipat als Erfüllung der Zeiten zulaufender Prozess geschildert wird. Natürlich hat auch die *Aeneis* eine große Wirkungsgeschichte gehabt, und wir dürfen nicht vergessen, dass ihr es an Ambivalenz nicht fehlt, aber für die Frage, die wir uns stellen müssen, warum von verschiedenen Darstellungen über denselben Zeitraum, nämlich über die republikanische Geschichte, sich gerade die livianische so schnell durchgesetzt hat, spielt dieser Umgang mit der augusteischen Zeit eine wichtige Rolle. Livius ist weder eingegangen als ein Propagandaschriftsteller augusteischer Zeit noch sind seine Bücher durch Tiberius verbrannt worden, weil er ein dezidierter Kritiker des Prinzipats gewesen wäre. Auf diese Weise haben wir auch genug Texte verloren.

Schließen wir mit der Frage nach der historischen Wahrheit und inwieweit Livius sich danach richtet, kann man auf zwei Ebenen antworten. Die erste Ebene ist ganz einfach: Livius sagt in der Praefatio, dass die römische Frühzeit eine Zeit ist, die besser Dichter als Geschichtsschreiber behandeln sollten. Er hat ein Gespür dafür. Er sieht es als Aufgabe an, dem Leser die historische Wahrheit zu bieten und nicht einfach nur schöne Geschichten zu erzählen, auch wenn er mit Fabeln anfängt. Bei der Lektüre selbst wird dann kein Grenzstrich mehr gezogen, kein Schlussstrich unter die fabulöse Zeit, so dass man sagen könnte, dass Livius bis zu einem bestimmten Zeitpunkt gar nicht will, dass wir ihm glauben, sondern einfach, dass wir es schön finden, und ab diesem Zeitpunkt dann die richtige

Geschichte losgeht. Auf dieser Ebene ist Livius sicherlich wie jeder andere antike Schriftsteller und Geschichtsschreiber der Wahrheit verpflichtet. Auf der zweiten Ebene müssen wir uns und wird sich Livius auch selbst gefragt haben, was historische Wahrheit ist. Die Antwort, die Livius darauf gibt, ist zum einen die, dass Geschichte für uns insoweit interessant ist, als wir daraus etwas lernen können. Auf der anderen Seite bleibt nur eines: sich den besten Autoritäten anzuschließen.

7 Historische Monographien: Sallust

Eigentlich folgt Livius auf Sallust. Sie sind zwar fast Zeitgenossen, doch Sallust hat ein gutes Jahrzehnt vor Livius geschrieben. Aber Livius bildet die Zusammenfassung einer Tradition von fast einhundertfünfzig Jahren annalistisch strukturierter Geschichtsschreibung, in der sich die Historiographen ein immer breiteres (aber immer noch: römisches) Publikum gesucht haben und sich zunehmend selbst als nüchterne und eher an der »gemeinsamen Sache« denn an Familieninteressen orientierte Experten in ihrer Erzählerrolle präsentiert haben. Sallust bricht mit beidem: Er profiliert sich selbst als Erzähler, der erst aus (jugendlichem) Schaden klug geworden ist, und als Verfasser von Texten, die nur mit eigener Anstrengung (und dem Vertrauen auf die moralische Urteilskraft des Erzählers) aufschlussreich werden. Erst Tacitus wird wieder ähnlich hermetisch bleiben. Aber im Unterschied zu Tacitus haben die gemeinsam überlieferten Werke mit ihrem Gestus des kritischen Beobachters (die mit einer fiktiven Schmähschrift gegen Cicero augusteischer Zeit und der mittelalterlichen Zuschreibung von staatstheoretischen Briefen an Caesar noch vertieft wurde) eine enorme Resonanz gefunden; davon Zeugen Papyrus-Funde aus der ganzen Kaiserzeit und über fünfhundert mittelalterliche Handschriften seit dem fünften Jahrhundert.

7.1 Das Werk

Von Sallust sind drei historiographische Werke geschrieben worden, die uns hier interessieren werden. Selbst zusammengenommen bleiben die drei Werke weit hinter dem an Umfang zurückbleiben, was annalistische Produktion schon geboten hatte (und Livius wieder bieten wird).

7.1.1 Bellum Catilinae

Bei ersten dieser drei Werke des Sallust handelt es sich um das *Bellum Catilinae*, den »Krieg des Catilina«, oder *Bellum Catilinarium* nach einem Teil der Handschriften.

Bei diesem handelt es sich nicht um eine Biographie, sondern es handelt sich schon im präzisen Sinne um ein *bellum*, um die Darstellung eines blutigen Konfliktes, der Verschwörung Ende des Jahres 63 v. Chr., der eine Vorgeschichte vorangestellt wird, die zwar einzelne Personen vorstellt, aber im Grunde genommen Catilina selbst gilt. Dann kommt noch Sempronia ins Spiel und das Ende dieser Verschwörung mit der kriegerischen Niederschlagung der Verschwörer in Italien. Das ist das erste Werk des Sallust gewesen, sicher nach Caesars Tod verfasst, vermutlich im Jahr 42 v. Chr.

7.1.2 Bellum Iugurthinum

Das nächste Werk des Sallust ist das *Bellum Iugurthinum*, der »Krieg des Iugurtha«. Dieses Werk ist an zweiter Stelle verfasst worden und auch an zweiter Stelle in die Überlieferung eingegangen. In den Handschriften wird es deswegen manchmal auch als *liber secundus* oder *liber alter*, als »zweites Buch« des Sallust, bezeichnet. Hier geht es um Ereignisse des späten zweiten Jahrhunderts v. Chr., genauer gesagt zentral um die Jahre 111–105 v. Chr.

Es handelt sich zunächst um einen innerafrikanischen Konflikt, in einem nordafrikanischen Königshaus. In diesen Konflikt wird Rom aber schnell hineingezogen, weil es in diesem Bereich Nordafrikas zunehmend die Funktion einer Schutzmacht ausübt, nach dem Abschluss des Dritten Punischen Krieges, der militärischen Niederwerfung der punischen Herrschaft in diesem Gebiet – so sind die Römer Appellinstanz für interne Konflikte in der Nachfolge dieses Könighauses. Iugurtha ist derjenige, der militärisch die Initiative in diesem Konflikt an sich reißt und dem es dann, so die sallustianische Darstellung, vor allem durch Bestechung, durch das richtige Manipulieren einer korrupten römischen Führungsschicht, gelingt, seine Position zu wahren oder gar auszubauen, den Römern nicht nur Gesichtsverluste in einem moralisch-diplomatischen Sinne, sondern auch schwere militärische Niederlagen beizubringen.

Es ist aber nicht der militärische Konflikt, der im Hauptblickpunkt des Sallust liegt, auch wenn die Schilderung dieser militärischen Ereignisse breitesten Raum einnimmt, sondern es ist die innenpolitische Perspektive, die Korruption der römischen Führungsschicht, insbesondere der alten Aristokratie, der alten Nobilität, die eben auch zu militärischen Desastern führt. Das Blatt kann nur gewendet werden, indem sich schließlich der volkstümliche, aus einfachen Verhältnissen aufgestiegene General Gaius Marius dieser Sache annimmt, der als Konsul, in einem seiner frühen Konsulate – er hatte ja mehrere hintereinander – diesen militärischen Konflikt mit den Möglichkeiten des römischen Militärapparates löst. Also erst dadurch, dass auf römischer Seite die Führung der Ereignisse in Hände derer gelegt wird, die sauber geblieben sind und die den Bestechungen des Iugurtha nicht zugänglich sind, erst dadurch und dann relativ schnell kann dieser Konflikt gelöst werden. Zum Schluss wird dieser populäre Gaius Marius noch von Sulla unterstützt, seinem späteren Gegner. Dies ist Anlass für Sallust, auch noch eine kurze Charakterskizze des Sulla einzufügen.

Diese Perspektive legt Sallust offen am Beginn der Darstellung des iugurthinischen Krieges dar. Es gibt zunächst ein vier Kapitel umfassendes Vorwort, und dann sagt er zu Beginn des fünften Kapitels und damit zu Beginn der eigentlichen Darstellung *bellum: scripturus sum*, dass er im Begriff ist einen Krieg zu beschreiben, *quod populus Romanus cum Iugurtha rege Numidarum gessit*, also einen Krieg, den das römische Volk mit dem König Iugurtha führte. Bis dahin ist alles unproblematisch und einfach ein außenpolitischer Konflikt. Dann begründet er die Wahl dieses Gegenstandes, der keineswegs zu den bedeutendsten Ereignissen der römischen Geschichte aus späterer wie auch aus sallustianischer Perspektive gehört: An erster Stelle *quia magnum et atrox*, »weil es ein großer und grausamer Krieg« war, *variaque victoria fuit*, und von unterschiedlichem Ausgang, eben sehr vielen Rückschlägen der Römer, dann aber *quia tunc primum superbiae nobilitatis obvia itum est* vor allem, weil das der Punkt war, das erste Mal, dass dieser *superbia,* diesem »Hochmut« der alten, der eingesessenen Nobilität mit Erfolg entgegengetreten worden ist. Was man sich denken muss, sind die Versuche der Gracchen, die vorangegangen sind, 133 und 123 v. Chr., die aber jeweils in einem Blutbad und einer Niederschlagung dieser antiaristokratischen Versuche, antioptimatischen Versuche geendet haben. Das ist die innenpolitische Perspektive, die Sallust interessiert.

7.1.3 *Historiae*

Und schließlich das dritte Werk, die »Historien«. Diese füllen zeitlich in gewisser Weise die Lücke zwischen »Iugurthinischem Krieg« und »Catilinarischem Krieg«. Sie schließen aber zeitlich erst an die »Historien« des Sisenna an, der ein etwa zu sullanischer Zeit schreibender Historiker war. Sallust selbst beginnt sein Werk erst mit dem Jahr 78 v. Chr. Über die Ssullanische Zeit, die achtziger Jahre v. Chr., schrieb Cornelius Sisenna eine Zeitgeschichte.

Zeitlich schließt sich Sallust also an dieses Werk an. Er hat keineswegs die Absicht, die beiden *bella* in eine zusammenhängende Darstellung der römischen Geschichte einzubauen. Er schließt zwar an ein Geschichtswerk an, schreibt jetzt auch eine fortlaufende Geschichte, aber er kommt nur wenige Jahre weit. Das Werk reicht herunter bis ins Jahr 67 v. Chr., ist unvollendet, was wohl auf den Tod des Sallust zurückzuführen ist, aber diese kurze Zeit ist doch sehr, sehr breit dargestellt, so dass man auch hier erkennen kann: Sallust will eine ganz konzentrierte, tendenziell eher monographische Behandlung eines kleinen Abschnitts römischer Geschichte; er will keineswegs in annalistischer Manier eine große Fläche, eine lange Zeitperiode darstellen.

Die beiden »Kriege« sind vollständig erhalten, während wir von den »Historien« nur Fragmente besitzen, und zwar zum einem aus breit gestreuten unterschiedlichen Zitaten an die 500 Fragmente, die durchaus eine Rekonstruktion des Werkes ermöglichen. Auf der anderen Seite ein Exzerpt als direkte Überlieferung, dass aus den Büchern der »Historien« vier Reden und zwei Briefe herausgezogen hat. Derjenige, der da vier

Das Werk

Reden und zwei Briefe komplett abgeschrieben hat, hat das keineswegs getan, um Dokumente herauszuziehen, die er dann selbst benutzen wollte, sondern nach antiker Manier sind solche Briefe wie Reden Erfindungen des Verfassers, von Sallust, der diese Reden und Briefe den Akteuren in den Mund, in die Feder gelegt hat, und sie werden exzerpiert als Stilmuster.

In ähnlicher Weise ist ein hochgestellter Römer zur Zeit des Kaisers Domitian, Ende des ersten Jahrhunderts n. Chr., zum Tode verurteilt worden, weil er eine Weltkarte und Livius-Exzerpte besaß. Die Livius-Exzerpte sind nicht deshalb der Grund für die Verurteilung gewesen, weil Livius ein demokratischer Schriftsteller war, so dass die Exzerpte als revolutionärer Text eingestuft wurden, ganz im Gegenteil; die Exzerpte, die dieser Mann mit sich herumtrug, waren Reden von Königen und Heerführern, was offensichtlich so interpretiert wurde, dass der Besitzer sich selbst für eine derartige Rolle vorbereitet hat, eben deshalb solche Musterreden immer mit sich herumführte. Da sieht man, dass solche Redeexzerpte eine nicht historiographische, sondern rhetorische Funktion und damit einen entsprechenden Alltagsnutzen haben.

7.1.4 Der historiographische Ort Sallusts

Wenn man den Namen Sallust hört, weiß man eventuell, dass er einer der großen römischen Historiker gewesen ist – in seinem Ruhm sicherlich mit Livius auf eine Stufe zu stellen. Das scheint auch nicht gerade verwunderlich, denn gerade aus der Zeit der späten Republik, dem Übergang in die augusteische Zeit und der Zeit des klassischen Lateins, stammen ja überhaupt eine ganze Menge großer Schriftsteller in den unterschiedlichsten Gattungen. Aber die Perspektive, dass es in dieser Zeit nicht nur große Philosophen und große Redner wie Cicero und Caesar gegeben habe, sondern auch große Geschichtsschreiber wie Sallust und Livius – das ist eine Perspektive, die ein Zeitgenosse nie so hätte teilen können. Die sallustianische Geschichtsschreibung bedeutet sowohl in der Perspektive zum Vorhergehenden einen völligen Bruch mit früherer römischer Geschichtsschreibung als auch, wenn man die Perspektive ein wenig nach vorn verlängert und jetzt vom Ende der augusteischen Zeit her urteilt, auch einen deutlichen Bruch mit einer sich fortsetzenden Tradition, wie sie wiederum bei Livius gegriffen werden kann.

Historische Monographien: Sallust

Livius und Sallust sind nicht einfach zwei Vertreter von Geschichtsschreibung, sondern sie sind radikale Alternativen. Sallust schreibt keine fortlaufende Geschichte, er schreibt mehrere historische Monographien. Livius schreibt einen lesbaren, einen ausführlichen, einen flüssigen Stil, so wie die Rhetorik seiner Zeit es verlangt. Sallust schreibt kurz, archaistisch und zum Teil rätselhaft. Er ist nicht einfach zu lesen. Livius, bei aller Distanziertheit zur augusteischen Zeit, bei allen Elementen von Verfallsgeschichte, die bei ihm, aber auch vielen anderen antiken Geschichtsschreibern immer eine Rolle gespielt haben, trotz alledem schreibt er keine Katastrophengeschichte, sondern eine durchaus offene Geschichte, an deren Ende nicht der Untergang Roms steht und auch nicht das goldene Zeitalter, sondern eine Zeit, in der Geschichte weitergeht.

Demgegenüber schreibt Sallust eine radikal pessimistische Geschichte, die zwar keine lineare Verfallsgeschichte ist, die auf die Gegenwart zuläuft, aber doch eine Geschichte, in der er aus der nahen Vergangenheit Beispiele dafür bringen kann, dass die Konflikte, die im Moment herrschen, gravierend sind, in Katastrophen münden können und keine Lösung dieser politischen und sozialen Konflikte in Sicht ist. All das, was wir charakteristisch für Sallust halten und womit wir ihn im Vergleich zu anderen Historikern kennzeichnen würden, sind keine natürlichen Eigenschaften, von denen ein zeitgenössischer Leser sagen konnte, dass er das nun einmal so machte, sondern es sind wirklich Brüche mit der vor ihm stehenden Tradition und sind damit Probleme, wenn wir uns die Frage stellen, warum Sallust ganz anders schreibt, als man vor ihm Geschichte geschrieben hat und als nach ihm noch ein Livius Geschichte schreiben wird. Um eine Antwort oder wenigstens Möglichkeiten von Antworten auf dieses Problem zu finden, müssen wir zunächst einmal versuchen, eine zeitgenössische Perspektive auf diesen Sallust zu gewinnen und zu fragen, wie Sallust seine eigene Gegenwart sieht, um von daher eine erste Antwort zu haben, wie er für sich selbst die Wahl solcher abweichenden, solcher ›unnatürlichen‹ Darstellungsarten und Optionen begründen kann.

7.2 Biographie

Für Sallust stellt sich die Quellenlage zunächst ähnlich dar wie für Livius. Bei diesem war das wichtigste Zeugnis die Chronik des Hieronymus, in der in den Ereignislisten auch Personen des Kulturlebens, Literaten, auftauchen. In dieser Chronik des Hieronymus wird für Sallust ein Geburtsdatum und ein Todesdatum überliefert: die Jahre 87 und 36 v. Chr. Das Geburtsjahr lautet nach anderen spätantiken Chroniken nicht 87 sondern 86, und es steht zu vermuten, dass es sich bei der 87 des Hieronymus einfach um einen Schreibfehler handelt.

Wenn diese Datierungen stimmen, ergibt sich daraus eine Lebenzeit des Sallust von fünfzig Jahren, und spätestens, wenn man diese Zahl sieht und sich noch einmal an Livius zurückerinnert, sollte man misstrauisch werden. Bei Livius hatten wir ein Lebensalter von fünfundsiebzig Jahren: wieder schöne runde Daten. Das ist nicht als Einzelfall auffällig, aber wenn man es neben Livius und viele andere Lebensdaten setzt, muss man misstrauisch werden, was die Exaktheit dieser Daten angeht. Wir können beim Todesdatum einigermaßen sicher sein, da es auch in Form einer relativen Datierung angegeben wird, vier Jahre vor der Schlacht bei Actium. Dieses Todesdatum muss mit einer Angabe über die Lebenszeit des Sallust verknüpft worden sein, runde fünfzig Jahre, und daraus hat man dann das Geburtsdatum in den späten Biographien errechnet. Das war ein geläufiges Verfahren, Geburts- und Todesdaten in antiken Viten zu bestimmen. Wenn man nicht schon für das Geburtsdatum glaubwürdige Synchronismen hat, ist das Geburtsdatum meistens mit großen Fragezeichen zu versehen. Wenn ein solcher Synchronismus vorliegt, muss man dennoch überlegen, welchen Sinn es haben könnte, die Person gerade zu diesem Zeitpunkt geboren werden zu lassen. Wenn es keinen Sinn hat, ist die Information vermutlich richtig, wenn es ›sinnvoll‹ ist, sollte man auch mit dieser Information wiederum vorsichtig umgehen.

Mit Vorsicht sind genauso die Tagesdaten zu verwenden, die man für Geburt und Tod des Sallust hat. Sallust soll am 13. Mai des Jahres 36 v. Chr. gestorben sein. Dieser 13. Mai ergibt keinen besonderen Sinn und ist von daher unverdächtig. Als Geburtsdatum wird der 1. Oktober angegeben. Auch der 1. Oktober ist kein Tag, der mit irgendetwas Besonderem verknüpft wäre, ist also auch von daher unverdächtig. Wenn wir uns die Biographien verschiedener anderer Literaten anschauen, werden wir feststellen, dass bei den Römern erstaunlich viele Personen jeweils am Ersten eines Monats auf die Welt gekommen sind. Da damals Geburtstermine nicht wie heute beeinflusst werden konnten, ist zu befürchten, dass auch diese Geburtsdaten sekundäre Konstruktionen darstellen. Die Römer haben Geburtstage üblicherweise nicht an dem Tag gefeiert, auf denen sie von den Daten her zu feiern wären. Üblich war, dass man solche Feiern am Ersten eines Monats, an den Kalenden, zum Teil auch an den Iden, also am 13. oder 15. eines Monats, gefeiert hat.

Noch ein letzter Punkt, der genauso bei den Angaben über Lebens- und Todesumstände zu berücksichtigen ist und der eher von methodischem als speziell biographischem Interesse ist: Hieronymus gibt an, dass Sallust *in Sabinis Amiterni,* also im Sabinerland, geboren sei. Das ist als Herkunftsangabe sicher richtig. Sallust stammt von dort. Ob er tatsächlich dort geboren worden ist oder irgendwo anders in Italien oder in Rom selbst, das lässt sich aus dieser Angabe nicht entnehmen. Wenn man von der munizipalen, von der italischen Herkunft des Sallust spricht, dann ist dies eine soziale Abstammung. Es ist keine dokumentarische Aussage über seinen Geburtsort.

Wir haben von Sallust sehr viel mehr biographische Zeugnisse als von Livius. Das sind zum einen – wiederum ähnlich strukturierte Rezeptionszeugnisse – Personen, die sich für Literaturgeschichte interessieren, wie Seneca der Ältere, der Rhetor, Seneca der Jüngere, der Philosoph, Quintilian, der Rhetorikprofessor, Gellius, der Antiquar, der sich für alles interessiert in der Mitte des zweiten Jahrhunderts, Sueton, der Literatenbiographien schreibt – solche Autoren erwähnen Sallust, aber in solchen Texten kann man auch etwas über Livius finden. Der entscheidende Unterschied liegt darin, dass Sallust auch als historischer Akteur in historiographischen Werken behandelt wurde, und zwar deswegen, weil er ein Mitglied der politischen Führungsschicht in Rom und im römischen Italien gewesen ist. Sallust ist möglicherweise Quaestor gewesen. Die Angabe stammt allerdings aus einer unzuverlässigen Quelle, aus einer sehr viel späteren Invektive. Das politisch sichere Datum, das dann auch Konsequenzen für die Folgezeit hat, ist ein Volkstribunat im Jahr 52 v. Chr. Dieses Jahr 52 v. Chr. war ein wichtiges Jahr für die Geschichte der späten, um nicht zu sagen, untergehenden Republik. Es war das Jahr, in dem es lange keine Konsuln gibt, weil keine ordentlichen Konsulwahlen zustande kommen. Immer wenn jemand gewählt wurde, stürzten sie über Prozesse, in denen ihnen Bestechung nachgewiesen wurde. Schließlich wurde Pompeius *consul sine collega*, also eine Diktator in verfassungsmäßiger Form. Es ist das Jahr, in dem Clodius, ein wichtiger Helfer des Pompeius, von Milo beziehungsweise den Banden des Titus Annius Milo, eines weiteren Konsulkandidaten, ermordet wird, der sehr eng mit den optimatischen, den senatorisch-aristokratischen orientierten Akteuren verknüpft ist. Wir befinden uns in einem Zeitpunkt, in dem Mord als Mittel der politischen Auseinandersetzung an der Tagesordnung ist und niemand vor so etwas zurückschreckt. Die Perspektive, dass sich diese blutigen, gewaltsamen politischen Auseinandersetzungen ausbreiten können, steht auf der Tagesordnung. Das wird durch das entschiedene Durchgreifen des Senats um Pompeius verhindert, aber die Situation ist äußerst gespannt.

In dieser Situation ist Sallust einer der Volkstribune, die sich gegen Milo und gegen die aristokratisch-optimatische Partei sehr deutlich profilieren. Das ist sicher berichtet bei Asconius, einem Gelehrten des ersten Jahrhunderts n. Chr., der einen historischen Kommentar zur Verteidigungsrede des Cicero *Pro Milone*, für diesen Milo, diesen Mörder beziehungsweise Anstifter verfasst hat. Dieser Kommentar ist vielfach eine ganz hervorragende Quelle für diese Zeit. Was weiter in diesem Jahr mit Sallust passiert ist, wissen wir nicht. Wir wissen aber, dass doch wohl als Folge dieser politischen Exponierung des Jahres 52 Sallust im Jahr 50 durch einen aristokratisch orientierten Censor aus dem Senat ausgestoßen wird. Diesen Senatssitz hat er sich spätestens mit dem Volkstribunat automatisch verdient. Und das ist der erste wichtige Karriereknick in der Biographie des Sallust, dem sich ein weiterer Karriereknick anschließen wird. Wir wissen, dass er gegen die Aristokraten und gegen die aristokratisch orientierten Senatoren agiert hat und zur Strafe in einem politisch günstigen Moment dafür aus dem Senat ausgeschlossen worden ist und sich in dem Moment zunächst einmal weitere politische Perspektiven zerschlagen haben. Das ist die Situation, in der wir Sallust im Jahr 50 v. Chr. vorfinden, und es wird nicht wundern, dass er ein Jahr später auf Seiten Caesars zu finden ist. Das sagt nichts über sein früheres Verhältnis zu Caesar aus.

Historische Monographien: Sallust

Dieser erste Karriereknick oder die Unterbrechung der politischen Tätigkeit hat nicht lange gewährt. Anfang 49 beginnt der offene Bürgerkrieg zwischen Caesar und Pompeius, und Sallust übernimmt bereits im Jahr 49 auf Seiten Caesars ein militärisches Kommando in Illyrien. Dieses militärische Kommando ist – man könnte fast versucht sein zu sagen: erneut – erfolglos. Auch ein kleiner Schiffbruch Sallusts wird berichtet. Wir wissen nicht, was in der Folgezeit passiert ist, sehen aber, dass er im Jahr 47 *Praetor designatus* ist und als solcher erneut ein Truppenkommando innehat, dieses Mal zur Vorbereitung des Afrikafeldzuges Caesars.

Die Serie sallustischer Misserfolge setzt sich hier fort. Er wird bei einer Meuterei der Truppen noch in Italien fast erschlagen, aber auch dieser Fehlschlag bleibt ohne längere Folgen. Sallust ist 47/46 v. Chr. in Afrika. Er wird mehrfach im *Bellum Africanum* erwähnt, was zu der Hypothese geführt hat, Sallust sei deren Verfasser gewesen. Das lässt sich aber in keiner Weise erhärten; die stilistischen, inhaltlichen Befunde sprechen eindeutig dagegen. Sallust scheint in diesem Feldzug eher als Logistiker eingesetzt worden zu sein, weniger als Truppenführer im Kampf. Wir finden ihn im Anschluss als prokonsularischen Stadthalter in der Provinz Africa beziehungsweise dem neu eingerichteten Provinzteil Africa Nova; er übt dieses Amt bis Ende des Jahres 45 aus.

Hier ist festzuhalten, dass nach allem, was wir über Sallusts Karriere wissen, auch über diese vielen militärischen Misserfolge oder die glücklosen militärischen Einsätze, für Caesar keinerlei Verpflichtung bestand, Sallust irgendwie als einen langjährigen, treuen Parteifreund versorgen zu müssen, und selbst in diesem Fall wäre sicherlich eine Provinzstatthalterschaft einer solch wichtigen Provinz wie Africa auch kaum der geeignete Platz gewesen, um jemanden zu versorgen. Caesar hat Sallust offensichtlich zumindest in seinen Verwaltungsfähigkeiten geschätzt, sonst hätte er diese Entscheidung nicht gefällt. Wir dürfen uns auch durch diese militärischen Misserfolge nicht irritieren lassen. Sallust scheint ein fähiger Politiker und ein fähiger Verwalter gewesen zu sein, Verwalter wirklich auf einer sehr hohen Ebene. Seine organisatorischen Fähigkeiten dürften sich – eine Vermutung – auch darin gezeigt haben, dass er in guter Tradition republikanischer Provinzverwaltung auch persönlich während dieser eineinhalb, zweijährigen Statthalterschaft sein Scherflein ins Trockene gebracht hat, in einem solchen Umfang, dass er sich die gigantischen *horti Sallustiani*, diese großen Gärten in Rom, anschaffen konnte, auch wenn die märchenhafte Ausstattung erst auf seine Nachfahren zurückgeht.

Ob tatsächlich diese Verwendung von Einnahmen in der Provinz und ob dieser zeitliche Konnex besteht, darüber gibt es keine Quellen. Das Einzige, was wir wissen, ist, dass Sallust *de repetundis*, also »wegen zurückzuerstattender Gelder« im Anschluss an diese Statthalterschaft angeklagt worden ist. Diese Anklage ist nichts Seltenes und sie ereilte die Stadthalter wohl auch zu Recht. Im Gegensatz zu vielen anderen ist das Verfahren nicht glücklich ausgegangen. Es hat keine Verurteilung gegeben, aber Sallust ist in keiner Weise mehr für irgendein öffentliches Amt berücksichtigt worden, und wenn man bedenkt, dass Caesar Anfang 44, also nach Ende der Statthalterschaft des Sallust, als er wieder zur Verfügung stand, wegen der geplanten Feldzüge im Osten fast auf ein Jahrzehnt hin Konsulate und diverse Ämter verteilt hat, kann man diesen negativen Befund auch als ein negatives Urteil über Sallust werten. Das heißt, nach diesem Prozess oder mit dieser Anklage über Unterschlagung beziehungsweise Auspressung der Provinz war Sallusts Karriere definitiv zu Ende, und dieses Ende – das ist wichtig – ist von Caesar festgestellt worden. Auch wenn Caesar noch weitergelebt hätte, sprechen die Umstände dafür, dass Sallust kein Amt mehr bekommen hätte.

Wenn Sallust sich nach dem Jahr 44 der Schriftstellerei zuwendet, dann tut er das nicht, weil Caesar ermordet worden ist und weil seine Protektion damit weggefallen wäre, sondern er tut es, weil mit der Statthalterschaft in Afrika seine politische Karriere zu einem Endpunkt gelangt ist. Das ist der zweite Karriereknick in diesem *cursus honorum*, und es ist der endgültige Knick. Und das ist genau die biographische Situation, in der er mit seiner historiographischen Schriftstellerei beginnt.

Wir sehen denn auch, dass Sallust in den verschiedenen Praefationes beziehungsweise den Proömien, den direkt in das Werk übergehenden Einleitungen seiner Werke, immer wieder dieses Thema, politische Aktivität versus Geschichtsschreibung, hervorhebt. Das tut er bereits im *Bellum Catilinae*. Das tut er noch ausführlicher in der Einleitung des *Bellum Iugurthinum*. Geschichtsschreibung ist demnach biographisch – und dann zu einer Lebensmaxime idealisiert – ein Ersatz für Politik, für aktive Politik. Das Schreiben über Politik ist Ersatz für Politik, und es ist aus der biographischen Situation heraus wie auch aus den Formulierungen dieser Einleitungen heraus ein schlechter oder zumindest kein vollwertiger Ersatz. Diese Haltung Sallusts, dieses Urteil über sein eigenes Schaffen ist keine individuelle Wertung, keine individuell auf die Psyche Sallust zu beziehende Bewertung, sondern entspricht im Großen und Ganzen dem Verständnis von literarischer, von wissenschaftlicher Betätigung seiner Zeit selbst. Man denke an Cicero: Dessen riesiges Œuvre besteht zunächst einmal aus Reden und Briefen; das sind Zeugnisse politischer, juristischer Aktivität. Dann gibt es eine ganze Reihe philosophischer Werke, aber wenn man sich anschaut, zu welchem Zeitpunkt sie verfasst worden sind, dann wird man auch in der Biographie Ciceros feststellen, dass er sich in dem Moment auf die Philosophie wirft, als er sich politisch nicht betätigen konnte. Er sagt das nicht so deutlich wie Sallust, aber die Wertung ist die gleiche. Auf der einen Seite politische Beschäftigung, *negotia*, und demgegenüber ein erzwungenes *otium;* und allein in diese erzwungene Abwesenheit von der Politik fallen größere literarische Aktivitäten.

Das ist die Überschrift, unter der man das gesamte sallustianische Œuvre sehen muss. Sallust schreibt aber nicht nur aus dieser persönlichen Krisensituation heraus, sondern auch in einer Situation gesellschaftlicher Krise. Er beobachtet in den Jahren 44/43 und den folgenden einen massiven Werteverfall innerhalb der römischen Gesellschaft. Das erfolgt aus der besonderen Perspektive des Nicht-Stadt-Römers, eines Menschen, der ein idealisierendes Bild von dieser römischen Gesellschaft, von der Rolle und dem Ethos der verschiedenen Stände besessen hatte. Um so stärker, höher und idealisierter diese Erwartungen waren, desto massiver ist der Kontrast zu dem, was er tatsächlich in seiner unmittelbaren Umwelt beobachten musste. Zur persönlichen Krise tritt eine gesellschaftliche Krise hinzu, die durch die eigene Wahrnehmung noch einmal verstärkt wird. Aber dabei bleibt es nicht: Als Sallust anfängt zu schreiben, herrscht de facto Bürgerkrieg, mit militärischen Auseinandersetzungen, mit den blutigen Verfolgungen im Inneren, Stichwort Proskriptionen. In dieser Situation des Jahres 44, in dieser Verknüpfung von persönlicher, gesellschaftlicher und politischer Krise ist plausiblerweise für Sallust kein Ausweg erkennbar. Weder gab es in dieser Situation die persönliche Perspektive

Biographie

einer deutlichen Besserung unter der Perspektive politische Betätigung, noch ist eine Änderung der gesellschaftlichen Krise, der Krise des Wertsystems, erkennbar, noch ist ein Ende der Bürgerkriege absehbar.

Obwohl es nur etwa zehn Jahre sind, die den Beginn der literarischen Tätigkeit von Sallust, wenn man diesen auf 44/43 datiert, vom Beginn der literarischen Aktivitäten des Livius, wenn man mit einer Erstveröffentlichung um 28 rechnet, trennen, hat das Jahrzehnt die Perspektiven entscheidend verändert. Der Beginn der letzten heißen Phase des römischen Bürgerkrieges auf der einen Seite ohne klare Perspektiven in den Jahren 44/43 und das Ende dieser Phase, der Sieg bei Actium, der Tod des Antonius 31/30 und eben die feste Etablierung der augusteischen Alleinherrschaft am Ende der 30er Jahre, das sind die beiden unterschiedlichen Situationen, aus denen heraus auch diese unterschiedlichen Perspektiven eines Sallusts und eines Livius gesehen werden müssen. Livius ist kein unverbesserlicher Optimist oder zu einem solchen Optimismus gekommen. Auch er sieht die Situation differenziert, aber es ist doch eine Perspektive, in der Hoffnung steckt, während Sallust ein ganz düsteres, ein ganz pessimistisches Bild zeichnet, das seine gesamten Schriften durchzieht. Diese Situation, diese Perspektive spiegelt sich nun in der Anlage und in der Durchführung des sallustianischen Werkes auf mehreren Ebenen wider.

7.3 Stoffwahl

Der Ausgangspunkt für Sallust, der nicht über seine unmittelbare Zeit, über die Auseinandersetzung Caesar–Pompeius oder die Ermordung Caesars schreibt, ist, dass die geschichtliche Entwicklung des römischen Staates ein Problem darstellt. Er will sich am Anfang seines Werkes folgende Frage stellen: Wie ist es zu dieser Situation gekommen – trotz der Größe des römischen Gemeinwesens, trotz der unbestreitbaren Erfolge, trotz der großen Männer, die es gehabt hat? Das sind die Perspektiven, mit denen er aufgewachsen ist, das Geschichtsbild, das einem Römer angeboten wird. Das ist der Widerspruch, den es zu erklären gilt: dass trotz dieser vielen positiven Elemente die Gesellschaft zu dem Punkt gekommen ist, an dem er, Sallust, sich nun vorfindet. Sallust will nicht nur Entwicklungen beschreiben, sondern er will Ursachenforschung betreiben. Eine Ursachenforschung, die nicht in einem strengen Sinne historischer Kausalität zu verstehen ist (wobei historische Kausalität selbst ein problematisches Konzept ist). Tacitus wird sich mit diesem Problem erneut beschäftigen.

Aber es ist nicht primär die Frage, wie sich ein Ereignis in das nächste weiterentwickelt, sondern eine wertorientierte Frage einer historischen Anthropologie: Wie verändern sich Menschen im Laufe der Geschichte, so dass sie anders handeln, als sie das früher getan haben? Dass der Ausgangspunkt des Sallust nicht ein bestimmtes Ereignis ist, sondern eine solchermaßen zu formulierende systematische Frage, kommt in einer kleinen Notiz zum Ausdruck, die bei Sueton, *De grammaticis* 10, überliefert worden ist: Lucius Ateius Philologus, ein spätrepublikanischer Grammatiklehrer, habe für Sallust eine historische Übersicht, ein Brevarium der römischen Geschichte erstellt. Dieses Brevarium sollte sicherlich nicht dazu dienen, Vorspann für ein zeitgeschichtliches Werk zu werden, denn wir sehen keinerlei Spuren einer solchen Einbettung. Eher sollte es dazu dienen, dass Sallust die Geschichte selbst durchgeht und schaut, an welchen Punkten die Prozesse, die ihn interessieren, kristallisieren und näher beschrieben werden können.

Sallust greift sich aus dieser römischen Geschichte einige wenige Ereignisfolgen heraus, die durchaus nicht selbstverständlich sind: die Catilinarische Verschwörung, eine gescheiterte Verschwörung, eine kurze Episode, auch für uns, wenn nicht seine Schrift existierte und Cicero in diesem Jahr Konsul gewesen wäre, und durch ein kleines Corpus von Reden dieses Ereignis mit hochgespielt hätte. Dann der Iugurthinische Krieg, ein, in einer längeren Perspektive betrachtet, erfolgreicher Expansionskrieg mittlerer Größenordnung, der so wie zahllose andere Expansionskriege nach vielen Rückschlägen am Ende erfolgreich abgeschlossen werden konnte. Sallust wählt also aus und er begründet diese Auswahl mit der Größe der Ereignisse, so etwa im *Bellum Iugurthinum* 5,1: Nach der allgemeinen Einleitung über Lebensperspektiven, über Lebensweise, über politische Betätigung versus Geschichtsschreibung heißt es zu Beginn des fünften Kapitels, wo er mit der eigentlichen Darstellung beginnt: Der Krieg sei groß und grausam und von wechselndem Erfolg gewesen. Das ist eine Begründung, die nicht ganz falsch ist, die aber diesen Krieg auf

Stoffwahl

keinen Fall aus anderen herausheben würde, und deswegen dürfen wir wohl behaupten, dass erst, was jetzt an zweiter Stelle kommt, für Sallust das Wesentliche ist: weil damals zum ersten Mal der Arroganz der Nobilität entgegengetreten wurde. Was interessiert, ist der innenpolitische Konflikt. Diese oben zitierte Stelle zeigt, dass es wirklich diese systematische Frage nach Prozessen, die sich vor allen Dingen im innenpolitischen Bereich abspielen, ist, die Sallusts Stoffwahl bestimmte.

Das Spannende an diesem *bellum externum*, an diesem »äußeren Krieg«, ist, dass Sallust auch das kriegerische Verhalten und die kriegerischen Erfolge der Gegenpartei, der Nichtrömer, als Funktion römischer Innenpolitik beschreibt, im besonderen Maße als Funktion des Verhaltens römischer Senatoren, des Verhaltens der römischen Nobilität. Korruption ist für ihn das zentrale Motiv: Dass die Erfolge der Nichtrömer, die angesichts der militärischen Möglichkeiten der Römer unbegründet oder unnötig sind, zustande kommen, liegt in erster Linie an der völligen Korruption der römischen Führungsschicht, der patrizisch-plebeischen Nobilität, die später als senatorische Partei bezeichnet wird. Die Situation des Iugurthakrieges ist genau die, dass angesichts immer neuer militärischer Misserfolge aufgrund der Korruption der römischen Oberschicht diese vorschnell einen Frieden schließt und nicht genügend militärische Mittel zur Verfügung stellt. In genau dieser Situation tritt Marius, dieser aus der Plebs kommende General, der dann zur Leitfigur der Gegenpartei der Plebejer im besonderen Maße wird, auf und führt den Umschwung herbei. Marius ist die große Retterfigur, die schlicht handelt. Sallust sieht das durchaus differenziert, aber das ist der Punkt, der ihn an diesem Iugurthinischen Krieg interessiert: dass hier zum ersten Mal effizient Widerstand gegen den senatorischen Klüngel geleistet wird. Ein Widerstand im Inneren, der sich dann gleich auszahlt in einem schnellen militärischen Erfolg im Äußeren.

Marius wird denn auch in einem eigenen Kapitel (Kapitel 85), breit charakterisiert, nicht direkt, sondern indirekt durch eine lange Rede, die er selbst hält; eine Rede, in der das Motiv des *homo novus* zentral ist, des Aufsteigers, der keine ruhmreiche Ahnenreihe hat, sondern militärische Erfolge und Fachkenntnis vorweisen kann. Ein Mann, der von sich selbst sagt, dass er keine *imagines,* also keine weit zurückreichende familiäre Erinnerung produzieren kann, keine Vorfahren hatte, die Konsuln waren, aber diese *imagines* durch seine eigenen Wunden, durch seine militärischen Auszeichnungen, durch seine Triumphe ersetzen möchte. Ein Mann, der sagt, dass er von anderen verlacht wird, weil er kein Griechisch kann, aber der darauf stolz ist und sagt, dass er keine Bildung hat und sich keinen teuren Koch leisten kann. Wenn wir an Apicius denken, sind das sind wirklich zentrale Elemente der Selbstdefinition und des Prestigewettkampfs innerhalb dieser Oberschicht. In all diesen Punkten sagt Marius offen: All das besitze ich nicht, aber was ich aufweisen kann, sind angemessene militärische Fähigkeiten. Dieses Exempel wird im Iugurthinischen Krieg selbst statuiert.

Sallust nutzt die Gelegenheit, um zugleich zehn Kapitel später (Kapitel 95) den großen Gegenspieler des Marius, Sulla, vorzustellen. Hier noch als Weggefährte des Marius, als Helfer eingeführt, wird er aber doch schon in der Charakteristik, die ihm zuteil wird in einem ganzen, wenn auch etwas kürzerem Kapitel, deutlich als das Gegenstück zu Marius gezeichnet. Der alte Aristokrat, der Cornelier, ein hochgebildeter Mensch, wird in dieser Situation nicht schwarzweiß gezeichnet. Dass er zusammen mit Marius agiert, ist positiv im Sinne dieser Entwicklung. Und doch ist er erkennbar eine Gegenfigur. Damit ist das Paar vervollständigt, dass dann ein, zwei Jahrzehnte später die römische Innenpolitik bis hin zum Bürgerkrieg bestreiten wird.

Noch einmal zusammengefasst für das *Bellum Iugurthinum*: Trotz des genannten Ausblicks auf die beiden Protagonisten der Folgezeit schreibt Sallust keine Anfänge, keine Einleitung zu einer Geschichte der marianisch-sullanischen Zeit und ihrer Bürgerkriege, sondern er bleibt konzentriert auf dieses *Bellum Iugurthinum*, das aus sich heraus so viel Interesse gar nicht verdienen würde, einfach deswegen, weil er die innenpolitische Situation und ihre Zuspitzung für symptomatisch, für exemplarisch hält. In diesem Sinne können wir den »Iugurthinischen Krieg« mit *Bellum Catilinae* 4,4 vergleichen, denn auch hier bezeichnet Sallust dieses Ereignis als *memorabile* im Übergang von der Einleitung zur eigentlichen Darstellung der Ereignisse. *Memorabile existumo sceleris atque periculi novitate*, »denkwürdig aufgrund der neuartigen Qualität sowohl des Verbrechens als auch der Gefahr«, also der Situation, in die hinein das Gemeinwesen geraten ist. Auch hier liegt der Fokus unter historiographischer Perspektive auf einem ganz kleinen Ereignis, dem wiederum politisch und militärgeschichtlich von Sallust eine größere Bedeutung zugesprochen wird, als es in einer längerfristigen Perspektive der Fall war. Es sind aber Ereignisse, die für Sallust charakteristisch sind, markante Prozesse einer geschichtlichen Entwicklung, die in dieser Krise ohne Ende, in der er zu schreiben beginnt, ihre Wirkung findet.

Auf der einen Seite zum ersten Mal der erfolgreiche Konflikt: Bis ans Ende des zweiten Jahrhunderts hat die Nobilität die breiteren Volksschichten, die durch die sogenannte populare Partei vertreten werden, einfach dominiert. Nun erfolgt zum ersten Mal ein erfolgreiches Entgegentreten, was aber zugleich das angestiegene Konfliktpotential zeigt. Mit dem Ausgang des Krieges rückte ein Punkt zeitlich näher heran, an dem nach seiner Einschätzung wirklich zum ersten Mal das Schicksal des römischen Staates auf der Kippe steht.

Unter diesen Prämissen der exemplarischen Konzentration auf Prozesse, die in der Vorgeschichte seiner eigenen schreibenden Situation stehen, kann man auch die »Historien« betrachten, obwohl sie formal zunächst als eine fortlaufende Darstellung von Zeitgeschichte erscheinen. Auch in diesen Historien konzentriert sich Sallust nicht auf eine breite Darstellung der Geschichte. Er konzentriert sich nicht etwa auf die stabile Phase der spätsullanischen Herrschaft, sondern auf die Phase, in der sich nach dem Tod Sullas das Konfliktpotential erneut erhöht beziehungsweise die Konflikte immer wieder deutlicher an die Oberfläche treten. Vor allen Dingen muss an den Aufstieg des Pompeius gedacht werden, der sich ja bereits weitgehend außerhalb der üblichen, der legitimen Form von Herrschaft in Rom vollzogen hat.

Wichtig ist sicherlich in allen drei Fällen, wenn man es mit Livius oder der vorangegangenen Annalistik vergleicht, der experimentelle Charakter der sallustianischen Werke; der Versuch, innenpolitische Prozesse in einem Expansionskrieg, in einem imperialen Krieg zu beschreiben, der Versuch, innenpolitische Prozesse in einem fortlaufenden Geschichtswerk zu beschreiben, der Versuch, komplexe historische innenpolitische Prozesse in einer fast biographischen Konzentration auf einen einzelnen Revolutionär widerspiegeln zu lassen. Drei verschiedene Ansätze, alle mit derselben Zielsetzung, aber alle mit unterschiedlichen Materialien, mit unterschiedlichen Bezügen von systematischer Frage und Stoff. Diese Perspektive, innenpolitisch und im Ergebnis zutiefst pessimistisch, ist auch der Schlüssel, den man zur Erklärung des sallustianischen Stils – der folgende wichtige Punkt – heranziehen muss.

7.4 Stil

In Sallusts Stil schlägt die Infragestellung von Selbstverständlichkeiten, die auch die Stoffwahl gekennzeichnet hat, auf den sprachlichen Ausdruck durch. Das sieht man wiederum gut im Vergleich mit Livius. Wo Livius auf der Höhe zeitgenössischer Stiltheorien ist, seine historischen Perioden baut, die sich über Bücher hinweg flüssig lesen lassen – ein Ereignis wird in einem Satz als Entwicklung dargestellt, Nebenwirkungen, Nebenbedingungen werden als Gliedsätze in diese Periode hineingeschachtelt –, da steht Sallust mit seiner Kürze, die bis zur Dunkelheit reichen kann, mit einem schroffen Stil, der ständig zu Antithesen führt, impliziten oder expliziten Antithesen auch dort, wo sich dreigliedrige Ausdrücke finden: Auch da ist es oft der Fall, dass sich zwei doch wieder zu einem Gegensatz zum dritten zusammenschließen.

Das ist keine Marotte eines Schriftstellers, der einfach anders schreiben möchte, sondern das ist der Stil eines Historikers, der keine Lösungen, keine Synthesen und keine leicht zusammenfassbaren Schlüsse vermitteln will, sondern der vor allen Dingen Widersprüche in der Sache selbst, in den Ereignissen, in den Personen und ihren Charakteren aufzeigen will. Stil wird hier – etwas pathetisch formuliert – zum Ausdruck einer Weltsicht und zugleich zum Versuch, diese Weltsicht sprachlich zu vermitteln. Unter dieser Perspektive muss man auch die Wahl der Archaismen bei Sallust interpretieren und muss auf ihren ideologischen Charakter hinweisen. Diese Archaismen sind gerade in ihrer Selektivität ein bewusster Rückgriff auf einen Sprachstil, der vor dem zentralen Einsatzpunkt der Verfallsgeschichte der späten Republik liegt. Das ist vor allem der Rückgriff auf Cato den Älteren, der vor dem Ende des Dritten Punischen Krieges, vor den Ereignissen um die Gracchen geschrieben hat, kurzum: der Rückgriff auf einen von den Krisensymptomen selbst noch nicht beeinflussten Autor.

7.5 Wirkung

Stoffwahl wie Stil werden unmittelbar plausibel machen, dass die Rezeption des sallustianischen Werkes sehr unterschiedlich verlaufen ist. Sallust ist zu eigenen Lebzeiten oder kurz danach umstritten gewesen und er ist umstritten geblieben. Aber er wird vor allen Dingen seit tiberianischer Zeit – einer Zeit, in der das augusteische Zeitalter wieder deutlicher in eine kritische Perspektive gerückt wird, man nicht mehr unmittelbar unter dem Eindruck »Ende der Bürgerkriege, Beginn einer Friedensperiode« schreibt – zunehmend geschätzt. Das geht so weit, dass Sallust für den einzigen, den ersten und den besten römischen Schriftsteller in der Antike erklärt wird. Insbesondere wird Sallust im zweiten Jahrhundert n. Chr. geschätzt mit dessen insgesamt archaistischen, archaisierenden Tendenzen in der Literatur. Diese Hochschätzung Sallusts setzt sich fort. Sallust wird ins Griechische übersetzt und ist damit einer der ganz wenigen lateinischen Autoren, denen so etwas widerfährt. Im frühen und im hohen Mittelalter wird er Schulautor und hat dann eine ungebrochene Wirkungsgeschichte bis in die Gegenwart.

Diese Wirkungsgeschichte zeigt sich, wie bereits angedeutet, in der Corpusbildung. Das *Corpus Sallustianum* wird eine geschlossene Überlieferung der kleinen Schriften, die »Historien«, die die Jahre 78 bis 67 v. Chr. fortlaufend behandelten, wurden davon ausgeschlossen, auch wenn sie sich in Papyrusstücken und Resten einer Handschrift aus dem fünften Jahrhundert in rund fünfhundert Fragmenten erhalten haben.

Das schon erwähnte letzte Element dieser Wirkungsgeschichte ist, dass im Laufe der Kaiserzeit, spätestens aber am Ende des vierten Jahrhunderts einige Texte noch an dieses Corpus angeschlossen wurden. Das sind die angeblichen Briefe Sallusts an Caesar und ein Invektivenwechsel Sallust gegen Cicero und Cicero gegen Sallust. Sicherlich alles rhetorische Übungen *(suasoriae)*, die aber zeigen, dass Sallust tatsächlich als eine politische Figur, als ein Schriftsteller mit politischen Aussagen rezipiert worden ist.

8 Exemplaliteratur: Valerius Maximus

8.1 Exempla und Geschichte

Einer der populärsten Texte der römischen Historiographie wurde im ersten Drittel des ersten Jahrhunderts n. Chr. verfasst und fügt den bisher behandelten Formen nach Caesars *commentarii*, Livius' Annalistik und Sallusts Monographien eine weitere Gattung hinzu. Das Werk wurde bereits in der Antike in verschiedenen gekürzten Fassungen überarbeitet und im europäischen Mittelalter und in der frühen Neuzeit viel gelesen; etwa dreihundertfünfzig vollständige Handschriften sind erhalten geblieben.

Valerius Maximus schrieb während der Regierungszeit des Tiberius und sammelte »Denkwürdige Taten und Sprüche«, indem er eine große Menge spätrepublikanischer und augusteischer Geschichtsschreibung sichtete. Er ordnete sein Material nach Themen und nicht als fortlaufende Erzählung und stellte in handlicher Form zahlreiche ›Dokumente‹ historischer Persönlichkeiten zusammen, die in der einen oder anderen Form *virtus* manifestierten. Über Valerius' Absichten und die Wahl seines Genres scheint es keinen Zweifel zu geben. Er bietet eher Beispiele als Geschichtsschreibung und zielt eher auf die moralische Verbesserung seiner Leser ab, als eine ungewisse Vergangenheit zu beleuchten. *Exempla* oder *Paradeigmata* nahmen in der antiken (und nachantiken) Rhetorik einen wichtigen Platz ein. Aristoteles beispielsweise unterscheidet zwischen Beispielen und Enthymemen (Wahrscheinlichkeitsargumenten) als den Hauptkategorien rhetorischer Beweise, wobei er weiter zwischen historischen und fiktiven Ereignissen unterscheidet (*Rhet.* 2.20.1–2, 1393a23–31); die *Rheto-*

rica ad Herennium aus dem frühen ersten Jahrhundert v. Chr. kombiniert rationale Beweisführung mit dem Argument des (historischen) Beispiels. Es ist jedoch nicht Valerius selbst, der den Begriff *exempla* verwendet, sondern Iulius Paris, einer seiner beiden erhaltenen spätantiken Epitomatoren, in einem kurzen Widmungsschreiben. Der andere Epitomator, Ianuarius Nepotianus, verwendet das Wort in seiner Vorrede nicht, betont aber die Notwendigkeit, Auszüge aus Valerius zu erstellen, um die zu langen und zu kunstvollen Bücher wieder nutzbar zu machen. *Exempla* ist somit kein Generalschlüssel zum Verständnis des Werkes. Es ist allgemeiner zu fragen nach den spezifischen Formen des historischen Erinnerns, die Valerius in die tiberianische Erinnerungskultur erfolgreich einzuführen versuchte.

Valerius Maximus' *Facta et dicta memorabilia* sind eindeutig keine fortlaufende oder erzählende Geschichte. Die Anordnung der kurzen Erzählungen ist nicht chronologisch, sondern thematisch. Sie erlauben, eine soziale Erinnerung hervorzurufen, die sich sowohl auf faktische Geschichte als auch auf soziale Normen bezieht. Die häufigen explizit normativen Aussagen unterstreichen die entscheidende Rolle, die der Autor bei der Steuerung solcher Erinnerungen spielt. Die Beispiele selbst sind in der Regel für unterschiedliche Interpretationen offen. Sie berufen sich selten auf historische Umstände als Erklärung, und doch sind sie mehr als eine bloße Fundgrube für Redner.

Zugegebenermaßen wurde Valerius auf diese Weise benutzt. Vieles deutet jedoch darauf hin, dass Valerius sich vorstellte, sein Publikum werde sein Werk kontinuierlich lesen. Damit soll nicht suggeriert werden, dass er nur eine stümperhafte Geschichte der Republik und des frühen Kaiserreichs geschrieben hat. Es ist bezeichnend für das heutige historische Urteil, dass Valerius Maximus trotz seines enormen Einflusses in Abhandlungen über die julisch-claudische Geschichtsschreibung kaum je erwähnt wird. Aber die teils apodiktisch vertretene Position, Valerius habe keine Geschichte geschrieben, kann nicht stehen gelassen werden. Auch die kurze Universalgeschichte des Velleius Paterculus, die kurz vor den Büchern des Valerius in den frühen 30er Jahren fertiggestellt wurde, unterbricht die chronologische Abfolge häufig durch thematische Passagen. Valerius' Erzählungen sind kohärent, auch wenn sie sich nicht zu einem Gesamtbild zusammenfügen. Es gibt eine historische Vision, auch wenn es keine kontinuierliche historische Erzählung gibt.

Die Gedächtnisforschung legt nahe, dass Exemplarität keineswegs zwangsläufig im Gegensatz zur Geschichte steht. Exemplarizität ist eine Eigenschaft der Vergangenheit, die die Vergangenheit auf intensive Weise mit der Gegenwart in Beziehung setzt. Diese Form der Anerkennung der Bedeutung der Vergangenheit und ihrer fortbestehenden Normativität (je nach Autor kritisch oder bejahend) war bis in die Frühe Neuzeit hinein beliebt. Seit dem vierten Jahrhundert v. Chr., seit Xenophon, Ephoros und Theopompus, war die Exemplarität ein bestimmendes Merkmal eines Großteils der antiken Geschichtsschreibung. Sie musste die Verzeitlichung nicht ausschließen. Beispielhaftigkeit und chronologische Verortung konzentrieren sich auf verschiedene Aspekte des Erinnerns, den normativen und den chronologischen, ohne den einen für den anderen zu opfern. Die langanhaltende Verbindung beider Aspekte zeigt sich in der europäischen Tradition in der Geschichtsschreibung von der Renaissance bis zur Aufklärung: »Die vorherrschende Auffassung von Geschichte war die einer exemplarischen Geschichte, didaktisch in der Absicht, induktiv in der Methode und gegründet auf den Gemeinplätzen der römischen Stoiker, Rhetoriker und Historiker« (Jacques Le Goff 1992, S. 160).

Auch Valerius bietet Geschichte. Nicht nur, dass er für seine Beispiele die Vergangenheitsform verwendet. Nicht nur, dass er vor dem Hintergrund einer reichen Tradition der Geschichtsschreibung schreibt und diese offen nutzt, anstatt sich darauf zu beschränken, frühere Beispielsammlungen, wie die von Pomponius Rufus oder Hyginus, zu reproduzieren. Ausgehend von einem chronologischen Rahmen, der sich aus berühmten Kriegen und Magistraten zusammensetzt, führt Valerius seine weniger bekannten Protagonisten oft elegant gleich zu Beginn der Erzählung als Zeitgenossen, Kollegen, Teilnehmer an einer Expedition usw. ein. Sehr selten treten solche zeitlichen Markierungen erst am Ende auf, was sein Interesse am Datum noch deutlicher unterstreicht (zum Beispiel in 1,6,5).

Die Unterscheidung zwischen Exempla und Geschichte ist dennoch erhellend. Sie kann die Tragweite der Implikationen verdeutlichen. Es ist die Geschichte, die immer vom Vergessen bedroht ist. Valerius will der Geschichtsschreibung helfen, ihren eigentlichen Zweck zu erfüllen, nämlich Orientierung und Legitimation zu geben. Man könnte dies als »Geschichtsschreibung zweiter Ordnung« bezeichnen, aber in Wirklichkeit ist es nur eines der pragmatischen Produkte der Geschichtsschreibung in literarischer Form, neben der mündlichen Aufführung und der Umwandlung in Denkmäler.

Die Einleitung von Valerius ist voll von historiographischer Terminologie. Es ist die Arbeit des Historiographen, nicht eine moralische Haltung, die ihm Autorität verleiht. Das beispielhafte Verhalten ist das der präsentierten historischen Akteure. Dennoch gibt es eine doppelte Verschiebung der Autorität: Gleich im ersten Satz betont Valerius, dass sein Unternehmen denjenigen, die an Dokumenten aus erster Hand interessiert sind (*documenta sumere volentibus*), langwierige Recherchen erspare. *Urbis Romae exterarumque gentium facta simul ac dicta memoratu digna*, »die Taten und Sprüche der Stadt Rom sowie fremder Völker, die der Erinnerung würdig sind«, wie es gleich im ersten Satz heißt (ausländische Beispiele werden freilich in jeder thematischen Gruppe auf den zweiten Platz verwiesen), werden als *domesticae peregrinaeque historiae* dokumentiert, »eine Abfolge von Geschichte, die zu Hause und in der Fremde gemacht wurde«, wie man die kurz darauf folgende Formulierung (1, praef.) wiedergeben könnte. Für das Reich des frühen Prinzipats konnte nur eine universale Geschichte (*omnis aevi gesta*) angemessen sein, ein Gefühl, das auch von den Historikerinnen und Historikern der Frühen Neuzeit geteilt wurde, wenn auch in einem noch größeren geographischen Maßstab. Diese Ansicht taucht bereits in der späten Republik auf, wie wir aus dem Werk des Cn. Pompeius Trogus (ein Autor, der von Valerius ausgiebig benutzt wurde, und der weiter unten noch ausführlicher zu behandeln ist) und der verlorenen *Chronica* des Cornelius Nepos wissen. Varros *Antiquitates rerum divinarum* hatten in ihrer Historisierung von Religion einen ähnlich weiten Anspruch. Es ist ein Geschichtswerk dieser Art, das Valerius demjenigen widmet, *penes quem hominum deorumque consensus maris ac terrae regimen esse voluit*, »in dessen Hände der Konsens der Menschen und Götter die Herrschaft über Meer und Land legen wollte« (1, praef.), nämlich Tiberius.

Aber die Verschiebung der Autorität geht nicht nur vom Lokalen zum Universellen, zur einzigen Quelle universeller Macht an der Grenze des menschlichen Potenzials, dem Kaiser. Denn es gibt noch eine zweite Verschiebung, nämlich die des sozialen Ortes der Autorität. Die Gliederung des Werks in thematische Bücher und Kapitel, in Beispiele aus Rom und dem Ausland, spiegelt die Ausdehnung der Erinnerungskultur und der auf die Geschichte zurückgreifenden Argumentationsstile über die Sphäre der Aristokraten hinaus wider. Letztere haben die volle Kontrolle darüber, was ihre *maiores* getan oder nicht getan hatten, was *mos maiorum* war, nun verloren. Es ist ein Buchmensch wie Valerius, der sich nun im Gefolge früherer Historiker und Antiquare das Recht anmaßt, zu entscheiden, was Tradition ist. Vieles deutet darauf hin, dass Valerius Maximus selbst nicht aus einer Adelsfamilie stammte, sondern eher ein Klient einer solchen war.

Auch wenn Valerius nur eine Geschichtsschreibung zweiter Ordnung bietet, ist seine Auswahl alles andere als zufällig. Man darf nicht nur auf den ethischen Gehalt der Auswahl und ihre soziale Funktion blicken. Es müssen ernsthaft die historiographischen Elemente betrachtet werden: Was für eine Geschichte erzählt Valerius? Die Anhäufung kurzer, unabhängiger Erzählungen, die sich auf Individuen und ihr Verhalten konzentrieren, ist ein wirksames Mittel, um historische Komplexität und die Wahrnehmung von Kontingenz zu reduzieren. Nichtsdestoweniger ist das auf diese Weise zusammengestellte Universum von Normen immer noch ein historisches Universum. Es bietet den Zeitgenossen eine Orientierung, aber auch eine Perspektive, aus der heraus die Vergangenheit interpretiert werden kann.

Dies ist um so wichtiger, als die Leserinnen und Leser von Valerius nicht auf seine Zeitgenossen beschränkt waren. Aus dem Mittelalter und der frühen Neuzeit sind nicht weniger als dreihundertfünfzig vollständige Manuskripte erhalten, ganz zu schweigen von den Kommentaren und Übersetzungen. Diese boten eine autoritative Sicht der römischen Geschichte, die das Bild der Republik bis weit ins zwanzigste Jahrhundert (und zweifellos darüber hinaus) prägte. Es sind die Beispiele von Valerius, die einem zuerst in den Sinn kommen, wenn man Kriegslisten oder Religion illustrieren soll.

Die Religion – oder vielmehr, um es mit den Worten des Autors zu sagen, der »Zustand ... des Götterkults« – spielt in Valerius' Unternehmen eine wichtige Rolle und er widmet ihr den ersten Platz. Ich werde mich auf dieses erste Buch konzentrieren, auch wenn die Religion an anderer Stelle wieder auftaucht. Die neuere Forschung zu Valerius Maximus hat seine Vision einer traditionellen, aber auch emotionalen Religion erhellt, die in Form von Entscheidungen in Krisensituationen einen Großteil des Alltagslebens durchdringt. Gerade die religiösen Normen sind nicht überzeitlich, sondern besitzen eine spezifische historische Form der Legitimität. Und zugleich sind sie eine besondere Form von Wissen, wie es Experten konstruieren. Das »Wissen der Pontifexe« (*pontificum scientia*), die »Wachsamkeit der Auguren« (*augurum observatione*), die »Bücher der Seher« (*vatum libris*) und schließlich die »etruskische Wissenschaft« (*Etrusca disciplina*) geben den Ton an (1,1,1). Solches historische Wissen muss bewahrt, aber auch kanalisiert werden. Hier schreibt sich Valerius Maximus selbst eine Rolle als Historiograph zu. Das kann an diesem Text exemplarisch beobachtet werden.

8.2 Religiöse und historiographische Autorität jenseits von Mythen

Aus der Sicht der Beobachter in der späten republikanischen und frühen kaiserlichen Zeit war die Komplexität der göttlichen Welt nicht nur eine Sache von individuellen oder kollektiven Erinnerungen, sondern auch eines systematisch organisierten und maßgeblichen Wissens. Dieses Wissen ermöglichte es, die religiösen Ressourcen zu nutzen, die das Göttliche in Form zahlreicher wohlwollender Gottheiten bot. Die Götter sind in der Welt als Akteure präsent, über die der Mensch etwas wissen kann. Natürlich sind sie auch in der Form der Erinnerung, das heißt, vor allem der Erzählung, präsent, aber sie können durch das ›Wissen‹ über sie konkretisiert und besser gestaltet werden. Im Gegensatz zur bloßen mythologischen Erzählung könnten die neuen Wissensformen verschiedene Arten von Diskursen assimilieren und das verstreute Wissen über Götter integrieren. Varros drei Arten der Theologie boten eine Möglichkeit, solches Wissen zu organisieren, Ciceros Darstellung der Religion in seinem *De legibus* eine andere. Texte wie diese, die von Gelehrten zusammengestellt, systematisiert und autorisiert wurden, und nicht eine Tradition priesterlicher Wissensweitergabe müssen Valerius' Vorstellungen geprägt haben.

Im ersten Kapitel des ersten Buches stellt Valerius eine Auswahl von Erzählungen vor und konstruiert damit stillschweigend sein Bild von Religion. Diese Auswahl hat als Grundlage für viele Darstellungen der römisch-republikanischen Religion gedient. Es ist eine Darstellung, in der die religiösen Vorschriften Vorrang vor allem anderen haben; in der die öffentlichen Priester dank ihrer totalen Kontrolle des Wissens im Zentrum der Religion stehen. Es ist auch eine Darstellung, der es nicht an chronologischen Markierungen, sondern nur an chronologischer Abfolge mangelt.

Das Wissen über Religion war kein ›akademisches‹ Unternehmen. Die Sorge um das Wissen der Wahrsager (und nicht weniger Wahrsagerinnen) veranlasste Augustus, die Verbrennung von zweitausend Orakelbüchern anzuordnen (Suet. *Aug.* 31,1). Für Kaiser Tiberius war astrologisches Wissen so wichtig, dass er Spezialisten wie Scribonius und Tiberius Claudius Thrasyllus anstellte, die sich mit dieser Kunst befassten. Divinatorisches Wissen war potenziell gefährlich. Im Jahr 17 n. Chr. wurden Astrologen zusammen mit jüdischen Expertinnen und Experten aus der Stadt vertrieben (Suet. *Tib.* 36); im Jahr zuvor waren einige im Zusammenhang mit einer angeblichen Verschwörung hingerichtet worden (Tac. *Ann.* 2,32). Nach Sueton verlangte Tiberius, dass diejenigen, die einen Haruspex konsultieren wollten, dies öffentlich und mit Zeugen tun mussten (Suet. *Tib.* 63).

Valerius mag diese Ambivalenz bei der Abfassung seines ersten Buches berücksichtigt haben. Das zweite Kapitel, das nur in den Auszügen des Iulius Paris und des Ianuarius Nepotianus (letzterer ist sehr kritisch) erhalten ist, zitiert Beispiele berühmter Römer, die behaupteten, sie hätten eine intime Kommunikation mit den Göttern. Die Liste der römischen Beispiele ist beachtlich: Valerius befasste sich mit Numa, Scipio Africanus, Sulla und Q. Sertorius (1,2,1–4). Die Behauptung, Numa sei der Nymphe Egeria begegnet, sei so fantasievoll wie der weiße Hirsch, den Sertorius durch Spanien kutschierte. Valerius ist normalerweise sehr zurückhaltend, wenn es darum geht, Beispiele aus einer so frühen Zeit wie Numa anzuführen, und noch zurückhaltender, wenn es darum geht, fantastische Elemente in solche Erzählungen aufzunehmen. Der literarische Rahmen ist sogar noch aufschlussreicher, denn der folgende Abschnitt liefert Beispiele für Verbote von Kontakten mit fremden Gottheiten und enthält sogar einen Fall von Vertreibung der Chaldäer aus dem zweiten Jahrhundert v. Chr.

Erst nach diesem Abschnitt beginnt eine neue Sequenz, die sich mit Prophezeiungen, Omina, Wundern, Träumen und Wundern befasst, die allesamt positiv bewertet und als göttliche Mitteilungen dargestellt werden, die es zu befolgen gilt; wenn sie vernachlässigt werden, geschieht dies zum Nachteil der Protagonisten.

Diese Überlegungen verändern den Status des zu Anfang dargestellten systematischen priesterlichen Wissens erster Ordnung. Die Religion ist kein feststehender Code, der auswendig gelernt werden muss. Die Tradition oder die »alten Bräuche«, wie sie in Buch 2 vorgestellt werden, sind keine feste Ressource. Historische und beispielhafte Erzählungen zeigen, dass dieses Wissen ein praktisches Wissen ist, das in den Handlungen tugendhafter Menschen verschlüsselt ist. In diesem Zusammenhang ist bei Valerius eine Stimme zu vernehmen, die seinen Vorgängern gegenüber kritisch ist. Wie die reichhaltige Auswahl spätrepublikanischer Beispiele zeigt, teilt Valerius mit seinem Zeitgenossen Velleius Paterculus einen grundlegenden Glauben an die Kontinuität Roms; erst wir nehmen eine scharfe Trennung zwischen »republikanisch« und »kaiserlich« vor. Diese Kontinuität wird erreicht, indem man sich auf Personen und Tugenden konzentriert und nicht auf explizite Regeln und Ämter. Wieder ist es Velleius, der uns hilft zu erkennen, was für Valerius bei der Wahl der Gattung auf dem Spiel steht. Es ist die Aufgabe und das Recht des Historikers, eine solche Verschiebung im Geschichtsbild zu verhandeln, eine, die die Größe (und die Risiken) der Vergangenheit anerkennt, um eine noch größere Gegenwart zu fördern.

Eine von Werten durchdrungene Vergangenheit wird in »Dokumenten« oder »Lehren« konkretisiert, in Erzählungen aus dem In- und Ausland universalisiert, durch einige kontrastierende Geschichten profiliert und schließlich durch die wunderbaren Wirkungen der Natur selbst, durch Wunder, naturalisiert und immunisiert. Die Macht der Götter wird nicht nur durch Visionen und Epiphanien vermittelt, sondern auch durch Stimmen und Klänge. Es handelt sich um eine historisierte Religion, die auf Wissen beruht; ein Volk, das diesem Wissen treu bleibt, kann sich den außergewöhnlichen Herausforderungen der Gegenwart stellen. Die Religion ist ein – vielleicht der wichtigste – Teil des zeitgenössischen Gedächtnisses, das Valerius Maximus in seinen Büchern zu gestalten versucht.

Wenn Valerius die Liste der Götter mit Castor und Pollux beginnt, deutet er damit sicherlich einen größeren Rahmen an. Tiberius hatte den Tempel von Castor und Pollux im Jahr 6 n. Chr. neu eingeweiht. Wenn wir uns fragen, was den pointillistischen Modus des Exemplums zusammenhält, lautet die Antwort: der Kaiser: Auch Valerius' Religion konzentriert sich auf den Kaiser als lebendigen Gott. Trotz Tiberius' Widerstände: für das Reich als Ganzes war Tiberius tatsächlich ein Gott. Valerius' eigener Beitrag ist die historische Legitimierung dieses Statuswechsels. Seine Geschichte ist eine neue Geschichte, die von einer Religion erzählt, die sich auf die Stadt Rom konzentriert, aber nicht mehr auf sie beschränkt ist, und die einen hübsch verpackten historischen Beweis für die Vorteile der Vergöttlichung bietet. Bei der Untersuchung der tiberianischen Erinnerungskultur muss man diesen strategischen Gebrauch der Erinnerung ebenfalls anerkennen.

9 Senatorische Geschichtsschreibung der Kaiserzeit: Tacitus und Ammianus Marcellinus

9.1 Senatorische Geschichtsschreibung

Wenn Tacitus zeitlich auf Valerius Maximus folgt, so schließt er unter einer stilgeschichtlichen Perspektive an Sallust an und weist damit auf das Kapitel 7 zurück. Tacitus griff im Stil bewusst auf den sallustianischen zurück. Seine Werke zeigen unter den erhaltenen Texten – es gibt auch nicht erhaltene Nachahmer des Sallust – sicherlich die stärkste Imitation, wenn auch unter Weiterentwicklung des sallustianischen Stils. Dennoch wäre diese stilgeschichtliche Perspektive viel zu eng. Die Parallelen zwischen Tacitus auf der einen Seite und seinem Vorgänger Sallust auf der anderen Seite gehen sehr viel weiter. Diese Parallelen sollen unter einer literatursoziologischen Perspektive vorgestellt werden, indem der Begriff der senatorischen Geschichtsschreibung verwendet wird.

9.2 Tacitus' Biographie

Senatorische Geschichtsschreibung wäre also die Überschrift, die man sowohl über Sallust als auch über Tacitus stellen könnte. Senatorische Geschichtsschreibung bezieht sich zunächst einmal auf den sozialen Ort, auf den sozialen Aufstieg beider Personen. Das schlägt sich bereits auf die Zeugnislage nieder, wie bei der recht reichen Bezeugung Sallusts zu sehen war. Bei Tacitus können wir ähnliches erwarten. Es gibt auch einige Zeugnisse außerhalb der antiken Literaturgeschichtsschreibung und außerhalb der eigenen Werke. Allerdings ist die historische Überlieferung für den Zeitraum, in dem Tacitus gelebt hat, Mitte des ersten bis Anfang des zweiten Jahrhunderts n. Chr., sehr viel dünner, dürftiger als für die späte Republik, die zu den ganz ungewöhnlich gut bezeugten Perioden römischer Geschichte gehört. Immerhin lässt sich die Biographie in Umrissen aus den Selbstzeugnissen des Tacitus und vor allen Dingen einigen Stellen in Briefen des jüngeren Plinius als eines Zeitgenossen, die zu Beginn des zweiten Jahrhunderts n. Chr. veröffentlicht wurden, im Groben rekonstruieren.

Tacitus dürfte um 55 n. Chr. geboren worden sein. Zeitgeschichtlich heißt das: unmittelbar zu Anfang der Herrschaft des Nero. Wo Tacitus geboren ist, wissen wir nicht, wir wissen nur, dass er aus der Gallia Narbonensis stammt, also wiederum, wie auch schon Livius, ein Nicht-Stadtrömer war. In diesem Fall nicht einmal ein Italiker, auch nicht in einem weiteren Sinne, wonach Norditalien, die *Gallia cisalpina*, noch zu Italien gerechnet würde. Er stammt aus einem geographisch deutlich anderem Gebiet, dass allerdings eine sehr alte römische Provinz ist. Als Provinzialer dürfte Tacitus eine besondere, in gewisser Weise eine Außenperspektive auf das Innenleben römischer Politik, römischer Macht und römischer Oberschicht gehabt haben; vielleicht wiederum mit einer Idealisierung des Systems, die gerade durch diese Außenperspektive ermöglicht ist und die jemand wie Catilina, der von Kindheit an in diesem System aufgewachsen ist, in Rom selbst nicht gehabt haben konnte.

Sein Geburtsjahr mit dem Jahr 55 n. Chr. zu datieren, stellt einen Rückschluss aus seinem Konsulat im Jahre 97 n. Chr. dar. Wir wissen, dass das Mindestalter für das Konsulat für einen Nichtpatrizier das 43. Lebensjahr war, das heißt, er muss spätestens im Jahr 55 n. Chr. geboren sein. Plinius bezeichnet ihn als einen Beinahzeitgenossen, beinahe Gleichaltrigen. Plinius ist Anfang der 60er Jahre geboren, also wird man nicht deutlich darunter gehen. Tacitus könnte auch erst im Alter von fünfzig Jahren Konsul geworden und entsprechend schon in den 40iger Jahren geboren worden sein, aber aus der Angabe des Plinius wird man an eher dicht an das Mindestalter heranrücken wollen. Wir wissen nicht einmal, wie Tacitus mit Vornamen geheißen hat. Es gibt sowohl die Überlieferung des Pränomen Publius, als auch des Pränomen Gaius, jedoch bilden beide Zeugnisse eine so unsichere Quellenbasis, dass darauf keine Entscheidung gefällt werden kann. Der Vater des Tacitus war ein Ritter, ein *eques*, war Procurator in der Belgica, das heißt, Tacitus selbst stammt nicht aus senatorischer Familie, sondern aus einer equestrischen Familie.

Er hat den Aufstieg in den Senatorenstand selbst geschafft. Dazu dürfte nicht zuletzt die Heirat mit der Tochter des Iulius Agricola, eines sehr angesehenen römischen Politikers, beigetragen haben, die ihm als Schwiegersohn eines so mächtigen Mannes den Aufstieg doch deutlich erleichtert haben mag. Diese Heirat erfolgte im Jahr 78 n. Chr. noch unter Kaiser Vespasian, unter dem er, wie Tacitus sagt, sein erstes politisches Amt bekleidet. Um welches Amt es sich genau handelt, Militärtribunat, irgendein Amt aus dem Vigintivirat oder irgendeine kleinere politische Betätigung, das wissen wir nicht. Unter Kaiser Titus (79–81 n. Chr.) hat er vermutlich das Amt erreicht, das ihm den Senatorensitz eingetragen hat, die Quaestur. Aus so vagen Angaben bei Tacitus selbst, in denen er sagt, unter wem er promoviert wurde, muss man die Karriere zusammensetzen. Schließlich ist er im Jahr 97 n. Chr. Konsul geworden. Dieses Jahr gehört bereits in die kurze Herrschaft des sogenannten Senatskaisers Nerva (96–98), die Tatsache aber, dass er im Jahr 97 Konsul ist, lässt vermuten, dass er noch von Domitian designiert worden ist, also unter dem letzten Flavier, der 96 n. Chr. ermordet wurde. Tacitus selbst räumt ein, dass unter Domitian, den er persönlich verabscheut hat, seine Karriere ungebrochen weitergegangen ist und bis in diese luftigen Höhen des Konsulats geführt hat. Soweit wir sie überblicken können, endet die Karriere etwa um das Jahr 112 herum mit einem Prokonsulat, einer Provinzstatthalterschaft in *Asia*, eine territorial nicht besonders große, aber eine sehr wichtige und alte Provinz, ein Amt höchsten Prestiges. Das ist unter dem Kaiser Trajan und damit rücken wir langsam aus iulisch-claudischer über die flavische in die Zeit der Adoptivkaiser hinein.

Wir kennen das Todesjahr des Tacitus nicht. Es gibt in seinem Werk keine eindeutigen Hinweise auf den Tod des Trajan, der 117 n. Chr. gestorben ist; es gibt einige Interpreten, die manche Stellen darauf beziehen wollen. Der Sachverhalt ist aber ganz ungeklärt, es lässt sich auch aufgrund der Zweideutigkeit dieser Zeugnisse nichts wirklich erhärten, man muss mit einem Tode etwa zeitgleich mit Trajan, vielleicht kurz vorher oder vielleicht kurz nachher, rechnen.

Die Schriftstellerei bei Tacitus – hiermit kommen wir zu einem Punkt, der senatorische Geschichtsschreibung über Herkunft und politische Karriere hinaus charakterisiert – setzt erst nach dem Konsulat ein, das heißt wiederum in einem Moment, in dem seine politische Karriere zwar nicht zu Ende war, aber doch durch die gesetzlichen Regelungen über den zeitlichen Abstand von Konsulat und Statthalterschaft für eine längere Zeit unterbrochen war. Auf der hohen Ebene, auf der sich Tacitus bewegt, diese Spitzenverwaltungsämter, ist keine dauerhafte politische Betätigung in einem Verwaltungsamt zu erwarten, sondern er weiß, dass er irgendwann – wenn er sich weiterhin mit dem Kaiser gut stellt – Statthalter werden kann, auch wenn es ein Jahrzehnt dauern wird.

9.3 Motive

Erst aus dieser Perspektive heraus beginnt auch Tacitus, in einem legitimen, wenn auch in diesem Fall nicht aus persönlichen Gründen erzwungenen oder ungewollten *otium* mit seiner Schriftstellerei. Er ist also kein Berufshistoriker, der wie Livius daraus seine Lebensaufgabe macht, und er ist auch kein politischer Schriftsteller, wie es die Verfasser der autobiographischen *commentarii* im ersten Jahrhundert v. Chr. gewesen sind, von Sulla bis zu Caesar, die als Politiker in einer politischen Rolle zur Förderung, Absicherung ihrer weiteren Karriere schreiben, sondern er schreibt, das charakterisiert diesen Typ senatorischer Geschichtsschreibung, am Ende oder in den Zwischenräumen seiner Karriere, eben in seinem *otium*.

Die Inspiration, die Tacitus zu seiner Schriftstellerei treibt, ist allerdings eine politische und insofern mit Sallust vergleichbar. Tacitus hat die Kette der flavischen Kaiser vom ›guten‹ Vespasian über den ›guten‹ (das sahen etwa palästinensische Juden ganz anders) Titus bis hin zum Tyrannen Domitian überstanden. Er hat sie überstanden, ohne einen Karriereknick erlitten zu haben und, wo bei Sallust der Karriereknick das entscheidende Datum ist, so ist Tacitus eher umgekehrt über sich erstaunt, dass er trotz dieser wechselnden und so gegensätzlichen Kaiser davongekommen ist und nicht nur davongekommen, sondern in diesem *cursus honorum* einen stetigen Aufstieg genommen hat. Er ist erstaunt – sicherlich auch, das wird aus seinen Schriften deutlich, erschrocken – darüber, dass er ununterbrochen promoviert worden ist und darüber, dass er diese ganz unterschiedlichen, von ihm selbst so negativ beurteilten Kaiser am Ende trotzdem mit einer so guten Kooperation überstanden hat.

Die Einsicht, die Tacitus daraus zu ziehen scheint, ist die, dass der Senat zwar weiterhin ein ruhender Pol in dem römischen Herrschaftsgefüge ist, aber ein Pol, der vielleicht eher deswegen ruht, weil er nicht mehr so viel zu sagen hat. Es ist nicht mehr der Pol, um dem alles herum kreist wie in der Republik, wo aus den Reihen des Senats die Magistrate herausgetreten sind und wieder in diesen Senat eingebunden worden sind, sondern es ist die Ruhe eines Pols, der doch, wenn nicht außerhalb des Geschehens, so doch am Rande des eigentlichen Geschehens zu stehen gekommen ist. Was Tacitus also versucht, ist auszuloten, welche soziologischen aber auch welche persönlichen Bedingungen diese neuen politischen Prozesse haben, und dieser Analyseaufgabe widmet er sich in seiner gesamten Schriftstellerei und kommt dabei zu Ergebnissen, die sicherlich tiefer gehen als die Analyse des Sallusts, der doch bei einer oberflächlicheren Beschreibung der Konfliktparteien stehen bleibt.

9.4 Experimente

Die Analyse dieser komplexen politischen Situation des Verschiebens von Machtverhältnissen unter gleichzeitiger scheinbarer Stabilität einer Reihe von Institutionen führt ihn nun zu einer Reihe von Experimenten, die man mit den Experimenten des Sallust vergleichen kann, die aber gleichzeitig darüber hinaus gehen. Diese sollen hier in einer Nebeneinanderstellung, die Parallelen, aber auch die Unterschiede zwischen den beiden Autoren deutlich zu machen versucht, dargestellt werden.

9.4.1 *Agricola*
Ähnlich wie Sallust beginnt Tacitus mit einem biographischen Werk, einer Biographie seines Schwiegervaters Cn. Iulius Agricola, die er im Jahr 98 n. Chr. publiziert, im Jahr nach seinem Konsulat, also im Wechsel vom Kaiser Nerva zu Trajan. Diese kurze Biographie seines Schwiegervaters ist

keine Biograhie im klassischen Sinne, keine Biographie, wie sie etwa bei Sueton zu finden ist. Es ist eine sehr schlichte Biographie, die anekdotisches Material weitestgehend ausblendet und die zwar die Person in den Mittelpunkt stellt, aber gleichzeitig die Fragen nach dem Funktionieren des politischen Systems, nach den politischen Prozessen immer wieder herausarbeitet und in den einzelnen Phasen, in den einzelnen Karrierestationen des Agricola zu untersuchen versucht.

Diese Biograpie enthält starke ethnographische Elemente, Beschreibungen Britanniens insbesondere und des britannischen Gegenspielers des Agricola und damit ähnelt sie historiographischen Werken und nicht den typisch klassischen Biographien. Tacitus bettet in diesen biographischen Versuch eine Beschreibung der äußeren wie der inneren Physiognomie von römischer Herrschaft ein. Die Außenperspektive ist dem Briten Calgacus in den Mund gelegt, den wir sonst nicht kennen. Er ist ein Anführer der britischen Kräfte gegen Agricola; aus der Lebensperspektive des Agricola, erwächst der Versuch, eine Innenperspektive auf das Machtgefüge Roms zu gewinnen.

9.4.2 *Germania*

Auf dieses biographische Experiment folgte nun ein ethnographisches. Parallel zu Sallusts äußerem Krieg des *Bellum Iugurthinum*, der sich ja im Wesentlichen in Afrika abspielte (die Rückblicke bei Sallust auf Rom, das Herüberblenden auf Rom sind ja immer nur kurze Zwischenkapitel), folgte nun bei Tacitus eine ethnographische Schrift, *De origine et situ Germanorum*, »Über Ursprung, Herkunft und die Geographie der Germanen«. Diese *Germania* ist eine ethnographische Schrift, zugleich aber ein durchgeführter Sittenspiegel der römischen Gesellschaft. Die Germanen sind nicht um ihrer selbst willen interessant, sondern als ein Gegenbild zur zeitgenössischen römischen Gesellschaft, sie werden dafür geradezu instrumentalisiert.

Dabei kommen die Germanen natürlich, um diese Kontrastwirkung zu erzielen, sehr, sehr gut weg. Sie sind nicht das primitive Volk, sondern sie sind das einfache sittenreine Volk. Das hat zu einer verhängnisvollen Rezeptionsgeschichte geführt, vor allem in Deutschland: die *Germania* als Gründungsurkunde des deutschen Volkes, die Konstruktion einer historischen Kontinuität aus dem Mittelalter, dann vor allen Dingen aus der Frühneuzeit heraus in diese römische Eisenzeit in Germanien unter Ausblendung vieler anderer keltischer, slawischer Elemente, die dann immer wieder ein Vehikel von Nationalismus haben bilden können.

Aber das ist etwas, was ganz außerhalb der Intention des Tacitus gelegen hat; denn für ihn war die Kontrastwirkung gegenüber der zeitgenössischen römischen Gesellschaft wichtig. Es ging ihm wiederum um den Versuch, mit ganz entfernt liegenden Mitteln – Germanien am Rande der römischen Welt – Prozesse im Zentrum der römischen Gesellschaft, in Rom zu beschreiben. Auch diese *Germania* dürfte ungefähr 98 n. Chr. publiziert worden sein und man sieht hier, auch zeitlich ganz dicht nebeneinander, ganz unterschiedliche Versuche, dieses Problem der veränderten politischen und sozialen Bedingungen in Rom zu beschreiben.

9.4.3 *Dialogus*

Es schließt sich an, wohl im Jahr 102 n. Chr. publiziert, ein im ciceronianischem Stil geschriebener *Dialogus de oratoribus*, über die Rhetoren, über die Redekunst. Wieder dasselbe Ziel im Auge, beschreibt Tacitus hier kulturelle Entwicklung, nämlich die Entwicklung der Redekunst, eine Entwicklung allerdings, die sehr weit in den politischen Bereich hineinspielt. Er beschreibt damit kulturelle Entwicklungen als abhängig von politischen Entwicklungen, nämlich von der Entfaltung des Prinzipats.

9.4.4 *Historiae*

Nach diesen drei kleinen Schriften – und auch wenn wir hier kein Gegenstück bei Sallust finden, sehen wir dann doch eine ähnliche Entscheidung nach den beiden monographischen Versuchen – folgt dann ein umfangreicheres, ein fortlaufendes historiographisches Werk. Hier werden beide mit dem Titel *Historiae* angegeben, denn bei beiden ist, wie fast bei allen antiken Werken die Rekonstruktion des ursprünglichen Titels problematisch; diese Namensgleichheit sollte nicht auf die Goldwaage gelegt werden. Wichtig ist, dass nach den monographischen Werken der Versuch eines fortlaufenden Geschichtswerkes, das eigene Lebenszeit beschreibt, folgt. Sallust, relativ datiert, beginnt die Darstellung in den »Historien« mit einem Zeitpunkt, als er acht Jahre alt war, Tacitus beginnt diese Darstellung mit einem Zeitpunkt, als er selbst vierzehn Jahre alt war – von den überlieferten Daten her gerechnet.

Einsatzpunkt bei Tacitus ist die Situation nach dem Tode des Nero, das Jahr 69, mit dem Vierkaiserjahr, in dem Galba, Otho, Vitellius und schließlich Vespasian an die Spitze des römischen Staates treten. Das Werk wird über die ganze flavische Epoche hinweg bis ins Jahr 96 fortgeführt; vermutlich insgesamt zwölf bis vierzehn Bücher. Davon sind allerdings nur die ersten fünf und das fünfte nur teilweise erhalten, die Darstellung der Jahre 69 und 70. Wenn man bedenkt, dass fünf Bücher für eineinhalb Jahre geschrieben wurden, dann sieht man auch, dass hier eine sehr, sehr dichte Darstellung unternommen wurde.

Nun ist das Experimentelle dieses Werks nicht der Versuch einer fortlaufenden Zeitgeschichtsschreibung, sondern dass Tacitus versucht, als die Träger der politischen Aktion weniger die großen Individuen in den Vordergrund zu stellen – nichts hätte näher gelegen bei einem Vierkaiserjahr – sondern größere soziale Gruppen, insbesondere das römische Militär, zu den Agenten, zu den eigentlichen Trägern des historischen Prozesses zu machen beziehungsweise sie als solche zu analysieren: die Soldaten auf den unterschiedlichen Seiten, das Volk in Rom. Die großen Protagonisten sind eben keine Protagonisten, sondern sind vielfach eher passive, tragische Figuren am Rande des Geschehens, die nicht in der Lage sind, die Prozesse selbst zu steuern und sie in den Griff zu bekommen. Selbst der Einmarsch des großen Vespasian in Italien ist nicht sein persönlicher Auftritt, sondern es handelt sich um militärische Erfolge seiner Truppen, die ihm weit voraneilten, nicht als Ruf, sondern als tatsächlich marschierender Heereskörper.

9.4.5 Annales

Das ist nicht Tacitus' letztes Experiment, sondern nach der Abfassung dieses Werkes, etwa in den Jahren bis 110, beginnt er noch mit einem weiteren Werk, den *Annales*, genauer gesagt den *Annales ab excessu divi Augusti*. Diese »Annalen seit dem Tode des Divus Augustus« setzen mit dem Jahr 14 n. Chr. ein. Wiederum eine ähnliche Gattung, bieten sie wie die »Historien« fortlaufende Geschichtsschreibung und stellen ein größeres Werk in sechzehn bis achtzehn Büchern dar. Davon erhalten sind nur die

Bücher 1–6 mit einer großen Lücke im fünften Buch und die Bücher 11–16. Das entspricht den Jahren 14–37 mit der Lücke 29–31 und dann die Jahre ab 46 bis 66, also bis kurz vor dem Ende des Nero.

Im Unterschied zu den »Historien« stellen sie nun die Kaiser in den Mittelpunkt, weswegen diese Bücher zum Teil auch als eine fortgesetzte Reihe von Kaiserbiographien in der Antike missverstanden worden sind. Es ist aber tatsächlich eine durchgehende Beschreibung dieser Zeit, die nur die Kaiser und den sich um sie herum bildenden Hof in den Mittelpunkt stellt und auszuloten versucht, welche Bedeutung diese Bildung von Hof, der Aufstieg neuer Schichten, nichtsenatorischer Schichten im Rahmen eines solchen Hofes, welche Konsequenzen das für das Machtgefüge in Rom hat, wie die *arcana imperii*, die »Geheimnisse der Herrschaft«, nun zu bestimmen sind.

9.5 Taciteische Geschichtsschreibung

Man hat Tacitus vorgeworfen und wirft ihm immer wieder vor, dass er, gerade auch in diesen »Annalen«, sehr stark die Charakteristik der Einzelpersonen in den Vordergrund stellt, zuungunsten einer angemessenen Darstellung der geschichtlichen Ereignisse, ja, dass er vielfach zu einer Verzerrung der Ereignisse komme. Das ist auf einer oberflächlichen Ebene ein richtiger, ein treffender Vorwurf. Man muss aber im Blick behalten, dass, was Tacitus hier versucht und gerade im Unterschied zu den vorangegangenen Versuchen unternimmt, nicht eine verzerrte, aus persönlichem Ressentiment gegen diese Kaiser (auch wenn das vorgelegen haben mag) verzerrte Geschichtsschreibung ist. Vielmehr ist es der Versuch, wieder ein Erklärungsmodell für historische Prozesse auszuprobieren – nach dem biographischen, auf Werthaltungen orientierten Modell, nach dem in den »Historien« auf große Gruppen orientierten Modell, nach dem Modell, das kulturelle Entwicklungen mit politischen zusammenbringen will. Nun also der Versuch, ein neues Modell auszuprobieren und, ausgehend von der Gestalt des Herrschers und des Hofes um ihn herum, Veränderungen der politischen Prozesse, der politischen Mechanismen, aber auch der Menschen, die in diesem System leben und leben müssen, zu beschreiben.

Senatorische Geschichtsschreibung der Kaiserzeit

Dieser Beschreibungsversuch ist über weite Strecken eine Kritik an der eigenen senatorischen Schicht. Es ist die Feststellung, dass nur ganz wenige Personen mit dieser Situation angemessen umgehen können, so dass sie weder in Schmeichelei verfallen, in eine gänzliche Selbstaufgabe, noch den Weg wählen, über das Martyrium aus dem System heraus zu optieren, sich als krasser Gegner eines Kaisers vorzustellen und dann ganz schnell via Exekution oder Selbstmord von der Bildfläche zu verschwinden – eine Haltung, die Tacitus durchaus als fruchtlos kritisiert. Dieses Martyrium findet nicht oder findet nur in äußerst wenigen Fällen seinen Beifall. Tacitus sucht nach einer mittleren Linie.

Er stellt sich die Frage, wie *virtus*, wie vernünftiges, sowohl gesellschaftlich sinnvolles wie auch von Werten bestimmtes Leben in einem solchen System, das politische Freiheiten sehr weitgehend einschränkt, möglich ist. Begriffe wie *moderatio* sind in den »Annalen« Leitbegriffe, um ein solches Verhalten zu beschreiben, aber es sind eben nur sehr wenige, denen so etwas gelingt. Auch hier ist Tacitus ein senatorischer Geschichtsschreiber, der sehr kritisch, sehr scharfsinnig den Machtapparat analysiert, von dem er selbst ein Teil ist beziehungsweise nicht mehr so ein Teil ist, wie er gerne möchte. Mit sehr viel Selbstkritik, ohne jeden Beschönigungsversuch stellt er das Scheitern seiner eigenen Schicht, auch sein persönliches Scheitern oder sein persönliches Fehlverhalten, was eben kein Scheitern im Sinne einer Karriere ist, heraus. Aber es ist insofern auch negative senatorische Geschichtsschreibung, als hier Geschichtsschreibung aus der Perspektive einer traditionellen Führungsschicht betrieben wird, die keinerlei Verständnis für den Aufstieg und für die neu gewonnene soziale Mobilität im Bereich der Mitte, im Bereich von Freigelassenen, die ja an den Höfen nun hohe Funktionen wahrnehmen, hat. Wenn Tacitus von *libertas* spricht, von »Freiheit«, die errungen werden soll oder die verlorengegangen ist, dann ist es grundsätzlich die *libertas* seines Standes, die *Freiheit* der Senatoren gegenüber dem militärischen Machtapparat, gegenüber dem Kaiser. Aber Tacitus – und deswegen ist auch klar, dass er kein Martyrium verherrlicht –, ist kein Republikaner. Er sieht keine Alternative zu dem monarchischen System. Das kennzeichnet alle seine historiographischen Werke, verleiht ihnen auch einen gewissen pessimistischen Ton – nicht so deutlich, nicht ganz so negativ wie bei Sallust, aber durchaus in diese Richtung gehend.

9.6 Wirkung

Die Konsequenz daraus ist, dass Tacitus in der Folgezeit sowohl als Revolutionär gelesen werden konnte als auch von Revolutionären gelesen werden konnte, die eine schonungslose Analyse des Machtapparates vor sich sahen und daraus den Schluss ziehen wollten und konnten, dass hier eben auch die Mechanismen beschrieben werden, die man verändern muss, um das System zu stürzen. Tacitus konnte aber gleichzeitig auch von Monarchisten und Machtpragmatikern, wie Machiavelli, positiv gelesen werden, die hier die Beschreibung des Systems von innen heraus sahen: Wenn man sich als Kaiser in einer bestimmten Weise verhält, dann bleibt man an der Macht. Sie sahen Muster, wie man den Senatorenstand und das Militär behandeln musste, um zu stabilen Herrschaftsverhältnissen zu kommen. Das macht die Rezeption des Tacitus so spannend, allerdings erst spannend in der Neuzeit.

Tacitus selbst hat in der Antike nur eine geringe Rezeption erfahren. Bereits in der Spätantike verbindet man mit dem Verfasser keine irgendwie greifbare Person mehr. Er ist im fünften und sechsten Jahrhundert ein *Cornelius quidam,* der diese Werke geschrieben hat, ein »gewisser Cornelius«. In der der Folgezeit wurde er vor allem als Autor der *Germania* überliefert und im Gefolge dieser *Germania* wurden andere Werke tradiert, insbesondere die kleinen Werke. Die großen Werke dagegen wurden in einzelnen Gruppen von Büchern gefasst, mit der Folge, dass wir sie heute nicht mehr vollständig besitzen. Dieses Interesse an der *Germania* blieb in deutschen Sprachraum bis in die Schullektüre des zwanzigsten Jahrhunderts hinein erhalten.

Tacitus gewann dann aber in der italienischen Renaissance, gerade als ein Analytiker der Macht, an Interesse und blieb seit diesem fünfzehnten Jahrhundert im Bereich politischer Historiographie oder auch politologischer Analyse ein zentraler Anknüpfungspunkt, ein zentraler Autor der Antike für die Analyse gegenwärtiger, also neuzeitlicher Machtverhältnisse. Das gilt es festzuhalten: Tacitus sollte immer unter dieser doppelten Rezeptionsperspektive gelesen werden: als ein Analytiker der Macht auf der einen Seite – das wollte er sein, so ist er aber in der Antike nicht rezipiert worden – und auf der anderen Seite als Autor der *Ger-*

mania, als eines ethnographischen Werkes; auch letzteres sollte diese gar nicht sein: Die *Germania* sollte eine innenpolitische Analyse darstellen. Aber das ist letztlich die Rezeptionslinie, der wir die Überlieferung des größten Teils der taciteischen Werke zu verdanken haben, einer dieser Treppenwitze der Überlieferungsgeschichte, bei denen die Intention des Autors gerade nicht die Intention der Abschreiber ist und erst aus anderen Intentionen heraus ein Autor abgeschrieben werden muss, damit man ihn später wieder in seiner ursprünglichen Intention entdecken kann. Deswegen liest man, wenn man die *Germania* liest, diese besser immer im Lichte eines der anderen Werke, die sehr viel deutlicher machen, worum es Tacitus gegangen ist.

9.7 Ammianus Marcellinus

Mit Sallust auf der einen Seite und Tacitus auf der anderen Seite haben wir eine Linie verfolgt, die als senatorische Geschichtsschreibung vorgestellt wurde. Diese Linie setzt sich in gewissem Sinne fort, allerdings mit Geschichtsschreibern, die nicht in lateinischer, sondern in griechischer Sprache geschrieben haben, aber gleichwohl römische Senatoren gewesen sind. Zuerst jedoch soll noch eine Figur vorangestellt werden, die nicht aufgrund ihrer sozialen Stellung, aber aufgrund ihres, wenn man so will, historiographischen Projekts eng mit Tacitus zu verbinden ist und daher die Linie senatorischer Geschichtsschreibung unterbrechen soll: der spätantike Geschichtsschreiber Ammianus Marcellinus.

9.7.1 Biographie

Was wir über Ammianus Marcellinus wissen, wissen wir praktisch ausschließlich aus seinem eigenen Werk. Ammianus scheint um 330 n. Chr. in Antiochien, Syrien, geboren zu sein. Er bezeichnet sich selbst am Ende seines Werkes, als *miles quondam et Graecus* (31,16), also als ehemaligen Soldaten und Griechen. Er ist demnach in einer griechisch geprägten, hellenistischen Kultur groß geworden, schreibt aber dennoch sein Werk in lateinischer Sprache, und zwar auf einem sprachlich hohen Niveau. Man sieht, dass es in einer bestimmten Schicht auch im griechischen

Osten Leute gibt, die sich intensiv mit der lateinischen Sprache beschäftigen und, obwohl es nicht ihre Muttersprache ist, dieses Lateinische zu ihrer Literatursprache erheben. Claudius Claudianus, ein Dichter ebenfalls am Ende des vierten und Anfang des fünften Jahrhunderts aus Alexandrien, wäre ein anderes Beispiel für eine solche Biographie, für diesen Typ von Zweisprachigkeit.

Miles quondam weist auf eine militärische Karriere hin; dies ist sicherlich der Weg, auf dem Ammianus Marcellinus wie viele andere Nichtrömer mit Rom als Institution und eben auch der lateinischen Sprache bekannt geworden ist. Befehlssprache im Heer und Kommunikationssprache im Rechtswesen bleibt – auch bei Einheiten, die ganz weit im griechischen Osten oder im Norden oder Süden stationiert sind – das Lateinische. Beides sind dann semantische Bereiche, in denen dann etwa in das byzantinische Griechisch, zum Teil auch ins Arabische hinein lateinische Fremdwörter transportiert werden.

Wie diese militärische Karriere in ihren Anfängen genau aussieht, wissen wir nicht. Es hat aus internen Indizien heraus eine Reihe von Spekulationen gegeben, ob Ammianus Marcellinus insbesondere mit der Artillerie zu tun gehabt hat. Er beschreibt bei der Schilderung einer Belagerung sehr ausführlich artilleristisches Gerät. Solche und andere Überlegungen gibt es, zwingend sind sie aber nicht. Ammianus hat aber auf jedem Fall eine längere Militär-, Soldaten- und Offizierslaufbahn hinter sich. Wir finden ihn in den 360er Jahren auf den großen römischen Feldzügen im Osten, 363 nimmt er an dem parthisch-persischen Feldzug des Kaiser Iulian teil. Dieser Feldzug geht nicht gut für die Römer aus. Iulian fällt auf dem Schlachtfeld weit im Osten und Ammianus Marcellinus kann sich mit größeren Teilen des Heeres retten. Er kehrt in seine Geburtsstadt zurück und verbringt dort fast zwei Jahrzehnte bis ins Jahr 380. Erst jetzt im Alter von fünfzig Jahren geht Ammianus Marcellinus nach Rom, bleibt dann wohl auch bis zu seinem Tod, vielleicht um das Jahr 395, ganz spät am Ende des vierten Jahrhunderts, in Rom.

Es dürfte erst diese römische Zeit sein, in der er mit der Abfassung seines Werkes beginnt. 391/92 wird der erste Teil seines Werkes publiziert, die Bücher 1–25. Darin wird die römische Geschichte bis zum Tode des Kaisers Iulian auf dem genannten Feldzug geführt. Aufgrund des Erfolgs dieser Darstellung entschließt er sich, das Werk fortzusetzen bis in seine eigene Gegenwart beziehungsweise bis ins Jahr 378. Das ist der Endpunkt des erhaltenen und in dieser Form abgeschlossenen Werkes.

Ammianus Marcellinus wird in die Nähe des Symmachus-Kreises gerückt. Das kann allenfalls auf die Jahre 380 bis 395 zutreffen. Er hatte in dieser Zeit Kontakt mit diesem Symmachus-Zirkel, in dem sich die traditionalistische römische Aristokratie zusammenfand und auf der politischen wie literarischen Ebene so etwas wie eine Widerstandslinie gegen die christlichen Kaiser aufbaute. Das ist alles, was wir über die Biographie des Ammianus Marcellinus wissen.

9.7.2 Werk

Leider ist Ammianus' historiographisches Werk nicht vollständig erhalten. Es war zunächst auf fünfundzwanzig Bücher angelegt. Das Projekt, das sich Ammianus Marcellinus vorgenommen hatte, war eine Fortsetzung des Tacitus. Er wollte mit dem Tode Nervas (98 n. Chr.) einsetzen und die römische Geschichtsschreibung des Tacitus fortzuführen bis in die eigene Gegenwart beziehungsweise zu dem Tod eines aus der Perspektive eines Ammianus Marcellinus großen römischen Kaisers, nämlich des Iulian (363 n. Chr.). Diesem wird die christliche Geschichtsschreibung den Beinamen Apostata, der »Abtrünnige«, geben: Als Christ aufgezogen und aus der konstantinischen Dynastie stammend, lehnte er das Christentum, als er an der Macht war, ab. Stattdessen propagierte er traditionelle Kulte gegen das Christentum, wenn auch nun in Formen der sich institutionalisierenden christlichen Religion. Er will Organisationsformen der christlichen Kirche und ihr caritatives Engagement in den Bereich traditioneller Kulte übertragen. Dieses ursprüngliche Projekt des Ammianus Marcellinus der Jahre 98 bis 363 in fünfundzwanzig Büchern wurde in einer zweiten Phase um sechs Bücher erweitert, die bis ins Jahr 378 führten.

Wenn man sich nun den Umfang des Werkes für die einzelnen Zeitepochen anschaut, sieht man, dass Ammianus Marcellinus für die Zeit von 98 bis 363 insgesamt fünfundzwanzig Bücher und für die folgenden fünfzehn Jahre allein sechs Bücher aufwendet. Dieses Verhältnis von älterer und Zeitgeschichte spiegelt sich schon im ersten Teil wider: Der erhaltene Teil der Bücher 14–31 (also von dem vorderen Teil nur zwölf Bücher) beginnt im Jahr 353. Für die letzten zwölf Jahre dieses Zeitraums verwendet Ammianus Marcellinus von seinen fünfundzwanzig Büchern zwölf Bücher, also die Hälfte, für die letzten zehn Jahre einer gut zweihundertfünfzig Jahre umfassenden Darstellung. Die Darstellung des Ammianus Marcellinus musste in den frühen Teilen sehr gerafft und konnte nur sehr summarisch sein. Dennoch ist der Verlust dieser ersten Teile für uns bedauerlich, da gerade für das dritte und den Beginn des vierten Jahrhunderts nur sehr wenige alternative Quellen zur Verfügung stehen.

9.7.3 Ausrichtung

Der Verlust ist auch deswegen bedauerlich, weil Ammianus Marcellinus trotz der starken Raffung im ersten Teil nicht nur in der Zeit den Anschluss an Tacitus sucht, sondern auch versucht, den Typ von Geschichtsschreibung, den Tacitus vorgeführt hat, umzusetzen und auf seinen eigenen Gegenstand zu übertragen. Das Werk des Ammianus Marcellinus steht bei aller sprachlichen Differenz durch zweihundertfünfzig Jahre Stilgeschichte und Sprachgeschichte, in seiner Qualität durchaus den »Annalen« und den »Historien« des Tacitus nahe, sowohl was die sprachliche Gestaltung als auch die Durchdringung des historiographischen Stoffes angeht.

Nun ist klar, dass ein Grieche aus dem Osten, der in einer militärischen Karriere bis in den Bereich der höheren Offiziere aufsteigt, eine andere politische und historische Sicht der Dinge seiner Gegenwart und der römischen Geschichte haben wird als ein gebürtiger Westprovinziale, wie Tacitus, der Mitglied des Senatorenstandes war und aufgestiegen ist bis in den Bereich der Konsulate und Prokonsulate. Ammianus Marcellinus schreibt am Ende des vierten Jahrhunderts keine senatorische Geschichtsschreibung, wie sie Tacitus vertritt. Senatorische Geschichtsschreibung hieß bei Tacitus, dass er seine eigene Situation als eine Situation interpretiert, die zwischen der republikanischen Freiheit mit der zentralen politischen Rolle des Senatorenstandes und den im Lauf des ersten Jahrhunderts n. Chr. zunehmend dominierenden Principes changiert. Das Kaisertum, wie wir es verstehen, ist im zweiten Jahrhundert n. Chr. alternativlos geworden. Nicht die Herrschaftsform, sondern die Persönlichkeiten und Strategien der Herrschenden stehen zur Diskussion.

Diesen Typ von senatorischer Geschichtsschreibung vertritt Ammianus Marcellinus nicht, auch wenn eine gewisse Nähe dadurch gegeben scheint, dass am Ende des vierten Jahrhunderts mit der paganen Reaktion gegen das inzwischen christlich gewordene Kaisertum auch grundsätzliche Kritik akut wird. So könnte es sein, dass in dieser Orientierung ein Grund dafür zu suchen ist, dass Ammianus an Tacitus anschließt. Denn Tacitus ist nicht der große römische Geschichtsschreiber in der Sicht von Ammianus' Zeitgenossen und der vorangehenden römischen Geschichtsschreibungs- und Literaturgeschichte gewesen.

Was ist nun die Sicht der Dinge, die Ammianus Marcellinus hat, soweit sie sich aus seinem Werk, aus den inhaltlichen Schwerpunkten seines Werks rekonstruieren lässt? Um die Position des Ammianus Marcellinus zu verstehen, müssen zwei Grundgegebenheiten dieses späten vierten Jahrhunderts herausgestellt werden: Diese Grundgegebenheiten sind zum einen die außenpolitische Situation. Das Römische Imperium hat nach wie vor eine geographisch gewaltige Ausdehnung, aber die Grenzen sind nicht mehr ruhig. Es gibt ständig schwere Grenzkonflikte und diese Grenzkonflikte sind geographisch, territorial oft über den Grenzbereich hinaus ausgedehnt, mit tiefen Einfällen von germanischen Völkern insbesondere, aber auch den Parthern etwa im Osten. Die zweite Grundgegebenheit ist die innenpolitische Situation. Das Reformprojekt der Kaiser des späten dritten Jahrhunderts, des Diocletian und dann vor allen Dingen der konstantinischen Dynastie, hat das Reich verändert. Es ist ein sehr viel stärker zentralisiertes, bürokratisiertes Reich geworden, auch wenn die Umfänge dieses, wie er häufig genannt wird, spätantiken Zwangsstaates immer in der Realität gegenüber dem jeweiligen Gesetzestext abgehoben werden müssen. Nach wie vor ist das Fehlen eines flächendeckenden durchgriffstarken Polizeiapparates ein Kennzeichen dieses römischen Reiches. Gesetzestexte, die unsere Hauptquellen für diese Gegebenheiten ausmachen, sind nur bedingt als Beschreibung realer Situationen zu lesen.

Dennoch, es ist ein stark bürokratisiertes Reich inzwischen geworden und in dieser Situation zerfällt die konstantinische Dynastie, die so etwa die erste Hälfte des vierten Jahrhunderts zwar mit dem einen oder anderen dynastisch motivierten Mord verziert hat, ansonsten aber ein recht stabiles Regierungssystem dargestellt hat. Es beginnt nun in der Mitte des vierten Jahrhunderts wieder zu zerfallen, und damit kommt auch wieder Bewegung in die innenpolitische Situation. Krisenphänomene, nicht nur außenpolitisch, sondern auch innenpolitisch, so etwas wie Soldatenkaiser, Kaiser und Prätendenten, die in Konkurrenz zueinander von ihren Heeren ausgerufen werden, sind wieder in Reichweite gerückt.

Wenn man diese beiden Faktoren als Hintergrund nimmt, dann kann man einige Grundsatzentscheidungen des Ammianus beziehungsweise einige Interessenschwerpunkte besser verstehen. Auch hier sollen zwei Punkte in den Vordergrund gerückt werden. Der eine ist der Kontrast zwischen Barbaren und der zivilisierten Welt. Das ist nicht nur eine politisch militärische Konstellation, sondern auch eine moralische Situation, ein Gegeneinander von verschiedenen moralisch ethischen Grundhaltungen. Für die zivilisierte Welt spielen Begriffe wie *moderatio*, »Mäßigung«, und *disciplina* eine große Rolle, während für die Barbaren etwa ein Begriff wie *immanitas*, also »Unmäßigkeit«, eine sehr große Rolle spielt.

Diese Leitbegriffe von *moderatio* und *disciplina*, die in militärischen aber auch vielen anderen Bereichen wichtig sind, sind aber nicht nur wichtig für den Gegensatz von Barbaren und zivilisierter Welt, sondern auch wichtig für den Blick auf die innere Situation des Römischen Reiches, nämlich für das Verhalten der römischen Kaiser beziehungsweise derjenigen, die in einer bestimmten Situation an der Macht sind, die entscheidende Befugnis haben. Auch für diese Personen legt Ammianus Marcellinus immer wieder den Maßstab an, dass man Selbstdisziplin üben und die eigenen Machtbefugnisse oder Machtmittel, die einem zur Verfügung stehen, in Grenzen halten solle. Beschränken Amtspersonen diese auf das Notwendigste oder entwickelt sich ein bestimmter Herrscher oder auch für diesen Fall einmal ein Provinzgouverneur oder Feldherr zu einem absolutistisch gesinnten Mann? Selbstkontrolle wäre das entscheidende Stichwort bei Ammianus für die Bewertung römischer Herrschaft nach innen, und er interessiert sich vor allen Dingen dafür, wie es um diese Selbstkontrolle in extremen Situationen, wie (innenpolitischen) Katastrophen und Aufständen, steht. Wie steht es dann mit der Selbstkontrolle, eben auch mit dem, was letztlich Zivilisation gegen barbarische Macht, Kraft, Energie ausmacht?

Mit diesem Begriff der Selbstkontrolle ist schon angedeutet – damit steht Ammianus dem Tacitus wiederum nahe –, dass Ammianus wie Tacitus an die römische Geschichte eine stark moralisierende Perspektive heranträgt. *Moderatio* und *disciplina* spielen nicht nur auf der Ebene des Herrschers, sondern auch auf der Ebene des gesamten Volkes eine Rolle. Auch dass man nicht einfach stellvertretend durch die Herrscher repräsentiert wird, ist in diesem Gegensatz von Zivilisation und Barbaren wichtig. Diese moralische Perspektive ist die Perspektive eines griechischen Außenseiters, der über die militärische Schiene in die römische Gesellschaft hineingekommen ist, aber doch eine erstaunlich tiefgehende Analyse dieser Gesellschaft, sowohl was das Verhalten der Oberschicht als auch der größeren Massen, insbesondere der stadtrömischen Bevölkerung angeht, entwickelt.

Zum Abschluss dieser kurzen Skizze soll auf einen kleinen Abschnitt aus dem früheren Teil seines Werkes (14,6) verwiesen werden, in dem Ammianus eine sehr detaillierte Schilderung des stadtrömischen Lebens gibt und viele der Kritiken, die etwa Tacitus in seiner *Germania* formuliert hat, nun in einer direkten, teils fast satirische Züge annehmenden direkten Beschreibung dieses stadtrömischen Lebens in sein Werk einfließen lässt. Wobei – das macht auch einen Unterschied der Perspektiven von Tacitus und Ammianus aus – Ammianus jemand ist, der weitab von Rom großgeworden ist und der erst im Alter überhaupt nach Rom kommt. Rom steht für ihn als Symbol für das Imperium Romanum. Aber Rom ist nie die einzige Stadt, in der sich römisches Leben artikuliert, während Tacitus sehr viel enger den Blick auf die Stadt Rom richtet und das Römische Reich sehr viel stärker mit der Stadt Rom identifiziert.

10 Römische Geschichte in griechischen Augen

Römische Geschichtsschreibung hat, wenn man einfach den Begriff nimmt, zwei Bedeutungen: Es ist auf der einen Seite die in Rom oder im Römischen Reich produzierte Geschichtsschreibung und auf der anderen Seite Geschichtsschreibung, die sich mit Rom beschäftigt hat. Gerade wegen der Verhältnisse in Rom und im Römischen Reich, das zumindest im Osten ja auch ein griechisch-sprachiges Reich ist, soll wenigstens kurz auf die griechisch schreibenden Historiographen der Kaiserzeit eingegangen werden. So wurde bereits eben am Beispiel des Ammianus Marcellinus vorgeführt, dass es durchaus auch Leute griechischer Herkunft gibt, die in lateinischer Sprache Literatur, Geschichtsschreibung abfassen.

Die vorgestellten Personen reichen zeitlich von der augusteischen Zeit (Dionysios von Halikarnassos) über das zweite Jahrhundert (Appian) bis in das frühe dritte Jahrhundert (Cassius Dio und Herodian). Es hat wesentlich mehr griechische Geschichtsschreiber gegeben. Ausgeblendet wird Polybios, der schon im zweiten Jahrhundert v. Chr. geschrieben hat; ausgeblendet werden aber auch all jene, deren Werke entweder nicht erhalten sind, oder die keine spezifisch römische Geschichte geschrieben haben. Gleichwohl verbleiben, einige davon in der Graphik zur kaiserzeitlichen Geschichtsschreibung (4.5.3) ausgewiesen, viele Griechisch schreibende Chronisten und Universalhistoriker und Biographen. Die Fragmente der griechischen Historiker, die Felix Jacoby angefangen hatte herauszugeben, dokumentieren auch die vielen, deren Werke nicht direkt überliefert sind. Anhand von vier Personen und vier Werken sollen nun Entstehungszusammenhänge solcher Werke vorgestellt werden, da nur so die Bandbreite und die verschiedenen Facetten kaiserzeitlicher Geschichtsschreibung deutlich werden.

10.1 Dionysios von Halikarnassos

Dionysios von Halikarnassos ist – wiederum wissen wir das meiste über ihn, wie auch bei den folgenden Autoren, nur aus dem eigenen Werk – ist, wie der Name verrät, in Halikarnassos geboren, einer Stadt in Kleinasien, also kein Kernlandgrieche. Dionys stellt sich selbst am Ende des sehr langen Vorworts seines Werkes (1,8) mit der Formulierung »Ich bin Dionysios, der Sohn des Alexander aus Halikarnass« vor. In dem Jahr, in dem Augustus, so Dionys, endlich Frieden hergestellt hat, wohl im Jahr 30 v. Chr., kommt er nach Rom und verbringt mindestens zweiundzwanzig Jahre seines Lebens dort.

Er wirkt vor allem als Redelehrer. Es sind eine ganze Reihe von rhetorischen, insbesondere stilkritischen Schriften von ihm verfasst worden, einige davon auch erhalten und überliefert. Wir sehen ihn darin als Attizisten, also als einen auf die attische Rhetorik des vierten Jahrhunderts, Demosthenes insbesondere, als stilistisches Vorbild bezogenen Rhetor und Stilkritiker. In seinen Schriften hat er auch verschiedene theoretische Reflexionen über Geschichtsschreibung niedergelegt. Dionys wird von Quintilian als Rhetor erwähnt, aber nur in Listen von Rhetoren an drei Stellen. Als Rhetor ist er, soweit wir erhaltenen Zeugnissen entnehmen können, in der Kaiserzeit nicht besonders geschätzt worden. In byzantinischer Zeit wird er dann zu einem Stilpapst; seine theoretischen Werke werden nun umfangreich rezipiert.

Dionys kommt also nach Rom und lernt in den folgenden Jahren Latein – das sagt er in dem Vorwort und fasst den Vorsatz, eine römische Geschichte zu schreiben. Diese soll das Werk des Polybios in die Frühzeit zurück ergänzen. Polybios begann seine Darstellung mit dem Ersten Punischen Krieg im Jahr 264 v. Chr. und führt sie dann mit immer wieder angehängten Ergänzungen bis fast in die Mitte des zweiten Jahrhunderts v. Chr. fort. Dionys begründet seine Entscheidung für die Erweiterung mit zwei Motiven: Auf der einen Seite will er überhaupt römische Geschichte den Griechen nahebringen. Er schreibt Griechisch, nicht weil er das für die literarisch angemessenere Sprache hält, sondern weil er römische Geschichte für Griechen schreiben will. Und er will diese römische Geschichte für Griechen aus zwei Gründen schreiben: Erstens, weil römische Geschichte noch keine angemessene Darstellung in griechischer Sprache gefunden hatte und weil es für den Griechen wichtig ist, zu sehen, dass diese Herrschaftsmacht, die mehr oder weniger die Weltherrschaft angetreten hat und ohne jeden Zweifel auch in der nächsten Zeit verteidigen wird, unbestritten und verdientermaßen diese Herrschaft innehat, was mit vielen Beispielen für *virtus*, für Tugenden, für Uneigennützigkeit, für Tapferkeit begründet wird. An vielen Stellen können wir uns des Eindrucks nicht erwehren, dass er auch für das römische Publikum schreibt.

Für Dionys handelt es sich bei der Entwicklung der römischen Hegemonie nicht um einen zufälligen Prozess, das Spiel eines bösen Wollens oder eine Lehre einer notwendigen Abfolge von Weltreichen, in der dann auch das Ende des römischen Weltreichs schon vorprogrammiert wäre. Nein, es ist seine Sicht auf die römische Geschichte, die die gegenwärtige römische Macht als verdientermaßen erlangt darstellen will. Das sollen die Griechen wissen. Den unterworfenen Griechen eine solche Sicht zu vermitteln war kein einfaches Projekt ist. Die Lösung wie auch das zweite Motiv des Dionys ist, dass Rom von seiner Gründung her eine griechische Stadt ist. So wird Dionys nicht müde, nicht nur römische Institutionen in Griechisches zu übersetzen, um sie den Griechen verständlich zu machen, sondern er zeigt auch immer wieder auf, dass es nicht nur ein Übersetzen ist, sondern, dass hier wirkliche Strukturparallelen vorliegen: ähnliche Entwicklungen und ähnliche Institutionen in Griechenland und Rom. Sie lassen sich letztlich dadurch erklären, dass Rom von seiner Gründungsgeschichte her eine griechische Stadt ist, eine der griechischen Kolonien unter anderen, die auch deswegen verdientermaßen die Weltherrschaft angetreten hat.

Dionys war kein Athener, sondern ein Grieche aus Kleinasien. Ein Athener hätte vermutlich eine solche Sicht der Geschichte nicht entwickeln können. Beide Elemente, seine Vorstellung der römischen Abstammungsgeschichte und das besondere Insistieren auf den positiven Elementen der römischen Geschichte auf der einen Seite und die Argumentation, dass die römische Geschichte insgesamt nur von wenigen Griechen in griechischer Sprache dargestellt worden sei, und dann nur sehr flüchtig, führt ihn dazu, seine eigene Darstellung auf die römische Frühzeit zu konzentrieren. Es ist gerade diese römische Frühzeit, die keine geschlossene Darstellung in griechischer Sprache gefunden hat. Daher das Projekt, die Jahre 753 bis 264, das heißt von der Gründung Roms an, diese Frühgeschichte in insgesamt zwanzig Bänden – Buchrollen, wie wir uns immer wieder klarmachen müssen – darzustellen.

Dazu kommt, dass Dionys Rhetor und Stilkritiker ist. Dieses Projekt der römischen Geschichtsschreibung ist ein Projekt, in dem er seine eigenen theoretischen Vorgaben vorführen und realisieren möchte. Es ist ein gefälliges Griechisch, das er schreibt, keine überladenen griechischen Perioden. Aber vor allem ist es ein Geschichtswerk, in dem Reden dominieren – etwa ein Drittel des gesamten Textes besteht aus Reden. Es ist für Dionys kein Problem, für irgendein Ereignis etwa im achten Jahrhundert v. Chr. ein Rededuell zu komponieren, das sich über mehrere Druckseiten erstreckt.

Von den zwanzig Büchern des Dionys ist nur gut die erste Hälfte komplett erhalten, die Bücher 1 bis 10, zum Teil das 11. Buch. Für den Rest liegen Exzerpte aus byzantinischer Zeit vor, insbesondere des Kaisers Konstantinos VII. mit dem Beinamen Porphyrogennetos. Dieser hat es im zehnten Jahrhundert unternommen hat, verschiedenste historische Darstellungen exzerpieren zu lassen, um für sich selbst ein historisches Handbuch, die gesamte Geschichte aus den besten Geschichtsschreibern in einer Art *readers digest* erstellen zu lassen. Auf diese Weise sind eine Reihe von antiken Autoren erhalten geblieben oder zumindest Exzerpte; vielleicht sind manche auch gerade deswegen untergegangen, weil es nun die Exzerpte gab.

Das Werk ist in seinen erhaltenen Partien bis ins Jahr 440 v. Chr. geführt. Dieser Schluss liegt in einer Zeit, über die wir aus der heutigen Sicht sagen würden, dass man für das Jahr 440 von Rom kaum etwas weiß und vor allem auf archäologische Quellen verwiesen ist. Wenn man an die *fasti* zurückdenkt, wissen wir im Wesentlichen, was das erste Jahrhundert v. Chr. darüber glaubte, wer zu der Zeit Konsul war. Livius ist für diese frühe Zeit viel knapper, aber für die ersten dreihundert Jahre römischer Geschichte wendet Dionys bereits über zehn Bücher auf. Historisch sind diese Bücher als Quellen für diese frühe Zeit damit – wertlos, wäre zu viel gesagt – zumindest problematisch.

Immerhin ist dieses Werk insofern sehr wichtig, als dieselbe Periode auch bei Livius dargestellt ist und Livius und Dionys auf dieselben Quellen zurückgreifen. Dionys führt eine lange Liste von Quellen auf, die er benutzt haben will. Diese ist sicherlich übertrieben, aber er hat zweifelsohne eine ganze Reihe von Werken der jüngeren Annalistik gelesen, die sonst komplett verloren ist, und damit haben wir die Möglichkeit zu sehen, wie Quellen bei Livius und wie bei Dionys ausgewertet werden. Das erlaubt, diese vorangegangenen Quellen zu rekonstruieren. Und Dionys ist auch immer wieder dort wichtig, wo er eigene Zeitverhältnisse in die Frühzeit zurückprojiziert oder angebliche frühzeitliche Institutionen mit seiner eigenen Zeit vergleicht, und damit wertvolle Informationen über die augusteische Zeit liefert.

Zum Abschluss dieser Vorstellung des Dionys einen kurzen Hinweis auf einen eigenartigen Aspekt seiner Wirkungsgeschichte: Diese zwanzig Bücher der römischen Urgeschichte, dieser ›Archäologie‹, haben eine Parallele im Werk des Flavius Josephus gefunden, eines jüdischen Autors flavischer Zeit, der in zwanzig Büchern die jüdische Urgeschichte in griechischer Sprache für Leserinnen und Leser weit über jüdische Kreise hinaus, darstellt. Es ist nicht sicher, dass er sich von Dionys hat inspirieren lassen, aber die gleiche Anzahl der Bücher und der parallele Titel lassen darauf schließen. Dieses Werk des Flavius Josephus ist erhalten und ist insofern interessant, parallel zu der Geschichte des Dionys, als wir uns hier eine Vorstellung davon machen können, welche Probleme damit verbunden sind – für einen antiken Menschen und genauso für uns heute –, eine Kultur in eine andere Kultur zu übersetzen, sie so darzustellen, dass sie als fremde Kultur zwar deutlich wird, aber dennoch sympathisch als Variante der eigenen Kultur erkannt werden kann: Bei Dionys die Darstellung einer fremden Kultur für das eigene Volk, bei Flavius Josephus die Darstellung der eigenen Kultur für ein fremdes Volk.

10.2 Appian

Von Dionys von Halikarnassos wissen wir nach der Publikation seines Werkes im Jahr 7 v. Chr. nichts mehr. Appian dürfte kurz vor dem Jahr 100 n. Chr. in Alexandrien geboren sein. Wir finden diesen Appian im Laufe des zweiten Jahrhunderts, genauer unter Hadrian, also nach 117 n. Chr., in Rom in der Tätigkeit eines Advocatus, wobei wir nicht genau wissen, ob es sich um ein *advocatus fisci*, also eine Art Staatsanwalt, oder ein anderes juristisches Amt handelt. Appian bewegt sich in der römischen Oberschicht. Es gibt einen Briefwechsel mit Fronto, dem Prinzenerzieher in der Mitte des zweiten Jahrhunderts. Appian wird später *Procurator Augusti*. Das ist ein Altersamt, in den 160er Jahren. Es ist kein Amt, das mit einer spezifischen Funktion verbunden wäre, sondern ein Ehrentitel für Appian. Spät ist nicht nur das Ehrenamt, spät ist auch das Geschichtswerk des Appian, das einfach »Römische Geschichte«, *Romaiká*, heißt (das ist die geläufigste Titelform für Darstellungen römischer Geschichte). Es ist um das Jahr 160 n. Chr. herum, vielleicht auch einige Jahre, später, aber nicht nach 165 vollendet worden. Dieses Werk umfasst mindestens, aber vermutlich genau, viervierundzwanzig Bücher. Appian stellt die gesamte römische Geschichte dar, aber er stellt sie nicht mehr als fortlaufenden Handlungsstrang dar, als Aufstiegsgeschichte Roms oder dergleichen. Vielmehr handelt es sich nun um eine imperiale Perspektive, die die römische Geschichte nicht mehr allein mit der Stadt Rom identifiziert und dementsprechend ein regionales Darstellungsprinzip verfolgt.

Appian schildert vor allem die externen Konflikte Roms mit anderen Völkern. In der Reihenfolge, in der diese Völker – meist auf unangenehme Weise – mit den Römern zusammengetroffen sind, verfasst er seine Bücher. Er bringt drei Bücher über die römische Urgeschichte; *Italikē* (italische Geschichte), *Samnitikē* (samnitische Geschichte beziehungsweise Samnitenkriege). Er geht dann im Ablauf der römischen Geschichte die Mittelmeerwelt durch, *Keltikē* (gallische Geschichte), dann die Bereiche, die durch die Punischen Kriege in Berührung mit Rom gekommen sind, sizilische Geschichte, dann ein Buch über den Hannibal-Krieg, über Spanien, über die verschiedenen Gebiete im Osten, Griechenland.

Aus diesem Darstellungsprinzip ergibt sich nicht eine durchlaufende Linie, sondern es ergeben sich vielfache Doppelungen. Wenn Appian ein Buch *Keltikē* schreibt, also keltische, gallische Kriege der Römer mit den Galliern, fängt er zwar bei der ersten Begegnung Roms mit den Galliern im vierten Jahrhundert v. Chr. an, führt das dann aber bis in die Eroberung Galliens durch Caesar hinein. Das Buch über den Hannibal-Krieg spielt dann aber wieder am Ende des dritten Jahrhunderts. Es sind regional konzentrierte Darstellungen, die zwar insgesamt ein Bild der römischen Geschichte ergeben sollen, aber mit vielfältigen Problemen der Überschneidung, der Dopplung, ständiger Querverweise und ähnlichem behaftet sind. Insgesamt zeichnet Appian mit dieser Konzentration auf kriegerische Ereignisse ein Bild der römischen Geschichte bis in seine Lebenszeit, bis zu den Eroberungen Trajans.

Erhalten sind von diesen vierundzwanzig Büchern, die Bücher 6 bis 9 – 9 schon mit Lücken – und 11 bis 17. Das deckt im Wesentlichen die Zeit des Zweiten Punischen Krieges bis in die augusteische Zeit hinein ab. Appian ist dabei mit fünf Büchern über den Bürgerkrieg von Marius gegen Sulla und dessen Vorgeschichte bis zu den Gracchen zurück, und dann wieder mit den Büchern über den Konflikt Octavians mit Antonius vielfach die einzige Quelle für diesen Zeitraum. Appian zeichnet sich insgesamt stilistisch durch einen eher knappen Stil aus, als Historiker durch eine Konzentration auf politische Geschichte mit besonderer Berücksichtigung militärischer und diplomatischer Prozesse. Sein zentraler Gesichtspunkt ist – ähnlich wie bei Polybios und dann bei Dionys von Halikarnassos –, Griechen die römische Expansion verständlich zu machen. Mit dieser Zielsetzung und den Einschränkungen, die sich daraus ergeben, scheint Appian, über dessen Quellen wir nur sehr, sehr wenig wissen, weil es eben über weite Strecken keine erhaltenen Quellen gibt, ein insgesamt zuverlässiger Autor zu sein.

10.3 Cassius Dio

Cassius Dio oder Dio Cassius mit dem Beinamen Cocceianus, der ungefähr von 155 bis 235 n. Chr. gelebt hat, stammte aus Nikaia, wiederum aus dem kleinasiatischen Bereich. Seine Vita ist ausschließlich aus dem eigenen Werk bekannt. Dieser Dio ist bereits unter Kaiser Commodus, im späten zweiten Jahrhundert n. Chr., im Senat. Anfang des dritten Jahrhunderts unter Septimius Severus (193–211 n. Chr.) ist er *Consul suffectus* und wird unter Severus Alexander in den 220er Jahren zum Prokonsul von Afrika. Im Jahr 229 ist er *Consul ordinarius* zusammen mit dem Kaiser – eine hohe Ehre –, sein Name steht in den *fasti*, die die Jahresnamen angeben, er hat das höchste römische Amt als Kollege des Kaisers erreicht. Ihm wird aber von diesem Kaiser nahegelegt, sich aus Rom zu entfernen, weil er in seiner militärischen Zeit zu viel militärische Strenge habe walten lassen und in der Gefahr stehe, als *Consul ordinarius* von den Praetorianern aus Wut oder Rache umgebracht zu werden. Darauf wirft Dio Cassius die Sachen hin und zieht sich in seine Heimatstadt zurück.

Seine schriftstellerische Arbeit beginnt unter Septimius Severus, den er, wie viele seiner Zeitgenossen, für die große neue Hoffnung für das Römische Reich gehalten zu haben scheint. Er beginnt mit panegyrischen Darstellungen dieses Kaisers und kommt auf diese Weise zur Geschichtsschreibung, von der er selbst sagt, dass er zehn Jahre gesammelt und dann zwölf Jahre an dem Werk gesessen habe. Ein Werk, das in insgesamt achtzig Büchern römische Geschichte von Beginn an bis in seine eigene Gegenwart, bis zu seinem Konsulat 229 n. Chr., reicht und diesen Zeitraum einigermaßen gleichmäßig darstellt. Er kommt erst mit den 40er beziehungsweise 50er Büchern in die spätrepublikanische augusteische Epoche hinein.

Erhalten sind von diesen achtzig Büchern die Bücher 36 bis 60, entsprechend den Jahren 68 v. Chr. bis 47 n. Chr., die spätere Aufstiegsphase des Pompeius bis zu Kaiser Claudius. Die Teile davor und danach sind durch relativ umfangreiche Exzerpte auch aus byzantinischer Zeit (Ioannes Xiphilinos für 36–80, und Ioannes Zonaras für 1–21; 44; 80, auch durch andere Exzerptsammlungen, wiederum von Kaiser Konstantinos VII. Porphyrogennetos beauftragt) vertreten.

Cassius Dio schreibt mit einer sehr positiven Einstellung römische Geschichte, sonst hätte er sie vielleicht nicht in dieser Breite geschrieben oder diesen frühen Anfangspunkt gewählt. Er hat auf der einen Seite zwar eine fortlaufend annalistisch orientierte Geschichtsschreibung im Sinn, durchbricht diese aber durch sein Bemühen um sachliche Zusammenhänge. So fasst er etwa verschiedene Verschwörungen gegen Augustus zusammen – und an der Stelle, wo beispielsweise die erste eingeführt wird, haben wir dann oft das Problem, dass Dinge nicht präzise zu datieren sind, weil diese lineare, annalistische Darstellung keine Datierung der Einzelereignisse erfordert. Dio ist ein scharfsinniger Beobachter und interessiert sich für die Frage, wie dieses gewaltige Römische Reich als Monarchie funktionieren kann. Das ist keine ›senatorische Geschichtsschreibung‹ im Sinne einer kritischen Perspektive auf das Kaisertum, sondern der Versuch, typische Probleme und funktionierende Lösungen zu identifizieren. Dabei spielen die historischen Akteure eine wichtige Rolle; biographische Elemente sind stark vertreten. Cassius Dio ist kein Kritiker, sondern ein Theoretiker des Prinzipats, der die Reichsideologie seiner eigenen Zeit zurückprojiziert und damit von Augustus bis in die Gegenwart, bis zu den severischen Kaisern, die römische Geschichte als eine einheitliche Geschichte und das Römische Reich als eine einheitliche Institution interpretiert.

10.4 Herodian

Abschließend noch ein ganz kurzer Blick auf Herodian, von dem wir noch weniger wissen. Er dürfte ein ungefährer Zeitgenosse des Cassius Dio gewesen sein, vielleicht um 160 n. Chr. geboren. Sein eigenes Werk umfasst die Zeit von 180 bis 238, vom Tod des Marc Aurel bis zum Amtsantritt von Gordian III. Da er sagt, das sei seine eigene Lebenszeit, muss er noch kurz danach gelebt haben. Da er sehr alt war in diesem Jahr 238, um die siebzig, kommt man mit der Geburtszeit etwa in die Zeit des Marc Aurel zurück. Die soziale Stellung dieses Mannes ist ganz unklar. Er könnte ein ritterliches Amt innegehabt haben in Rom, möglicherweise war er auch nur ein Freigelassener.

Herodian konzentriert sich in seiner Darstellung ganz auf die Kaiser dieser Zeit. Es ist der Beginn des Soldatenkaisertums. Die Kaiser wechseln häufiger; wie beim Wechsel der antonianischen in die severische Epoche kommt es zu einer Reihe von Morden. Herodian bietet eine im Prinzip fortlaufende Darstellung dieser Zeit in nur acht Büchern. Diese geringe Anzahl von Büchern hängt damit zusammen, dass er versucht, das Charakteristische eines Kaisers, einer Konstellation am Hof oder das Charakteristische einer kleinen Epoche durch die Darstellung einzelner Episoden herauszuarbeiten. Das kann auch für einen Kaiser, der fünfzehn oder zwanzig Jahre regiert hat, bisweilen bedeuten, in nur drei oder vier Episoden abgehandelt zu werden. Herodian erreicht damit eine durchaus lesenswerte, interessante und überzeugende Darstellung dieser Ereignisse um Kaiser und Hof. Aber es sind eben nur wenige Ereignisse, die nicht einmal präzise datiert sind, sondern nur charakterisieren sollen. Eine längere Entwicklungslinie soll sich daraus nicht ergeben; es ist gerade die Buntheit der Ereignisse und Charaktere, die die Aussageintention bildet. Für eine fortlaufende Ereignisgeschichte bleibt das unergiebig.

Herodian war nicht nur ein Zeitgenosse von Cassius Dio, sondern er hat vermutlich diesen Cassius Dio auch als Quelle, wenn auch sehr selbständig, benutzt. Das Verhältnis der beiden ist in der Forschungsliteratur umstritten. Der Typ beider Geschichtswerke und die soziale Stellung der Autoren spricht dafür, dass eher Herodian den Cassius Dio benutzt hat als umgekehrt.

10.5 Die historiographische Quellenlage zur römischen Geschichte

Die Vorstellung dieser griechischen Autoren soll mit einem kurzen Blick auf die sich aus griechischen und lateinischen Werken ergebende Quellenlage für einzelne Epochen der römischen Geschichte abgeschlossen werden. In dieser Darstellung werden nur die umfangreichen fortlaufenden Geschichtswerke berücksichtigt. Ausgeblendet sind damit nicht nur Monographien über kürzere Abschnitte (Caesar, Sallust), sondern auch Breviarien, Chroniken oder Universalgeschichten.

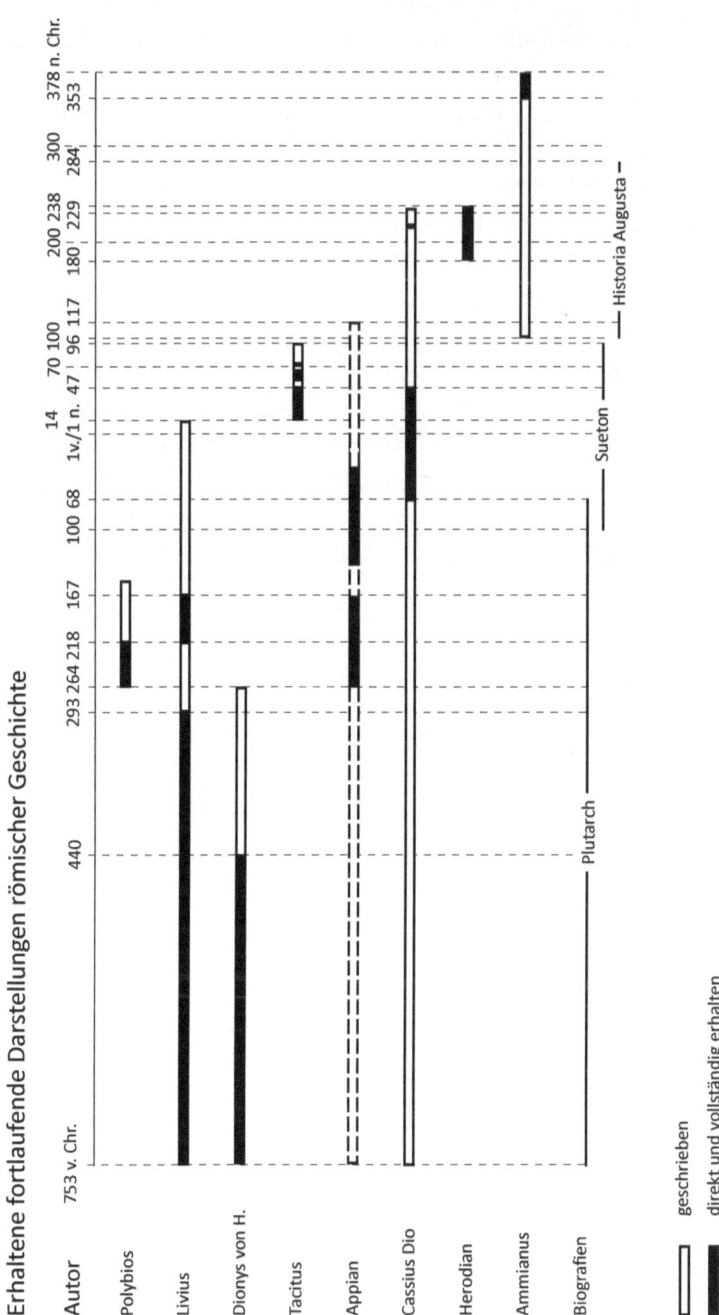

In der Darstellung lässt sich auch erkennen, wie einzelne Autoren aneinander anschließen. Dionys hat das Projekt Polybios fortgesetzt und setzte damit 264 v. Chr. als das Scharnierjahr. Ammianus setzt Tacitus fort, daraus ergibt sich 96 n. Chr. als Scharnierjahr, doch fehlen auf beiden Seiten die entscheidenden Bücher.

Was man ganz unten sieht, ist eine durchlaufende Linie in einer etwas anderen Gattung mit den Namen Plutach, Sueton und der Historia Augusta. Angesichts der Quellenlage, was fortlaufende Darstellungen der römischen Geschichte angeht, können wir dankbar sein, dass wir eine Vielzahl von Biographien besitzen. In Anbetracht dieser Quellenlage bilden die Biographien des Plutarch, der in der römischen Frühzeit einsetzt, aber auch für die späte Republik eine Vielzahl von Biographien bietet, und dann für die Kaiserzeit die Kaiserbiographien des Sueton bis zu Domitian und ab Hadrian die Kaiserbiographien der *Historia Augusta* zentrale Elemente unserer Überlieferung – was das Erhaltene angeht.

11 Biographie

11.1 Zurück zur Narratologie

Die erzählerische Reduktion erzeugt Schemata. Durch das Weglassen von Details, durch die Vereinfachung komplexer Ereignisse und schließlich durch die Vergabe von Namen und die Anwendung deren stereotyper Eigenschaften auf den eigentlichen Gegenstand der Erzählung werden Erzählschemata entwickelt, die auf einer allgemeineren Ebene als die einzelnen Geschichten identifiziert werden können. Solche Schemata helfen, Geschichten zu folgen und sich zu merken; Begriffe wie »Expedition« oder »Schlacht«, »Evangelium« oder »Passion« weisen auf solche Erzählstrukturen hin. Sie erhöhen den Grad der Anschlussfähigkeit der konkreten Geschichte, d. h. die Möglichkeit, sie auf andere Geschichten zu beziehen. Die Übertragung der stark reduzierten Erzählschemata von *Ilias* und *Odyssee* in Vergils *Aeneis* ermöglichte die Integration lokaler italienischer Traditionen. Die Passion Jesu konnte bei Ignatius von Antiochia oder Polykarp von Smyrna als Vorbild für das Martyrium dienen.

Eines der erfolgreichsten übergreifenden Schemata, das in der Antike begegnet, war das biographische. Die kurze Schilderung eines Lebens war in vielen zirkummediterranen Traditionen ein Element der Erzählungen über die Vergangenheit. Während der hellenistischen Periode wurde sie so wichtig, dass sie eigenständige Texte, *bioi*, von Politikern und Schriftstellern, von Propheten und Leitern philosophischer Schulen hervorrief – bis an den östlichen Rand der hellenistischen Welt und darüber hinaus, wenn man an Buddha und seine Mönche und Nonnen denkt. Die Bedeutung, die der Genealogie der letzteren beigemessen wurde, führte zu seriellen Texten, wie sie aus den suetonischen »Kaiserleben« oder den »Leben der Dichter« bekannt sind. Die Strukturen und Bewertungen waren so vielfältig wie die angesprochenen Bereiche und die verherrlichenden oder verunglimpfenden Kontexte bei Begräbnissen, Thronbesteigungsfeiern oder Prozessen, die bei der Festlegung der Kriterien miteinander konkurrierten.

Biographien veranschaulichen in besonderer Weise ein allgemeines Merkmal des Erzählens und einen seiner Erfolgsgründe. Was die tatsächliche Abfolge von Ereignissen und ihre Interdependenz betrifft, führt die Schematisierung entweder zu einer schwachen Motivation oder zu einer kausalen Überdeterminierung. Erzählung ist Wissen, aber Erzählen ist Kommunikation. Sowohl der Mangel an ausreichender Motivation als auch der Überschuss an Ursachen verpflichten den Hörer zur aktiven Teilnahme, um Erklärungen entweder zu ergänzen oder auszusortieren. Auf diese Weise fördern sie die Aneignung einer Erzählung durch unterschiedliche Personen. Typisch für die Erzählung ist die Motivation in Form der Zuschreibung von Akteurscharakter, entweder an menschliche oder übermenschliche Akteure, wodurch eine ›Überkohärenz‹ des nicht mehr kontingenten Geschehensablaufs erzeugt wird.

Wichtig für die Literaturgeschichte der Zeit ist die allgemeine Tatsache, dass das, was als erfolgreiche (oder subversive) Erklärung gilt, von Epoche zu Epoche, von Kontext zu Kontext, aber auch von Individuum zu Individuum stark variiert. Für die Antike kann hier die ganze Bandbreite der aitiologischen Erzählungen in Erinnerung gerufen werden. Die Plausibilität einer bestimmten Institution, einer seltsamen Kombination von Elementen im Ritual oder in der Topographie wird durch Emplotment, durch das Verpacken in eine Handlungsfolge ›erklärt‹. Die genannten Elemente werden so als Ergebnisse der nicht allzu komplexen Handlungen einiger Akteure dargestellt. Wundertaten oder Omina im Allgemeinen bieten ein mächtiges Werkzeug, um Erzählungen zu überdeterminieren, ohne in jedem Fall die Historizität zu betonen. Selbst Tacitus' analytische oder Caesars sachlich-historische Erzählungen in den »Annalen« bzw. in den »Kommentaren« enthalten solche Elemente. Der narrativen Ökonomie wird mehr Bedeutung beigemessen als der historischen Gewissheit. Wie kognitionswissenschaftliche Untersuchungen gezeigt haben, ist es gerade die Irritation, die durch minimal kontraintuitive Zusammenhänge erzeugt wird, die die Geschichte einprägsamer macht.

Abgesehen von solchen wundersamen und leicht zu merkenden Elementen als Themen biographischer Beschreibungen fanden aber religiöse Praktiken und Glaubensvorstellungen nur langsam Eingang in Texte des Typs Biographie. Ich wähle zwei frühe Beispiele mit unterschiedlichem Hintergrund aus: Plutarch, der im Vergleich zu früheren historiographischen Abhandlungen über dieselbe Figur innovativ war, entschied sich für eine umfassende Biographie von Roms zweitem König Numa, die nach dem Tod Domitians, also nach 96 n. Chr., geschrieben wurde. Indem Plutarch in diesem Rahmen so manches traditionelle Merkmal aufgreift, praktiziert er eine Diversifizierung (siehe unten), indem er Numa die Rolle des *pontifex* zuschreibt. Dies ist insofern irritierend, als Numa zuvor als Gründerfigur charakterisiert worden war, die über all den Institutionen stand, die als charakteristisch für die öffentliche religiöse Praxis in Rom angesehen wurden. Plutarchs Schachzug bezog sich wahrscheinlich auf den zeitgenössischen Aufstieg dieser priesterlichen Rolle innerhalb der moralischen Charakterisierung des römischen Kaisers, der sich in mehreren zeitgenössischen Texten feststellen lässt. Als pythagoreischer Philosoph und König bot Numa, das Ideal eines philosophischen Herrschers, nun auch ein ausdrücklich kultisches Element.

Das biographische Superschema mit seinen verschiedenen narrativen Teilschemata war weit über die Biographien von Plutarch und Sueton hinaus attraktiv. Die Autobiographie des Flavius Josephus ist ein Beispiel dafür. Wie Plutarchs *Numa* zeigt auch er Anliegen der damaligen Zeit auf und wählt eine ›kaiserliche‹ Rahmung. Er begann mit dem Hinweis auf seine priesterliche und königliche Herkunft (1) und beendete seine Erzählung mit der Feststellung, dass »Domitia, die Frau Caesars, nie aufhörte, mir Gunst zu erweisen« (429). Einen größeren Einfluss hatten jedoch die zahlreichen Akten und Evangelien, die vor allem im zweiten und dritten Jahrhundert entstanden. Ein solches biographisches Interesse bezeugt nicht nur Markions Evangelium im zweiten Viertel des zweiten Jahrhunderts n. Chr. und die dadurch angestoßene reiche Tradition – Leben-Jesu- und Passion-Jesu-Erzählungen (von denen nur vier schließlich kanonisch wurden) – sondern auch seine Auswahl von Paulusbriefen, die es erlauben, dem Apostel von Jerusalem bis nach Rom zu folgen. Die Ausdehnung dieses Interesses über die jüdische Tradition hinaus wird durch pythagoreische und andere »Leben« deutlich. Geschichten von beispielhaften Leben, die bereits aus früheren Epochen bekannt sind, werden durch Geschichten von Bekehrungen ergänzt. Die Bedeutung dieser konkurrierenden Erzählungen in ihrer ganzen Vielfalt kann kaum überschätzt werden. Die komprimierte, aber aufblasbare und flexible Form ermöglichte es den Autoren, historisches, politisches, moralisches und religiöses Wissen in einer Weise zu erzeugen oder neu zu formulieren, die sowohl eine emotionale Bindung an die erzählten Leben als auch eine Aneignung der im Text aufgeworfenen Ansprüche und Werte in sehr unterschiedlichem Ausmaß erlaubte. Das wachsende Interesse am individuellen Selbst in der Philosophie und die Textualisierung von Religion gingen Hand in Hand. Die Biographie war vielleicht die wichtigste literarische Form, um die Individualisierung zu vermitteln.

11.2 Biographie-Konzepte

Der Begriff der Biographie, lateinisch *vita*, existiert für die Antike, für die Literatur in lateinischer Sprache wie für die in griechischer Sprache (*bios*), aber dieser Begriff meinte anderes als das, was unser Begriff von Biographie meint. Bestimmte Typen von Texten, die wir unter Biographie subsumieren würden, fielen in der Antike nicht unter diesen Begriff – und umgekehrt. Wir sind also in einer Situation, die auf so viele Gattungen und Typen unseres Zugriffs auf antike Texte und unserer Versuche der Klassifikation antiker Texte zutrifft, dass nicht nur mit kleinen, sondern mit systematischen Differenzen in der Wahl der Begrifflichkeit zu rechnen ist.

Um es am Beispiel der Biographie deutlich zu machen: Zur Biographie gehört für uns sehr schnell ein anderer Begriff, nämlich der Begriff der Autobiographie, denn wir würden das einfach gegenüberstellen. Autobiographie ist eine Biographie von innen, jemand macht sich selbst zum Thema, indem er sein eigenes Leben beschreibt, während die Biographie ein Leben von außen beschreibt. Einziger Unterschied verbleibt im Grunde – von der Parteilichkeit des Sich-Selbst-Beschreibenden vielleicht abgesehen –, dass der Schreiber typischerweise seinen eigenen Tod nicht mehr beschreibt, was zu einer normalen Biographie dazugehört. Ein Beispiel, das am Beginn der wissenschaftlichen Kritik am Alten Testament steht: Im siebzehnten Jahrhundert haben Leser angefangen, sich Gedanken darüber zu machen, wie Mose seinen eigenen Tod im fünften Buch Mose (Deuteronomium) beschreiben konnte: Gerade diese Frage bildete eine Wurzel der modernen Bibelwissenschaft.

Ein anderer Punkt, der für uns wichtig ist, ist die Verankerung der Biographie im Feld der Geschichtsschreibung. Wir sind es gewohnt, Biographie und Geschichtsschreibung relativ eng zu verknüpfen. Das ist sogar in theoretischer Form sehr breit dargelegt worden, um die Jahrhundertwende von Wilhelm Dilthey, der Geschichtsschreibung zu einem Produkt einer etwas höheren Ebene der Biographie macht. Der Begriff des Verstehens ist hier sehr wichtig. Verstehen von Geschichte kann nur über Verstehen von Personen, von Intentionen, von Motiven laufen und das Verstehen von Personen erfolgt nur so, dass man als Mensch einen anderen Menschen und dessen Handlung verstehen kann, sich in ihn hineinversetzen kann beziehungsweise das erstrebt. Das ist der erste Schritt zur Geschichtsschreibung nach Dilthey: Versteht man auf dieser Basis mehrere Menschen, entsteht Geschichtsschreibung. Geschichtsschreibung ist das große Netz, das aus der Verknüpfung von vielen kleinen, von Personen ausgehenden Spinnennetzen entsteht.

In der Antike ist der Begriff der *vita* durchaus geläufig, aber sie hat keine Beziehung zur Autobiographie. Die Formen von Autobiographie, die wir unter diesen Begriff fassen würden, sind zunächst einmal nichts weiter als der Blick auf die eigenen Taten, *commentarii rerum gestarum*, der Typ wie Caesar *commentarii* schrieb. Das können wir in die Nähe von Autobiographie rücken und damit eben auch eine Verbindung zur Biographie schlagen, das wäre aber in der Antike niemandem in den Sinn gekommen. In der Antike gehört Autobiographie nicht zur Biographie, sondern ist eine voreingenommene Form der Geschichtsschreibung, in der jemand Geschichte auf sich selbst als große handelnde Person zentriert, schreibt – das unterscheidet sie aber nicht von der normalen Geschichtsschreibung. Der entscheidende Unterschied ist vielmehr, dass jemand seine eigene Geschichte und seine eigenen Taten beschreibt und deswegen nicht die Objektivität hat, die ein Geschichtsschreiber hat, der dieselben Ereignisse aus einer anderen Sicht beschriebe.

So etwas wie Autobiographie in unserem Sinne gibt es erst in dem Moment, wo die Person als solche und die Introspektion, das Betrachten, das Bewerten seines eigenen Lebens, eine Rolle zu spielen beginnt, und zwar ein rigoroses Bewerten des eigenen Lebens. Augenfällig wird das dort, wo es nicht mehr vor einer gesellschaftlichen Instanz erfolgt – das ließe sich über politische Propaganda oder über eine Apologie abwickeln –, sondern eben vor einer Instanz, der auch die innersten Regungen nicht verborgen bleiben, nämlich dem Göttlichen. Damit entsteht eben eine völlig neue, zuvor in der Antike unbekannte Literaturgattung, für die es nicht den Begriff der Autobiographie gibt: Die Memorien des Sulla, so Harriet Flower (fehlt im Literaturverzeichnis), könnten so etwas geleistet haben; in der Spätantike sind es Augustinus' *Confessiones*, »Bekenntnisse«. Man sieht also, dass der Ausgangspunkt hier auch schon im Begriff zum Ausdruck kommt.

Antike Biogaphie hat im Selbstverständnis nichts mit Autobiographie zu tun, ist aber auch keine Form der Geschichtsschreibung, denn das ist erst ein relativ spätes, fast ein spätantikes Phänomen – auf die Ausnahme kommen wir noch zu sprechen. Aber selbst wo Biographie sehr eng an Geschichtsschreibung heranrückt, bleibt sie von ihr in der Ausgestaltung, in den Kleinformen, im stilistischen Niveau unterschieden. Die Grenzen sind ganz anders gezogen.

Dennoch – und damit sind wir wieder beim Ausgangspunkt – scheint es sinnvoll, dass wir uns hier die Frage stellen, in welchem Umfang, mit welchen Mitteln und mit welchen Absichten sich in der Antike Schriftsteller mit einzelnen Personen als geschichtlichen Personen beschäftigt haben, in welchen literarischen Formen sie das verschriftlicht haben und in welcher Beziehung diese Texte zur Geschichtsschreibung stehen, unabhängig davon, ob die Autoren selbst das als Teil von Geschichtsschreibung interpretiert haben oder nicht. Man muss sich aber hier, wie auch in vielen anderen Fällen, immer darüber im Klaren sein, dass die Assoziationen, die wir mit dieser Begrifflichkeit verbinden, in der Antike anders ausgesehen haben.

11.3 Formgeschichtliche Aspekte

Zuerst soll der Blick bei den Ausführungen über die Biographie nicht auf fertige biographische Texte fallen, sondern auf biographische Elemente in der Historiographie (aber auch in anderen Texten), mit einigen Anmerkungen zur Formengeschichte der Biographie und biographischer Texte. Geschichte ist für die Antike nicht Struktur-, sondern Ereignisgeschichte. Ereignisse sind aber fast nie ohne Personen denkbar. Den Vesuvausbruch kann man einige Minuten lang ohne Personen betrachten, danach kann man selbst im Fall einer solchen Naturkatastrophe die Personen aus der Geschichte nicht mehr heraushalten. Ereignisgeschichte – im Unterschied zu einer strukturgeschichtlichen Betrachtung – kommt ohne eine wesentliche Berücksichtigung von Personen im Sinne von Individuen nicht aus. Personen, vor allen Dingen herrschende Personen, Herrscher und Militärführer, sind damit in der Antike immer ein zentraler Gegenstand von Geschichte und damit Geschichtsschreibung.

Man bedenke, dass es Herrscherären sind, die Jahreszahl der Regierungszeit eines Herrschers, die das Grundgerüst von Chronologien, vor allen Dingen im ersten Jahrtausend v. Chr. und in der Folgezeit bilden. Ein Babylonier datierte nicht nach irgendeiner absoluten Chronologie, *ab Abrahamo/a* beispielsweise, sondern er datierte im 7. Jahr von Nebukadnezar, im 8. Jahr, im 9. Jahr, dann kommt der Nachfolger, und schon hundert Jahre später stellt sich das Problem, ob das letzte Regierungsjahr des einen und das erste Regierungsjahr des nächsten ein Jahr oder zwei Jahre sind.

Aber schon vom Gerüst der Geschichtsschreibung her sind wir auf Personen angewiesen. Tatenberichte von Herrschern stellen im Alten Orient eine der wichtigsten und wohl auch frühesten Formen von Geschichtsschreibung dar und sind etwa in der Form von Inschriften überliefert, die dann oft in der ersten Person Singular, in der Ich-Form, abgefasst sind. Es ist klar, dass der jeweils dominierende Typ von Geschichtsschreibung oder genauer gesagt, die Rolle, die Personen in der Geschichtsschreibung einer Kultur spielen, eng mit der politischen Konstruktion dieser Gesellschaft verknüpft sind. In einer Monarchie wird sich Geschichtsschreibung zwangsläufig sehr stark auf die Person des Herrschers oder der Herrscherin konzentrieren oder vielleicht auf Aufrührer und Rebellen. In einen

Biographie

sehr wenig strukturierten akephalen Gesellschaft wird, wenn es überhaupt Geschichtsschreibung gibt, diese sich eben nicht mit Herrschenden beschäftigen, sondern wird andere Personen, vielleicht Priesterinnen oder Medizinmänner, in den Vordergrund stellen.

Wir haben für ein republikanisches System, für eine Demokratie in dem Sinne, wie sie in Athen verwirklicht worden ist, das Beispiel des Thukydides: Er nennt große Generäle – sie spielen eine wichtige Rolle in seiner Beschreibung des Peloponnesischen Krieges –; dennoch ist hier sehr viel stärker das athenische Volk Subjekt der geschichtlichen Handlung. Auf römischer Seite hat man das Beispiel von Cato dem Älteren, der in seinem nicht erhaltenen Geschichtswerk *Origines* unter den Rahmenbedingungen einer aristokratischen Gesellschaft, die viele gleichberechtigte Personen in der Führungsschicht nebeneinander haben will, ganz auf Namensnennung verzichtet und die großen Helden der Geschichte anonym handeln lässt. Hier sind die Taten projiziert auf eine *res publica* oder *civitas*.

Aber das Interesse an Personen muss sich nicht auf Ereignisse beschränken. Ein Punkt, an dem Personen und Ereignisse noch identisch sind, ist der Tod einer Person. Ein solches Moment wird fast immer auch dazu benutzt, den Tod dieser Person breiter darzustellen, als es die Bedeutung des Ereignisses verlangt und ebenso diese Ereignisdarstellung mit der Überlieferung, gegebenenfalls durch die Erfindung von letzten Worten *(ultima verba)* dieser Person zu verknüpfen (fast eine eigene Literaturgattung, ein Formenelement in historiographischen Texten, das aber unter Umständen in Form von Sammlungen solcher letzten Worte eine selbständige Textsorte werden kann). Letzte Worte oder der Tod einer Person geben Gelegenheit zu einer Kurzbiographie, einer Charakteristik der Person; also: innerhalb von geschichtlich historiographischen Werken ein deutlich biographisches Element.

Ein anderes Textelement, das sich mit Personen verbindet, aber auch in historiographischen Werken und anderen Werken auftaucht, ist die sogenannte Chrie (von griechisch *chreia*). Die »Nutzanwendung« ist zunächst ein Zitat, ein kurzer Ausspruch einer Person, aber nicht als losgelöstes Zitat, sondern ein Ausspruch in einer bestimmten Situation (»X wurde y gefragt und hat darauf z geantwortet«); das wird, wenn es ganz verknappt ist, als Apophthegma bezeichnet. Dieser Begriff soll deswegen mit eingeführt werden, weil er manchmal synonym zu Chrie gebraucht wird, aber Apophthegma bezeichnet diese ganz kurze Form, der weitere Begriff ist der der Chrie. Ein Wort, eine Rede wird durch eine bestimmte Situation veranlasst, unter Umständen ist die Antwort nicht auf eine Rede beschränkt, sondern es kann auch um eine Handlung gehen – eine durch eine Situation veranlasste Rede oder Handlung im Leben einer bedeutenden Person. Herausgelöst kann dann daraus eine Sentenz werden, wenn man nur noch das Zitat betrachtet, das den Charakter eines geflügelten Wortes annimmt, das dann auch losgelöst von Situationen und Personen weiter tradiert werden kann.

Mit diesen beiden kleinen Textformen, der Erzählung des Todes und der Chrie, dieser anekdotenartigen Form, sind wichtige Wurzeln für Geschichtsschreibung benannt. Die Erzählung des Todes kann sich zu einer Passionsgeschichte ausweiten, die eine vollgültige Märtyrerbiographie darstellt. Bei dem Märtyrer oder der Märtyrerin interessiert wenig, wann sie oder er Christ geworden ist und wie lange sie Christen war, sondern was interessiert, ist, wann ihn oder sie die Schergen gepackt haben und wie er oder sie in den letzten Tagen vor dem Richter, im Gefängnis und bei der Hinrichtung reagiert: Perpetua und Felicitas sind so ein Beispiel, wie aus dieser Todessituation heraus eine für die Antike vollgültige Biographie konstruiert wird, obwohl nichts über Geburtsumstände, Eltern und Lebensalter darin steht. Da weitet sich den Kern durch Anlagerungen zu einem Typ von Biographie aus.

Der zweite Fall tritt ein, wenn es Sammlungen solcher situationsbezogenen Äußerungen, Handlungen einer bestimmten Person gibt. Auch solche Textformen sind vielfach erhalten. Ein charakteristisches Beispiel sind die Evangelien, die, wenn man die Passionsgeschichte – da haben wir sogar das zweite Element – wegstreicht, im Wesentlichen aus einer Aneinanderreihung solcher Situationen bestehen. Jesus wurde immer wieder das und das gefragt und antwortete das und das. Das wird dann miteinander verbunden durch das, was die Erzählforschung (siehe Kapitel 2.1) *summaries* nennt: »Und dann ging er nach Galiläa.« Hier hat man diesen Literaturtyp in einfacher Gestalt vor sich.

Zu diesen beiden Wurzeln der antiken Biographie ist noch eine weitere hinzuzunehmen. Das ist die Lobrede oder das Enkomion. Die Lobrede auf eine Person, die stark geprägt ist durch das Herrscherlob, also

Lobrede auf einen König oder vielleicht auch auf einen erfolgreichen Feldherrn; solche Reden können verschriftlicht werden. Und aus diesem Strang herausfinden wir im vierten Jahrhundert v. Chr., also in früh- oder knapp vorhellenistischer Zeit, die ersten Königsbiographien, obgleich die Biographie eine relativ späte Literaturgattung ist, sowohl in der griechischen wie in der lateinischen Entwicklung. Die andere Form der Lobrede ist die Leichenrede, lateinisch die *laudatio funebris*, die in Rom seit dem späten dritten Jahrhundert v. Chr. verschriftlicht wird, wenngleich ohne überlieferte Exemplare, aber zumindest durch Zitate erhalten. Plinius der Ältere paraphrasiert ausführlich eine Leichenrede aus dem späten dritten Jahrhundert v. Chr. Sie muss also in schriftlicher Form existiert haben. Dabei ist in Rom wichtig, dass die *laudatio* sämtliche höheren magistratischen Vorfahren erwähnt, die im Zug der Ahnen mit der vielleicht von existierenden Statuen abgenommenen Wachsmasken vor dem Gesicht im Amtsgewand des Verstorbenen einherschreiten, das heißt, wir haben nicht nur die Biographie des gerade Verstorbenen, diese in besonders ausführlicher Form, sondern wir haben eine ganze Biographienreihe, nämlich Viten aller in magistratischen Ämtern wichtigen Vorfahren.

Wenn man diese drei Elemente nimmt, dann wird man eine spezifische Ausprägung des biographischen Interesses, auch wenn sie sich aus diesen drei Wurzeln herleiten lässt, noch zusätzlich erwähnen müssen, eine bestimmte Kombination, nämlich in der Verbindung von Leben und Aussage: den Typus der Philosophenbiographie. Hier ist die Lehre für uns in jedem Fall das Wichtigere – auch wenn über Kant zahlreiche Anekdoten im Umlauf sind, so spielt doch philosophiegeschichtlich *Die Kritik der reinen Vernunft* eine größere Rolle. In der Antike, zumal in hellenistischer Zeit, sind diese Gewichte keineswegs so eindeutig in Richtung Lehre verschoben, sondern unter der Prämisse, dass im Vordergrund jeder philosophischen Lehre die Lebensführung steht, ist es immer interessant zu wissen, ob derjenige, der eine bestimmte Ethik lehrt, auch nach dieser Ethik gelebt hat und ob er sein philosophisches System durch sein eigenes Leben beglaubigen kann: nicht nur in dem Sinne, dass jener konsequent ist, sondern auch, dass man, wann man dieser Lehre folgt, ein bestimmtes Ziel erreicht. Das ist ein sehr spezifisches Interesse und für die griechische Literatur auch eine der frühen Wurzeln der Biographie, gleichrangig neben den Königsbiographien. Allerdings ist unser Problem bei der Rekonstruktion der griechischen Geschichte der Biographie, dass es vor der römischen Kaiserzeit Plutarchs praktisch keine erhaltenen Biographien in nennenswertem Umfang gibt.

Der Typ der Philosophenbiographie lässt sich dann noch einmal in Richtung der Dichterbiographie verschieben. Dichter und Philosophen müssen nicht auseinanderfallen, denn die Gruppen sind in vielen Fällen identisch. In beiden Fällen ist die Verbindung der produzierten Texte mit dem Leben selbst von Interesse, wobei es bei den Dichterbiographien weniger um bestimmte Aussprüche geht als vielmehr um die Verbindung von vorliegenden Texten mit einer biographischen Situation für die Entstehung der Texte – ein ähnlich gelagertes Interesse wie bei den Philosophen, das besonders dann stark wird, wenn man anfängt, systematisch Texte zu sammeln, zu kommentieren und zu edieren. Dann möchte man gerne einen solchen neu edierten Text mit einer Biographie des betreffenden Autors, der Autorin verknüpfen.

11.4 Römische Biographen

Für die griechisch-römische Gattung der Biographie wissen wir um einen Anfang im Griechenland des vierten Jahrhunderts v. Chr., aber bis Plutarch um 100 n. Chr., der in Rom Biographien von Griechen und Römern schreibt, ist so gut wie nichts in griechischer Sprache erhalten. Für den lateinischen Bereich haben wir als erste Texte – darunter auch erhaltene –, die kurzen Biographien des Nepos *(De viris illustribus)*, der kurze biographische Skizzen vor allem von Künstlern und Feldherren verfasst hat. Typisch ist, dass Nepos ein ganzes Buch von Biographien schreibt; der Titel *De viris illustribus,* ist ein stehender Titel für eine ganze Reihe folgender biographischer Werke.

Ähnliche Sammlungen von Biographien, gerade auch Biographien von Literaten, nicht nur von Politikern, haben in augusteischer Zeit beziehungsweise am Ende der späten Republik noch Hygin und Santra verfasst. Beide, und das ist bezeichnend, entstammen dem Grammatikermilieu. Das ist sicherlich alexandrinischem Einfluss geschuldet, dem großen Bemühen um Dichterbiographien im Rahmen des alexandrinischen Museums, der großen Bibliothek.

Die nächste Station in der römischen Geschichte der Biographien ist Sueton, denn auch er verfasst neben seinen Kaiserbiographien ein biographisches Sammelwerk *(De viris illustribus)* über berühmte Männer: Grammatiker, Rhetoren, Dichter und verschiedene andere ›Berufsgruppen‹.

Suetons »Kaiserbiographien«, die Geschichte der Kaiser der iulischclaudischen und clavischen Dynastie von Caesar bis Domitian, wird dann durch ein Werk fortgesetzt, von dem leider nichts erhalten ist. Der Verfasser Marius Maximus, den man versuchsweise in die erste Hälfte des dritten Jahrhunderts zeitlich einordnet, verfasste vermutlich auch zwölf Kaiserbiographien, dem Muster des Sueton folgend.

Schon Zeitgenosse Suetons ist Plutarch um die Wende zum zweiten Jahrhundert n. Chr. Plutarch verfasste Biographien von Griechen und Römern mit der Absicht, sie einem engen wechselseitigen Vergleich zu unterziehen. Es folgt dann die *Historia Augusta.* Es handelt sich auch um Kaiserbiographien, möglicherweise in ihrer zeitlichen Erstreckung der Versuch einer Fortsetzung des Sueton bis ans Ende des dritten Jahrhunderts. Wann dieser Text entstanden ist, ist unklar, aber wohl im Laufe des vierten Jahrhunderts. Typisch ist für all diese Werke, dass es sich immer um Reihen von Biographien handelt, zum Teil sogar (im Falle der Herrscherbiographien) um chronologisch lückenlose Reihen.

Die Tatsache, dass es sich immer um mehrere Biographien handelt, legt nahe, dass der Vergleich, ob nun explizit oder implizit, von verschiedenen Leben, von verschiedenen Viten zu den zentralen Intentionen der Abfassung solcher Biographiereihen gehörte. Explizit ist das in den Plutarchschen »Parallelen Leben«, wo in Form der Synkriseis tatsächlich explizite Vergleiche gezogen werden. Ob diese Vergleiche von Plutarch stammen, ist umstritten. Wenn man davon ausgeht, dass sie von Plutarch stammen, würde dieses vergleichende systematische Interesse explizit werden.

Eine Biographie, auf die das nicht zutrifft, ist die Agricola-Biographie des Tacitus, *De vita et moribus Iulii Agricolae.* Bei dieser Vita handelt es sich um den Versuch, Geschichtsschreibung als Biographie zu betreiben, das heißt, eine Biographie mit einem ganz breiten historischen Hintergrund zu versehen und – das ist jetzt der entscheidend andere Ansatz der Biographie selbst – der Versuch, ein konkretes Leben nicht nach irgendwelchen allgemeinen, vor allem philosophischen Maßstäben zu messen, nach einem Maßstab, mit dem man alle Kaiser des ersten Jahrhunderts über einen Kamm scheren kann, sondern der Versuch, ein Leben darzustellen und als Reaktion auf die Zeitbedingungen und auf die unmittelbare historische Umwelt zu verstehen. Agricola ist also in seinen spezifischen Qualitäten nicht jemand, der irgendeinem stoischen oder peripatetischen Ideal nahekommt, sondern er ist jemand, dessen spezifische Tugenden, etwa die *moderatio*, auf die Situation der Zeit bezogen sind. Das sind zeitspezifische Tugenden: Unter einer Tyrannis, wie sie die Zeit Domitians darstellt, muss man sich nach bestimmten Regeln verhalten und dieses Verhalten ist der Weg, den ein Mann beschreiten muss, der nicht im Selbstmord oder im Aufstand gegen die Herrscher enden will. Ein weiteres ist, wenn man sich den Text selbst anschaut, auf der stilistischen, auf der formengeschichtlichen Ebene gegeben: Die Vita des Agricola enthält breite Schlachtenbeschreibungen und biographische Exkurse – alles Elemente, die man aus der Geschichtsschreibung kennt, die aber mit einer Biographie nach antikem Verständnis nichts zu tun haben.

Das mögen wir heute mit unserem Verständnis von Biographie bewundernswert finden. Die Antike hat das nicht so gesehen. Die Agricolavita des Tacitus ist so gut wie nicht rezipiert worden. Die modernste – aus unserer Perspektive – antike Biographie hat in der Antike keine Leser gefunden. Biographien sind für die Antike – und das zeigt sich in diesen Biographiereihen – keine historiographischen Texte, sondern es sind wissenschaftliche Werke. Deswegen ist es kein Wunder, dass sie von Wissenschaftlern, von Grammatikern, von Antiquaren, soweit man den Begriff der Wissenschaft überhaupt für die Antike verwenden will, verfasst worden sind. Auch sprachlich ist damit eine Nähe zur Fachprosa gegeben. Es handelt sich um eher systematische als dramatisierende Texte.

Biographie

11.5 Biographie als Fachliteratur

Diese Einsicht kann anhand zweier Texte verdeutlicht werden. Es handelt sich um die Darstellung des Todes des Vitellius, eines der Kaiser im Vierkaiserjahr 69, genauer gesagt, dem vorletzten vor Vespasian. Galba ist umgebracht, Otho ist tot und jetzt ist Vitellius fällig, die vespasianischen Truppen rücken vor. Es handelt sich einmal um die Darstellung des Tacitus in den »Historien«, die an zweiter Stelle geboten werden soll, und die Darstellung des Sueton in seiner »Vitelliusvita«. Hier werden Unterschiede zwischen Biographie und Geschichtsschreibung deutlich. Zunächst die Darstellung des Sueton:

Postridie responsa opperienti nuntiatum est per exploratorem hostes appropinquare. continuo igitur abstrusus gestatoria sella duobus solis comitibus, pistore et coco, Aventinum et paternam domum clam petit, ut inde in Campaniam fugeret; mox levi rumore et incerto, tamquam pax impetrata esset, referri se in Palatium passus est. ubi cum deserta omnia repperisset, dilabentibus et qui simul erant, zona se aureorum plena circumdedit confugitque in cellulam ianitoris, religato pro foribus cane lectoque et culcita obiectis. (17,1) irruperant iam agminis antecessores ac nemine obvio rimabantur, ut fit, singula. ab his extractus e latebra. sciscitantes, quis esset – nam ignorabatur – et ubi esse Vitellium sciret, mendacio elusit; deinde agnitus rogare non destitit, quasi quaedam de salute Vespasiani dicturus, ut custodiretur interim vel in carcere, donec religatis post terga manibus, iniecto cervicibus laqueo, veste discissa seminudus in forum tractus est inter magna rerum verborumque ludibria per totum Viae Sacrae spatium, reducto coma capite, ceu noxii solent, atque etiam mento mucrone gladii subrecto, ut visendam praeberet faciem neue summitteret; (2) quibusdam stercore et caeno incessentibus, aliis incendiarium et patinarium vociferantibus, parte vulgi etiam corporis vitia exprobrante; erat enim in eo enormis proceritas, facies rubida plerumque ex vinulentia, venter obesus, alterum femur subdebile impulsu olim quadrigae, cum auriganti Gaio ministrato-

rem exhiberet. tandem apud Gemonias minutissimis ictibus excarnificatus atque confectus est et inde unco tractus i Tiberim.

»Als er, Vitellius, am nächsten Tag auf Antwort wartete, wurde ihm durch einen Kundschafter gemeldet, der Feind nähere sich. Sofort verbarg er sich in einer Sänfte und begab sich mit nur zwei Begleitern, seinem Bäcker und seinem Koch, heimlich auf den Aventin in sein väterliches Haus, um von dort aus nach Kampanien zu fliehen. Bald darauf ließ er sich aber auf das ungewisse und vage Gerücht hin, der Friede sei nun gewährt worden, wieder in den Palast tragen. Als er dort alles verlassen vorfand und auch seine Begleiter sich aus dem Staube machten, schnallte er sich einen mit Goldstücken gefüllten Gürtel um und flüchtete in die Kammer seines Pförtners, band den Hund draußen an und verrammelte die Tür mit einem Bett und einer Matratze. (17,1) Schon brachen die Soldaten der feindlichen Vorhut in den Palast ein und durchsuchten, da sich ihnen niemand entgegenstellte, alle Räume, wie das so üblich ist. Von ihnen wurde Vitellius aus seinem Versteck gezogen. Man fragte, wer er sei und ob er wisse, wo Vitellius sich aufhalte. Zuerst konnte er sie durch Lügen täuschen, dann wurde er aber erkannt und bat sie immer wieder flehentlich, ihn mittlerweile in einem Kerker in Gewahrsam zu halten, da er gewisse Vespasian betreffende Aussagen zu machen habe. Doch sie banden ihn die Hände auf den Rücken, legten ihm einen Strick um den Hals und schleppten ihn mit zerrissenen Kleidern halbnackt aufs Forum, während man die *sacra via* entlang seinen Spott in Worten und Taten mit ihm trieb. Man zog ihn an den Haaren, den Kopf nach hinten, wie man das bei Verurteilten zu machen pflegt, und hielt ihm die Spitze eines Schwertes unter das Kinn, damit er sein Gesicht zeigen musste und nicht senken konnte. (2) Einige bewarfen ihn mit Mist und Dreck, andere schalten ihn Brandstifter und Fresssack, und ein Teil des Pöbels verhöhnte ihn sogar seiner körperlichen Gebrechen wegen. Er war nämlich überaus groß, hatte ein rotes Gesicht, zur Hauptsache vom übermäßigen Weingenuss, einen vorstehenden Bauch und zog das eine

Biographie

Bein etwas nach, seit er als Caligulas Helfer beim Wettfahren von einem Viergespann angefahren worden war. Zuletzt wurde er bei den Gemonien durch unzählige kleine Stiche zu Tode gefoltert und nach seinem Ende mit einem Haken in den Tiber geschleift.« (Sueton, *Vitellius* 16–17; Übersetzung von André Lambert)

Auch das ist die übliche Behandlung von Verbrechern. Es folgen Stationen im soundsovielten Lebensjahr etc. Man sieht, dass dieser Text sehr detailliert ist und sich in vielen Details mit dem jetzt folgenden Text des Tacitus überschneiden wird. Dennoch sind ganz charakteristische Unterschiede festzustellen:

(84,3) Vitellius capta urbe per aversam Palatii partem Aventinum in domum uxoris sellula defertur, ut si diem latebra vitavisset, Tarracinam ad cohortis fratremque perfugeret. dein mobilitate ingenii et, quae natura pavoris est, cum omnia metuenti praesentia maxime displicerent, in Palatium regreditur vastum desertumque, dilapsis etiam infimis servitiorum aut occursum eius declinantibus. terret solitudo et tacentes loci; temptat clausa, inhorrescit vacuis; fessusque misero errore et pudenda latebra semetoccultans ab Iulio Placido tribuno cohortis protrahitur. vinctae pone tergum manus; laniata veste, foedum spectaculum, ducebatur, multis increpantibus, nullo inlacrimante: deformitas exitus misericordiam abstulerat. obvius e Germanicis militibus Vitellium infesto ictu per iram, vel quo maturius ludibrio eximeret, an tribunum adpetierit, in incerto fuit: aurem tribuni amputavit ac statim confossus est. (85) Vitellium infestis mucronibus coactum modo erigere os et offerre contumeliis, nunc cadentis statuas suas, plerumque rostra aut Galbae occisi locum contueri, postremo ad Gemonias, ubi corpus Flavii Sabini iacuerat, propulere. una vox non degeneris animi excepta, cum tribuno insultanti se tamen imperatorem eius fuisse respondit; ac deinde ingestis vulneribus concidit. et vulgus eadem pravitate insectabatur interfectum qua foverat viventem.

»Nachdem die Stadt eingenommen war, ließ sich Vitellius auf einem kleinen Tragesessel durch den Hinterbau des Kaiserpalastes nach dem Aventin zum Haus seiner Gattin bringen in der Absicht, nach Taraccina zu seinem Bruder zu flüchten, wenn er diesen Tag in einem Versteck glücklich überstehe. Hernach aber kehrte er in seinem Wankelmut und auch deshalb, weil ihm nach Art ängstlicher Naturen aus allen möglichen Befürchtungen heraus das Nächstliegende am wenigsten behagte, in den Palast zurück. Der war öde und verlassen, da selbst das gewöhnlichste Sklavenvolk sich davongemacht hatte oder einer Begegnung mit Vitellius absichtlich auswich. Schrecklich wirkten auf ihn die Einsamkeit, die in Todesstille daliegenden Räume. Bei seinem Versuch, die geschlossenen Gemächer zu öffnen, erschauderte er über die Leere. Des erbärmlichen Umherirrens müde, verbarg er sich schließlich in einem schimpflichen Versteck, aus dem ihn dann der Kohortentribun Iulius Placius hervorzerrte. Es war ein garstiges Schauspiel, wie er die Hände auf den Rücken gebunden, in zerrissenem Gewand, von Scheltreden überhäuft, von niemandem beweint, dahingeschleppt wurde. Sein würdeloses Ende hatte kein Mitleid aufkommen lassen. Auch ein des Wegs kommender germanischer Krieger, der mit dem bedrohlichen Stoß, zu dem er ausholte, den Vitellius treffen wollte, sei es aus Zorn, sei es, um ihn so frühzeitiger dem Hohn zu entreißen oder ob er es auf den Tribun abgesehen hatte, das ist nicht ausgemacht, jedenfalls schlug er das Ohr des Tribuns ab, worauf er selbst sofort niedergestoßen wurde. Durch Bedrohung mit Dolchspitzen zwang man Vitellius bald sein Antlitz zu erheben und es Beschimpfungen preiszugeben, bald den Blick auf seine eigenen niederstürzenden Standbilder, öfter noch auf die Rednertribüne oder die Mordstätte Galbas, dafür war er ja verantwortlich, zu richten. Schließlich stieß man ihn vor sich her zur Seufzertreppe, wo der Leichnam des Flavius Sabinus gelegen hatte. Nur ein einziges Wort, dass wenigstens nicht von einem unedlen Herzen zeugte [wir kommen nun zu den *ultima verba*] war von ihm zu vernehmen. Dem Tribun, der seinen Spott an ihn ausließ, gab er nämlich zur Antwort, er sei ja doch sein Imperator gewesen. Danach sank er unter den ihm beigebrachten Wunden zusammen. Die Schlechtigkeit, mit welcher der Pöbel sich an dem Toten vergriff, war ebenso arg wie verwerfliche Huldigungen für den Lebenden.« (Tacitus, *Historiae* 3,84,4–85; Übersetzung von Joseph Borst)

Wenn man diese beiden Texte miteinander vergleicht, sieht man, dass bei Tacitus der Versuch gemacht wird, Motivation aus dem Inneren heraus zu begründen. Das würden wir heute mit Biographie assoziieren würden. Bei Sueton wird genau an diesem Punkt die Information gegeben, es gäbe ein Gerücht, eine äußere Tatsache, auf die hin hier reagiert wird. Wichtig ist auch die Dramatisierung. Bei Tacitus wird viel stärker dramatisiert, es wird visualisiert. Bei dem einen heißt es einfach, dass er in den Räumen umherirre und bei dem anderen dann: die Stille, die Todesstille, die leeren Räume – den Lesenden wird ein bildlicher Eindruck nahegebracht. Sie sollen sich in die Situation versetzen können, und werden affektiv stärker miteinbezogen. Es wird dann direkt kommentiert wie im Schauspiel. Die Sachinformation, das mit der Schwertspitze angehobene Kinn, die Tötung durch viele kleine Dolchstiche, ist identisch. Aber beim einen wird das auf der moralischen Ebene evaluiert und auch durch das kommentiert, was er sagt, wie er schaut – also auch der optische Eindruck. Hier werden Charakteristika beiden Gattungen entwickelt.

Man sieht, wie aus dem spröden Informationsmaterial, das die Biographie dominiert, Geschichtsschreibung geworden ist und man sieht auch, was für eine literarische, künstlerische Anstrengung hinter der Historiographie steht. Allerdings muss man es umgekehrt lesen, denn nicht Sueton ist die Quelle für Tacitus, sondern Tacitus ist die Quelle für Sueton. Für den Biographen sind nicht ausschließlich, aber auch historiographische Quellen das zentrale Quellenmaterial. Sueton hat mit hoher Wahrscheinlichkeit nicht ohne Tacitus gearbeitet, er hat die »Annalen« und die »Historien« benutzt. Sueton ist die Umarbeitung von Tacitus, nicht umgekehrt.

Hier wird nicht nur nicht aufgebauscht. Es wird sogar die dramatische Gestaltung auf eine viel sachlichere, nüchternere Tatsachenbeschreibung zurückgeführt. Darin fehlen dann auch Informationen, wie zum Beispiel, ob der Tribun Iulius Proculus oder Iulius Placidus heißt. Solche Dinge sind uninteressant für die Biographie und bleiben daher unerwähnt. Dagegen spielt bei Tacitus sehr viel stärker das Symbolische dieses Elementes eine Rolle: Wie reagieren verschiedene Bevölkerungsgruppen, was macht das

Militär, was machen die barbarischen Stämme, was macht die Plebs? Das sind die Punkte, die in einem Ereignis verdichtet werden. Für den Tod, die Hinrichtung und auch die Verspottung des Vitellius spielt ja gerade dieses Ereignis überhaupt keine Rolle. Es ist ein zusätzliches Detail, aber ein auf die Biographie des Vitellius hin ganz unwichtiges Detail. Insofern fehlt es zu Recht bei Sueton und könnte auch bei Tacitus fehlen, aber letzterer braucht genau dieses Detail.

Das systematische Interesse der Biographie, das hier deutlich wird, liegt weder darin, die Ereignisse als solche zu dramatisieren, noch in den Taten einer Person. Das Interesse ist ein systematisches: Was für ein Mensch war eine bestimmte Person? Dieses Interesse hat zwei Konsequenzen. Die eine: In der Gestaltung der Biographie selbst – das ist ein wesentlicher Unterschied zu unserer Vorstellung von Biographie – spielt die chronologische Reihenfolge nur eine geringe Bedeutung. Wir würden von einer Biographie erwarten, dass sie mit der Geburt anfängt und dann chronologisch bis zum Tode führt. Es gibt auch solche Biographien in der Antike. Viele Biographien fangen mit der Geburt an und hören mit dem Tod auf, aber – das sieht man dann bei Sueton sehr deutlich – der große Mittelteil ist keineswegs chronologisch angelegt: Hier finden sich Aussagen und Handlungen, die zeigen, dass er *clementia*, »Milde«, besaß, andere zeigen, dass er als Herrscher sich nicht der *moderatio* befleißigt hat. Nach solchen Rubriken werden die Dinge zusammengestellt – gute Taten, schlechte Taten, innere Taten und äußere. Dann geht man unter Umständen diese Punkte chronologisch durch, auch hier nach dem zur Verfügung stehenden Quellenmaterial, aber die Chronologie des Lebens ist nicht das Entscheidende einer Biographie. Die zweite wichtige Konsequenz aus diesem systematisch wertenden Charakter der Biographie ist, dass sie sich immer die Frage stellt, ob eine Person für den Lesenden oder für einen bestimmten Herrschertyp ein Vorbild darstellt oder nicht.

11.6 Biographien als paränetische Literatur

Das führt dazu, dass die Biographie als Gattung einen besonders großen Aufschwung dort genommen hat – und damit können wir eine Parallele aus heutiger Sicht mit der Autobiographie ziehen –, wo es darum geht, Menschen zum richtigen Leben zu motivieren. Biographie kann eine paränetische, eine ermahnende Funktion haben, und deswegen tritt sie häufig im Bereich von Philosophenschulen auf. Sie ist aber sehr, sehr häufig dann wiederum im Bereich des Christentums, in einer Religion, die im besonderen Maße Individuen aus sozialen Strukturen, insbesondere aus familiären sozialen Strukturen heraushebt und damit dem individuellen Leben einen besonderen Stellenwert zuschreibt. Das äußert sich in diesen christlichen Bereichen – literaturgeschichtlich kommen wir damit in die Spätantike hinein und haben dann einen Übergang ins Mittelalter – auf zwei Linien: Es ist zum einen das Interesse an Jesus als Stifter dieser Religion und der ersten Trägergeneration, den Aposteln. Das ist die eine Linie, vertreten durch die Evangelien, soweit sie kanonische Schriften (im Neuen Testament gesammelt) sind, aber auch in der großen Evangelienproduktion außerhalb dieser vier kanonischen Evangelien von Markus, Matthäus, Lukas und Johannes, beginnend mit Mankron. Es äußert sich in einer ganzen Fülle von Apostelakten. Acta und praxéis, »Taten der Apostel«, ist der Titel. Biographie oder Vita ist nicht das Stichwort, unter dem diese Texte verstanden werden. Davon finden wir im Neuen Testament nur einen Text, die lukanische Apostelgeschichte *(Acta Apostolorum)*, aber im Bereich der nichtkanonischen christlichen Literatur, die von der sich herausbildenden Kirche nicht als Heilige Schrift im engeren Sinne anerkannt sind, gibt es eine ganze Fülle von Apostelakten für die verschiedenen Apostel bis hin zu sehr fantasievollen biographischen Romanen. Das Interesse an der Stiftergeneration beziehungsweise der Gründergeneration stellt also eine Linie dar.

Die zweite Linie umfasst das Interesse an grundsätzlich vorbildhaften Personen und an idealen Lebensführungen. Das richtet sich dann nach dem jeweiligen Lebensideal, das sich auch im Laufe der Zeit ändern kann. Es sind zunächst Märtyrer, die von Interesse sind, gerade in den Verfolgungssituationen des dritten Jahrhunderts, aber auch darüber hinaus. Die *Passiones (Passiones* deswegen, weil das Leiden, die Hinrichtung im Zentrum dieser Biographien steht) können unterschiedliche literarische Formen annehmen. Sie können die Form von *Acta,* nun im Sinne von Protokoll-Literatur, Protokolle der Verhandlungen, annehmen. Die Akten der Märtyrer des kleinen afrikanischen Ortes Scilli *(Acta Sanctorum Scillitanorum)* gehören zu den frühesten lateinischen christlichen Texten noch vom Ende des zweiten Jahrhunderts. Daneben gibt es die Form eines Gerichtsprotokolls und die Form des Streitgespräches. Dies alles ist in sehr stark rhetorisierter Form möglich. Es kann sich an biblischen Modellen orientieren, so dass der Tod eines Märtyrers augenfällig nach dem Muster eines biblischen Märtyrers, Stephanus etwa für den neutestamentlichen Bereich, aber auch nach alttestamentlichen Modellen geschrieben wird, und es kann sehr stark dramatisiert werden, was sich nahelegt, wenn man sich auf ein so kleines und bedeutendes Ereignis konzentriert.

Neben den Märtyrern findet man dann mit Beginn des dritten Jahrhunderts und im frühen vierten Jahrhundert im lateinischen Bereich zunächst Übersetzungen, Mönchsbiographien und Biographien der ersten Mönche in Ägypten. Dann mit zunehmenden asketischen Idealen Biographien (Ende des vierten beziehungsweise Anfang des fünften Jahrhunderts) von Büßerinnen, von Pilgerinnen, und ab dem fünften und sechsten Jahrhundert sowie in der Folgezeit spielen Bischofsbiographien eine sehr große Rolle, auch wenn diese Bischöfe keine Märtyrer, keine Mönche gewesen sind. Man sieht, dass sich hier einfach auch die Vorbildstrukturen ändern, was sich auf die Textproduktion auswirkt. Weitere Formen sind aufgrund der Funktion solcher Texte Predigten, indem in Form einer Predigt eine Biographie vorgestellt wird oder auch in Form eines mahnenden, eines belehrenden Briefes. Das alles wäre aufgrund des an der Person orientierten Interesses noch unter dem Oberbegriff der Biographie mitzuerfassen.

Auch in diesem Bereich kommt es zur Reihenbildung. Das liegt insbesondere da nahe, wo Personen selbst Sukzessionslinien ausbilden, ähnlich wie bei antiken Philosophenschulen. Wo man dort also Biographien für jedes Schulhaupt schreibt, so schreibt man jetzt Biographien für die Häupter von Klöstern, die einander ablösen, und man schreibt Reihenbiographien von Bischöfen, insbesondere der Bischöfe von Rom. Das wichtigste Buch hier, der *Liber pontificalis,* eine wohl im fünften oder sechsten Jahrhundert begonnene, dann aber weiter fortgeführte Sammlung von Bischofsbiographien (bei Petrus angefangen, noch ganz in einem Bereich also, wo von Bischöfen noch gar keine Rede sein kann, bis in die Gegenwart hinein durchgeführt). Mit dieser Reihenbildung, gerade mit der römischen Bischofsgeschichte, wird zwar keine Geschichtsschreibung im eigentlichen Sinne geleistet. Aber unter dem funktionalen Gesichtspunkt von Identitätsstiftung, Grenzziehung oder Legitimation kann eine solche Biographienreihe die Geschichtsschreibung der Römischen Kirche oder eines bestimmten Klosters ohne weiteres ersetzen.

Eine Frage, die aufgegriffen werden sollte, ist die Frage nach den Entstehungsgründen für die Märtyrerakten und ihrer Subjektivität beziehungsweise Objektivität. Die Gründe für die Entstehung lassen sich kaum – jedenfalls viel weniger als bei der Geschichtsschreibung – als subjektive Gründe bezeichnen. Der Objektivitätsanspruch ist im Sinne des Interesses an Fakten größer. Das Problem ist, dass der Anspruch auf kausale Verknüpfung von Ereignissen völlig fehlt. Es interessiert, was für eine Person beschrieben ist, aber zur Charakterisierung kann eine einzelne Begebenheit sehr viel interessanter sein als die Narration zweier zusammenhängender Jahre. Es gibt Tausende von Märtyrerakten, die gesammelt sind etwa in den *Acta sanctorum und* dort nach Tagen geordnet sind; allein der Januar füllt mehrere Bände in diesen Ausgaben, obwohl die Texte zum Teil sehr kurz sind. Es ist Massenproduktion, und das heißt auch massenhaft rezipiert. Diversifizierung, Varianz innerhalb eines stabilen Gattungsrahmens zahlt sich aus. Biographie ist eine enorm populäre Gattung. Deswegen hat auch ein so schlichter Text wie die mindestens sechzehn Rollen, ›Bücher‹, umfassende Biographiensammlung des Nepos immer wieder Leserinnen und Leser gefunden: in der Antike und nach fast einem Jahrtausend prekärer Überlieferung wieder ab dem fünfzehnten Jahrhundert: Sie ist einfach viel gelesen worden, während man bei zeitgenössischen historischen Monographien viel eher das Abschreiben eingestellt hat. Auch diese Biographien wollten unterhalten, aber – in einer Gesellschaft, die sich zu einem großen mediterranen Reich erweitert – auch universell geltende Maßstäbe in der Bewertung von historischen Akteuren propagieren. Gerade die »Viten herausragender Feldherren fremder Völker« und die »Geschichtsschreiber in lateinischer Sprache« haben sich erhalten.

11.7 Suetons Biographie

Suetons Viten sind unter den erhaltenen die wohl wichtigsten antiken Biographien aus dem lateinischen Bereich, aus der früheren Prinzipatszeit. Hier nur einige wenige biographische Daten zu Sueton: Gaius Suetonius Tranquillus, der »Ruhige«, ist um das Jahr 70 n. Chr. herum geboren worden, vermutlich in Italien. Man hat eine Ehreninschrift für ihn im nordafrikanischen Hippo gefunden, was zu der Vermutung geführt hat, dass er vielleicht Bürger dieser Stadt sei, aber in dieser Inschrift (*Année Epigraphique* 1953, 73) weist nichts spezifisch darauf hin. Als Privatsekretär des Kaisers Hadrian, als *ab epistulis,* ist er viel herumgekommen. Dass er sich in Afrika zu verschiedenen Zeiten bewegt hat, gehört für einen Angehörigen dieses engsten Hofstaates einfach dazu. Sueton selbst war wohl zunächst in Rom Anwalt und mit Plinius dem Jüngeren befreundet. Das wissen wir aus mehreren erhaltenen Briefen des Plinius. Plinius hat ihn sehr protegiert und hat ihm unter anderem das *ius trium liberorum,* das »Dreikinderrecht«, verschafft. Sueton selbst war kinderlos, aber wurde rechtlich denjenigen, die mindestens drei Kinder hatten, gleichgestellt, und konnte so etwa auch ein Testament machen. Das Dreikinderrecht konnte auch als Privileg verliehen werden. Schließlich ist er wohl auch auf dieser Schiene zum Privatsekretär des Kaisers geworden, in diesem Fall noch verbunden mit den Ämtern *a bibliothecis* (für die Bibliotheken zuständig) und *a studiis* (die Betreuung des wissenschaftlichen Bereichs).

Das Amt eines Privatsekretärs dürfte Sueton erst unter Hadrian, etwa im Jahr 118 n. Chr. erreicht haben. Wohl zehn Jahre später wurde er gemeinsam mit dem *Praefectus praetoriorum* Gaius Septicius Clarus, dem Suetons zwölf *Vitae Caesarum* gewidmet sind, entlassen. Die Nachricht über diese Widmung stammt von einem spätantiken Schriftsteller, Johannes Lydos. Der Anfang des Werkes selbst, der erste Teil der Biographie des Divus Iulius, ist im Umfang einer Quartseite schon früh verloren gegangen.

Biographie

Wenn wir Sueton als Privatsekretär bezeichnen, so muss man sich klarmachen, dass es hier nicht um eine einzelne Person geht, sondern um ein großes Sekretariat, das in der julisch-claudischen Epoche von Freigelassenen geleitet wurde und seit Domitian von Rittern. Aus dieser Funktion resultiert eine sehr große Nähe zum Kaiser. Sueton ist es etwa, der überliefert, dass Augustus das Angebot, sein Privatsekretär zu werden, an Horaz gemacht habe, was dieser ablehnte. Die Tatsache, dass er es ablehnte, spricht gegen eine Überlieferung in weiter zirkulierenden Quellen. Hier zeigt sich ein besonderes Interesse des späteren *ab epistulis* Sueton an seinem potenziellen Vorgänger Horaz. Aus dieser Nähe ergibt sich auch, dass das Verhältnis zum Princeps für seinen Privatsekretär von großer Bedeutung ist und man sich die Frage stellen muss, ob Sueton in den Kaiserbiographien, in den Biographien für die iulisch-claudische und flavische Epoche an Hadrian Kritik geübt hat. Eine solche Kritik würde einerseits das Verhältnis der beiden, Hadrian und Sueton, näher beleuchten, würde andererseits zur Aufklärung der internen Chronologie der Suetonischen Werke beitragen.

Die Argumente, die für eine solche Kritik in den Kaiserviten beigebracht wurden, sind insgesamt nicht überzeugend. Zwar bildet Nerva, der Nachfolger Domitians, den Anfang der neuen Adoptivkaiser, dennoch scheint die implizite Kritik, die sich aus seiner Behandlung der Domitianmörder ergibt, keine wirklich deutliche Kritik an Kaiser Hadrian zu sein. Genauso wenig überzeugt, dass die sehr positive Herausstreichung des sehr kurzlebigen Kaisers Titus umgekehrt bereits als Kritik an den gegenwärtigen Kaisern zu lesen ist. Natürlich treten in diesen Kaiserbiographien unterschiedliche Beurteilungen auf. Natürlich scheint Titus eine besonders intensive und besonders positive Zeichnung erfahren zu haben, aber all das lässt sich nicht überzeugend als durchgängige, massive Kritik am gegenwärtig regierenden Kaiser lesen, woraus sich dann zwangsläufig die Chronologie ergäbe, dass vor der Verfassung der letzten Kaiserviten Sueton das Amt des Privatsekretärs verloren hätte.

Ein zweiter Zugang zur Datierungsfrage ergibt sich über eine Analyse der von Sueton in den Kaiserviten genutzten Quellen. In den früheren Viten werden Dokumente sehr ausführlich zitiert. Diese ausführliche Dokumentenbenutzung lässt in den Viten nach Tiberius deutlich nach. Aus diesem Befund ergibt sich aber wieder keine Chronologie, die dafür spräche, dass Sueton nach der Abfassung der ersten Kaiserviten sein Amt *ab epistulis* und damit den Zugang zu den kaiserlichen Archiven, die allein ihm diese Quellenbenutzung erlaubt hätten, verloren hätte. Zum einen hat Sueton insgesamt nur mit einer beschränkten Anzahl von literaturwissenschaftlicher und historischer Literatur gearbeitet, zum anderen ist es sehr viel wahrscheinlicher, dass die Dokumente, die Sueton vor allen Dingen in der Caesar- und Augustusvita nennt, Briefe insbesondere, bereits publiziert waren, also gar nicht Zeugnis für intensive Archivarbeit und für privilegierten Archivzugang waren.

Und das letzte schließlich: Sueton nennt seine dokumentarischen Quellen, er nennt nur wenige – und es gibt keinerlei überzeugende Indizien, dass Sueton dort, wo er keine dokumentarischen Quellen nennt, solche dennoch benutzt habe. Insgesamt können wir im Hinblick auf die Quellenlage wohl feststellen, dass die zentrale Quelle für die suetonischen Biographien die Geschichtsschreibung bildet.

11.8 Suetons Œuvre

Sueton ist aber nicht nur ein Biograph im Sinne eines Biographen politisch erstrangiger Gegenstände. Zunächst einmal ist Sueton Biograph in viel größerem Stil. Sein Sammelwerk *De viris illustribus* umfasste eine ganze Reihe von Biographiensammlungen. An erster Stelle sollen die Biographien über Dichter, *De poetis*, genannt werden. Sicher auf Sueton zurückführen lassen sich die Viten des Terenz, des Horaz und die Vita Lukans, vermutlich auch die bei Donat erhaltene Vergilvita, sicherlich Elemente der Vita Plinius des Älteren – alles Viten, die nicht in Form des suetonischen Sammelwerkes, sondern jeweils an der Spitze kritischer Aussgaben dieser Autoren überliefert worden sind. Für die verlorenen Biographien tritt zumindest für Eckdaten die Chronik des Hieronymus ein, der die eusebische Vorlage ja mit literaturgeschichtlichen Daten auch der lateinisch-römischen Literaturgeschichte angereichert hat.

Wenigstens zum Teil als geschlossenes Werk erhalten sind Suetons Biographien über Grammatiker und Rhetoren, *De grammaticis et rheto-*

ribus. Dazu traten Biographien über Redner, *De oratoribus,* über Philosophen, *De philosophiis* und schließlich, und dieser Verlust ist für uns ganz besonders bedauerlich, die Biographie *De scriptoribus historicis,* über Geschichtsschreiber.

Über die Biographien hinaus ist das suetonische Œuvre von einer erstaunlichen Breite. Wenigstens aus Nennungen antiker Titel kennen wir eine Reihe von Abhandlungen etwa über Götter, den Kalender *(De anno Romanorum),* Spiele, Vorzeichen, Tiere, Ämter und über Könige. Die Fragmente, die Reifferscheid in einer Teubner-Edition gesammelt hat, und die *Prata,* die »Wiesen«, für die keine neue Edition vorliegen, waren wohl wenigstens teilweise wiederum in einem Sammelwerk vergleichbar mit *De viris illustribus,* nämlich den *Prata* – vergleichbare Titel sind Anthologie oder Florilegium – zusammengefasst. Insgesamt weisen diese Werke Sueton als einen kulturgeschichtlich sehr beschlagenen Autor, Antiquar und Wissenschaftler aus, für den das historische Element der Biographien nicht im Vordergrund stand.

11.9 Sueton als Historiker

Dennoch ist Sueton neben einer großen Nachwirkung als Antiquar, die sich bis weit in die Spätantike hinein fassen lässt, auch als Geschichtsschreiber gelesen worden. Worauf das beruht, lässt sich sehr einfach finden, wenn man ein Titelverzeichnis der Biographien anlegt. Es sind Biographien von Iulius Caesar, Augustus, Tiberius, Caligula (Gaius genannt), Claudius, Nero, dann den Kaisern des Vierkaiserjahres Galba, Otho, Vitellius und schließlich der Flavier Vespasian, Titus, Domitian. Mit dieser Reihe von zwölf Kaisern schreitet Sueton die zweite Hälfte des ersten Jahrhunderts, ja das ganze erste Jahrhundert v. Chr., wenn man von Caesars Geburtsdatum im Jahr 100 ausgeht, bis hin zum Ende des ersten Jahrhunderts n. Chr., dem Tod Domitians 96 n. Chr., in einer lückenlosen Reihenfolge von Kaiserbiographien ab.

Dennoch sind diese Biographien in erster Linie Biographien mit jeweils eigenständigen Untersuchungen und sind keine verdeckte, fortlaufende, chronologische Geschichtsschreibung. Sie weisen eine klare Struktur auf, die nur im Rahmen, am Beginn mit den Geburtsumständen, der Herkunft, der Kindheit und am Ende mit der Todesszene, etwaig vorangehenden Vorzeichen und eventuellen letzten Worten chronologisch aufgebaut sind. Dazwischen wird das Leben des Kaisers nach systematischen Kriterien dargestellt. Es interessiert die Familie, innenpolitische und außenpolitische Aktivitäten, Aktivitäten, die den jeweiligen Kaiser eher als guten Herrscher, eher als Tyrann ausweisen, Bauaktivitäten und musische Aktivitäten. Nur in Einzelfällen finden sich Rubriken, die die Aktivitäten vor und nach Besteigung des Kaiserthrons anordnen. Innerhalb dieser Rubriken finden sich wiederum verschiedene Anordnungsstufen, die auch einmal chronologisch ausgerichtet sein können, aber genauso hierarchische Prinzipien verfolgen können, steigernd aufgebaut sein können oder abfallend oder innerhalb eines bestimmten Bereiches noch einmal verschiedene Untergruppen identifizieren und danach die Daten des Kaisers abhandeln.

Man sieht an dieser systematischen Anlage der Kaiserbiographien noch einmal das Charakteristikum von antiker Biographik überhaupt, die sich nicht als eine besondere Form der Geschichtsschreibung versteht, sondern die versucht, unter einer systematischen Perspektive die Einzelperson auszuloten, einzuordnen, und damit letztlich einem Vergleich zugänglich zu machen. Genauso wichtig ist es aber festzuhalten, dass sich innerhalb des Rezeptionsprozesses diese Perspektive verändert. Der Typ der Reihenbiographie prägt nicht nur die spätantike Biographik, sondern trägt im historischen Bereich besonders dazu bei, dass Geschichtsschreibung selbst mehr und mehr als Aneinanderreihung von Kaiserbiographien durchgeführt wird. Für das Mittelalter ist schließlich festzuhalten, dass Sueton mit dem Beginn seiner Kaiserreihe bei Iulius Caesar – was man historisch ebenso gut kritisieren wie rechtfertigen kann – auch das mittelalterliche Bild vom römischen Kaisertum prägt, in dem Caesar grundsätzlich an die Spitze der römischen Kaiser tritt, nicht ans Ende der Republik. Über zweihundert mittelalterliche Handschriften bezeugen, mit welcher Begeisterung Suetons Biographien als eine Geschichte der (frühen) römischen Kaiserzeit gelesen wurden; die Reste der Gelehrtenbiographien blieben in einer einzigen Handschrift erhalten. Letzteres gilt auch für die Alternative zu Suetons Biographien, Tacitus' Geschichtswerke über das denselben Zeitraum.

Biographie

11.10 Die *Historia Augusta*

Wer auch das zweite und dritte Jahrhundert n. Chr. wie bei Sueton lesen wollte, musste zur *Historia Augusta* greifen, von der immerhin zwanzig mittelalterliche Handschriften bekannt sind. Bei der *Historia Augusta* handelt es sich um eine formal als Sammlung erscheinende Biographienreihe von gut dreißig größeren Biographien, die eine Sammelbiographie zweiunddreißig kleinerer Kaiser und Thronprätendenten einschließen. Eine solche kleine Biographie kann auf wenige Zeilen reduziert sein. Sie umfasst dann nur noch einen Satz zur Herkunft, einen Satz der Charakterisierung und einen Satz über das Streben nach und das Scheitern am Kaisertum. Darüber hinaus gibt es aber selbstverständlich längere Biographien, die einige Dutzend Druckseiten in heutigen Editionen erreichen können. Chronologisch deckt die Biographienreihe mit dem Beginn bei Hadrian die Zeit von 117 bis 285 n. Chr. ab, die Zeit von 244 bis 253 fehlt. Angesichts der sonstigen Überlieferungssituation bildet damit die *Historia Augusta* zumindest für einige Abschnitte dieser Epoche die einzige größere historiographische Quelle.

Die Probleme der *Historia Augusta* zeigen sich erst bei näherem Hinsehen. Zunächst einmal finden wir Biographien im suetonischen Schema. Möglicherweise war auch eine direkte Fortsetzung der suetonischen Biographien geplant. Es fehlen nur am Anfang die Biographien von Nerva und Trajan, möglicherweise ein Verlust im Lauf der Überlieferungsgeschichte. Diese Biographien zeichnen sich zunächst, gerade für den Beginn des zweiten Jahrhunderts n. Chr., durch gute Quellen aus. Marius Maximus, der verlorene Biograph für das zweite Jahrhundert n. Chr., dürfte zu ihnen gehört haben. Weitere Quellen lassen sich erst durch die Nähe zu breviarienartigen spätantiken Historiographen erkennen; durch die Nähe zu Eutrop und zu Aurelius Victor, Schriftstellern des vierten Jahrhunderts, die auf eine mit der *Historia Augusta* gemeinsame Quelle zurückweisen, die in der Forschung als *Enmannsche Kaisergeschichte* (EKG) bezeichnet wird und einen festen Platz unter den Quellenhypothesen der spätantiken Geschichtsschreibung besitzt, aber eben eine umstrittene Hypothese bleibt.

Zunächst aber noch ein Wort zum Charakter der Biographien. Wie bereits gesagt, finden wir grundsätzlich wieder ein suetonisches Schema vor, allerdings zeigt sich eine gegenläufige Entwicklung. Während bei Sueton in den frühen Biographien Dokumente eine größere Rolle spielen als in den späteren, verhält es sich in der *Historia Augusta* umgekehrt. Zunehmend bestehen diese Biographien aus lediglich durch kleinere Kommentare miteinander verbundener Dokumente. Das Problematische ist nun die Qualität dieser Dokumente, die sich bei näherer Analyse vielfach als Erfindungen und Fälschungen entpuppen. Es war die Arbeit an der *Prosopographia Imperii Romani*, einem Projekt der Berliner Akademie der Wissenschaften, die massive Widersprüche im Material aufgedeckt und zugleich auf das Phänomen hingewiesen hat, dass sich viele Details erklären lassen, wenn man nicht von einer beinahe zeitgenössischen oder nahen Verfassung der Biographien ausgeht, sondern zu einer Datierung im vierten, vielleicht sogar späten vierten Jahrhundert greift.

Nach dem überlieferten Text selbst stellen die Biographien das Werk von sechs verschiedenen Autoren dar: Aellius Spartianus, Aellius Lampridius, Iulius Capitolinus, Vulcacius Callicanus und schließlich Trebellius Pollio sowie Flavius Vopiscus, dem die letzten Biographien bis hin zu Carus, Carinus und Numerianus zuzuordnen sind. Diese sechs Biographen schreiben durchaus unterschiedliche Biographien. Sie sind allerdings in ihrem eigenen biographischen Ansatz nicht konsistent. Aus dieser Situation ergibt sich ein eminentes methodisches Problem. Auf der einen Seite haben wir die unterschiedliche, vom Text selbst behauptete Verfasserschaft, auf der anderen Seite Indizien für die Abfassung dieses Werkes aus einer Hand.

Interne Kriterien können in einer solchen Konstellation nur begrenztes Gewicht haben und keine ausschlaggebende Wirkung besitzen. Differenzen im Stil und auch im Geschichtsbild können Bestandteil des Programms der Zuweisung an unterschiedliche Autoren sein. Insofern besitzen auch detaillierte Analysen, wie sie gerade in letzter Zeit zur Verteidigung multipler Autorenschaft vorgetragen worden sind, nur geringen Einfluss auf die hier zur Entscheidung anstehenden Fragen. Eine Klärung soll hier unter eher literatursoziologischer Perspektive gesucht werden.

Zunächst einmal ist die Reihenbildung in biographischen Werken ein konstantes Merkmal. Aus einer großen Vielzahl von Biographien auf unterschiedliche Autoren zu schließen, ist nicht statthaft. Zum zweiten können wir für die Antike kein vergleichbares Phänomen, also ein sechsköpfiges Autorenkollektiv für ein gemeinsames historiographisches oder auch ein beliebiges anderes Projekt, anführen. Sollte es dennoch ein solches Autorenkollektiv gegeben haben, wäre entweder Anonymität zu erwarten oder aber es wäre mit einer sehr viel stärkeren Identität in der Ausrichtung der Biographien in ihrem Geschichtsbild zu rechnen. Insofern tritt hier gerade die Unterschiedlichkeit den Beweis für die Identität des Verfassers an, der ganz offensichtlich – das geht aus den expliziten methodologischen Bemerkungen in einer Reihe von Proömien der Biographien hervor – mit der Gattung der Biographie, mit historiographischen Theorien und Vorannahmen spielt und Grenzen auslotet.

Es ist der Gegenstand, die Kaiser, mit dem besonderen Phänomen des Einschlusses der kleineren Prätendenten, der kleinen Gegenkaiser, und diese besondere und untypische Konzeption des Gegenstandes, die das Gesamtwerk zusammenhält, das gleichzeitig eine Reflexion auf antike Geschichtsschreibung und Biographik darstellt. Im Vordergrund der Interessen des Autors, dafür spricht die enorm komplexe Fiktion der sechs unterschiedlichen Autoren, dürften dagegen literarische und methodische Probleme gestanden haben. Von dieser Seite ist auch die üppige Produktion fiktiver Dokumente noch einmal zu beleuchten und zu bewerten, die die historische Biographie eng an den historischen Roman heranrückt.

Nimmt man die Befunde zusammen, so scheint es sich um einen Verfasser zu handeln, der am Ende des vierten Jahrhunderts, in einer Zeit, als die Stabilität der konstantinischen Dynastie erheblich ins Wanken geraten, wieder durch das Wechselspiel von Kaisern und Gegenkaisern aufgelöst worden ist, dieses erneute Wechselbad in einer Darstellung gerade der Zeit des häufigen Kaiserwechsels reflektiert und gleichzeitig auf der Meta-Ebene das Instrument dieser Reflexion selbst analysiert, ja teilweise parodiert.

12 Historiographische Kurzformen

12.1 Spektrum

Mit der *Historia Augu*sta oder, wenn man der Fiktion der unterschiedlichen Identitäten der Verfasser übernimmt, mit den *scriptores Historiae Augustae*, haben wir auch im biographischen Bereich ein Phänomen wiederentdeckt, das sich in den früher behandelten Gattungen niedergeschlagen hat, das Phänomen der Kurzformen. Ausführliche historische Darstellungen, wie sie etwa ein Livius in einhundertzweiundvierzig Büchern vorgelegt hat, waren für eine breitere Leserschaft nicht zu rezipieren. So finden wir denn schon sehr bald in der livianischen Rezeptionsgeschichte das Phänomen der Epitomierung, der Anfertigung von Exzerpten, die zu Werken wie der Geschichtsdarstellung des Florus (seit dem Hochmittelalter vielfach abgeschrieben und gelesen) führen, die zu den Livius-Epitomae, zu den erhaltenen Inhaltsangaben, den *Periochae* führen, aus denen allein wir heute das gesamte livianische Œuvre vollständig rekonstruieren können.

Neben dieser offenen Verkürzung klassischer Autoren finden wir auch das Phänomen des Breviariums. In der Darstellung der Epochen römischer Historiographie für die Spätantike wurden ja bereits eine Reihe solcher Breviarien, solcher auf wenigen Dutzend Seiten die gesamte römische Geschichte abhandelnder Werke vorgestellt. Zugleich soll aber auch daran erinnert werden, dass das Phänomen selbst nicht erst ein spätantikes ist. Schon für die frühe Kaiserzeit unter Tiberius finden wir auf zwei Bücher komprimiert die römische Geschichte des Velleius Paterculus, die sich selbst ebenfalls in die Reihe der Kurzdarstellungen einreiht. Velleius selbst wird nicht müde, auf das Projekt einer ausführlichen Geschichtsschreibung zu verweisen, mag dieser Hinweis auch utopischen Charakter haben. Wir wissen von keinem solchen Werk des Velleius Paterculus. Vielleicht diente das Vorhaben beziehungsweise seine Ankündigung allein der ›Entschuldigung‹ für die (realisierte) Kurzform.

12.2 Geschichtsschreibung in Listenform

Was zur Abrundung dieser Sammlung von historiographischen Kurzformen vorgestellt werden soll, ist ebenfalls eine Linie, die sehr weit zurückreicht und eine ganz eigenständige Tradition aufweist, auch wenn sie sich vielfach mit den bisher behandelten Gattungen berührt. Gemeint sind die römischen *fasti*. Diese *fasti* wurden bisher als eine Konsulnliste vorgestellt, ein Instrument der spätrepublikanischen Nobilität und der spätrepublikanischen Geschichtsschreibung, mit deren Hilfe sich das Prestige der eigenen Familie erhöht, indem in die römische Frühzeit hinein Konsulate, Diktaturen von legendären Mitgliedern dieser Familie gefälscht und erfunden werden. Es ist aber nicht diese Seite der *fasti*, die hier interessieren soll, sondern es sind gerade die Elemente, die über die Konsuln hinausgehen, die die *fasti* für uns interessant machen.

Dass es sich seit spätrepublikanischer Zeit eingebürgert hat, Listen mit den wichtigsten Magistraten Roms und italischer Munizipien oder Kolonien mit dem Begriff *fasti* zu belegen, beruht auf der häufigen Zufügung solcher Listen zu Kalendern. Für diese ergab sich die Bezeichnung aus dem Charakter des von Cn. Flavius am Ende des vierten Jahrhunderts v. Chr. kodifizierten Kalenders von Gerichts- und Versammlungstagen, *dies fasti* und *dies nefasti*. Den Ursprung der Gattung kann man für Rom präzise bestimmen: Über das älteste erhaltene Exemplar einer solchen Liste, die *Fasti Antiates maiores*, einem um 67 v. Chr. gemalten Wandschmuck in einem vermutlich privaten Gebäude an der Küste bei Antium, lässt sich diese Kombination auf das sehr eng befolgte stadtrömische Vorbild zurückverfolgen. Bei diesem handelt es sich um ein Wandgemälde, das M. Fulvius Nobilior in dem von ihm zwischen 179 und 173 v. Chr. um einen Portikus und die in Ambrakia erbeuteten Musen erweiterten Her-

Geschichtsschreibung in Listenform

kulestempel – nun eine *aedes Herculis Musarum* – ausführen ließ. Während der Kalender erstmals die Tempelstiftungstage bis zur Dedikation dieses Tempels zusammenstellte, wird daneben, mit dem Jahr 174 oder 173 v. Chr. einsetzend, eine Liste der römischen Konsuln, einschließlich der *Suffektkonsuln*, und der Zensoren begonnen und möglicherweise auf der anderen Seite für die Vergangenheit ergänzt.

Sowohl die in der Liste aufgeführten Magistrate wie der zeitgleiche Aufbau einer ›absoluten‹ *ab-urbe-condita*-Datierung verbieten, diesen Teil des Wandgemäldes (und seiner Kopien) als Eponymenliste mit einem Gebrauchswert für alltägliche Datierungsvorgänge zu werten. Das zeigt sich in der Fortsetzung der Gattung. Die Listen können um andere, etwa lokale Magistrate erweitert werden und nehmen durch die Zufügung historischer Notizen in den *Fasti Capitolini* oder munizipalen Exemplaren schließlich den Charakter von Chroniken an. Wenn nicht als Eponymenverzeichnisse, dann sind diese Listen um derartiger Notizen willen immer wieder herangezogen worden. Was hingegen gänzlich fehlt, ist der Versuch, sie als eine eigene Gattung, mit einer eigenen formalen Entwicklung, einem eigenen Geschichtsbild und einer eigenständigen Position im Gefüge der übrigen historiographischen Gattungen zu untersuchen. Dieser Versuch wird hier, beginnend mit einer ausführlichen Beschreibung der zumeist als chronologische Hilfsmittel gedeuteten Texte, unternommen. Er erschließt nicht nur eine vernachlässigte Dimension der klassischen Historiographie, sondern verleiht der Erforschung des verwandten Phänomens der spätantiken Chroniken eine größere historische Tiefenschärfe. Der *Chronograph von 354* markiert den Angelpunkt dieser zweiteiligen Gattungsgeschichte.

12.2.1 Die beiden frühesten Exemplare

Schon die älteste erhaltene Liste in den *Fasti Antiates maiores* (*Inscriptiones Italiae* 13,1,161–6) bietet mehr, als eine Eponymenliste benötigt. Die Namen der Zensoren und die Notiz *lustrum fecerunt* gliedern die Liste, indem sie die Spaltengliederung durchbrechen. Zusätzlich sind sie durch ihre rote Farbe vom Schwarz der eponymen Konsulnamen abgehoben. Mit Rot werden auch die anderen, über die Eponymenliste hinausgehenden Informationen geschrieben: Abdikationen vom Amt, ein den Tod während der Amtszeit anzeigendes – und die mit *suffectus* eingeleiteten Namen von Suffektkonsuln. Die Aufstellung der Konsuln schließt deren Filiationen und Cognomina ein, die in der eponymen Datierung erhaltener zeitgenössischer und älterer Dokumente fehlen. Trotz dieses Informationsüberschusses gegenüber einer (postulierten) ›reinen‹ Eponymentafel gehört die Beamtenliste der *Fasti Antiates maiores* noch zu den schlankeren Vertretern ihrer Gattung. Das chronologisch nächste Exemplar, die *Fasti Arvalium*, sind in ihrem Beamtenteil nur aus späteren Fragmenten bekannt; wie die *Acta* der Arvalbrüder wurde die Liste fortlaufend ergänzt. Die spätere Uniformität erlaubt gleichwohl Rückschlüsse auf das Aussehen zum Zeitpunkt der Gründung beziehungsweise Reorganisation des Kollegiums in den Jahren 29/28 v. Chr.

In Sprache und Inhalt ist die Liste ähnlich knapp wie jene der *Fasti Antiates maiores*. Nach der Nennung der *consules ordinarii* folgen, mit *suf(fectus)* eingeleitet, bis zu vier Suffektkonsuln (*Inscr. It.* 13,1,298 f. für die Jahre 18 und 31 n. Chr.). Die eponymen Konsuln werden zumeist im Nominativ angeführt, gelegentlich stehen sie aber auch im Ablativ, sozusagen als Datierung der folgenden Magistrate; nur in diesen Fällen ist den Eponymen ein *co(n)s(ulibus)* hinzugefügt. Auf die Suffektkonsuln folgen keine Zensoren wie in Antium, sondern die Namen des Praetor urbanus und Praetor peregrinus. Der Austausch dieses Elements spiegelt die Verhältnisse der Jahre 29/28 v. Chr. wider. Das Amt des Zensors hatte im Laufe der späten Republik beträchtlich an Bedeutung verloren; vordergründig durch die Eingriffe Sullas und Clodius' sowie die Einrichtung einer Art ständiger Zensur durch Caesars Ehrung als *Praefectus morum*, strukturgeschichtlich aber durch den abnehmenden Grundkonsens der politischen Führungsschicht, der allein die Akzeptanz der umfassenden zensorischen Autorität garantieren konnte. Insofern war es nur konsequent, bei einer ständig zu ergänzenden Dokumentation, die sich auf die (fortschreitende) Gegenwart richtete, die Zensoren durch die höchsten Jahresbeamten nach den Konsuln zu ersetzen. Da die Prätoren im Unterschied zu den Konsuln nie im Ablativ der Zeitbestimmung angeführt werden, besteht kein Grund, in ihrer Nennung Reste einer alten, noch über die Konsuln hinausgehenden Eponymie zu sehen.

Eine kurze Durchsicht weiterer, nun vor allem munizipaler *fasti* mit beigefügten historischen Listen, aber auch selbständiger Exemplare, bei denen wie auf dem Forum die Verbindung mit einem Kalender fehlt, könnte die aufgewiesenen Tendenzen verdeutlichen.

Die *Fasti consulares Capitolini* folgen mit ihrem Rückgriff auf die Zensoren dem von den *Fasti Antiates* vertretenen Muster, neigen aber dazu, die Kürzel jener Liste durch ganze Sätze zu verbalisieren. Statt eines bloßen Theta (Θ) liest man *in mag(istratu) mortuus est,* statt *suffectus* findet sich *in eius loc(um) f(actus) e(st).* Berufungen von Diktatoren und Magistri equitum werden verzeichnet, Abdankungsnotizen weiten sich zu ›Kurzgeschichten‹ aus. So heißt es zum Beispiel zum Jahr 368 v. Chr. (*Inscr. It.* 13,1,33): *... [post edictu]m in milites ex s(enatus) c(onsulto) abdicarunt. in eorum locum facti sunt ...*

Vermerkt werden auch wichtige ›verfassungsgeschichtliche‹ Einschnitte wie beispielsweise erstmalige Besetzungen von Ämtern durch Plebejer. Besondere Beinamen – Censorinus, Asiaticus – werden eingeführt, Familienverhältnisse, die durch Adoptionsnamen verdunkelt sind, werden erläutert: (*Inscr. It.* 13,1,49): *L. Manlius L. f. L. n. Acidinus Fulvian(us), Q. Fulvius Q. f. M. n. Flaccus / hei fratres germani fuerunt* (179 v. Chr.). Auf den jüngsten Tafeln – aber das ist schon augusteische Religionspolitik – wird durch Nennung von Priesterämtern festgehalten, dass im Jahr 10 n. Chr. einem Flamen Martialis als Consul ordinarius ein Flamen Dialis als Suffektkonsul folgte.

Größere Bedeutung für die ältere Zeit dürfte die Nennung von Kriegen – *Bellum Gallicum cisalpinum, bellum Punicum secundum, bellum Philippicum, bellum Antiochinum* und so weiter – besitzen. In ihrer Zeile zentriert und so den Freiraum zwischen den auch hier in zwei Teilspalten angeordneten Namen durchschneidend, leisten sie einen erheblichen Beitrag zur optischen Gliederung der dokumentierten Geschichte in Abschnitte, in Epochen, die noch unsere Vorstellung prägen.

12.2.2 Fasti Ostienses

Im Umfang der historischen Notizen, im Gegenstandsbereich und im Grad der Erhaltung stechen die *Fasti Ostienses* hervor. Vorgänge im Kaiserhaus – Tod, das Anlegen der *toga virilis* durch den später von Tiberius ermordeten Germanicussohn Nero Iulius Caesar, die Unterdrückung der Seianischen Verschwörung und die Hinrichtung der Beteiligten –

und bei solchen Anlässen verteilte Geldgeschenke *(congiaria)*, Triumphe und ähnliches bilden die Masse des geschichtlichen Materials. Das Schema eines Jahres entspricht dem der *Fasti Cuprenses*: Konsuln, historische Nachrichten, lokale Magistrate. Gelegentliche Notizen, die auf Vorgänge in Ostia selbst Bezug nehmen, werden im Anschluss an die (stadt-)römischen Ereignisse und vor den örtlichen Beamten aufgeführt oder aber diesen nachgestellt (siehe die Jahre 30, 36, 91 (unsicher), 94, 152 n. Chr.).

Schon in tiberianischer Zeit gewinnen all diese Notizen den Charakter einer, wenn auch mageren, fortlaufenden Chronik, die wichtige Ereignisse mit Tagesdatum dokumentiert; indes bleibt der Block der *consules ordinarii* und der im Laufe des Jahres antretenden *suffecti* am Anfang, vor sonstigen, auch früher ins Jahr fallenden Ereignissen stehen. Das zeigt, dass die Daten eines Jahres geschlossen am Jahresende und nicht unmittelbar nach den Ereignissen, schon im Laufe des Jahres, eingetragen wurden. Andernfalls hätte man einen geschätzten Freiraum für die Suffektkonsuln lassen müssen, in den diese nachgetragen werden konnten; doch fehlt dafür jede Spur. Die Aufzeichnung umfasst in hoher Zahl auch religiöse Veranstaltungen, namentlich Tempeldedikationen – so schon 46 v. Chr. –, Spiele und *epula* (»Gastmähler«). Gelegentlich findet sich eine regelrechte Ritualbeschreibung, so für die Trauerfeiern für Augustusenkel L. Caesar 2 n. Chr. (*Inscr. It.* 13,1,183: *[---] / tecta est. hominu[m plus ---] / inta millia can[delis ardentibus] / obviam processe[runt. magistratus] / Ostiensium pulla[ti corpus tulerunt.] / oppidum fuit orn[atum ---]*.

Gerade das Erstaunen, das die Lektüre der *Fasti Ostienses* hervorruft, sollte daran erinnern, dass es sich um einen in der Vielfalt seiner in das Schema der Beamtenliste integrierten Informationen singulären Text handelt. Er besitzt in den untersuchten Fasten erkennbare Vorläufer, deren formalem Vorbild er verpflichtet bleibt. In der erreichten Ausführlichkeit steht er aber literarischen Texten näher – man denke etwa an den Bereich der Livius-Epitome. Was führte zu einer so aufwendigen Inschrift?

Gegen Ende des ersten Jahrhunderts v. Chr., als die Führung der *Fasti Ostienses* begonnen wurde, gab es in Rom kein Vorbild für eine zentrale offizielle Dokumentation in Form von Inschriften. Es gab aber das Wissen um eine vergleichbare Dokumentationsform in Roms Vergangenheit. Die Praxis in Ostia verweist darauf. Es ist der *Pontifex Volcani et aedium sacrarum* – so die volle Namensform im Jahr 105 n. Chr. –, dessen Sukzession im Text so sorgfältig vermerkt wird, welcher mit der Führung der Fasten betraut gewesen sein dürfte. Es ist ›sein‹ Volcanus-Tempel, an dem die Inschrift vermutlich angebracht war. In Rom war es der *Pontifex maximus*, der seit der Mitte des dritten Jahrhunderts v. Chr., in der spätrepublikanisch allseits akzeptierten Theorie aber seit Beginn der Stadt, bis zur Publikation der *annales maximi* eine ›Inschrift‹, eine Holztafel mit den Namen der Konsuln und den wichtigsten Ereignissen des Jahres vor seinem Amtslokal aufgestellt hatte. Es ist dieses institutionelle Vorbild, das der Ostiensischen Kreation jene Dauerhaftigkeit verlieh, die ihre Verfertigung über nahezu zwei Jahrhunderte ermöglichte. Das Fulvische Vorbild scheint hier eine Verbindung mit einem noch ehrwürdigeren Modell eingegangen zu sein.

12.2.3 Fasti im Gefüge historiographischer Gattungen

So wichtig eine ausführliche Beschreibung der überwiegend inschriftlichen *fasti* ist, so geringfügig bleiben die literatursoziologischen Aufschlüsse, die die oft unbekannten oder unklaren Fundumstände bieten. Einige literarische Zeugnisse, angefangen bei Cicero, ermöglichen, weiterzukommen und den Ort der inschriftlich dokumentierten, aber nicht auf epigraphische Formen beschränkten Listen im Gefüge der übrigen historiographischen Gattungen näher zu umreißen.

Cicero spricht an drei Stellen von Konsulnlisten. In den ersten beiden Fällen handelt es sich um Reden, jene für Sestius sowie jene gegen Piso, und der Tenor ist einheitlich: Die Konsuln, von denen gerade die Rede ist, sind so schlecht, dass man sie aus den *fasti* streichen sollte (Cic. *Sest.* 33; *Pis.* 30). Die Fasten bilden hier die greifbare Form des kollektiven Gedächtnisses *(memoria)*; nicht Datierungshilfe, sondern Ehrentafel. Die dritte Passage, die im berühmten Lucceiusbrief mit seinen Reflexionen über die Geschichtsschreibung steht, wirft auf dieselbe Tafel ein anderes Licht: Im Vergleich zur hellenistisch orientierten Geschichtsschreibung, die jene Dinge, die den Leser am meisten fesseln – Schicksalsfälle und unerwartete Veränderungen – zu präsentieren vermag, taucht die annalistische Darstellung alles in ein Mittelmaß – wie die bloße Aufzählung der *fasti* (Cic. *fam.* 5,12,5). Die Fasten, ja selbst noch die Annalen, bilden nicht gerade die Form der Geschichtsschreibung, die den anspruchsvollen Leser befriedigt. Sie sind – was Cicero so in einer öffentlichen Rede nicht formulieren würde – lediglich eine Primitivform der historischen Erinnerung, aber das sind sie, und zwar in Form der Konsulnlisten, immerhin.

Der bei Cicero gewonnene Eindruck wird durch die spätere Literatur bestätigt. In Horazischen Gedichten erscheinen *fasti* einige Male als die autorisierten Formen der kollektiven Erinnerung (Hor. *sat.* 1,3,112; *carm.* 3,17,2–4; 4,14,1–5). Die persönliche Ehrung, die die Aufnahme des eigenen Namens in diese Liste bedeutet, bildet in der Folgezeit das zentrale Thema. Lucan bietet in diesem Sinne mehrere Belege, ebenso Statius (Lucan. 2,645; 5,5. 384; 8,817f.; Stat. *silv.* 4,1,1. 20. 29). In panegyrischen Texten kann darauf angespielt werden (Plin. *paneg.* 58,3; 92,2), eine Praxis, die bis in die Spätantike reicht: Mit siebzehn Belegen führt der zu Beginn des fünften Jahrhunderts dichtende Claudius Claudianus die Liste mit Abstand an.

Bis in die Spätantike hinein bezeugen die genannten Texte ein Verständnis der *fasti*, das sich ganz auf die Konsulnlisten konzentriert und diese ganz im Sinne der republikanischen Amtskonzeption behandelt. Die Konsulnliste ist eine Ehrenliste: Mehrmaliges Erscheinen in diesen Dokumenten bedeutet eine Multiplikation des Prestiges, sie wird aber verdächtig, sobald sie den völligen Ausschluss anderer intendiert. Die in Rot beziehungsweise Purpur abgesetzten führenden (und eponymen) Namen der *consules ordinarii* heben sich noch einmal heraus, doch scheint sich insgesamt die annähernde Gleichwertigkeit des von Caesar mühsam eingeführten Suffektkonsulates durchgesetzt zu haben, jenes ›unordentlichen‹, weil durch den freiwilligen Rücktritt eines noch lebenden Vorgängers bedingten Amtes.

Mit diesen Überlegungen und Quellen bewegen wir uns aber allein in den Kreisen der (stadt-)römischen Elite und damit in der Literatur der Oberschicht. Die inschriftlich erhaltenen Fasten lassen sich dagegen in den meisten Fällen munizipalen Oberschichten oder gar Kollegien von Personen, die im sozialen Rang deutlich tiefer angesiedelt sind, zuweisen. Die historischen Notizen, die diese Exemplare aufweisen, werden den republikanischen Idealen viel weniger gerecht. Hier figurieren unter den Konsulnamen Bürgerkriege; Ereignisse des Kaiserhauses werden schnell zum beherrschenden Thema der Zusätze. Diese Texte verlieren dadurch nicht den Charakter von Ehrenlisten, aber sie werden darüber hinaus zu Breviarien römischer Geschichte, in einer personenorientierten Weise wie römisches Geschichtsverständnis nur sein kann. Derartige Listen kann man kaum als Geschichtsschreibung bezeichnen, in ihrer nicht-narrativen Präsentation historischer Daten bilden sie aber zumindest so etwas wie »Proto-Geschichte« (Jörn Rüsen).

Die soziale und geographische Entfernung der meisten Fasten vom politischen Zentrum einerseits und die zunehmende politische Bedeutungslosigkeit des Konsulats andererseits drängen nicht zu der Vermutung, die Listen hätten den Charakter mnemotechnischer Hilfsmittel gehabt, die eine detailliertere Erzählung der römischen Geschichte ermöglichten. Zwar darf auch der für die hier in Frage kommenden Gruppen und Orte durch »Geschichte« zu befriedigende Sinnbedarf nicht zu niedrig veranschlagt werden, aber in Anbetracht des im Wesentlichen lokalen Charakters der antiken Gesellschaften – deren tiefgreifende Segmentierung nicht nur im wirtschaftlichen, sondern auch kulturellen Bereich trotz aller zentralisierenden Elemente feststeht – darf man die Möglichkeiten, die die Geschichte der politischen Zentrale bietet, nicht zu hoch ansetzen.

In dieser Hinsicht stellen die Fasten auch nicht allzu viel bereit. Als zeitlich geordneter Text überschreiten sie zwar die Grenze der bloßen Liste zur Chronik, nehmen aber damit unter der Perspektive der Produktion geschichtlichen Sinns nur einen geringen Rang ein. Historischer Sinn ist »nicht einfach die faktische Sequenz der Ereignisse«, sondern gerade das »Überspringen der Sequenz« im freien Zugriff auf ganz bestimmte, nur mit Rücksicht auf die komplexen Bedingungen der Gegenwart gewählte Daten der Vergangenheit. Auf der Ebene der lokalen »Kopisten« und Rezipienten dürfte daher nicht der Inhalt der *fasti* in seinen Details, sondern das Ensemble des Textes im Vordergrund stehen. Ob mit oder ohne Einordnung eigener Beamter drückt die bloße Aufstellung bereits Loyalität und Identität aus: »*Das* ist unsere Geschichte« und: »Wir sind Teil *dieser* Geschichte!« Gerade deswegen bilden Einschnitte, die das Verhältnis zur Zentrale und die eigene Identität bestimmen, bevorzugte Einsatzpunkte: Der Bundesgenossenkrieg, die Konstituierung als *colonia*, die Gründung eines Vereins im Kontext der augusteischen Neuorganisation Roms.

Der Vergleich mit außerrömischem Material lehrt die generellen literatursoziologischen Mechanismen, aber auch die spezifische Leistung der in der römischen Oberschicht durch Ennius und Fulvius entstandenen Dokumentationsform, die für mehrere Jahrhunderte eine breit rezipierbare Form individueller Selbstdarstellung und kollektiver Identitätsvergewisserung bereitstellt. In Griechenland bilden gerade chronographische Werke den bevorzugten Gegenstand überdurchschnittlich langer Inschriften, die an prominentem Ort, sei es in Tempeln, das heißt als Weihgeschenke, sei es an öffentlichen Plätzen, das heißt als Stiftung für eine Gemeinde, die Leser über die Vergangenheit informieren. Der häufig belehrende Charakter rechtfertigt auf den ersten Blick die auffällige Ortswahl mit dem praktischen Wert des Denkmals, für das Verhältnis des ortsansässigen Stifters zu den Lesern dürfte aber das Autoritätsgefälle, das die belehrende Pose impliziert und konstituiert, mindestens ebenso viel Bedeutung besitzen. In Chroniken spielt das Verhältnis lokalen Materials zu fremdem eine wichtige Rolle. Die Konzentration des Marmor Parium im Bereich nichtlokalen Materials auf Literaturgeschichte, die politischen Themen erst von Alexander dem Großen an breiteren Raum gewährt, weist die vor allem kulturelle hellenische Identität aus.

Eine den römischen Konsulnlisten vergleichbare Dokumentation fremder Eponyme sind nicht bekannt. Fast immer bildet in den griechischen Inschriften die Lokalgeschichte den Gegenstand. Für den eher symbolischen als praktischen Wert chronographischer Literatur sei über den antiken und epigraphischen Bereich hinaus ausdrücklich auf die Rolle hingewiesen, die »Chroniken« heute innerhalb des Marktsegmentes historiographischer Literatur spielen. Der Verzicht auf die Herstellung übergreifender Zusammenhänge in dieser Literaturform und ihre hohen Auflagen zeigen, dass dem Absatz kein breites Interesse an *Zeitgeschichte* zugrunde liegt. Weder Interesse an der Rekonstruktion der Vergangenheit noch Orientierungssuche für die Zukunft bilden die zentralen Kaufmotive. Ob Erwerb oder Geschenk: Mehr Besitz als Lektüre tragen zur Ausbildung oder Demonstration einer vorreflexiven politischen Identität bei. Das zentrale Moment des Inhalts und seiner Rezeption bildet die Formulierung von Synchronismen: Was geschah in meinem Geburtsjahr? Als ich volljährig wurde? Diese Liste könnte man weiter fortführen.

Der Reiz besteht dann gerade nicht in der Herstellung kausaler oder konzeptueller Zusammenhänge, sondern in der Synopse ganz unterschiedlicher Ereignisse, deren Gesamt den äußersten Rahmen der Identität als Sportsfreund, Staatsbürger oder gar Weltbürger absteckt und damit dieser Identität eine Note verleiht, die die alltäglichen Sozialbeziehungen auf lokaler Ebene nicht bieten können.

Auch für die Antike sollte man den Anschluss an nichtepigraphische, ›literarische‹ Texte nicht vernachlässigen – was zum Ausgangspunkt des Themas zurückführt. Dem Bedürfnis nach Kürze und Übersichtlichkeit scheint schon in republikanischer Zeit der *Liber annalis* des Cicerofreundes Atticus entsprochen zu haben. Dabei handelt es sich nicht um Listen von Magistraten, sondern um eine historische Skizze, die die Reihe der uns wenigstens im Titel noch fassbaren lateinischen Breviarien eröffnet. Unter den Zeitgenossen des Atticus könnten noch L. Scribonius Libo und L. Ateius Praetextatus Philologus, der Berater Sallusts, mit seinem *Breviarium rerum omnium Romanarum* in diese Reihe gehören (Fragmente: HRR 1,318). Der erste wirklich erhaltene Text stammt von Velleius Paterculus, der in zwei Büchern eine Universalgeschichte im Miniaturformat vorlegt. Die Kürze *(brevitas)* und Schnelligkeit *(festinatio)* der Darstellung, die der Autor immer wieder betont und durch den Verweis auf ein noch ausstehendes ›richtiges‹ Geschichtswerk rechtfertigen zu müssen glaubt (Vell. 2,99,3f.), zeigt, dass Velleius den Bedarf eines Publikums im Auge hat, das durch die nach den Kriterien der hohen Literatur ausgearbeiteten Werke überfordert wäre, dass er aber zugleich den Anschluss an diese höhere Literatur nicht verlieren will.

Selbst Werke wie das des Velleius Paterculus wird man nicht mit einem Publikum assoziieren dürfen, das lediglich über eine geringe formale Ausbildung verfügt. Die Ermittlung des Alphabetisierungsgrades der römischen Gesellschaft stellt den Forscher vor große Schwierigkeiten; der geringe Grad an schulischer Organisation und die sehr begrenzten Möglichkeiten zur schriftlichen Verbreitung von Texten raten aber, höhere Prozentsätze nur mit großer Skepsis zu betrachten. Die Verhältnisse der hohen und späten Kaiserzeit, die mit dem verbreiteten Einsatz der eigenen Unterschrift als Beglaubigungsmittel eine breite, wenigstens anfangshafte Alphabetisierung vorauszusetzen scheinen, dürfen nicht global auf die späte Republik und die frühe Prinzipatszeit übertragen werden. Darüber hinaus wird man in Analogie zu den heutigen Verhältnissen annehmen können, dass die Fähigkeit zur Entzifferung einzelner Buchstaben und Wörter nicht mit einer Lesekompetenz gleichzusetzen ist, die sich in der Lektüre ganzer Bücher niederschlägt. Illustrativ ist der Roman des Petronius (Petron. 58,7), wo sich ein Freigelassener seiner nicht umfassenden, aber doch fürs Praktische ausreichenden Bildung rühmt: Was die Leseanforderungen angeht, liegen zwischen Breviarien vom Typ des Velleius und den steinernen Fasten-›Chroniken‹ noch Welten.

Haben die Handwerker, denen Cicero Interesse an Geschichte zuschreibt (Cic. *fin.* 5,52), ihre Neugierde eher an Texten vom Typ der Fasten als an Breviarien im Umfang einer Buchrolle befriedigt? Die Antwort muss »nein« lauten. Bei aller Konvergenz zwischen Breviarien auf der einen, so ausgebauten *fasti* wie den *Fasti Ostienses* auf der anderen Seite bleibt doch ein tiefer Graben zwischen der gerade in ihrer Narrativität auf das *delectare*, auf das Vergnügen zielenden Geschichtsschreibung und der in der Verweigerung dieser Narrativität beharrenden römischen und italischen *fasti*. Unter sozialen Gesichtspunkten findet sich das funktionale Äquivalent der literarischen Geschichtsschreibung nicht in den Buchstaben der Steinmetze, sondern in der Oralität. Die *fasti* mögen im Einzelfall einmal als Verweis auf das mündliche Erzählgut fungieren, aber im Normalfall dienen die *fasti* des kleinen Mannes in Munizipien und Vereinsräumen, diese Ehrengalerie der republikanischen Nobilität und des kaiserzeitlichen Patriziats, in einer sehr viel diffuseren Weise der Ausbildung einer lokalen oder »kollegialen« Identität im weiteren Horizont des römischen Weltreichs.

12.2.4 Von augusteischen Inschriften zum spätantiken Buchmarkt: *Der Chronograph von 354*

Der Versuch, die zunächst in Verbindung mit Kalendern auftauchenden Listen als historiographische Gattung zu beschreiben und in ihrer Funktion zu bestimmen, kann nicht mit den Inschriften der Prinzipatszeit enden. In Buchform werden durch die eponymen Konsuln strukturierte Chroniken zur populärsten Gattung der Spätantike; »Geschichtsschreibung in Listenform« charakterisiert die Masse der mittelalterlichen Historiographie. Die Erweiterung zur Weltchronistik dehnt den historischen Horizont aus und ersetzt vor allem das politische Bezugssystem (Rom) durch ein religiöses (jüdisch-christliche Heilsgeschichte), doch die grundlegende Funktion der Gattung bleibt gleich: die Bestimmung des eigenen Standortes in einer größeren, ja der größten vorstellbaren Geschichte.

Die Spuren der Textgeschichte der vielfach variierenden spätantiken *Consularia*, Konsulnlisten mit wenigen historischen Notizen, weisen auf eine Verbreitung durch den Buchhandel, mithin höhere Auflagen und Popularität, hin. Die Illustration durch schematisierte Buchmalereien weist in dieselbe Richtung. Nicht minder bezeichnend ist die Tatsache, dass gerade ein Hydatius, der zu den Autoren der Gattung gehört, die am ausgeprägtesten Bewusstsein historischer Prozesse an den Tag legen, und der eine entsprechend füllige Chronik produzierte, kaum Abschreiber und Rezipienten fand.

Zumindest in diesem Punkt zeitigt also der Wechsel des Mediums vom Stein zum Buch keine tieferen Folgen. Das Stichwort »Illustration« weist aber auf solche Veränderungen hin. Das Fehlen jeglicher Überreste von Buch-*fasti* aus der späten Republik und dem ersten bis dritten Jahrhundert n. Chr. macht eine Chronologie jeglicher Entwicklungen problematisch. Wir wissen nur, dass es solche Kalender und Beamtenlisten gab (Cic. *Att.* 4,8a,2; Ov. *fast.* 1,657), wissen aber überhaupt nicht, wie sie ausgesehen haben. Immerhin erlaubt aber ein in Abschriften erhaltenes Dokument, einen Einblick in die Entwicklung zu nehmen: der sogenannte *Chronograph von 354*, den der Kalligraph Furius Dionysios Filocalus für Valentinus, ein wohl christliches Mitglied der stadtrömischen Oberschicht, anfertigte. Zusammengestellt aus verschiedenen, bis in das dritte Jahrhundert n. Chr. zurückgehenden Quellen und mit Illustrationen versehen, die auf keine deutlich älteren Vorbilder verweisen, entspricht der Chronograph dennoch in seiner Struktur den zuvor beschriebenen *fasti*. Er bedarf aber einer etwas ausführlicheren Beschreibung:

Nach den Widmungsseiten, die die ersten drei Sektionen bilden, folgen Erläuterungen zu den wichtigsten Kalenderbestandteilen, den Nundinalbuchstaben und den Monaten, die aber hier, in der Mitte des vierten Jahrhunderts, astrologisch interpretiert werden: Erläutert werden also die sieben Planeten und die zwölf Tierkreiszeichen. Es folgt der eigentliche Kalender als sechster Teil. Ihm schließt sich direkt die Konsulnliste an, der Portraits der beiden letzten Eponymen der Liste vorausgehen: eine graphische Datierung des Gesamtwerkes ebenso wie ein Hinweis auf den Schlusspunkt der sich direkt anschließenden, mit den ersten Konsuln überhaupt beginnenden Liste.

Jene, der nunmehr achte Teil, beschränkt sich zwar einerseits auf die eponymen Konsuln in der denkbar kürzesten Namensform, weist aber dennoch kurze historische Notizen auf, die Verfassungsänderungen, Jesu Geburt und Tod sowie Ankunft und Märtyrertod der Apostel Petrus und Paulus in Rom betreffen. Die chronologische Funktion der Liste wird wie in den *Fasti Capitolini* durch die vorangestellten *ab-urbe-condita*-Daten bestimmt; ein nachgestellter Hinweis auf Mondphase und Wochentag dürfte ebenso chronologischen Zwecken, nämlich der Berechnung der Osterfestzyklen, dienen. Allerdings darf man das Wort Berechnung nicht allzu ernst nehmen, denn eine solche anzustellen, wurde von dem Empfänger nicht erwartet. Ihm wurden ja die Ostertermine gleich im folgenden neunten Teil für die vergangenen Jahrzehnte und ein gutes halbes Jahrhundert im Voraus (bis 411 n. Chr.) gegeben. Parallelen für die neunte Sektion und die diesen Rechnungstyp vorbereitenden, zumindest für die vorchristliche Zeit anachronistischen Elemente der achten kann man aus historischen Gründen in den Kalendern der frühen Prinzipatszeit nicht erwarten. Dennoch kommt sie nicht völlig unerwartet. Die chronologische Interpretation der Konsulnlisten, die bereits die *Fasti Capitolini* vorführten, wird lediglich konsequent weitergedacht. Das für die eponyme Datierung konstitutive Defizit, zukünftige Jahre nicht benennen zu können, wird in der notwendigen Vorausberechnung des Ostertermins akut, denn er muss allerspätestens vierzig Tage vorher, am Aschermittwoch, feststehen, muss aber in einer weltumspannenden Religionsgemeinschaft viel früher vereinbart werden. Ein dauerhafter Kalender sollte daher die Osterdaten für die voraussichtliche Lebenszeit des Benutzers angeben, vorausgesetzt, die Organisation der Religionsgemeinschaft ermöglicht dies überhaupt. Diesen jahrweise notwendig werdenden Blick in die Zukunft mit dem jahrweisen Blick in die Vergangenheit zu verbinden, erscheint dann plausibel.

Für die folgenden Teile ist an die auch epigraphisch realisierte Ausgliederung besonderer Listen zu erinnern. Der *Praefectus urbis* (Sektion zehn) entspricht *cum grano salis* dem *Praetor urbanus,* der schon in den *Fasti Arvalium* Berücksichtigung fand. Die Liste der römischen Bischöfe, die dreizehnte und damit letzte der ursprünglichen Sektionen, entspricht in ihrer auf die Gruppenzugehörigkeit des Adressaten zugeschnittenen Spezifität etwa den ausgegliederten lokalen Magistraten der *Fasti Praenestini.* Sie bietet aber kurze Anmerkungen zu Karriere und Wirken der Betreffenden und leitet damit formal bereits zur folgenden Chronik über. Dazwischen stehen Listen der *dies depositionis,* der Märtyrer und römischen Bischöfe. Sie entsprechen in ihrer Funktion einem *feriale* der christlichen Kultgemeinschaft. Ein Beispiel für eine solche Kombination mit einem Kalender, um den eigenen lokalen beziehungsweise gruppenspezifischen Bedürfnissen Rechnung zu tragen – im eigentlichen Kalender fehlen bei Furius Filocalus noch christliche Daten –, bieten die norditalischen *Fasti Guidizzolenses (Inscr. It.* 13,2,235). Die Gründe für die Voranstellung des *feriale* vor die unter Gattungsgesichtspunkten eher zur Liste der Stadtpräfekten gehörenden Bischöfe ließen sich nur in nicht mehr zugänglichen Überlegungen des Furius finden; vermuten kann man lediglich, dass hier im Schlussteil der *fasti* – als solche dürfte Furius seine Zusammenstellung in der Tat empfunden haben – die Nähe beziehungsweise Ferne zu traditionellen Ausführungen dieser Gattung entscheidend gewesen sein dürfte.

Das gilt dann auch für den Teil, der sich bald anlagerte, die *Origo gentis Romanorum* oder *Chronica urbis Romae.* Wenn man dem historischen Element der Konsulnliste größeres Gewicht beimisst, wird man die abschließende neuerliche Chronik auf den ersten Blick als Dopplung verstehen. Der Blick auf den Inhalt zeigt aber, dass diese Kritik unangemessen ist. Der Text behandelt die albanischen und römischen Könige, republikanische Helden *(dictatores)* und die Kaiser. Die Einträge sind kurz, bilden zum Teil, bei den albanischen Königen und den Heroen, reine Namenslisten; von der sprachlichen Form her könnten sie auch in einer fülligeren Konsulnliste stehen. Genau das geht aber aus einem sachlichen Grund nicht: Regierungszeiten von Königen und Kaisern lassen sich nicht adäquat in den nur jährliche Einträge zulassenden Listen der *fasti* unterbringen und genau dieses Problem ergibt sich schon bei längeren Kriegen. Wie Furius mit den Angaben zu den Osterterminen die schon in den kapitolinischen Fasten akzentuierte chronologische Dimension der *fasti* fortführt, so führt er mit der Aufnahme der inhaltlich durchaus anspruchslosen Chronik die etwa schon in den *Fasti Venusini* stärker betonte historische Dimension produktiv weiter.

Wie der *Chronograph von 354* zeigt, verläuft die Gattungsgeschichte keinesfalls linear von der reinen Eponymenliste zu immer volleren, schließlich in die *Consularia* genannten spätantiken Chroniken mündenden Formen. Filocalus stellt in der eigentlichen Konsulnliste eine Variante vor, die schon gegenüber den *Fasti Capitolini* als »schlank« bezeichnet werden muss. Der Prozess, in den Filocalus einzuordnen ist, stellt nicht die Expansion der eigentlichen konsularisch-zensorischen Liste dar, sondern die – deutliche – Erweiterung des unter der Überschrift *fasti* stehenden Ensembles; ein Prozess, der im Grunde genommen mit der ersten Zufügung einer Konsulnliste zum Kalender des M. Fulvius Nobilior – durch Q. Ennius – eingesetzt hat. Anonymität kommt daher keineswegs überraschend als neues Verhaltensmuster in der Fortsetzung der Chronik des Hieronymus (und bald schon wiederum seiner Fortsetzer), sondern ist lange eingeübtes Verfahren. Auch die handschriftliche Tradition, die vielfältig variierenden Zusammenstellungen von Chroniken und historiographischen Elementen zu Sammelhandschriften, ist nicht nur ein sekundäres Phänomen der Überlieferungsgeschichte, sondern genuines Moment des Umgangs mit den vorgestellten Texten.

Die andere Tendenz besteht nicht in der Erweiterung der Sammelgattung, sondern im inneren Ausbau der Untergattungen. Für die historische Liste markieren epigraphisch die *Fasti Ostienses* einen frühen Höhepunkt, aber sie greifen möglicherweise auf ein fiktives epigraphisches Modell zurück, das durch die Pontifikalannalen reale literarische Vertreter und Plausibilitätsträger besitzt. In der oft auf Cognomina (oder was dafür gehalten wurde) reduzierten Namensform und dem Unterdrücken alter historischer Notizen zeigt sich sogar ein gegenläufiges Interesse. Dennoch gibt es die Erweiterung, sei es in Form von Illustration, in der Ausweitung der zeitlichen Perspektive bis zur Schöpfung oder der Erschließung neuer Ereignisfelder wie der Kirchengeschichte. Gerade der fehlende Zwang zu narrativer Kohärenz verleiht der reihenden Form eine Flexibilität, die ebenso Interessen von Autoren (oder deren Nachfolgern) wie Bedürfnissen von Lesern berücksichtigen kann. Urteilt man nach der Zahl der Leserinnen und Leser (und bloßen Betrachter), dürfte Geschichtsschreibung in Listenform schon seit dem Zeitalter Ciceros und Livius' das populärste historiographische Genre gewesen sein.

13 Universal- und Kirchengeschichte

13.1 Der Sinn der Geschichte

Die Konzeption von Geschichte – und das ist ein Hinweis auf die Frage nach der Funktion von Geschichtsschreibung –, die ein bestimmter Autor oder (in der Antike selten) Autorin vertritt und vorträgt, muss im Zusammenhang gesehen werden mit dem Bedürfnis von Geschichte, den Forderungen an Geschichte, die die zeitgenössische Leserschaft stellt (was, wie Michel de Certeau herausgearbeitet hat, sehr originelle oder gar subversive Historiographie nicht ausschließt). Aber die Leserschaft eines einmal existenten Werkes ändert sich und im Laufe der Rezeptionsgeschichte kann sich auch der Blick auf einen besonderen Typ von Geschichtsschreibung ändern.

Um dieses Phänomen, das als Hintergrund wichtig bleibt, deutlich vor Augen zu führen, soll noch einmal an die verschiedenen Fälle, in denen wir solche Wechsel der Rezeptionsperspektive bereits kennengelernt haben, erinnert werden. Zum Beispiel an Caesars *Commentarii*, die ursprünglich als politische Propaganda konzipiert waren, sehr schnell nach dem Tode Caesars als Partei- und Identifikationsliteratur gedient haben, deren Rezeption dann so gut wie abgebrochen ist, unter einer ganz anderen Perspektive dann wiederbelebt worden ist, nämlich der, dass Caesar nun als Militärtheoretiker und -schriftsteller wahrgenommen wurde und vor allen Dingen auch als solcher in den Lektürekanon von Schulen und Kadettenanstalten geriet. Ein Verdikt zugleich aus heutiger schulischer Perspektive, die die Caesarlektüre durch andere Texte, altersgerechtere Texte ersetzen will.

Universal- und Kirchengeschichte

Sallusts Monographien sind ein weiteres Beispiel. Abgefasst von einem Autor, der die Aporien des gegenwärtigen politischen Systems darstellen will, werden diese Monographien sehr schnell als moralische Exempla verstanden. Als solche erfreuen sie sich einer enormen Wertschätzung in der Antike, im Mittelalter bis in die Frühe Neuzeit hinein, dann kommt es fast zu einem Abbruch der Rezeption des sallustischen Œuvres als eines historiographischen Œuvres. Für moderne Historiker bleibt Sallust vielfach zu verdächtig und stellt keine ganz ernst zu nehmende Quelle dar.

Ein weiteres Beispiel liefert Livius, der mit seinem gigantischen Geschichtswerk vor allem eine eigene Ortsbestimmung in der anbrechenden augusteischen Zeit vornehmen will, aber auch Unterhaltung, lockere Information im Auge hat. Dieser Livius mit seiner livianischen *ubertas,* diesem »detailreich-überfließenden Stil«, wird schnell in dürre Gerüste, in eine Epitome verwandelt. Als reiner Datenlieferant über Jahrhunderte hinweg behandelt, feiert er schließlich in der modernen Geschichtswissenschaft Auferstehung als Chronist der Frühgeschichte. Zusammen mit archäologischen Zeugnissen wird er zur Rekonstruktion dieser Frühgeschichte herangezogen, der er selbst ausdrücklich diese Frühgeschichte vom eigentlichen historiographischen Projekt abtrennt und als Zugeständnis an Unterhaltung und Stolz sowie mythologische Identität der Römer beschreibt. Letzteres aber gibt es noch immer.

Tacitus ist auch zu nennen, ein Mann, der für die Auseinandersetzung des Senatorenstandes mit dem am Ende des zweiten Jahrhunderts n. Chr. etablierten Kaisertum steht. Ein Mann, der mit seiner komplexen Situationsanalyse keine große Rezeption in Antike und Mittelalter findet, aber dann seit der Renaissance in der Konfrontation des Individuums mit staatlicher Macht, mit dem totalitären, absolutistischen Staat zu einem Paradigma wird, das sich enormer Wertschätzung erfreut.

Und schließlich Sueton, der Biographien schreibt, aber als Kaisergeschichte gelesen wird. Kaisergeschichte ist in der Spätantike des vierten Jahrhunderts eine Aneinanderreihung von Kaiserbiographien.

Wenn man sich diese Befunde vor Augen führt, wird deutlich, dass immer dann, wenn wir von Gattungen reden, nur von theoretischen Modellen, von Modellen zur Beschreibung bestimmter Sachverhalte gesprochen wird. Diese Gattungen sind keine überhistorischen Vorschriften, die die

Abfassung von Werken und ihre Rezeption regeln, sondern diese Gattungen sind primär als Textreihen zu verstehen, die der Autor selbst vor Augen hat. Textreihen, in die hinein er sein Werk gestellt wissen will und die ihm selbst eine Anknüpfung an Früheres und den Lesern in der Anknüpfung an Früheres eine Steuerung der Wahrnehmung des Neuen ermöglichen. Aber diese Perspektive auf den vorliegenden Text innerhalb einer Reihe von Texten kann sich wandeln. Spätere Leser, unter Umständen aber auch schon zeitgenössische Leser, können den Text auf dem Hintergrund anderer Texte sehen, damit anderes wahrnehmen und anderes in den Vordergrund stellen, als es der Intention des Autors entspräche. Der Text gewinnt eine Selbständigkeit, wenn das Aufeinanderabstimmen der Vorgaben des Autors und des Erwartungshorizontes der Leser nicht gelingt.

Der Autor wiederum, und damit wird das Modell noch um ein Geringes verkompliziert, der Autor wiederum muss bei seinen Vorgaben die Rezeptionsmöglichkeiten seines Publikums mit berücksichtigen, muss sich überlegen, ob die Textreihe, in der er seinen eigenen Text stellen will oder von der er seinen Text absetzen will, seinen Lesern präsent ist. Diese Einordnung dient natürlich, gerade auch im Fall historiographischer Texte, der Akzentuierung der jeweils inhaltlichen historischen, zeitgenössischen, politischen Probleme, die ein Geschichtsschreiber in seinem Werk seinem Publikum vermitteln will. Der Historiograph vermag auch immer eine eigene Agenda subtil und subversiv, wenn es sein muss, zu verfolgen. Und mit dieser antizipierenden Sicht des Verfassers wollen wir uns nun für den Bereich der Universalgeschichte, ihren Produzenten, den Verfassern zuwenden.

In der Behandlung früherer Autoren wurde oft auf ihre biographische Situation, auf die zeitgenössisch-politische Situation hingewiesen und mehrfach versucht, das Œuvre eines Autors aus der Auseinandersetzung mit seiner eigenen Zeit darzustellen. Die Autoren, die jetzt vorgestellt werden sollen, zeichnen sich weniger durch die Probleme aus, die sie in ihren Werken behandeln möchten, als durch die Lösungen, die sie anbieten. Diese Autoren schreiben nicht, um etwas zu erforschen, sondern der Autor weiß etwas und schreibt, damit andere das kennenlernen können. Es handelt sich um Geschichtsentwürfe, die Geschichte weniger als Problem denn als massiv sinnhaltig begreifen, auch wenn diese Zuschreibung von Sinn an Geschichte auf ganz unterschiedlichen Ebenen erfolgt.

Eine Folge dieser Sinnzuschreibung an Geschichte ist, dass das Objekt der Geschichtsschreibung nun nicht mehr auf das eigene, staatliche System, auf Rom, das Imperium Romanum, begrenzt ist, sondern Geschichte als ganze, und damit auch Geschichte außerhalb dieses politischen Systems, außerhalb Roms zum Gegenstand gemacht wird. Universalgeschichte und Kirchengeschichte sind die wichtigsten Ausprägungen dieser Entgrenzung des historiographischen Gegenstandes. Es ist also nicht derselbe Typ von Historiographie, einfach auf andere Gegenstände bezogen, sondern es ist ein gegenüber Caesar, Sallust, Tacitus, Livius veränderter Typ von Historiographie, und aus dieser Veränderung resultiert eine veränderte Wahl der Gegenstände. Daraus ergibt sich auch, dass es gar nicht die Gegenstände sind, die Bedeutung erzeugen: Die Rubriken, unter denen wir diesen Typ von Geschichtsschreibung abhandeln, führen leicht in die Irre. Universalgeschichte ist nicht so universal und Kirchengeschichte nicht so kirchlich, wie der jeweilige Name vermuten lässt.

13.2 Universalgeschichte: Pompeius Trogus

Begonnen werden soll mit Universalgeschichte im engeren Sinne. *Historia mundi,* »Weltgeschichte«, hat die Menschheit als Gattung zu ihrem Gegenstand gewählt. Für die Antike, für die lateinischen Vertreter dieser Gattung in der Antike, ist dieser weite Rahmen weiter einzuschränken. Typisch ist für antike Universalgeschichtsschreibung eine räumliche Beschränkung auf den Mittelmeerraum und angrenzende Gebiete. Bei Pompeius Trogus, einem Vertreter antiker Universalgeschichte, wird die räumliche Beschränkung schon im Titel deutlich: *Historiae Philippicae* – makedonische Geschichte, makedonische Könige und die anschließenden hellenistischen Diadochenreiche bilden den Gegenstand dieser Darstellung. Aber nicht in dieser Beschränkung liegt der ›Witz‹ dieses Geschichtswerkes.

Was will der aus Gallien stammende Pompeius Trogus, dessen Vater in Caesars Kanzlei tätig war, mit seinem Geschichtswerk zum Ausdruck bringen? Für ihn, der in spätaugusteischer, eher sogar tiberianischer Zeit schreibt, bildet das römische Reich des Augustus einen Zielpunkt der

Geschichte. Ein Weltreich, in das die Geschichte anderer Weltreiche hineinläuft. Die Konzentration auf nichtrömische Stoffe in diesem Werk resultiert also nicht aus einer antirömischen Einstellung, die andere räumliche Schwerpunkte von Weltgeschichte propagieren will, sondern die nichtrömische Geschichte resultiert gerade aus einer prorömischen Einstellung.

Das Werk des Pompeius Trogus, das ursprünglich vierundvierzig Bücher umfasste, ist nur in der kaiserzeitlichen Epitome des Marcus Iunianus Iustinus erhalten. Wie bei anderen Historiographen, die große Werke geschaffen haben, also auch hier ein Kondensierungsprozess, der vielleicht in diesem Fall mit dem Faktor eins zu zehn angegeben werden kann. Dennoch, aus der Epitome ist die Struktur des Werkes von Trogus deutlich zu erkennen. Die Bücher 1–6 behandelten ältere Weltreiche, Assyrer, Meder, Perser, Skyten und Griechen. Die Hauptmasse des Textes, die Bücher 7–40, behandelten dann die Geschichte Makedoniens bis in römisch-hellenistische Zeit und die Ablösung dieser Staatsgebilde durch das Imperium Romanum. In den Büchern 41–44, den letzten vier Büchern des Werkes, wird dann eine andere Linie aufgegriffen: Gegenstand sind hier die Parther, das östliche Partherreich, dessen Geschichte bis ins Jahr 20 v. Chr. verfolgt wird. Das Werk endet mit der Rückgabe der bei Carrhae von den Parthern eroberten Feldzeichen an Augustus gut dreißig Jahre später. Ein Ereignis, das in der augusteischen Propaganda einen Sieg über diesen Dauerfeind im Osten darstellt und enorme Resonanz in augusteischer Zeit gefunden hat.

Wie man sieht, zeigen sich in dieser Werkanlage die vielfachen Linien, die in einer doppelten Überbietung aufgehoben werden. Zum einen die Bündelung der Weltgeschichte durch Alexander, zum anderen, als Schlusspunkt, die Bündelung der Weltgeschichte durch Rom, namentlich durch das augusteische Rom, in dem die unterschiedlichen Linien im Norden, im Osten und im Süden zusammenlaufen. Man darf sicherlich über diese inhaltliche Konzeption hinaus auch pragmatische Gründe für die deutliche Konzentration des Pompeius Trogus auf nichtrömische Geschichte verantwortlich machen. Das Werk ist auch als eine Ergänzung zur livianischen Geschichte konzipiert. Die gesamte Konzeption minimiert Überschneidungen mit dem über 140 Bände umfassenden Werk des Livius, unterscheidet sich aber, das muss noch einmal deutlich herausgehoben werden, vom livianischen Werk durch ein klar formuliertes Beweisziel. Formal wie sprachlich gehört das Werk des Pompeius Trogus in die Hauptströmung antiker Historiographie. Es konzentrierte sich, soweit sich das an größeren Fragmenten beziehungsweise Zitaten in der Kurzfassung des Iustinus noch greifen lässt, sprachlich sehr ausgefeilt, auf wenige Handelnde, um dadurch sowohl die Anschaulichkeit als auch die moralische Beurteilbarkeit von politischem (im Wesentlichen) Handeln zu steigern.

13.3 Christliche Universalgeschichte

Wenn nun auf christliche Universalgeschichte eingegangen wird, sind einige Bemerkungen voranzuschicken, mit denen vor allem das Erstaunen über die Existenz christlicher Geschichtsschreibung überhaupt zum Ausdruck gebracht werden soll. Die große, wenigstens zum Teil im Tenach, im Alten Testament, in der Heiligen Schrift der Juden gesammelte jüdische Historiographie bricht in hellenistisch-römischer Zeit ab. Ein Flavius Josephus mit seinen deutlich an griechischen, klassisch antiken Mustern orientierten Geschichtswerken bildet für seine Zeit bereits eine Ausnahme.

Als Ursache für das Abbrechen oder eine massive Neukonzipierung dieser jüdischen Tradition der Geschichtsschreibung, das letztlich einer befriedigenden Erklärung noch harrt, kommen zwei Faktoren in Betracht: Zum einen der Verlust an staatlicher Existenz. In den 60er Jahren v. Chr. wird Judäa/Palästina als römische Provinz eingerichtet, 70 n. Chr. erfolgt die Zerstörung Jerusalems, noch verschärft durch die erneute Zerstörung und das endgültigs Siedlungsverbot nach dem Bar-Kochba-Aufstand in den Jahren 132 bis 135 n. Chr. Mit diesem Verlust staatlicher Existenz fällt eine wesentliche Funktion von Geschichtsschreibung, die Selbstreflexion und Legitimation einer Gesellschaft und ihrer fortbestehenden politischen Einrichtungen weg. Damit verbunden ist ein Prozess zu beobachten, der schon in frühhellenistischer Zeit zur Entfaltung kommt, nämlich eine Messianisierung, eine Zunahme von Apokalyptik im Judentum.

Zum Verständnis des Begriffs der Apokalypse muss ein wenig ausgeholt werden. Griechische Wurzel des Begriffs ist das Verb *apokalyptein*, »enthüllen«. Gemeint ist das Enthüllen von Vorhersagen und Vorausberechnungen, die vor langer Zeit verfasst worden sein sollen, jetzt aber kurz vor dem angekündigten geschichtlichen Ereignis gefunden und aufgedeckt werden. Phänomene der Apokalyptik sind in vielen Religionen und zu unterschiedlichen Zeiten, vor allem aber in Krisenzeiten zu beobachten, in denen mit einem nahen Abbruch der Geschichte gerechnet wird. Diese geschichtliche Krise wird für die nahe Zukunft konstatiert. Die Legitimation dieser Voraussage erfolgt aber über anonyme oder pseudonyme, falsch zugeschriebene Texte, die vorgeblich ein wesentlich höheres Alter haben. Offensichtlich ist Apokalyptik mit Geschichte sehr eng verbunden und kann einen weiten geschichtlichen Raum überbrücken, mag aber gerade an dem Spezifischen von Geschichte uninteressiert sein. Die Person, der die apokalyptischen Aussagen zugewiesen werden, lebt zwar weit in der Vergangenheit, aber Anachronismen sind häufig; ein Interesse für die Vergangenheit und damit für die Zeitgeschichte jener Person besteht nicht. Und auch im Blick nach vorne oder in die Gegenwart geht es allein um die Identifizierung von Krisenphänomenen, von Anzeichen des bevorstehenden Endes und dem Abbruch der Geschichte – ein Ereignis, das Geschichte überflüssig, belanglos macht, steht im Zentrum allen Interesses. Es ist diese zunehmend apokalyptische Ausrichtung des hellenistischen Judentums sicherlich ein zweiter, ein von dem Krisenphänomen der fehlenden staatlichen Existenz allerdings nicht unabhängiger Faktor für die Umgestaltung jüdischer Geschichtsschreibung. Für das Christentum, als eine in noch virulenterem Sinne messianische Bewegung, ist mit einer Fortführung dieser jüdischen Charakteristika, einer an Geschichtsschreibung wenig interessierten Kultur zu rechnen. Und in der Tat erfüllen sich diese Erwartungen in der Anfangsphase des Christentums, wenn man von den Evangelien und insbesondere dem Doppelwerk des Lukas absieht; Ausnahmen, die allerdings insofern die Regel bestätigen, als sie sich mit historisch extrem kleinen Zeiträumen und eher biographisch orientiert mit der Stifterfigur, mit Jesus von Nazaret, beschäftigen.

Warum hat das Christentum als zunächst einmal apokalyptische, messianische Religion eine Geschichtsschreibung hervorgebracht? Die Gründe dafür sind darin zu suchen, dass diese ursprünglich apokalyptische, messianische Ausrichtung allmählich zurückging, zumindest für eine größere Zahl von Individuen oder Gemeinden keine überragende Rolle mehr spielte. Es gab einen Prozess, in dem sich Christen mit der »Welt« auseinandersetzten und zugleich ein massiver Institutionalisierungsprozess ablief. Damit wurde Geschichte auch für sie interessant.

Es zeigt sich aber darüber hinaus, dass dieser spezifische Typ von christlicher Geschichtsschreibung sogar explizit anti-apokalyptische Intentionen verfolgt. Und das ist etwas, was man schon bei dem allerersten Vertreter, nämlich Iulius Africanus sehen kann. Iulius Africanus schreibt oder vollendet im Jahr 221 n. Chr. fünf Bücher *Chronographiae*. Diese fünf Bücher sind selbst nicht erhalten, lassen aber in ihrer weiteren Benutzung doch noch die Grundstruktur des Werkes erkennen. Es handelt sich um ein Werk, dass die Weltgeschichte – und das ist spezifisch christlich oder jüdisch-christlich – von der Schöpfung bis in die Gegenwart führt; und diese Gegenwart, das Jahr 221 n. Chr., wird auf das Jahr 5723 nach der Schöpfung berechnet. Wenn man es vorchristlich umrechnen will, muss man bedenken, dass es das Jahr 0 nicht gibt. Es existiert also ein System einer absoluten Datierung für die gesamte Weltgeschichte, und dieses Datierungssystem, das weitere Benutzer gefunden hat, wird als Afrikanische Ära bezeichnet.

Die Grundüberlegung ist die, dass die Weltgeschichte analog zur Schöpfungsgeschichte, zu der zweiten Version der Schöpfungsgeschichte in *Genesis* 2, die sogenannte priesterschriftliche Schöpfungsgeschichte, nach der die Schöpfung sieben Tage gedauert hat, sechs Arbeitstage, ein Ruhetag, insgesamt siebentausend Jahre dauern wird, sechstausend Jahre Geschichte im engeren Sinn und noch einmal tausend Jahre als messianisches Zeitalter. Aber die stehen schon am Ende der Geschichte und sind Erfüllung der Geschichte, nicht mehr ihre Fortsetzung, sondern ein tausendjähriges messianisches Friedensreich.

Was man nun macht, ist zurückzurechnen. Iulius Africanus kommt mit Hilfe von griechischen, von persischen Chronologien problemlos zurück bis in die Zeit des Exils, ins sechste Jahrhundert v. Chr. Mit auch in der Bibel deutlich datierten Ereignissen kann er selbst von dieser Zeit zurückrechnen. Er findet dazu in der Bibel, Geschichtsbüchern, Königsbüchern und Chronikbüchern Angaben über die Sukzession und Herrschaftsdauer der Könige von Israel und Juda. Er hat sodann Genealogien für die Patriarchenzeit zur Verfügung, kann also mit genealogischen Daten rechnen, indem er eine Generation mit 20/25/30 Jahren identifiziert, und hat schließlich auch noch die Lebensdaten der Vorväter zur Verfügung, mit der er die Zeit der Sintflut zurück bis zur Schöpfung überbrücken kann. Diese Dinge rechnete er zusammen und kam auf das genannte Datum.

Es ist klar, dass dieses Verfahren mit einer Fülle von Problemen behaftet ist, selbst wenn die biblischen Zahlen korrekt wären, was sie für die Frühzeit im reinen legendarischen Bereich ohnehin nicht sein können. Wenn man die Lebensalter zweier aufeinanderfolgender Generationen hat, wie verrechnet man diese miteinander, wenn man nicht weiß, in welchem Alter des Vaters der Sohn geboren ist. Bei Ären der Könige gibt es ständig das Problem, wieviel Zeit das letzte Herrscherjahr des einen, wieviel das erste des neuen umfasst. All diese Fragen stellen sich, wenn man von Herrscherjahren wieder auf Kalenderjahre umrechnen soll. Africanus hat darüber hinweggesehen oder hat versucht, die Jahre nach einem konsequenten System zusammenzurechnen, und kommt eben auf diese sogenannte Afrikanische Ära.

Viel wichtiger für den Text selbst als die Entfernung von hier bis zur Schöpfung ist die Entfernung von hier bis zum Weltende. Diese Entfernung beträgt nicht zwei, sechs oder acht Jahre, sondern fast dreihundert Jahre. Demnach war Iulius Africanus nicht an Apokalypse und nicht am Weltende interessiert. Die Geschichte geht für ihn, für die Zeitgenossen und für deren unmittelbare Nachkommen noch deutlich über den eigenen Lebenshorizont hinaus weiter. Es ist also damit eine Handlungsperspektive für Zeitgenossen impliziert. Mit dieser Rechnung liefert Africanus einen zweifelsfrei anti-apokalytischen Text. Mit dieser konsequenten Berechnung setzt sich Africanus gerade von apokalyptischen Konstruktionen seiner Zeit ab, die im Prinzip ganz ähnlich funktionieren, nur eben das Jahr 5986 oder 5992 oder ähnliches herausbekämen.

Wenn er nun aber keine apokalyptische Rechnung anstellen will und ihn das Weltende nicht interessiert, fragt man sich natürlich, warum er diese Berechnung überhaupt noch anstellt. Was hat das für einen Wert? Nun, der Wert, den dieser Typ von Berechnung hat, ist primär ein apologetischer Wert. Es ist für die antike Beurteilung von Religion von eminenter Bedeutung zu wissen, wie alt eine Religion ist. Um es prägnant zu sagen, ist eine alte Religion eine gute Religion und eine junge Religion eine schlechte oder überhaupt keine Religion. Wenn ein religiöser Brauch nur alt genug ist, dann ist er aus sich heraus legitimiert. In der Konkurrenzsituation des Christentums innerhalb des Römischen Reiches oder des Juden- und Christentums, die hier und auch bei den folgenden Historiographen ganz eng zusammen gesehen werden, ist es von eminenter Bedeutung, das Altersverhältnis zu klären: Ist Jahwe älter als Iuppiter oder Iuppiter älter als Jahwe? Was älter ist oder welche Religion den älteren Gott hat, das ist die bessere Religion.

Worum es also geht, ist eine gemeinsame einheitliche Chronologie für die unterschiedlichen Geschichten, die unterschiedlichen Religions- und Kulturgeschichten zu finden. Man kann sich das an einer Windrose vorstellen: Wenn hier der zeitgenössische Gegenwartspunkt ist, hat man auf zum Beispiel in Nordrichtung die biblische Chronologie, irgendwo gibt es da die babylonische Gefangenschaft, David und Abraham und es gibt davor irgendwo die Schöpfung. Und dann hat man, jetzt als ein gebildeter Grieche, auch ihre eigene Geschichte, mit Platon und Orpheus sowie der Verankerung des Trojanischen Krieges. All diese Dinge trägt man auf einer eigenen Zeitleiste, etwa in Westrichtung, ein. Das Problem ist, dass man diese beiden Ereignisleisten so lange nicht gegeneinander verrechnen kann, solange man das Ganze nicht in eine einheitliche Chronologie, auf eine Zeitgerade aufbringt. Erst jetzt kann man sagen: Moses steht kurz vor Orpheus, damit steht er für die bessere Religion als diese merkwürdigen orphischen Gebete und Praktiken.

Die primäre Intention war es also, eine solche einheitliche Chronologie zu schaffen, die die gesamte Weltgeschichte abdeckte. Es ist vielleicht eine etwas merkwürdige Vorstellung, aber das ist in der Tat das einzige überzeugende Motiv, das man für diesen neuen Typ von Geschichtsschreibung, der sich deutlich von der Universalgeschichtsschreibung des Pompeius Trogus unterscheidet, geltend machen kann. Was Pompeius Trogus gemacht hat, ist zwar auch, verschiedene Dinge und verschiedene Entwicklungskorridore zusammengebracht zu haben, aber ihn interessierte die umgekehrte Richtung: Wie läuft parthische Geschichte in römische Geschichte hinein, wie läuft griechische Geschichte in römische Geschichte hinein und wie läuft assyrische Geschichte in römische Geschichte hinein? Und wenn man diese Entwicklungslinien betrachtet, dann ist es völlig gleichgültig, ob der erste König von Athen vor oder nach irgendeinem assyrischen König regiert hat. Denn die beiden Leisten kommen erst an diesem Punkt zusammen und der ist ganz klar die augusteische Gegenwart. Hier reichen relative Chronologien in den einzelnen Zeitachsen, während man für die umgekehrt zurückfragende Fragestellung bei Iulius Africanus eine absolute Chronologie brauchte, in der man alle Ereignisse auf einer Zeitleiste eintragen kann.

Africanus hätte es nicht publiziert, wenn das Falsche herausgekommen wäre. Dennoch bleibt auch ein solches Konstrukt unter Fälschungsverdacht. Auf der anderen Seite ist die Pointe dieses Unternehmens, dass es nicht der Befriedigung des eigenen Selbstwertgefühls dient, sondern ein Instrument liefert, das offensiv eingesetzt werden kann. Das heißt, die Argumente sollen nachvollziehbar sein. Man muss mit dieser Chronologie dem gebildeten Griechen, der sich auf Orpheus beruft, plausibel machen können, dass Moses vorher gelebt hat. Das läuft dann über den Rückgriff auf Texte und ist in beiden Kulturen ein ähnliches Verfahren. Das kritische Instrumentarium ist in der jüdischen Historiographie nicht deutlich anders als in der griechischen, insofern ist dieses Kriterium von Wissenschaftlichkeit, der intersubjektiven Überprüfbarkeit (man gibt einem anderen die Möglichkeit, Aussagen zu überprüfen) her impliziert. Die biblischen Texte hat jeder prinzipiell zur Verfügung und kann die Zahlen addieren.

Das Unternehmen ist auch der Sache nach für Iulius Africanus kein Problem gewesen, denn historisch gesehen ist die griechische Kultur eine spätaltorientalische Randkultur, und er stand nicht unter besonderem Fälschungsdruck, um Prioritäten geltend zu machen. Das Beweisziel war insofern sehr einfach zu erreichen. Ob dann dieses Argument selbst wiederum die Gegner überzeugt hat, ist ein anderes Problem, das hier nicht diskutiert werden soll.

Es soll noch ein Vergleich angebracht werden, der vielleicht aus der eigenen Erfahrung nachvollzogen werden kann, um gewisse Konsequenzen, die sich aus diesem Modell für den Text ergeben und die dann sehr wenig mit dem ursprünglichen Beweisziel zu tun haben, zu verstehen. Dieses Modell kann in ähnlicher Weise nicht nur für Zeiterfahrung, sondern auch für Raumerfahrung verwenden. Man stelle sich vor, wie man als

Kind seine Umgebung entdeckt hat. Hier ist der Punkt, das Haus, in dem man wohnt und die Raumerfahrung ähnelt wieder einer Windrose. Man wusste, wenn man die Straße heruntergeht, kommt das und das; hier ist es ähnlich – ein neuer Strahl. Und dann gibt es vielleicht mal ein Gebiet, ein Feld, Wald oder sonst etwas, das man etwas flächiger kannte, aber im Prinzip besteht auch Raumerfahrung aus der Erfahrung solcher Korridore, die zunächst einmal nur relativ zum Ausgangspunkt koordiniert sind. Und jetzt kommt es unter Umständen zu einer spannenden Entdeckung, wenn man hier vom Weg abweicht, nämlich dass auf einmal die Linien sich zu einem Gitter verdichten. Unter Umständen machen wir die Erfahrung, dass wir schon immer hier ganz dicht neben einem Weg gelaufen sind, den wir von einer anderen Seite kennen, obwohl wir immer gedacht haben, dass dieser woanders sei. Doch dazwischen liegt gar nicht viel, nur eine Häuserreihe.

Was damit deutlich werden soll, ist, dass dieses Entdecken von Zwischenbeziehungen, dieses Vernetzen von Raumachsen, eine eminent interessante, spannende Erfahrung ist. Aus diesem Strahlensystem auf einmal ein solches Gittersystem zu entwickeln, im Endeffekt eine Vogelschau oder eine kartenartige Darstellung des erfahrenen Raumes zu haben, wo man jetzt auch mit Hilfe einer symbolischen Darstellung unabhängig vom eigenen Erleben sagen könnte, dass, wenn man einen bestimmten Weg entlang geht, fast an einem anderen Punkt vorbeikommt, den man auf einem anderen Weg auch immer berührt – das ist beeindruckend. Und dieses entdeckerische Moment spielt jetzt auch bei Iulius Africanus und in der Folgezeit bei ähnlichen Chronologien und Chronographien eine große Rolle. Man entdeckt auf einmal, was gleichzeitig ist. Die Erste Olympiade ist gleichzeitig mit einem Propheten, Hosea vielleicht. Dinge, die man in ganz anderen Kulturen zunächst verortet hat und die auch überhaupt keinen kausalen Bezug zueinander haben – trotzdem entdeckt man auf einmal: Das ist gleichzeitig. Auf dieser Faszination solcher Entdeckungen beruht sicherlich zu einem großen Teil der Verkaufserfolg von Chroniken, chronographischen Werke in der Moderne. Jener Typ von Buch etwa, den man gezielt als Chronik des eigenen Geburtsjahres kauft und in dem man auf einmal entdeckt, was noch alles in dem Jahr passierte – sowohl Katastrophen als auch positive Ereignisse –, in dem man geboren wurde.

Dinge, die überhaupt keinen sachlichen, kausalen Zusammenhang haben, aber die einfach irgendwie interessant sind und nun in ihrer Gleichzeitigkeit wahrgenommen werden. Und das ist ein Antrieb, der in der chronographischen Literatur dafür sorgt, dass sehr viel mehr Synchronismen, sehr viel mehr Daten auf dieser Zeitleiste aufgetragen werden, als für das Beweisziel (»Moses war vor Orpheus«) notwendig sind. Insofern entwickelt diese Textgattung, dieser Typ von Berechnung, wenn er einmal erfunden ist, ein Eigenleben, das nicht mehr mit der Ausgangsintention verrechnet werden kann.

So viel zu diesem nicht erhaltenen Text, der sehr schnell Nachfolger gefunden hat. Ein gutes Jahrzehnt später (234/235) schließt Hippolyt, ein hoher Kleriker in Rom, ein ähnliches Werk ab – zumindest wird es ihm später zugeschrieben. Dieses Werk in griechischer Sprache ist nicht erhalten, aber es ist ins Lateinische übersetzt worden und in einer Fortführung unter dem Titel *Liber generationis mundi* im *Chronographen von 354*, diesem oben besprochenen Sammelwerk chronikartiger Texte, überliefert worden.

Der rezeptionsgeschichtlich entscheidende Wurf gelingt aber erst einem noch etwas später schreibenden Autor, nämlich dem späteren Bischof von Caesarea, Eusebios. Dieser Eusebios, der etwa von 265, das ist ungewiss, bis 339 gelebt hat, fünfundsiebzig Jahre, greift das Instrument der Chronik auf, berücksichtigt aber jetzt in noch stärkerem Maße profangeschichtliche Ereignisse. Und er wendet auch in deutlich höherem Maße als Iulius Africanus das vorhandene kritische Instrumentarium auf diesen Versuch, Synchronismen festzustellen, an. Die Konsequenz daraus ist für ihn, dass er nicht mit der Weltschöpfung anfängt, weil für ihn diese frühen Daten nicht sicher genug sind wegen der oben angeführten Probleme, zu sicheren Lösungen zu kommen. Vielmehr beginnt seine Weltgeschichte mit Abraham und rechnet in einer entsprechenden Chronologie.

Im westlichen Abendland hat dieser Text vor allem durch seine Übersetzung wiederum ins Lateinische durch Hieronymus gewirkt und es ist genau diese lateinische Übersetzung des Eusebios durch Hieronymus, die dann in der Folgezeit den chronographischen Grundtext bildet und als solcher bis weit ins Mittelalter hinein tradiert und immer wieder verlängert, ausgebaut und ergänzt wird. Hieronymus geht insofern noch deutlich über Eusebios hinaus, als dass er im ganz großen Stil kulturgeschichtliche Daten der griechischen und römischen Geschichte einträgt. Das ist genau jenes Werk, aus dem wir viele Angaben über Geburts- und Todesjahre antiker Schriftsteller entnehmen. Informationen, die Hieronymus aus den Biographien Suetons herausgezogen und in diese Chronik, die man sich als eine Tabelle mit mehreren Spalten vorstellen muss, eingetragen hat.

Eine solche Liste legt die pure Fortsetzung nahe. Das Werk des Hieronymus, der von 347 bis 420 gelebt hat, wird zunächst durch einen Mann fortgesetzt, der Hydatius heißt. Hydatius schreibt bis 468. Dieser Hydatius, ein spanischer Bischof, wird selbst noch einmal von einem hohen Beamten am Hof Iustinans, im sechsten Jahrhundert in Konstantinopel, fortgesetzt. Die Fortsetzung reicht bis 534, und auch dieser Text wird noch einmal überarbeitet und zumindest um vierzehn Jahre bis 548 ergänzt.

Der Erfolg der Idee wird aber nicht nur in Fortsetzungen deutlich. Er wird auch in parallelen Werken deutlich, etwa dem Werk des Prosper Tiro, der eine Chronik jetzt wieder von Adam bis 445/455, also auch noch mal mit einer Selbstfortsetzung, verfasst. Prosper Tiro, der etwa 390 bis 463 gelebt hat, schreibt keine Fortsetzung, sondern eine Parallele zur Linie Eusebios/Hieronymus. Aber Prosper Tiro wird wiederum fortgesetzt. Er hat zwei verschiedene Fortsetzer: Marius von Avenches, Ende des fünften Jahrhunderts, und Victor Tonnensis (bis in die Mitte des sechsten Jahrhunderts), der wiederum von Iohannes von Biclaro bis fast ans Ende des sechsten Jahrhunderts fortgesetzt wird. Man sieht eine Fülle von Personennamen, aber auch eine Fülle von unterschiedlichen, geographischen Punkten, an denen diese Fortsetzungen erstellt werden. Das wirkt sich insofern aus, als für die Zeitgeschichte in solchen Texten, also die Ergänzungen, die jeweilige Lokalgeschichte Konstantinopels oder Spaniens einfließt und so diese Werke und ihre weitere Rezeption mitprägt.

Man sieht, dass sich das römische Reich in einem kulturellen Umbruch befindet; gerade für den Westteil des römischen Reiches, dass sich kulturelle Zentren von Rom weg verlagern, nach Gallien, nach Spanien, und damit auch eine Verschiedenheit unterschiedlich ausgerichteter Texte entsteht. Das macht es für uns so schwer, aus den vielen Traditionslinien noch ein flächiges historisches Bild oder eine einheitliche Zeitachse zu gewinnen. In Rom selbst war das ganz einfach: Caesar, Sallust, Livius,

Christliche Universalgeschichte

Tacitus und Sueton konnte man alle an einer Zeitleiste aufhängen. Jetzt aber, ähnlich wie in dem Bild von der Windrose, vervielfältigen sich die Linien, haben aber – und das zeigt, wie sehr das Ganze noch ein kultureller Großraum ist – auch Querverbindungen. Der spanische Text wird fortgesetzt vom konstantinopolitanischen Beamten.

Dennoch gibt es auch noch zu Beginn des fünften Jahrhunderts im Bereich der christlichen Universalgeschichtsschreibung die zentralistische Perspektive. Diese wird durch einen Mann vorgestellt, der Orosius heißt, ein Schüler oder Mitarbeiter Augustins ist und im Jahr 417 n. Chr. sieben Bücher *Historiae adversus paganos,* eine »Geschichte gegen die Heiden« verfasst. Das ist nun eine Blüte christlicher Geschichtsschreibung, die in zweierlei Hinsicht hochinteressant ist: Auf der einen Seite setzt sie erkennbar beste römische Geschichtsschreibung fort, ist eine Universalgeschichtsschreibung, wie sie auch Pompeius Trogus in Angriff nimmt; eine Geschichtsschreibung, die auf Rom konzentriert ist, aber eben eine christliche Geschichtsschreibung, die tatsächlich mit der Schöpfung beginnt.

Das erste der sieben Bücher bringt die Geschichte von der Schöpfung bis zu Romulus. Es konzentriert sich dann aber auf römische Geschichte, doch nun unter christlichem Vorzeichen, und dieses christliche Vorzeichen heißt: Geschichte vor der Durchsetzung des Christentums im römischen Reich ist Unheilsgeschichte. Folgende Situation stelle man sich vor: 410 ist Rom erobert worden, das erste Mal seit über einem halben Jahrtausend, wofür die Schuld von heidnischen Apologeten den Christen zugeschrieben wird; denn die alten Götter werden nicht mehr verehrt, deswegen schützen sie die Stadt nicht mehr. Gegen dieses Argument schreibt Orosius seine Geschichte, *adversus paganos,* und zeigt, schon früher sei alles noch viel schlechter gewesen; es gab nicht die gute, sondern nur die schlechte alte Zeit. Er zieht sein Material aus den besten zur Verfügung stehenden Quellen, vor allem aus Livius, aber auch aus den ganzen Livius-Verkürzungen, der Epitome des Florus, aus Sueton, er liest sogar Caesars *Commentarii,* auch wenn er glaubt, dass sie von Sueton stammen; er liest breit, exzerpiert sehr sorgfältig und sammelt so Katastrophen, militärische Niederlagen und Prodigien, also schlechte Vorzeichen. Alle Fälle von Vestalinnen-Inzest werden von Orosius gesammelt. Das alles interessiert ihn und mit ihnen zeigt er, dass es nicht erst in der Gegenwart durch die

Christen so schlecht geworden sei, sondern dass früher alles schlecht war und die Geschichte jetzt erst richtig aufblüht.

Das ist eine universalgeschichtliche Perspektive, Universalgeschichte mit romzentrischer Perspektive, aber mit einem deutlich verschobenen Gewicht, denn nicht mehr Rom ist das spannende Moment, sondern an Rom kann gezeigt werden, welcher Faktor mit dem Christentum, mit dem christlichen Gott, der die Geschichte gestaltet, in die (römische) Geschichte hineingekommen ist.

Dieser Orosius wird, wie bereits gesagt, ganz breit gelesen. Es gibt zahlreiche Handschriften von ihm. Er wird ins Griechische, ins Arabische und auch ins Altenglische übersetzt. Bereits 1471 erscheint die *Editio princeps* dieses Textes. Damit gehört Orosius zu den ersten antiken Texten überhaupt, von denen eine gedruckte Ausgabe hergestellt wird. Rom interessiert, aber bitte durch eine christliche Brille.

13.4 Kirchengeschichte

Orosius' Erlösungsgeschichte ist allenfalls implizite Kirchengeschichte. Aber auch in der expliziten Kirchengeschichte geht es nicht um die Geschichte von Kirche als Institution. Kirchengeschichte ist in erster Linie eine Geschichtsschreibung, die Geschichte als ganzer einen Sinn zuschreibt und diese Sinnzuschreibung an den Dingen, die einen Einfluss auf Kirche haben – Verfolgungen, Lehrstreitigkeiten und Häresien – aufzeigt. Aber damit ist immer eine universalgeschichtliche Perspektive impliziert. Die große Linie interessiert. Die Ereignisse, an denen Sinn abgelesen werden kann, sind jetzt aber nicht in erster Linie Schlachten und der Auf- und Niedergang von Staaten, sondern Verfolgungen, Glaubensspaltungen, Bischofswahlen und ähnliches.

Damit kommen wir zu einem Mann zurück, der auch für die Universalgeschichtsschreibung, für die Weltchroniken eine zentrale Rolle spielt, nämlich den späteren Bischof Eusebios. Eusebios hat man, zu Recht, als Erfinder einer neuen Gattung von Geschichtsschreibung bezeichnet, als Erfinder des Typs Kirchengeschichte. Wenn man sich die Vorgeschichte der anderen antiken Gattungen anschaut, auch die Vorgeschichte der griechischen Literaturgeschichte, dann wird man sagen müssen, dass die meisten Typen, die wir bislang behandelt haben, auch schon in vorderorientalischer Geschichtsschreibung vorhanden gewesen sind. Die Kirchengeschichte gehört zu den wenigen Dingen, die in der Antike, im Sinne der klassischen, griechisch-römischen Kultur, im Bereich der Geschichtsschreibung zu den tatsächlichen Neuerungen gehört, die dann für die weitere europäische Geschichte auch von großer Bedeutung gewesen sind.

Das Kirchengeschichtswerk des Eusebios hat einen chronologischen Rahmen, der jetzt im Unterschied zur Weltgeschichte mit dem Beginn des Christentums, also mit Jesus Christus selbst einsetzt. Welche Gegenstände würde man in einer Kirchengeschichte behandelt wissen wollen? Wohl die Ämter, Missionsgeschichte und die Ausbreitung des Christentums in den ersten drei Jahrhunderten. Wichtige Persönlichkeiten, zum Beispiel Bischöfe, daneben vielleicht die Geschichte von Heiligen. Wenn man sich anschaut, was Eusebios in den zehn Büchern seiner Kirchengeschichte geschrieben hat, wird man feststellen müssen, dass diese sehr vernünftigen Erwartungen, die man hier an Kirchengeschichte gestellt hat, sehr weitgehend nicht erfüllt werden. Was bei Eusebios praktisch völlig fehlt, ist die Organisationsgeschichte, die Geschichte der Institution Kirche, ebenso fehlen bis auf ganz wenige Ansätze Mission und Ausbreitung des Christentums und die Geschichte der Christianisierung des römischen Reiches. Was bei ihm im Vordergrund steht, ist gerade nicht der Wandel, sozusagen das Geschichtliche der Geschichte, sondern das ist gerade die Kontinuität. Und das ist ein Merkmal, das Kirchengeschichte sehr lange behalten wird und diese aus erklärbaren Gründen grundsätzlich von anderen Typen von Geschichte unterscheidet.

Wir haben, als wir über die Funktion von Geschichtsschreibung gesprochen haben, darüber gesprochen, dass Geschichte unterschiedliche Funktionen wahrnehmen kann, unter anderem die Funktion der Legitimation einer Gesellschaft, sei es des bestehenden Zustandes oder eines antizipierten Zustandes, denn Geschichte kann man auch in Hinblick auf eine Entwicklungsrichtung schreiben, in die man selbst gerne gehen würde; es muss ja nicht Legitimation des *status quo* sein. Diese funktionale Bestimmung von Geschichte als Legitimationsquelle ist für Kirchengeschichte zentral, und zwar gerade deswegen zentral, weil sich

Universal- und Kirchengeschichte

Kirchengeschichte über weite Strecken nicht völlig mit der Geschichte einer Institution deckt, durch die eine automatische Identität gegeben wäre. Das Römische Reich gibt es in augusteischer Zeit und es gibt es am Ende des vierten Jahrhunderts, und damit ist die Kontinuität vorgegeben. Diese Kontinuität ist für Kirche nicht in demselben Maße von vornherein plausibel.

Man denke an rezente Kirchengeschichte. Natürlich kann man sagen, dass es den Papst seit fast 2000 Jahre im Vatikan gibt. Aber wenn man sich darauf konzentriert, hat man ja wirklich nur einen minimalen Ausschnitt von Kirchengeschichte, und es gäbe kaum jemanden, der bereit wäre, diesen minimalen Ausschnitt mit Kirchengeschichte *in toto* zu identifizieren. Problematisch ist das Verhältnis der theologischen Größe, nämlich Kirche als Zusammenschluss und als umfassende Gemeinschaft aller Christen, zu irgendwelchen Organisationen. Aufgrund dieses prekären Verhältnisses ist Identität von Kirche immer eine gefährdete Identität. Was unverändert bleibt, ist die theologische Größe. Kirche in der Selbstreflexion, Kirche als die Stiftung, das Vermächtnis Jesu Christi auf Erden, aber diese Kirche, die unsichtbare, die umfassende Kirche, die katholische Kirche, ist eben nicht identisch mit *einer* Organisation, sei es die römisch-katholische, sei es die griechisch-orthodoxe, sei es der Jerusalemer Patriach (aus zentralistischer Sicht) – von all den Abspaltungen, Häresien und dergleichen gar nicht zu sprechen.

Für einen Kirchengeschichtsschreiber muss es immer zentrales Anliegen sein zu zeigen, dass Kirche, so wie sie jetzt ist, im Hinblick auf die Gründung eine legitime Kirche ist. Und von daher steht gerade nicht die Veränderung im Vordergrund, sondern die Kontinuität. Kirche, so wie sie jetzt ist, muss als identisch seiend mit der ursprünglichen Gründungskonzeption erwiesen werden. Dieser Nachweis der Identität verlangt nun von der Kirchengeschichte, dass sie in einem viel stärkeren Maße analytische Geschichtsschreibung betreibt, als das jemals zuvor der Fall war.

In seinen zehn Büchern Kirchengeschichte, die in einer heutigen Druckausgabe in einem Band unterzubringen sind, zitiert Eusebios insgesamt zweihundertfünfzig Dokumente und analysiert sie. Diese Kirchengeschichte ist keine fortlaufende Darstellung mit Jahreszählung und keine kontinuierliche Geschichte, sondern eine Geschichte, die sich mit bestimmten Problemen und bestimmten Brennpunkten auseinandersetzt und zu dokumentieren versucht. Es ist ein echtes Beweisziel vorhanden, und der Beweis erfolgt nach allen Regeln historischer Kritik, nach allen Regeln forensischer und juristischer Argumentation. Damit entsteht ein Typ von Geschichtsschreibung, der nicht mehr eine durchgehende narrative Geschichtsschreibung ist, sondern eben eine analytisch-argumentierende Geschichtsschreibung, die wir in dieser Form als sehr modern empfinden würden und die einen grundsätzlichen Bruch mit der antiken Geschichtsschreibung darstellt.

Wenn man das in die Gattungen, die wir bislang kennengelernt haben, einordnet, würde man sagen: Kirchengeschichte steht der Biographie sehr viel näher als der eigentlichen Geschichtsschreibung, da erstere auch ein bestimmtes Beweis- oder Erkenntnisziel hat, nämlich eine Person aus der Vielfalt ihrer Taten einordnend bewerten zu können, und deshalb auch sehr viel dokumentarischer vorgeht. Aber Kirchengeschichtsschreibung, deshalb analytisch dokumentierend und argumentierend, geht noch einen deutlichen Schritt weiter. Wenn man einmal die Inhalte der Kirchengeschichte des Eusebios durchgeht, dann wird man feststellen, dass es zwei Zentren gibt. Auf der einen Seite gibt es das Problem der Häresien, des Abfalls von der legitimen Kirche, der sowohl organisatorische Elemente hat wie auch lehrhafte Elemente, Stichwort Orthodoxie, der rechte Glauben. Häresien sind das eine große Problem; auch gelegentlich zu zeigen, das jemand, obwohl es manche behaupten, kein Häretiker war.

Man kann sich vorstellen, wie eine solche Auseinandersetzung geschieht. Es wird irgendein Ausspruch einer bestimmten Person zitiert, und dann heißt es, dass manche sagen, das sei ein häretischer Ausspruch – nun wird nach allen Regeln der Interpretationskunst an diese Aussage herangegangen. Es wird nach dem historischen Kontext gefragt, nach zeitgeschichtlichen Institutionen und theologischen Entwicklungslinien – wirklich eine sehr moderne Form der Geschichtsschreibung. Auf diesem Hintergrund wird dann gefolgert, die Aussage ist so und so gemeint und deswegen ist der Mann ein Häretiker oder aber nicht. Welche Bücher in den Kanon eines Neuen Testaments gehören – das ist ein Problem, das Eusebios an hoch prominenter Stelle behandelt.

Ein zweiter Schwerpunkt zum positiven Nachweis der Kontinuität läuft über die Feststellung von Sukzessionen. Es ist zu beweisen, dass diejenigen, die heute an der Spitze der Kirche oder bestimmter territorialer Gliederungen der Kirche stehen, der Bischof von Rom, Bischof von Jerusalem, Patriarch von Konstantinopel usw., legitime Nachfolger der Apostel, der ersten Zeugen, der Träger der ursprünglichen christlichen Kirchen sind. Auch das ist etwas, was man nicht einfach behaupten kann, sondern was nachgewiesen werden muss und wofür Dokumente und Briefe zitiert werden. Beispielsweise haben wir von Clemens von Rom einen Brief, in dem er an die Gemeinde von Korinth schreibt, das würde jedoch ein einfacher römischer Presbyter nicht tun, also war er Bischof von Rom. Eusebios schreibt am Ende des dritten Jahrhunderts, deswegen zitiert er für die Frühgeschichte, um seine Beweise zu führen, Dokumente des (so vermutet er) ersten Jahrhunderts n. Chr – auch in diesem Fall ein argumentierender Zugriff, ein analytischer Zugriff auf Geschichte.

Und dann gibt es in der Tat noch einen dritten Komplex, der nicht die Ausbreitungsgeschichte des Christentums im Sinne einer Erfolgsgeschichte und im Sinne einer sozialen Bewegung nachzeichnen will, sondern einen Teil, der die Auseinandersetzung zwischen römischem Staat und Christen, aber auch Juden behandelt (Christen und Juden sieht Eusebios immer auf einer Seite stehend). Das Ziel ist nicht die Rekonstruktion der Ausbreitungsgeschichte und Ausbreitungsgeschwindigkeit, sondern ein metahistorisches Ziel, das jenseits der Geschichte liegt, nämlich zu zeigen, dass Geschichte ein Prozess ist, in dem sich der christliche Gott über Jesus Christus, über seinen Sohn, über den Logos – Eusebios arbeitet hier mit Begriffen der antiken Philosophie, die schon zuvor christlich rezipiert worden sind – die Welt, die Geschichte durchdringt und sich am Ende durchsetzen wird. Geschichte ist für Eusebios nicht eine eindeutig verlaufende Erfolgsgeschichte, aber es ist eine Geschichte, in der sichtbar wird, dass Gott in der Geschichte wirkt. Diese Spuren sind zu identifizieren. Das letzte Ende der Geschichte ist nicht mehr offen, sondern es ist klar, dass sich Gott am Ende in dieser Geschichte siegreich durchsetzen wird und mit ihm seine Kirche.

Das ist der Verdienst des Eusebios und das hat die Durchsetzungsfähigkeit dieser historischen Konzeption ausgemacht. Eusebios verbindet diesen neuen Typ von analytisch argumentierender Geschichtsschreibung mit einer bestimmten fachlichen, theologischen Konzeption, das Durch-

Kirchengeschichte

dringen Gottes/Gottes Sohn, des Logos in philosophischer Terminologie, in die Geschichte und durch die Geschichte hindurch. Also eine deutlich christologische Konzeption von Geschichte, wenn man das im Rahmen der christlichen Theologie betrachtet. Geschichte hat etwas mit Christus und seinem Fortwirken in der Geschichte, auch über den Tod des historischen Jesus hinaus, zu tun. Um es noch einmal zu wiederholen, weil es wirklich wichtig ist für das Verständnis dieses Typs von Geschichte: Das Ende dieser Geschichte ist nicht offen. Es ist klar, dass die Geschichte ein Ziel hat und wie dieses Ziel aussieht, ist auch klar: Gott wird sich am Ende dieser Geschichte durchsetzen. Aber es ist keine lineare Erfolgsgeschichte, sondern eine Geschichte mit Auf und Ab, in der das Wirken Gottes auch unter Umständen einmal nicht so eindeutig zu identifizieren ist. Insofern ist Geschichte interessant, eben weil man dieses Wirken Gottes erst identifizieren muss.

Dieses Interesse ist dadurch relativiert, dass das Ergebnis im Grunde genommen feststeht. Diese Ambivalenz im Umgang mit der Geschichte, die dann auch das gesamte mittelalterliche Geschichtsbild prägt, ist zentrales Element dieser Konzeption von Kirchengeschichte. So ist die Folge – und deswegen kommen wir auch zu diesem Titel Kirchengeschichte –: Weil Geschichte eben nur von begrenztem Interesse ist, ist es für Eusebios auch legitim, nicht die alte Geschichtsschreibung fortzusetzen, das heißt, die Geschichte der politischen Systeme zu schreiben, sondern sich auf bestimmte Elemente, in denen das Wirken Gottes besonders deutlich wird, eben auf die Geschichte der Kirche und die Geschichte der Auseinandersetzung von Christentum, Judentum und dem Volk Gottes einerseits und dem nichtchristlichen Staat andererseits, zu konzentrieren. Der große politische Rahmen der Geschichte ist für Eusebios von so begrenztem Interesse, dass er sich sagen kann, dass darüber andere genug geschrieben haben und er nun dazu nichts mehr sagen muss.

Um es zusammenzufassen: Auch dieser Typ von Kirchengeschichte, also nicht die Geschichte einer bestimmten Institution, sondern eine Spielart dieser theoriehaltigen Geschichte, die geschichtliche Ereignisse in einen metahistorischen Rahmen einordnet, ist eine als ganze sinnhafte Geschichte. Und weil eben diese Theoriehaltigkeit von Geschichte im Vordergrund steht, ist es bei Eusebios auch nicht so wichtig, auf die biographische Situation zu schauen. Die Geschichte, die er schreibt, ist keine Geschichte, die gerade seine Situation erklären, rechtfertigen soll. Eusebios ist jemand, der mit seinen historischen Werken am Ende des dritten Jahrhunderts in einer Verfolgungsperiode beginnt. Er selbst muss fliehen und sich vor diokletianischen Verfolgungen zurückziehen. Zugleich ist er derjenige, der wenige Jahre später zum Biographen Konstantins wird, der das, was wir heute als Konstantinische Wende bezeichnen – dieser völlige Wechsel in der Situation des Christentums, von einer verfolgten Religion zu einer geduldeten und sogar staatlich geförderten Religion – miterlebt und zum Panegyriker dieses Kaisers wird. Aber das ist nicht das, was für seine Geschichtskonzeption entscheidend ist. Es ist keine Geschichte: »Diese Kirche war verfolgt, und jetzt in der Gegenwart sehen wir es: Kirche ist siegreich, der Geist Gottes hat sich in der Geschichte schon durchgesetzt.« Das ist gerade nicht, was Eusebios macht, sondern er bleibt auch in der Kirchengeschichte der Geschichtskonzeption treu, die er lange Jahre vorher in der Chronik, die vor dieser Konstantinischen Wende geschrieben ist, schon niedergelegt hat: Geschichte als ein Wirken Gottes, aber nicht als bloß lineare Erfolgsgeschichte.

Die Wurzeln dieser Geschichtsschreibung sind sicherlich nicht in erster Linie in der traditionellen antiken Historiographie zu suchen. Es gibt die Nähe zu Verfahrensweisen der Biographie. Modelle für diesen Typ der Kirchengeschichte sind am ehesten im Bereich der antiken Philosophie und antiken Literaturgeschichte zu suchen, die ja oft selbst biographisch vorgeht. Literaturkritik und Philosophie waren ja die beiden Bereiche, in denen wir frühe Biographien verortet haben. Das sind auch die Ursprungsbereiche dieses Typs von Geschichtsschreibung. Die Frage nach den Aussagen, dem Standort von früheren Literaten und die Frage der Legitimität in der Nachfolge der Leitung einer philosophischen Schule ist, ob der Platon-Nachfolger die Konzeption von Platon angemessen vertreten hat und ob die spätere Akademie ein legitimer Nachfolger des sokratischen Gedankengutes ist. Das sind Fragen, die für die antike Philosophiegeschichtsschreibung von eminenter Bedeutung sind und sie zwingen, genauso analytisch argumentierend vorzugehen; denn als dieser Nachfolger wurde, war Platon schon längst tot und er kann ihn nicht ernannt haben. Auf der anderen Seite die Analyse von Texten mit der Frage, ob diese Aussage noch ein legitimer Ausdruck sokratischer Philosophie ist oder nicht. Auch hier muss man hermeneutisch vorgehen, man muss einen Satz zitieren, interpretieren. Hier sieht man ähnliche Argumentationsstrukturen, wie wir es im beschriebenen Typ von Kirchengeschichte finden.

Soweit ein kurzer Blick auf die Wurzeln. Wie bereits gesagt, ist Eusebios Erfinder einer sehr erfolgreichen Gattung gewesen, deswegen soll auch ein ganz kurzer Blick auf die Wirkungsgeschichte dieses Textes geworfen werden. Diese Wirkungsgeschichte ist zunächst eine Geschichte der Fortsetzung und der Übersetzung des eusebischen Werkes. Die Übersetzung ins Lateinische erfolgt durch Rufinus, einen Namen, den man sich merken sollte, denn es ist dessen lateinische Version, die für den westlichen Kulturbereich die große Wirkung bis ins Mittelalter hinein entfaltet hat. Die Übersetzung des Rufinus ist Basislektüre aller Menschen gewesen, die sich ernsthaft mit Geschichte beschäftigt haben, bis hinein in die Frühe Neuzeit. Man kann praktisch bei jedem mittelalterlichen Geschichtsschreiber, der sich professionell mit Geschichtsschreibung beschäftigt, voraussetzen, dass er seinen Rufinus und damit seinen Eusebios gelesen hat.

Auf griechischer Seite hat es drei Fortsetzer gegeben, die alle im Jahr 303 einsetzen, dem Schlusspunkt des eusebischen Werkes. Man sieht, dass dieser Schlusspunkt deutlich vor der Konstantinischen Wende liegt; deutlich im Sinne der Dichte der Ereignisse, die alle im Jahr 303 beginnen und die Geschichte damit bis in die Mitte des fünften Jahrhunderts fortführen. Es sind zunächst zwei Leute aus Konstantinopel, Sokrates und Sozomenos. Der eine, Sokrates, eher dogmengeschichtlich interessiert; Sozomenos eine Fortsetzung der Geschichte, die profangeschichtliche, politische Ereignisse sehr viel stärker einbezieht. Ein dritter Fortsetzer ist Theodoret, der auch in der ersten Hälfte des fünften Jahrhunderts schreibt und sich nun im Unterschied zu den beiden vorangehenden sehr viel stärker die Frage der Orthodoxie in der theologischen Entwicklung des für ihn vergangenen Jahrhunderts, also des vierten und beginnenden fünften Jahrhunderts, stellt.

Diese drei Fortsetzer sind dann noch einmal ins Lateinische übersetzt worden und diese lateinische Übersetzung als Zusammenführung aller drei Übersetzungen ist unter dem Namen Cassiodor, der eine Zusammenfassung dieser drei schon übersetzten Texte besorgt hat, genauso wirkmächtig gewesen wie die eigentliche eusebische Geschichte in der lateinischen Fassung des Rufinus. In dieser Kombination von Rufinus und Cassiodor lag dem gesamten Mittelalter eine Kirchengeschichte für das erste bis fünften Jahrhundert vor, die Ausgangspunkt von eigenen Texten, eigenen Fortsetzungen oder Versuchen darstellen konnte. Und weil Kirchengeschichte keine Geschichte der Kirche als Institution ist, sondern eine sinnhafte Universalgeschichtsschreibung, die diesen Sinn insbesondere in Ereignissen der Kirchengeschichte festmacht, konnte sich diese Kirchengeschichte immer wieder und sehr leicht zu einer profanen Geschichte ausweiten, einfach die Akzente in andere Bereiche verschieben, ohne mit diesem insgesamt sinnhaften Konstrukt einer von Gott durchwirkten und daher am Ende nicht mehr offenen Geschichte zu brechen. Das macht die Wirkungsgeschichte und die Wirkmächtigkeit dieses Konstruktes aus.

Was die Beschreibung »der« Kirche in diesen Werken angeht, kann es in dieser Art von Geschichtsschreibung durchaus ein gewisses Spektrum von Erscheinungsformen geben. Solche Varianz ist im Prinzip legitim, aber da der Ursprungsgedanke von Kirche eine Einheit ist, muss auch die gegenwärtige Gestalt, selbst wenn sie nicht so präzise abzugrenzen ist, einheitlich sein. Deswegen drängt man Momente, die diese Einheit gefährden, nach außen und versucht deutliche Trennungsstriche zu markieren.

14 Bibel und mittelalterliche Geschichtsschreibung

Wenn wir christliche, vor allen Dingen lateinische Geschichtsschreibung im Blick haben, dann ist, wenn wir von der Bibel sprechen, zunächst einmal von einem Übersetzungsprozess zu sprechen. Wir haben auf der einen Seite die hebräische Bibel, abgekürzt *Tenach*. *Tenach* ist ein Akronym, die Worte, die darin stecken: das T ist die *Thora*, also der *Pentateuch*, das »Gesetz«; dann nach hebräischem Verständnis die *Nebi'im*, die »Propheten«. Das sind die Bücher, die mit dem Josua-Buch beginnen, also etwas, was wir in diesem Buch als Geschichtsdarstellung verstanden haben, was aber in der Selbstinterpretation Propheten sind. Ganz am Ende die Sammelbezeichnung der *Ketubim*, der »Schriften«. Das ist eine gemischte Gruppe, ein Sammelbegriff für Texte wie das Buch Job oder das Buch Esther – man könnte sagen: eine Novelle. Dazu das Buch der Sprichwörter, der Psalmen, also eine gemischte Gruppe von Texten.

Das alles ist in Hebräisch geschrieben, und diese hebräische Bibel umfasst auch eindeutig historiographische Werke, beginnend mit der *Thora*, die wiederum, das hört man am Wort, in der jüdischen Interpretation in erster Linie Gesetzestext ist. Man kann das aber ohne weiteres als Geschichtsschreibung lesen, die mit der Schaffung der Welt (*Genesis* 1, *Genesis* 2) einsetzt und dann eine fast lückenlose Kette bildet über die Geschichtsbücher oder Propheten bis hin in die frühe nachexilische Zeit, also von Erschaffung der Welt bis ins fünfte Jahrhundert v. Chr. eine durchgehende Geschichtsdarstellung, auch wenn es manche Lücken gibt und manche Dopplung. Dieser hebräische Bibelkanon, der als scharfe Abgrenzung erst in späterer Zeit fixiert wird, wird in hellenistischer Zeit durch ein Griechisch sprechendes Judentum, etwa in Alexandria, ergänzt, das nun eine Übersetzung anfertigen lässt, die *Septuaginta*.

Der Name (»Siebzig«) rührt von der Legende, dass man, um das Wort Gottes wirklich korrekt zu übersetzen, in Alexandria siebzig Übersetzer gleichzeitig an die hebräische Bibel gesetzt habe. Der Inhalt der Geschichte verweist auf die Ängste, die sich mit dem Vorgang des Kulturtransfers verbinden: Die haben unabhängig voneinander übersetzt, dann hat man die Texte verglichen und festgestellt, dass die Übersetzungen aller absolut identisch waren. Siebzig Übersetzer kommen zu einer absolut identischen Übersetzung und sichern damit die Authentizität und Legitimität dieser griechischen Übersetzung des Alten Testamentes, das für Juden gerade nicht das »alte«, das überholte Testament ist. Diese Übersetzung wird dann noch durch weitere Texte ergänzt oder erfasst auch hebräische Texte, die nicht im späteren Kanon enthalten sind. Es kommen damit auch weitere Geschichtswerke in diese hinein, die wiederum Geschichtswerke sind und bis in das zweite Jahrhundert v. Chr. reichen. Die »Makkabäer-Bücher« sind die spätesten Geschichtswerke in dieser Sammlung. Zahlreiche Nacherzählungen und Kompendien (»rewritten bible«) treten auch weitere griechische Übersetzungen an die Seite.

Die nächste entscheidende Übersetzungsleistung erfolgt durch Hieronymus, der eine lateinische Übersetzung anfertigt, die als *Vulgata* bezeichnet wird. Die *Vulgata* ist dann die Standardübersetzung, die sich sehr schnell durchsetzt und in revidierten Formen – so, wie ja auch die Luther-Übersetzung immer wieder dem heutigen Sprachgebrauch angepasst wird – bis heute für die römisch-katholische Kirche die offizielle lateinische Bibelübersetzung darstellt. Wenn wir von Wirkungsgeschichte der Bibel im Mittelalter sprechen, sprechen wir von der Übersetzung des Hieronymus, der *Vulgata*.

Hieronymus hat auf der einen Seite aus der hebräischen Bibel übersetzt und auf der anderen Seite aber auch all die Teile der griechischen Bibelversion übersetzt, die über die hebräische Bibel hinausgehen: das Neue Testament komplett, das fehlt in der hebräischen Bibel, aber auch die alttestamentlichen Teile, die hellenistischen Teile, die nicht im jüdischen Kanon enthalten sind. Die Abfolge lautet also hebräischer *Tenach*, ins Griechische übersetzt und erweitert als *Septuaginta*, dann kommt das

Bibel und mittelalterliche Geschichtsschreibung

Neue Testament dazu, und das Ganze wird dann als *Vulgata* ins Lateinische übersetzt.

Die Bibel enthält im Bereich des *Tenach* eine große Zahl von Büchern, die als Geschichtswerke zu interpretieren sind, freilich unterschiedlichen Charakters. Das geht von normaler narrativer Geschichtsschreibung, wie sie in den frühen Büchern vorherrscht, bis zu wirklich chronikartigen Darstellungen, die Chronikbücher: Während der König in Juda soundsoviel Jahre regiert hat, das und das getan hat, kam in Israel der nächste und so weiter.

Worauf noch hingewiesen werden soll, ist die Frage nach Historiographie im Neuen Testament. Es gibt biographische Erzählungen, aus der Passionsgeschichte entwickelten Erzählungen, die dann als Evangelien eine eigene Gattung bilden, die Geschichte Jesu in vier Versionen. Das sind eindeutig biographisch orientierte Werke, aber einer dieser Evangelisten, Lukas, schreibt über das Evangelium hinaus ein eigenes Geschichtswerk, die sogenannte »Apostelgeschichte«, die *Acta Apostolorum*. Diese beiden Elemente, Evangelium des Lukas auf der einen Seite, Apostelgeschichte auf der anderen Seite, sind in heutigen Bibelausgaben, auch in den meisten ältesten Bibelausgaben, getrennt, aber es ist für Lukas ein Werk. Damit sieht man, dass er auch die Biographie in einen größeren historischen Kontext einordnet, nämlich sie einer Geschichte der frühen Kirche voranstellt, die insbesondere die frühe Geschichte der Jerusalemer Gemeinde und die Missionsreisen des Paulus behandelt. Lukas stellt auch seinem Evangelium ein Praefatio voran. Diese enthält eine Widmung an einem Theophilus: »Für dich, mein lieber Theophilus, habe ich diese Geschichte aufgeschrieben.« Da sieht man, dass Lukas selbst, obwohl er sich an die neue Textsorte Evangelium und an diese biographische Gattung hält, an die Tradition antiker Geschichtsschreibung anknüpfen möchte und in dieser Kombination von Geschichte Jesu, Evangelium und Geschichte der Apostel ein zusammenhängendes Geschichtswerk über die frühe Kirche vorlegen möchte. Nicht umsonst beginnt er mit einem Synchronismus.

Wir haben also auch im Neuen Testament einen eindeutig historiographischen Bestandteil, und es ist interessant, zu sehen, dass die Apostelgeschichte, als das letzte Element des lukanischen Doppelwerkes, nicht fortgesetzt wird. Offensichtlich kommt es so schnell zu einem Prozess der Sakralisierung dieser Texte, dass sich nicht ein beliebiger Späterer hinsetzen kann und ein Vorwort schreibt: »Lukas hat die Geschichte der frühen Kirche dargestellt und dort, wo er aufhört, hat mache ich weiter.« Dieser Text ist bereits so weit aus profanem Gebrauch herausgerückt, dass man sagt: »Ich schreibe jetzt eine Geschichte, beginne mit Jesus, mache die Sache aber kurz, das finden sie alles im Evangelium, und gehe dann zur Geschichte der Kirche über.« Das wird aber nie als Fortsetzung der lukanischen Apostelgeschichte dargestellt. Das ist, wenn man bedenkt, wo wir überall solche Fortsetzungsgeschichten haben, erstaunlich. Es ist sicherlich auch ein Problem für die frühere christliche Geschichtsschreibung, aber es ist als Datum einfach festzuhalten. Keine Fortsetzung der ersten Anfänge von christlicher Historiographie – wohl, weil dieser Text so schnell sakralisiert war.

Nun die letzte Bemerkung, die Überleitung in das Mittelalter hinüber. Auf das Problem der neutestamentlichen Geschichtsschreibung wurde ja bereits hingewiesen. Alttestamentliche Geschichtsschreibung ist, weil der Umgang einfach problemloser war, immer als Geschichtsschreibung rezipiert worden, wenn auch Geschichtsschreibung mit besonderer Dignität. Es ist Geschichtsschreibung, die im Sinne der Kirchengeschichte des Eusebios gelesen worden ist, die Geschichte Gottes mit den Menschen, die ihren ersten Höhepunkt findet in der Herabkunft von Gottes Sohn, Jesus Christus. Aber es ist eben Geschichtsschreibung, mit der man in Form der Verkürzung umgehen kann. So schreibt man eine Weltgeschichte, für die man die biblischen Daten herauszieht und vorne aufzählt oder hat eine Geschichtsschreibung, auf die man verweisen kann, wie zum Beispiel im Sinne, dass man auf das Alte Testament verweist und dann aber die Geschichte des Neuen Testaments, der Kirche beginnend mit Jesus Christus, schreibt.

So wie Kirchengeschichte in Form der Übersetzung von Rufin und Cassiodor präsent ist, genauso ist für jeden Geschichtsschreiber (und darüber hinaus) die Bibel als eine Bibliothek, die auch viele historiographische Werke enthält, präsent. Sie stellt damit Muster für Geschichtsschreibung und Geschichtsinterpretation bereit. Das wirkt sich sehr deutlich aus in einer Operation, die wir als Typologie bezeichnen. Bestimmte Ereignisse, die im Alten Testament aufgeschrieben sind, sind Vorbilder, Muster von

Ereignissen, die wieder auftreten. Die zentralen christologischen Beispiele sind die Opferung des Isaak durch seinen Vater Abraham, was mit dem Tod von Christus am Kreuz zusammenzubringen ist, ebenso die eherne Schlange, die Aaron beziehungsweise Mose aufrichtet, damit diejenigen, die von den Schlangen gebissen werden in der Wüste Sinai, wenn sie dort hingucken, nicht sterben müssen. Das wird auch typologisch gedeutet, wiederum auf die Kreuzigung Christi bezogen, denn wer zu dem Kreuz blickt, der kann das Heil erwerben, aber nun in einem anderen Sinne. Aber man sieht eben in dieser ehernen Schlange des Alten Testaments einen Hinweis auf die Kreuzigung Christi. Das ist der Typ der typologischen Deutung und diese Deutungsfigur mit alttestamentlichem Material auf das Neue Testament, aber auch mit alttestamentlichem und neutestamentlichem Material auf die Geschichte, ist ein deutliches Charakteristikum mittelalterlicher Geschichtsschreibung.

Weitere Elemente wurden schon im Zusammenhang der Universalgeschichtsschreibung erwähnt. Die *aetates*, die »Weltalter«, die aus den sieben Tagen der Schöpfung gewonnen werden, das Deutungsschema der Weltreiche, das aus der Daniel-Vision kommt, vier Weltreiche, das letzte dann das römische. Deswegen möchte man auch so lange im Römischen Reich bleiben, eben bis zu Beginn des neunzehnten Jahrhunderts, weil danach kein Weltreich mehr kommen kann. Man sieht auch, in welche Argumentationszwänge man hineinkommt beziehungsweise welche Deutungsmuster wichtig werden. Es ist eben wichtig zu zeigen, dass das jetzige fränkische, germanische oder auch ein anderes Reich eine legitime Fortsetzung des Römischen Reiches darstellen, weil jenes eben das vierte Weltreich ist und man jetzt nicht einfach ein fünftes neu erschaffen kann.

Die Formen, in denen diese mittelalterliche Geschichtsschreibung erfolgt, sind aus dem Bisherigen vielfach vertraut. Es sind annalistische Formen, Chroniken, die für längere Zeiträume oder fortlaufend geschrieben werden, oft in der Form von Chroniken einzelner Institutionen, eines Klosters oder eines Bistums. Es sind dann, weniger eng auf eine Institution bezogen, Volks- und Territorialgeschichten, auch in den Mustern klassischer Geschichtsschreibung, oft in die Geschichte eines Stammes eingebettet oder in eine dynastische Geschichte. Dieser Typ von Literatur wird oft an Höfen erzeugt und dort gelesen. Und schließlich, von ganz zentraler Bedeutung, wiederum die Biographie in Form der Heiligenbiographie, der Hagiographie, ob das nun eine *vita* ist oder eine *passio*, die sich auf den Märtyrertod konzentriert.

Gerade in dieser biographischen Form sieht man dann noch mal *in nuce* die Probleme, die Doppeldeutigkeit der christlichen Konzeption von Geschichte. Auf der einen Seite ist Geschichte wichtig und ernst zu nehmen, weil in der Geschichte Zeichen des Wirken Gottes gefunden werden können, eben in dem Leben eines Heiligen, in dem Tod eines Heiligen. Insofern ist Geschichte als Materiallieferant interessant. Auf der anderen Seite muss man die Entwicklungsrichtung der Geschichte nicht aus dieser Geschichte herauslesen, da man ja schon weiß, wo Geschichte endet – im Durchsetzen Gottes in der Geschichte –, und deswegen wird Geschichte im Sinne langfristiger Prozesse uninteressant. Geschichte ist – noch einmal – Materiallieferant und kein Prozess, dessen Entwicklungsrichtung zu analysieren wäre, weil man weiß, was am Ende herauskommt. Das macht diese Doppeldeutigkeit, die Merkwürdigkeit mittelalterlicher Geschichtsschreibung aus. Auf der einen Seite ist ein Interesse an Geschichte vorhanden, auf der anderen Seite ist aber Geschichte im Sinne von langfristigen Entwicklungen uninteressant. Solche Entwicklungen werden dann erst mit dem Aufkommen neuer politischer Einheiten interessant, die ganz neue Anforderungen in Hinblick auf Legitimationsbedarf stellen, mit dem Aufstieg von bürgerlichen Städten, mit der Ausbildung von Territorial- und Nationalstaaten und mit der deutlichen Erweiterung des geographischen Horizontes. Vor allem im späten Mittelalter und in der Frühen Neuzeit kommen neuartige Erfahrungen und Problemstellungen hinein, die von diesem Typ von Geschichtsschreibung nicht mehr bewältigt werden können.

Auswahlbibliographie

Fragmentsammlungen

Jacoby, Felix (Hg.). *Die Fragmente der griechischen Historiker.* Berlin, Oxford 1923.
Peter, Hermann (Hg.). *Historicorum Romanorum reliquiae 1–2.* Stuttgart 1967.
Beck, Hans; Walter, Uwe (Hg.). *Die frühen römischen Historiker.* 2 Bde. Darmstadt 2001–2004.

1 Einführung: Historisches Erzählen

Adam, Klaus-Peter (Hg.). *Historiographie in der Antike.* Beihefte zur Zeitschrift für die alttestamentliche Wissenschaft 373. Berlin 2008.
Ankersmit, Frank R. *Historical representation.* Stanford 2001.
Ders. *Sublime historical experience.* Stanford 2005.
Baines, John u. a. (Hg.). *Historical consciousness and the use of the past in the ancient world.* Sheffield 2019.
Becker, Eve-Marie; Rüpke, Jörg (Hg.). *Autoren in religiösen literarischen Texten der späthellenistischen und der frühkaiserzeitlichen Welt: Zwölf Fallstudien. Culture, Religion, and Politics in the Greco-Roman World 3.* Tübingen 2019.
Benoist, Stéphane u. a. (Hg.). *Mémoires partagées, mémoires disputées: écriture et réécriture de l'histoire.* Metz 2009.

Auswahlbibliographie

Berek, Mathias. *Kollektives Gedächtnis und die gesellschaftliche Konstruktion der Wirklichkeit: Eine Theorie der Erinnerungskulturen*. Kultur-und sozialwissenschaftliche Studien 2. Wiesbaden 2009.

Cameron, Averil (Hg.). *History as Text: The Writing of Ancient History*. London 1989.

Certeau, Michel de. *Das Schreiben der Geschichte*. Historische Studien 4. Frankfurt am Main 1991.

Conermann, Stephan (Hg.). *Modi des Erzählens in nicht-abendländischen Texten. Narratio Aliena?: Studien des Bonner Zentrums für Transkulturelle Narratologie (BZTN)* 2. Berlin 2009.

Connerton, Paul. *How societies remember*. Cambridge 1989.

Cubitt, Geoffrey. *History and Memory*. Manchester 2007.

Feldherr, Andrew (Hg.). *History of Historiography*. Oxford 2011.

Fuhrer, Therese. »Bio-Historiographie: zur Funktion biographischer Modellierungen in römischer Geschichtsschreibung und Hagiographie.« In: Birkner, Christoph; Gemeinhardt, Peter; Munkholt Christensen, Maria (Hg.), *Narratologie und Intertextualität: Zugänge zu spätantiken Text-Welten*. Tübingen 2020. S. 23–41.

Goertz, Hans-Jürgen. *Geschichte: ein Grundkurs*. 2. Aufl. Reinbek 2001.

Grafton, Anthony. *What was history? The art of history in early modern Europe*. Cambridge 2007.

Grethlein, Jonas. *Experience and teleology in ancient historiography: ›Futures past‹ from Herodotus to Augustine*. Cambridge 2013.

Halbwachs, Maurice. *Les Cadres sociaux de la mémoire*. Paris 1925.

Hartmann, Andreas. *Zwischen Relikt und Reliquie: Objektbezogene Erinnerungspraktiken in antiken Gesellschaften*. Studien zur Alten Geschichte 11. Berlin 2010.

Holzberg, Niklas. »Geschichte als erzählte Geschichte: Dramatische Episoden in der römischen Historiographie.« *Potsdamer Lateintage 7* (2015). S. 11–25.

Koschorke, Albrecht. *Wahrheit und Erfindung: Grundzüge einer Allgemeinen Erzähltheorie*. Frankfurt am Main 2012.

Koselleck, Reinhart; Lutz, Heinrich; Rüsen, Jörn (Hg.). *Formen der Geschichtsschreibung*. Theorie der Geschichte 4. München 1982.

LeGoff, Jacques. *History and Memory*. New York 1992.

Lorenz, Chris. »Comparative Historiography: Problems and Perspectives.« *History and Theory 38,1* (1999). S. 25–39.

Luraghi, Nino. »Historiography and community: Some thoughts on the Greco-Roman heritage.« In: Pohl, Walter; Wieser, Veronika (Hg.), *Historiography and identity. 1, Ancient and early Christian narratives of community*. Turnhout 2019. S. 51–63.

Malitz, Jürgen. »Das Interesse an der Geschichte: Die griechischen Historiker und ihr Publikum.« In: Verdin, H.; Schepens, G.; Keyser, E. de (Hg.), *Purposes of History: Studies in Greek Historiography from the 4th to the 2nd Centuries B. C.* Studia Hellenistica 30. Leuven 1990. S. 323–349 (Discussion: S. 351–9).

Manuwald, Gesine. *Roman republican theatre*. Cambridge 2011.

Marincola, John (Hg.). *A Companion to Greek and Roman Historiography*. Malden 2007.

Ders. (Hg.). *Greek Notions of the Past in the Archaic and Classical Eras: History Without Historians*. Edinburgh Leventis Studies. Edinburgh 2022.

Mendels, Doron. »How Was Antiquity Treated in Societies with a Hellenistic Heritage? – And Why Did the Rabbis Avoid Writing History?« In: Gardner, Gregg; Osterloh, Kevon L. (Hg.), *Antiquity in Antiquity – Jewish and Christian Pasts in the Greco-Roman World*. Tübingen 2008. S. 131–151.

Mutschler, Fritz-Heiner. »Vergleichende Beobachtungen zur griechisch-römischen und altchinesischen Geschichtsschreibung.« *Saeculum 48* (1997). S. 213–253.

Oesterle, Günter (Hg.), *Erinnerung, Gedächtnis, Wissen: Studien zur kulturwissenschaftlichen Gedächtnisforschung*. Formen der Erinnerung 26. Göttingen 2005.

Pitcher, Luke. *Writing Ancient History. An Introduction to Classical Historiography*. London 2009.

Raphael, Lutz. *Geschichtswissenschaft im Zeitalter der Extreme: Theorien, Methoden, Tendenzen von 1900 bis zur Gegenwart*. München 2003.

Rau, Susanne; Studt, Studt (Hg.). *Geschichte schreiben: Ein Quellen- und Studienhandbuch zur Historiografie (ca. 1350–1750)*. Berlin 2010.

Rüpke, Jörg. »The ›Connected Reader‹ as a Window into Lived Ancient Religion: A Case Study of Ovid's Libri fastorum.« *Religion in the Roman Empire 1,1* (2015). S. 95–113.

Auswahlbibliographie

Ders. »Memory, Narrative, and the History of Religion.« In: Klostergaard Petersen, Anders u. a. (Hg.), *Evolution, Cognition, and the History of Religion: a New Synthesis: Festschrift in Honour of Armin W. Geertz.* Leiden 2019. S. 536–546.

Ders. »Memorizing the Past and Writing Religion in the Roman Republic.« In: Ro, Johannes Unsok; Edelman, Diana (Hg.), *Collective Memory and Collective Identity.* Berlin 2021. S. 395–426.

Ders. »History«, in: Stausberg, Michael; Engler, Steven (Hg.), *The Routledge Handbook of Research Methods in the Study of Religion.* 2. Aufl. London 2022. S. 324–344.

Ders.; Rüpke, Ulrike. *Antike Götter und Mythen.* München 2010.

Rüsen, Jörn. *Zeit und Sinn: Strategien historischen Denkens.* Frankfurt am Main 1990.

Ders. »Some Theoretical Approaches to Intercultural Comparative Historiography.« *History and Theory 35,4* (1996). S. 5–22.

Schropp, Jack W. G. *Pugna litterarum: Studien zur kompetitiven Geschichtsschreibung in der griechisch-römischen Literaturelite der Kaiserzeit.* Vestigia 77. München 2023.

Suerbaum, Werner. »Am Scheideweg zur Zukunft: Alternative Geschehensverläufe bei römischen Historikern. *Gymnasium 104* (1997). S. 36–54.

Walter, Uwe (Hg.). *Antike Geschichtsschreibung. Studien zur Historiographie.* Darmstadt 2007.

Ullman, B. L. »History and Tragedy.« *TAPhA 73* (1942). S. 25–53.

Wendehorst, A. »Wer konnte im Mittelalter lesen und schreiben?« In: Fried, J. (Hg.), *Schulen und Studium im sozialen Wandel des hohen und späten Mittelalters.* Vorträge und Forschungen 30. Sigmaringen 1986. S. 9–33.

White, Hayden. *Die Bedeutung der Form: Erzählstrukturen in der Geschichtsschreibung.* Frankfurt am Main 1990.

Willand, Marcus. *Lesermodelle und Lesertheorien: Historische und systematische Perspektiven.* Narratologia 41. Berlin 2014.

Wiseman, Timothy Peter. *Historiography and Imagination: Eight Essays on Roman Culture.* Exeter Studies in History. Exeter 1994.

Ders. »The Origins of Roman Historiography.« In: Ders., *Historiography and Imagination: Eight Essays on Roman Culture.* Exeter 1994. S. 1–22; 119–124.

Ders. *Remus: A Roman Myth.* Cambridge 1995.

2   Form- und Gattungsgeschichte

Berger, Klaus. *Formen und Gattungen im Neuen Testament.* Tübingen 2005.
Cancik, Hubert. *Grundzüge der hethitischen und alttestamentlichen Geschichtsschreibung.* Wiesbaden 1976.
Genette, Gérard. *Die Erzählung.* München 1994.
Goody, Jack. *Entstehung und Folgen der Schriftkultur.* Frankfurt am Main 1997.
Grethlein, Jonas. *Ancient Greek texts and modern narrative theory: Towards a critical dialogue.* Cambridge 2023.
Hempfer, Klaus W. *Gattungstheorie.* München 1973.
Ders. *Theorien des Performativen: Sprache – Wissen – Praxis.* Bielefeld 2011.
Jolles, André. *Einfache Formen: Legende, Sage, Mythe, Rätsel, Spruch, Kasus, Memorabile, Märchen, Witz.* 6., unver. Aufl. [1930]. Konzepte der Sprach- und Literaturwissenschaft 15. Tübingen 1982.
Kirkpatrick, Patricia. *The function of ancient historiography in biblical and cognate studies.* New York 2008.
Martínez, Matías; Scheffel, Michael. *Einführung in die Erzähltheorie.* 11., überarb. Aufl. München 2019.
Waddell, Philip. *Tacitean visual narrative.* Bloomsbury Classical Studies Monographs. London 2020.
White, Hayden. *Auch Klio dichtet oder Die Fiktion des Faktischen: Studien zur Tropologie des historischen Diskurses.* Sprache und Geschichte 10. Stuttgart 1986.

3   Quellen und Vorformen

Benoist, Stéphane. *La vie des autres: histoire, prosopographie, biographie dans l'Empire romain,* Villeneuve d'Ascq 2013.
Blair, Stephen (Hg.). *Fragmented histories: Recent and distant pasts in early Roman historiography.* o.O. 2019.
Burgess, Richard W. *Chronicles, consuls and coins.* Farnham 2011.
Frier, Bruce Woodward. *Libri annales pontificum maximorum: The origins of the annalistic tradition.* Papers and Monographs of the American Academy in Rome 27. 2. Aufl. Rom 1999.

Kierdorf, Wilhelm. *Laudatio funebris: Interpretationen und Untersuchungen zur Entwicklung der römischen Leichenrede.* Beiträge zur Klassischen Philologie 106. Meisenheim am Glan 1980.
Rüpke, Jörg. »Triumphator and ancestor rituals between symbolic anthropology and magic.«, *Numen* 53 (2006). S. 251–289.
Ders. *Religiöse Erinnerungskulturen: Formen der Geschichtsschreibung in der römischen Antike.* Darmstadt 2012.
Thomas, Rosalind. *Oral Tradition and Written Record in Classical Athens.* Cambridge 1989.
Wiseman, Timothy Peter. »The Origins of Roman Historiography.« Ders., *Historiography and Imagination: Eight Essays on Roman Culture.* Exeter Studies in History. Exeter 1994. S. 1–22; 119–124.

4 Epochen antiker Geschichtsschreibung

Amato, Eugenio; De Cicco, Pasqua (Hg.). *Les historiens fragmentaires de langue grecque à l'époque romaine impériale et tardive.* Rennes 2021.
Baumann, Mario; Liotsakis, Vasileios (Hg.). *Reading history in the Roman Empire,* Millennium-Studien zu Kultur und Geschichte des Ersten Jahrtausends n. Chr. 98. Berlin 2022.
Canfora, Luciano. *Studi di storia della storiografia romana.* Documenti e studi 15. Bari 1993.
Damtoft Poulsen, Aske; Jönsson, Arne (Hg.). *Usages of the past in Roman historiography.* Historiography of Rome and its Empire 9. Leiden 2021.
Gowing, Alain M. *Empire and Memory – the representation of the Roman Republic in imperial culture.* Roman Literature and its Contexts. Cambridge 2005.
Howe, Timothy; Müller, Sabine; Stoneman, Richard (Hg.). *Ancient historiography on war and empire.* Oxford 2017.
Lange, Carsten Hjort; Vervaet, Frederik Juliaan (Hg.). *The historiography of late Republican civil war,* Historiography of Rome and its Empire 5. Leiden 2019.
Momigliano, Arnaldo. *The Classical Foundations of Modern Historiography.* Sather Classical Lectures 54. Berkeley 1990.

Ders., *The development of Greek Biography*. Cambridge 1993.
Ders. *Ausgewählte Schriften zur Geschichte und Geschichtsschreibung*. 2 Bde. Stuttgart 1998–2000.
Pearson, Lionel. *The Greek Historians of the West: Timaeus and His Predecessors*. American Philological Association: Philological Monographs 35. Atlanta 1987.
Peter, Hermann. *Die geschichtliche Litteratur über die römische Kaiserzeit bis Theodosius I und ihre Quellen*. 2 Bde. Leipzig 1897.
Rohrbacher, David. *The Historians of Late Antiquity*, London, 2002.
Rüpke, Jörg. *Römische Religion in republikanischer Zeit: Rationalisierung und ritueller Wandel* Darmstadt 2014.
Verdin, H.; Schepens, G.; Keyser, E. de (Hg.). *Purposes of History: Studies in Greek Historiography from the 4th to the 2nd Centuries B. C.* Studia Hellenistica 30. Leuven 1990.
Walter, Uwe. »Herodot und Thukydides – die Entstehung der Geschichtsschreibung«, in Stein-Hölkeskamp, Elke; Hölkeskamp, Karl-Joachim (Hg.), *Die Griechische Welt: Erinnerungsorte der Antike*. München, 2010. S. 400–417.

5   Caesars *commentarii*

Christ, Karl. *Caesar: Annäherungen an einen Diktator*. München 1994.
Dimitrova, Miryana. *Julius Caesar's self-created image and its dramatic afterlife*. Bloomsbury Studies in Classical Reception. London 2018.
Gärtner, Hans Arnim. *Beobachtungen zu Bauelementen in der antiken Historiographie besonders bei Livius und Caesar*. Historia Einzelschriften 25. Wiesbaden 1975.
Gaertner, Jan Felix; Hausburg, Bianca. *Caesar and the Bellum Alexandrinum: An analysis of style, narrative technique, and the reception of Greek historiography*. Hypomnemata 192. Göttingen 2013.
Grillo, Luca; Krebs, Christopher (Hg.), *Cambridge Companion to Caesar*, Cambridge 2014.
Hass, Trine Arlund, and Rubina Raja (Hg.). *Caesar's Past and Posterity's Caesar*. Roman Studies. Turnhout 2021.

Auswahlbibliographie

Koortbojian, Michael. *The divinization of Caesar and Augustus. Precedents, consequences, implications*. New York 2013.

Morstein-Marx, Robert. *Julius Caesar and the Roman people*. Cambridge 2021.

Müller, Marvin. *Der andere Blick auf Caesars Kriege: eine narratologische Analyse der vier Supplemente im »Corpus Caesarianum«*. Philologus Suppl. 15. Berlin 2021.

Mutschler, Fritz-Heiner. *Erzählstil und Propaganda in Caesars Kommentarien*. Heidelberger Forschungen 15. Heidelberg 1975.

Raaflaub, Kurt A.; John T. Ramsey. »Reconstructing the chronology of Caesar's ›Gallic wars‹.« *Histos: The On-Line Journal of Ancient Historiography 11* (2017). S. 1–74.

Rambaud, Michel. *L'art de la déformation historique dans les commentaires de César*. Annales de l'Université de Lyon. 3ième série. Lettres fasc. 23. Paris 1953.

Ramsey, John T.; Kurt A. Raaflaub. »Chronological tables for Caesar's wars (58–45 BCE).« *Histos: The On-Line Journal of Ancient Historiography 11* (2017). S. 162–217.

Rüpke, Jörg. »Wer las Caesars bella als commentarii?« *Gymnasium 99* (1992), 201–226.

Ders. »Caesar: Priesthoods, Gods, and Stars.« In: Grillo, Luca; Krebs, Christopher (Hg.), *Cambridge Companion to Caesar*, Cambridge 2014. S. 58–67.

Westall, Richard. *Caesar's »Civil war«: Historical reality and fabrication*. Mnemosyne. Suppl. 410. Leiden 2018.

Will, Wolfgang. *Caesar*. Darmstadt 2009.

6 Die Annalistik bis auf Livius

Briscoe, John. *A commentary on Livy*. [B. 31–45] Oxford 1973–2016.

Chaplin, Jane D. *Livy*. Oxford 2009.

Davies, Jason. *Rome's religious history: Livy, Tacitus, and Ammianus on their gods*. Cambridge 2004.

Boris Dunsch, »»Exemplo aliis esse debetis«: Cincinnatus in der antiken Literatur.« In: Niggemann, Ulrich; Ruffing, Kai (Hg.), *Antike als Modell in Nordamerika? Beiheft der Historischen Zeitschrift 55*. München 2011. S. 219–247.

Feeney, Denis. »The History of Roman Religion in Roman Historiography and Epic«, in Rüpke, Jörg (Hg.), *A Companion to Roman Religion*. Oxford 2007. S. 129–142.
Feldherr, Andrew. *Spectacle and society in Livy's History*. Berkeley 1998.
Forsythe, Gary. *Livy and Early Rome: A study in historical method and judgment*. Stuttgart 1999.
Gärtner, Hans Arnim. *Beobachtungen zu Bauelementen in der antiken Historiographie besonders bei Livius und Caesar*. Wiesbaden 1975.
Gutberlet, Dagmar. *Die erste Dekade des Livius als Quelle zur gracchischen und sullanischen Zeit*. Hildesheim 1985.
Haehling, Raban von. *Zeitbezüge des T. Livius in der ersten Dekade seines Geschichtswerkes: Nec vitia nostra nec remedia pati possumus*. Historia Einzelschriften 61. Stuttgart 1989.
Keegan, Peter. *Livy's women: Crisis, resolution, and the female in Rome's foundation history*. Abingdon 2021.
Levene, D. S. *Religion in Livy*. Mnemosyne Suppl. 127. Leiden 1993.
Ders. *Livy, The fragments and periochae*. Bisher 2 Bde. New York 2023–.
Luce, Tarrey James. *Livy: The Composition of His History*. Princeton 1977.
Ders. »Livy and Dionysius.« In: Brock, R.; Woodman, A. J. (Hg.), *Papers of the Leeds International Latin Seminar 8: Roman Comedy, Augustan Poetry, Historiography*. ARCA 33. Leeds 1995. S. 225–239.
Mali, Yosef. *Mythistory: The making of modern historiography*. Chicago, 2003.
Meunier, Nicolas L. J. »Tite-Live et la Rome archaïque.« *Mélanges de l'École Française de Rome. Antiquité* 131,1 (2019). S. 5–80.
Mineo, Bernard. *Tite-Live et l'histoire de Rome*. Paris, 2006.
Moles, John. »Livy's Preface.« *PCPS* 39 (1993). S. 141–168.
Musti, Domenico. »Tendenze della storiografia romana e greca su Roma arcaica: Studi su Livio e Dionigi d'Alicarnasso.« *Quaderni Urbinati di Cultura Classica* 10 (1970). S. 5–158.
Oakley, Stephen. *Commentary on Livy*. 4 Bde. Oxford 1997–2005.
Ogilvie, R. M. *A Commentary on Livy: Book 1–5*. Oxford 1965.
Reeve, Michael D. »The Transmission of Florus' Epitoma de Tito Livio and the Periochae.« *CQ* 38 (1988), 477–491.
Roncaglia, Alessandro (Hg.). *Livio »ad urbem condendam«: Riletture del passato in età augustea*. Zermeghedo 2021.

Rüpke, Jörg. »Livius, Priesternamen und die annales maximi.« *Klio 74* (1993). S. 155–179.

Ders. »Divine Names and Naming the Divine in Livy.« In: Bonnet, Corinne; Palamidis, Alaya (Hg.), *What's in a Divine Name? Religious Systems and Human Agency in the Ancient Mediterranean*. Berlin 2024. S. 121–138.

Schlip, Clemens. *Typen, Gruppen und Individuen bei Livius: Untersuchungen zur Darstellung und Funktion historischer Akteure in »Ab urbe condita«*. Beiträge zur Altertumskunde 377. Berlin 2020.

Schmidt, Peter Lebrecht. *Iulius Obsequens und das Problem der Livius-Epitome: Ein Beitrag zur Geschichte der lateinischen Prodigienliteratur*. Akademie der Wissenschaften und Literatur Mainz, Abhandlungen der geistes- und sozialwissenschaftlichen Klasse 1968,5. Wiesbaden 1968.

Thraede, Klaus. »Außerwissenschaftliche Faktoren im Liviusbild der neueren Forschung.« Binder, Gerhard (Hg.), *Saeculum Augustum 2: Religion und Literatur*. Wege der Forschung 512. Darmstadt 1988. S. 394–425.

Walsh, P. G. *Livy: His Historical Aims and Methods*. Cambridge 1961.

Zenk, Johannes. *Die Anfänge Roms erzählen: Zur literarischen Technik in der ersten Pentade von Livius' ab urbe condita*. Berlin 2021.

7 Historische Monographien: Sallust

Duchêne, Pauline. »Suetonius' construction of his historiographical ›auctoritas‹«. In Liotsakis, Vasileios; Farrington, Scott (Hg.). *The art of history : literary perspectives on Greek and Roman historiography*. Berlin 2016. S. 271–288.

Dunsch, Boris. »Variationen des metus-hostilis-Gedankens bei Sallust (Cat. 10; Iug. 41; Hist. 1, fr. 11 und 12 M.).« *Grazer Beiträge 25* (2006). S. 201–217.

Fuhrer, Therese. »Zur biographischen Modellierung des historiographischen Ichs bei Sallust, Livius und Tacitus.« In: Bitto, Gregor; Gauly, Bardo Maria (Hg.), *Auf der Suche nach Autofiktion in der antiken Literatur*. Berlin 2021. S. 131–150.

Gärtner, Hans Arnim. »Erzählformen bei Sallust.« *Historia 35* (1986). S. 449–473.

Gerrish, Jennifer. *Sallust's » Histories « and Triumviral historiography: confronting the end of history*, Routledge Studies in Ancient History. London 2019.
Levene, David S. »Sallust's Jugurtha: An »Historical Fragment.« *Journal of Roman Studies* 82 (1992). S. 53–70.
Marcone, Arnaldo. *Sallustio: Storiografia e politca nella Roma tardorepubblicana.* Rom 2023.
Samotta, Iris. *Das Vorbild der Vergangenheit: Geschichtsbild und Reformvorschläge bei Cicero und Sallust.* Stuttgart 2009.
Scanlon, Thomas F. *Spes frustrata: A Reading of Sallust.* Heidelberg 1987.
Schmal, Stephan. *Sallust.* Hildesheim 2001.
Shaw, Edwin. »Sallust, the ›lector eruditus‹ and the purposes of history.« In: Baumann, Mario; Liotsakis, Vasileios (Hg.), *Reading history in the Roman Empire.* Berlin 2022. S. 13–33.
Syme, Ronald. *Sallust.* Berkeley 2002.
Zathammer, Stefan. *Sallust, Bellum Iugurthinum: Studienkommentar.* Göttingen 2022.

8 Exempla: Valerius Maximus

Honstetter, Robert. *Exemplum zwischen Rhetorik und Literatur: Zur gattungsgeschichtlichen Sonderstellung von Valerius Maximus und Augustinus.* Diss. Konstanz 1977.
Langlands, Rebecca. *Exemplary ethics in ancient Rome.* Cambridge 2018.
Lucarelli, Ute. *Exemplarische Vergangenheit: Valerius Maximus und die Konstruktion des sozialen Raumes in der frühen Kaiserzeit.* Hypomnemata 172. Göttingen 2007.
Mueller, Hans-Friedrich. *Roman religion in Valerius Maximus.* London 2002.
Murray, Jeffrey; Wardle, David. *Reading by example: Valerius Maximus and the historiography of exempla.* Historiography of Rome and its empire 11. Leiden 2022.
Roller, Matthew B. *Models from the past in Roman culture: A world of exempla.* Cambridge 2018.

Rüpke, Jörg. »Knowledge of Religion in Valerius Maximus' Exempla: Roman Historiography and Tiberian Memory Culture.« In: Galinsky, Karl (Hg.), *Memory in Ancient Romne and Early Christianity*. Oxford 2016. S. 89–111.

Skidmore, Clive [Julian]. *Practical Ethics for Roman Gentlemen: The work of Valerius Maximus*. Exeter 1996.

Tschögele, Thomas. *Die Erzählungen des Valerius Maximus*. Bibliothek der klassischen Altertumswissenschaften. Heidelberg 2022.

9 Senatorische Geschichtsschreibung der Kaiserzeit: Tacitus und Ammianus Marcellinus

9a Tacitus

Davies, Jason. *Rome's Religious history: Livy, Tacitus, and Ammianus on their gods*. Cambridge 2004.

Devillers, Olivier. *Tacite et les sources des Annales: Enquêtes sur la méthode historique*. Louvain 2003.

Dihle, Albrecht. »Tacitus' ›Agricola‹ und das Problem der historischen Biographie.« *AU 31,5* (1988). S. 42–52.

Fertik, Harriet. »Learning from women: Mothers, slaves, and regime change in Tacitus' ›Dialogue on orators‹.« *Polis: The Journal for Ancient Greek and Roman Political Thought 37,2* (2020). S. 245–264.

Heldmann, Konrad. *Sine ira et studio: Das Subjektivitätsprinzip der römischen Geschichtsschreibung und das Selbstverständnis antiker Historiker*. München 2011.

Heubner, Heinz, P. *Cornelius Tacitus: Die Historien. Kommentare zu Tacitus, Annales und Historiae*. 5 Bde. Heidelberg 1963–1982.

Ders. *Kommentar zum Agricola des Tacitus*. Göttingen 1984.

Koestermann, Erich. *Cornelius Tacitus, Annalen*. 4 Bde. Heidelberg 1963–1968.

Kompatscher-Gufler, Gabriela. *Tacitus, Germania: Studienkommentar*. Göttingen 2024.

Leidl, Christoph G. »Reading spaces, observing spectators in Tacitus' ›Histories‹.« In: Baumann, Mario; Liotsakis, Vasileios (Hg.), *Reading history in the Roman Empire*. Berlin 2022. S. 175–192.

Lund, Allan A. »Zur Schilderung der germanischen Gesellschaft bei Caesar und Tacitus.« *Classica & Medievalia 36* (1985). S. 177–197.

Marshall, Anthony J. »Ladies in Waiting: The Role of Women in Tacitus' Histories.« *Ancient Society 15–17* (1984–86). S. 167–184.

Mellor, Ronald. *Tacitus.* New York 1993.

Ders. *Tacitus' Annals.* Oxford 2011.

Momigliano, Arnaldo. *The Classical Foundations of Modern Historiography.* With a Foreword by Riccardo Di Donato. Sather Classical Lectures 54. Berkeley 1990.

Norden, Eduard. *Die Germanische Urgeschichte in Tacitus Germania.* Leipzig 1920.

Sailor, Dylan. *Writing and Empire in Tacitus.* Cambridge 2008.

Sinclair, Patrick. *Tacitus the Sententious Historian: A Sociology of Rhetoric in Annales 1–6.* University Park 1995.

Städele, Alfons. »Tacitus über Agricola und Domitian (Agr. 39–43).« *Gymnasium 95* (1988) 222–235.

Senkbeil, Friderike. *Tacitus und Rom: Die urbs Roma als Raum der erzählten Welt in den Historien und Annalen.* Heidelberg 2022.

Suerbaum, Werner. »Summe eines Lebens – Summe einer Lektüre: Eine ›Leistungsmessung‹ der Rezeption von Tacitus' ›Agricola‹.« *AU 30,6* (1987), S. 83–99.

Syme, Ronald. *Tacitus.* 2 Bde. Oxford 1958.

Syme, Ronald. *Ten studies in Tacitus.* Oxford 1970.

ten Berge, Bram L. H. *Writing imperial history: Tacitus from Agricola to Annales.* Ann Arbor 2023.

Timpe, Dieter. *Romano-Germanica: Gesammelte Studien zur Germania des Tacitus.* Stuttgart 1995.

9b Ammianus Marcellinus

Barnes, Timothy David. *Ammianus Marcellinus and the representation of historical reality.* Ithaca 1998.

Brodka, Dariusz. *Ammianus Marcellinus. Studien zum Geschichtsdenken im vierten Jahrhundert n. Chr.* Krakau 2009.

Creer, Tyler. »Ethnography and the Roman digressions of Ammianus Marcellinus.« *Histos: The On-Line Journal of Ancient Historiography 14* (2020). S. 255–274.
den Boeft, Jan. *Philological and historical commentary on Ammianus Marcellinus*. Leiden, 2008.
Drijvers, Jan Willem; Hunt, David (Hg.) *The Late Roman World and its Historian: Interpreting Ammianus Marcellinus*. London 1999.
Elliott, T. G. *Ammianus Marcellinus and Fourth Century History*. Toronto 1983.
Matthews, John F. »The Origin of Ammianus.« *CQ 44* (1994). S. 252–269.
Ders. *The Roman Empire of Ammianus*. London 1989.
Richter, Ulrike. »Die Funktion der Digressionen im Werk Ammians.« *WüJbb NF 15* (1989). S. 209–222.
Ross, Alan. »Ammianus and the written past.« In: Devillers, Olivier; Battistin Sebastiani, Breno (Hg.), *Sources et modèles des historiens anciens*. Bordeaux 2018. S. 319–334.
Sabbah, G. »Ammianus Marcellinus.« In: Marasco, G. (Hg.) *Greek and Roman Historiography in Late Antiquity: Fourth to Sixth Century AD*. Leiden 2003. S. 43–84.
Sánchez Vendramini, Darío N. »The audience of Ammianus Marcellinus and the circulation of books in the late Roman world.« *Journal of Ancient History 6,2* (2018). S. 234–259.

10 Römische Geschichte in griechischen Augen

Bertrand, Estelle. »Imperialism and the crisis of the Roman Republic: Dio's view on late Republican conquests (Books 36–40).« In: Osgood, Josiah; Baron, Christopher (Hg.), *Cassius Dio and the late Roman Republic*. Leiden 2019. S. 19–35.
Dies. »Cassius Dio and the Roman Empire: The impact of the Severan wars on Dio's narrative.« In: Lange, Carsten Hjort; Scott, Andrew G. (Hg.), *Cassius Dio: The impact of violence, war, and civil war*. Leiden 2020. S. 120–137.
Chrysanthou, Chrysanthos S. *Reconfiguring the Imperial past : narrative patterns and historical interpretation in Herodian's » History of the Empire «*. Historiography of Rome and its Empire 15. Leiden 2022.

Fromentin, Valérie. »Pour une archéologie des discours dans l'›Histoire romaine‹ de Cassius Dion (livres 1–21): Le témoignage de Zonaras.« In: Amato, Eugenio; De Cicco, Pasqua (Hg.), *Les historiens fragmentaires de langue grecque à l'époque romaine impériale et tardive*. Rennes 2021. S. 117–131.

Gabba, Emilio. *Dionysius and The History of Archaic Rome*. Sather Classical Lectures 56. Berkeley 1991.

Galimberti, Alessandro (Hg.). *Herodian's world: Empire and emperors in the III century*. Historiography of Rome and its Empire 12. Leiden 2022.

Goldmann, Bernhard. *Einheitlichkeit und Eigenständigkeit der Historia Romana des Appian*. Beiträge zur Altertumswissenschaft 6. Hildesheim 1988.

Hose, Martin. *Erneuerung der Vergangenheit: Die Historiker im Imperium Romanum von Florus bis Cassius Dio*. Beiträge zur Altertumskunde 45. Stuttgart 1994.

Ders. »Historiographie in der Krise: Herausforderungen und Lösungen der Geschichtsschreibung im dritten Jahrhundert n. Chr.« In: Mitthof, Fritz; Martin, Gunther; Grusková, Jana (Hg.), *Empire in crisis: Gothic invasions and Roman historiography*. Wien 2020. S. 35–49.

Meins, Friedrich. *Paradigmatische Geschichte: Wahrheit, Theorie und Methode in den »Antiquitates Romanae« des Dionysios von Halikarnassos*. Palingenesia 113. Stuttgart 2019.

Musti, Domenico. »Tendenze della storiografia romana e greca su Roma arcaica: Studi su Livio e Dionigi d'Alicarnasso.« *Quaderni Urbinati di Cultura Classica* 10 (1970), 5–158.

Pelling, Christopher. »The Greek Historians of Rome.« In: Marincola, John (Hg.) *A Companion to Greek an Roman Historiography*. Volume 1, Malden, 2007. S. 244–258.

Séguin, Brigitte Amat. »Denys d'Halicarnasse et la prise de Rome par les Gaulois: Réflexions sur la méthode d'un rhéteur historien.« *MEFRA 101* (1989). S. 143–157.

Verdin, Herman. »La fonction de l'histoire selon Denys d'Halicarnasse.« *Ancient Society* 5 (1974). S. 289–307.

Welch, Kathryn. »Appian and civil war: a history without an ending.« In: Lange, Carsten Hjort; Vervaet, Frederik Juliaan (Hg.), *The historiography of late Republican civil war*. Leiden 2019. S. 439–466.

Auswahlbibliographie

11 Biographien: Sueton und die Historia Augusta

Barnes, T. D. *The Sources of the Historia Augusta*. Brüssel 1978.

Baslez, Marie-Françoise; Hoffmann, Philippe; Pernot, Laurent (Hg.). *L'invention de l'autobiographie d'Hésiode à Saint Augustin*. Études de littérature ancienne 5. Paris 1993.

Baum, Armin D. »Biographien im alttestamentlich-rabbinischen Stil: Zur Gattung der neutestamentlichen Evangelien.« *Biblica* 94,4 (2013). S. 534–564.

Birley, A.R. »The Historia Augusta and pagan historiography« In: Marasco, Gabriele (Hg.) *Greek and Roman Historiography in Late Antiquity. Fourth to Sixrh Century AD*. Leiden 2003. S. 127–149.

Cancik, Hubert (Hg.). *Markus-Philologie: Historische, literargeschichtliche und stilistische Untersuchungen zum zweiten Evangelium*. Wissenschaftliche Untersuchungen zum Neuen Testament 33. Tübingen 1984.

Cox Miller, Patricia. »Strategies of Representation in Collective Biography: Constructing the Subject as Holy.« In: Hägg, Tomas; Rousseau, Philip (Hg.), *Greek Biography and Panegyric in Late Antiquity*. Berkeley 2000. S. 209–254.

Cox, Patricia. 1983. *Biography in Late Antiquity: A Quest for the Holy Man*. Transformation of the Classical Heritage 5. Berkeley 1983.

De Temmerman, Koen; Demoen, Kristoffel (Hg.). *Writing biography in Greece and Rome: Narrative technique and fictionalization*. Cambridge 2016.

den Hengst, Daniel. *Emperors and historiography*. Leiden 2010.

Dunsch, Boris; Prokoph, Felix M. (Hg.). *Geschichte und Gegenwart. Beiträge zu Cornelius Nepos aus Fachwissenschaft, Fachdidaktik und Unterrichtspraxis. Mit einem Forschungsbericht und einer Arbeitsbibliographie*. Philippika. Altertumswissenschaftliche Abhandlungen 91. Wiesbaden 2015.

Falaschi, Eva. »Pliny the Elder and the portraits of ancient authors.« In: Tischer, Ute; Gärtner, Ursula; Forst, Alexandra (Hg.), *»Ut pictura poeta«: Author images and the reading of ancient literature*. Turnhout 2022. S. 51–78.

Frézouls, Edmond. »Le rôle politique des femmes dans l'Histoire Auguste.« In: Bonamente, Giorgio; Paschoud, François (Hg.), *Historiae Augustae Collquium Genevense. Historiae Augustae Colloquia n. s. 2*. Bari 1994. S. 121–136.

Gentili, Bruno; Cerri, Giovanni. *History and Biography in Ancient Thought.* London Studies in Classical Philology 20. Amsterdam 1988.

Hägg, Tomas. *The Art of Biography in Antiquity.* Cambridge 2012.

Honoré, Tony. »Scriptor historiae Augustae.« *JRS 77* (1987). S. 156–176.

Insley, Sarah; Mellon Saint-Laurent, Jeanne-Nicole. »Biography, autobiography, and hagiography.« In McGill, Scott; Watts, Edward J. (Hg.), *A companion to late antique literature.* Hoboken, NJ 2018. S. 373–387.

Kaster, Robert A. *Suetonius Tranquillus, De grammaticis et rhetoribus.* Oxford 1995.

Kolb, Frank. *Untersuchungen zur Historia Augusta.* Bonn 1987.

Lindsay, Hugh. »Suetonius as ab Epistulis to Hadrian and the Early History of the Imperial Correspondence.« *Historia 43* (1994), 454–468.

McGing, Brian, Mossman, Judith (Hg.), *The Limits of Ancient Biography.* Swansea 2006.

Papaconstantinou, Arietta (Hg.), *Writing ›True Stories‹: Historians and Hagiographers in the Late Antique and Medieval Near East.* Cultural Encounters in Late Antiquity and the Middle Ages 9. Turnhout, 2010.

Romney, Jessica. »Solon and the democratic biographical tradition.« In: Currie, Bruno; Rutherford, Ian (Hg.), *The reception of Greek lyric poetry in the ancient world: transmission, canonization and paratext.* Leiden 2020. S. 373–394.

Smith, Christopher. *The lost memoirs of Augustus and the development of Roman autobiography.* Swansea 2009.

Sonnabend, Holger. *Geschichte der antiken Biographie: Von Isokrates bis zur Historia Augusta.* Stuttgart 2002.

12 Historiographische Kurzformen

Beard, M. et al. *Literacy in the Roman world.* Journal of Roman Archaeology, Suppl. 3. Ann Arbor 1991.

Bleckmann, Bruno. *Fiktion als Geschichte: Neue Studien zum Autor der Hellenika Oxyrhynchia und zur Historiographie des vierten vorchristlichen Jahrhunderts*, Göttingen 2006.

Auswahlbibliographie

Burgess, R. W. *The Chronicle of Hydatius and the Consularia Constantinopolitana: Two Contemporary Accounts of the Final Years of the Roman Empire.* Oxford 1993.

Burgess, Richard W.; Kulikowski, Michael, *Mosaics of Time: The Latin Chronicle Traditions from the First Century BC to the Sixth Century AD 1: A Historical Introduction to the Chronicle Genre from its Origins to the High Middle Ages.* Studies in the Early Middle Ages 33. Leuven 2013.

Chaniotis, Angelos. *Historie und Historiker in den griechischen Inschriften: Epigraphische Beiträge zur griechischen Historiographie.* Heidelberger Althistorische Beiträge und Epigraphische Studien 4. Stuttgart 1988.

Clarke, Katherine. *Making Time for the Past: Local History and the Polis.* Oxford 2008.

Cowan, Eleanor (Hg.). *Velleius Paterculus: Making History.* Swansea 2011.

Muhlberger, Steven. *The Fifth-Century Chroniclers: Prosper, Hydatius, and the Gallic Chronicler of 452.* ARCA 27. Leeds 1990.

Reeve, Michael D. »The Transmission of Florus' Epitoma de Tito Livio and the Periochae.« *CQ* 38 (1988). S. 477–491.

Rüpke, Jörg. »Geschichtsschreibung in Listenform: Beamtenlisten unter römischen Kalendern.« *Philologus* 141 (1997). S. 65–85.

Ders. »Geteilte und umstrittene Geschichte: Der Chronograph von 354 und die Katakombe an der Via Latina,« In: Leppin, Hartmut (Hg.), *Antike Mythologie in christlichen Kontexten der Spätantike,* Berlin 2015. S. 221–238.

Salzman, Michele Renee. *On Roman Time: The Codex-Calendar of 354 and the Rhythms of Urban Life in Late Antiquity.* Transformation of the Classical Heritage 17. Berkeley 1990.

Schmitzer, Ulrich. *Velleius Paterculus und das Interesse an der Geschichte im Zeitalter des Tiberius.* Bibliothek der klassischen Altertumswissenschaften Reihe 2 N.F. 107. Heidelberg 2000.

Steffensen, Nils. *Nachdenken über Rom. Literarische Konstruktionen der römischen Geschichte in der Formierungsphase des Principats.* Historia Einzelschriften 252. Stuttgart 2018.

13 Universal- und Kirchengeschichte

Alonso-Núñez, J. M. »The Emergence of Universal Historiography from the 4th to the 2nd Centuries B. C.« In: Verdin, H.; Schepens, G.; Keyser, E. de (Hg.), *Purposes of History: Studies in Greek Historiography from the 4th to the 2nd Centuries B. C.* Studia Hellenistica 30. Leuven 1990. S. 253–266.

Becker, Eve-Marie (Hg.), *Die antike Historiographie und die Anfänge der christlichen Geschichtsschreibung.* Beihefte zur Zeitschrift für die neutestamentliche Wissenschaft und die Kunde der älteren Kirche 129. Berlin 2005.

Brincken, Anna-Dorothee von den. *Studien zur lateinischen Weltchronistik bis in das Zeitalter Ottos von Freising.* Düsseldorf 1957.

Cameron, Averil. *Christianity and the Rhetoric of Empire: The Development of Christian Discourse.* Sather Classical Lectures 55. Berkeley 1991

Deun, P. van. »The Church Historians after Eusebius.« In: Marasco, Gabriele (Hg.) *Greek and Roman Historiography in Late Antiquity: Fourth to Sixth Century AD,* Leiden 2003. S. 151–176.

Dignas, Beate; Smith, R. R. R. (Hg.). *Historical and religious memory in the ancient world.* Oxford 2012.

Frank, Rebecca. »A Roman Olympias: Powerful women in the ›Historiae Philippicae‹ of Pompeius Trogus.« In: Howe, Timothy; Pownall, Frances; Poletti, Beatrice (Hg.), *Ancient Macedonians in Greek and Roman sources: Φrom history to historiography.* Swansea 2018. S. 41–58.

Goetz, H. W. *Die Geschichtstheologie des Orosius.* Darmstadt 1980.

Grafton, Anthony; Williams, Megan. *Christianity and the Transformation of the Book: Origen, Eusebius, and the Librara of Caesarea.* Cambridge 2006.

Green, T. M. *Zosimus, Orosius and their Tradition: Comparative Studies in Pagan and Christian Historiography.* New York 1974.

Hofmann, Dagmar. *Griechische Weltgeschichte auf Latein: Iustins »Epitoma historiarum Pompei Trogi« und die Geschichtskonzeption des Pompeius Trogus.* Hermes Einzelschriften 114. Stuttgart 2018.

Inglebert, Hervé. *Le monde, l'histoire: Essai sur les histoires universelles.* Paris 2014.

Momigliano, Arnaldo. »Pagan and Christian Historiography in the Fourth Century.« In: Ders. (Hg.), *The Conflict Between Paganism and Christianity in the Fourth Century* Oxford 1963. S. 79–99.

Ders. *The Classical Foundations of Modern Historiography*. With a Foreword by Riccardo Di Donato. Sather Classical Lectures 54. Berkeley 1990.

Morgan, Teresa. »Eusebius of Caesarea and Christian Historiography«, *Athenaeum* 93 (2005). S. 193–208.

Timpe, Dieter. »Was ist Kirchengeschichte? Zum Gattungscharakter der Historia Ecclesiastica des Eusebius.« In: Walter, Uwe (Hg.), *Antike Geschichtsschreibung. Studien zur Historiographie*, Darmstadt 2007. S. 292–328.

Verdoner, Marie. *Narrated Reality: The Historia ecclesiastica of Eusebius of Caesarea: Early Christianity in the Context of Antiquity*. Frankfurt am Main 2011.

14 Bibel und mittelalterliche Geschichtsschreibung

Backhaus, Knut. *Historiographie und fiktionales Erzählen: zur Konstruktivität in Geschichtstheorie und Exegese*, Neukirchen-Vluyn 2007.

Becker, Eve-Marie. »The gospel of Mark in the context of ancient historiography.« In: P. G. Kirkpatrick; Goltz, T. D. (Hg.), *The function of ancient historiography in biblical and cognate studies*. New York 2008. S. 124–34.

Dies. »Literarisierung und Kanonisierung im frühen Christentum: Einführende Überlegungen zur Entstehung und Bedeutung des neutestamentlichen Kanons.« In: Dies.; Scholz, S. (Hg.), *Kanon in Konstruktion und Dekonstruktion: Kanonisierungsprozesse religiöser Texte von der Antike bis zur Gegenwart. Ein Handbuch*. Berlin 2012. S. 389–397.

Berschin, Walter. *Biographie und Epochenstil im lateinischen Mittelalter* 2 Bde. Quellen und Untersuchungen zur lateinischen Philologie des Mittelalters 8–9. Stuttgart 1986.

De Temmerman, Koen (Hg.). *The Oxford Handbook of Ancient Biography*. Oxford 2020.

Ehrman, Bart D. *Lost Scriptures: Books that Did Not Make It into the New Testament*. Oxford 2003.

Fotopoulos, John; Aune, David Edward (Hg.). *The New Testament and early Christian literature in Greco-Roman context. Studies in honor of David E. Aune*. Supplements to Novum Testamentum 122. Leiden 2006.

Grafton, Anthony; Williams, Megan Hale. *Christianity and the transformation of the book. Origen, Eusebius, and the library of Caesarea*. Cambridge, Mass. 2006.

Gumbrecht, Hans Ulrich/ Link-Heer, Ursula/ Spangenberg, Peter-Michael (Hg.). *La litterature historiographique des origines à 1500*. 3 Teilbde. Grundriss der romanischen Literaturen des Mittelalters 11/1. Heidelberg 1986–87.

Holdsworth, Christopher; Wiseman, Timothy Peter (Hg.). *The Inheritance of Historiography 350–900*. Exeter Studies in History 12. Exeter 1986.

Laudage, Johannes (Hg.). *Von Fakten und Fiktionen*. Köln 2003.

Rajak, Tessa. *Translation and Survival: The Greek Bible of the Ancient Jewish Diaspora*. Translation & Survival. Oxford JAHR.

Sandnes, Karl Olav. *The challenge of Homer: School, Pagan poets and early Christianity*. Library of New Testament studies 400. London 2009.

Schmale, Franz-Josef. *Funktion und Formen mittelalterlicher Geschichtsschreibung: Eine Einführung*. Mit einem Beitrag von Hans-Werner Goetz. Darmstadt 1993.

Vinzent, Markus. *Christi Thora: Die Entstehung des Neuen Testaments im 2. Jahrhundert*. Freiburg/Br. 2022.

Ders. *Writing the history of early Christianity: From reception to retrospection*. Cambridge 2019.

Danksagung

Zehn Jahre nach der zweiten Auflage freue ich mich, erneut Gelegenheit für eine Revision und Aktualisierung zu haben. Von historischer wie philologischer Seite ist die römische Geschichtsschreibung ein Feld intensiver Forschung geblieben. Die schon in der ersten Auflage angelegte narratologische Orientierung kann hier besonders profitieren. Die vielfältigen Akteure in diesen Texten – nicht zuletzt Frauen – werden vielfältiger wahrgenommen, als der hier vorliegende Überblick abbilden kann. Ähnliches gilt für die vielen Beobachtungen, die zu realen Lesenden wie Leser-Konstruktionen und der Präsentation des Autors und seines Erzählers publiziert worden sind. Die aktualisierte Bibliographie gibt noch über die Ergänzungen und Veränderungen im Text hinaus Auskunft. Angesichts der jüngeren Erzähl- und Historiographie-Forschung ist die disziplinäre Zerstückelung des Gegenstandsbereichs in Altertumswissenschaften und Neutestamentliche und Patristische Wissenschaft zunehmend ärgerlich; ich habe versucht, die Zahl der Brücken im Text weiter zu erhöhen. Die urbane Verankerung vieler der im Buch verhandelten Texte und Problemlagen bedarf einer noch weitergehenden Reflexion, als es die Bemerkungen im Text leisten können; Stadt wie Reich bilden die beiden Pole der römischen Geschichtsschreibung, die in Arbeiten zu städtischen Chroniken als Instrumenten von Urbanitätsdiskursen oder in Arbeiten zur Bedeutung der Stadt Rom als Sujet einzelner Geschichtswerke deutlicher werden.

Der Tod eines der Reihenherausgeber, Boris Dunsch, überschattet die Neuauflage. Umso mehr bin ich Felix Prokoph für seine Ermutigung und sorgfältige Durchsicht zu Dank verpflichtet. Der Tectum Verlag hat

Danksagung

den Prozess bis zur Drucklegung erneut mit Sorgfalt und Unterstützung begleitet.

Ich nutze die hier vorgelegte Abhandlung über vergangene Erinnerungskulturen dafür, an Beteiligte der früheren Auflagen zu erinnern: Frau Bärbel Geyer und Frau Dr. Martina Dürkop an der Universität Potsdam, Frau Franziska Peter und Karoline Hohmann (geb. Koch) an der Philosophischen Fakultät der Universität Erfurt. Für diese erneute Überarbeitung und Erweiterung waren Gespräche mit Susanne Rau und Markus Vinzent, aber auch Cecilia Ames, Elisabeth Begemann, Sofia Bianchi Mancini, Mateusz Jakub Fafinski, Harry O. Maier, Claudine Moulin, Rubina Raja, Wolfgang Spickermann und Greg Woolf als Fellows am Max-Weber-Kolleg sowie Valentina Arena, Hubert Cancik, Gabriella Gelardini, Alexandra Rolle und Tim Whitmarsh in anderen Zusammenhängen hilfreich. Liudmila Rusinova sichtete und beschaffte jüngere Literatur. Ihnen allen sei herzlich dafür gedankt. Manches erproben konnte ich in Zusammenarbeit mit meiner Frau Ulrike in Lehrerfortbildungen. Die Widmung des Buches an Ulrike erneuere ich in tiefer Dankbarkeit und Liebe.

Erfurt, im Juni 2024　　　　　　　　　　　　　　　　　　　　Jörg Rüpke